国际商事仲裁
——美国学说发展与证据开示

◆[西]帕德罗·马丁内兹-弗拉加 著◆

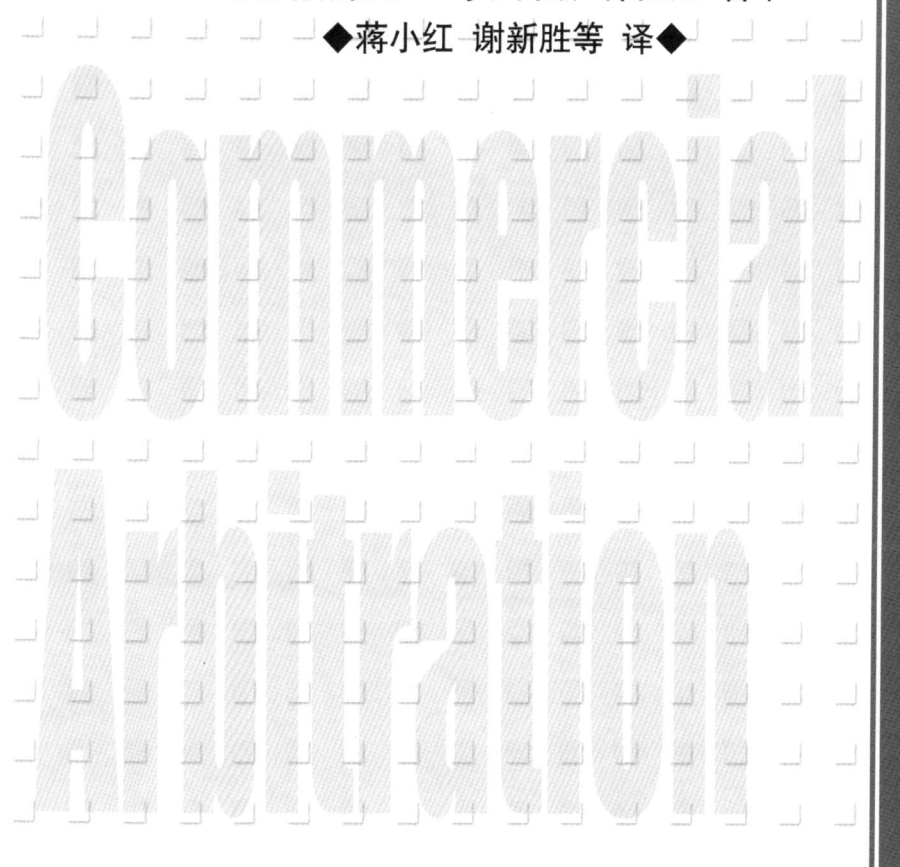

◆蒋小红 谢新胜等 译◆

中国社会科学出版社

图书在版编目（CIP）数据

国际商事仲裁：美国学说发展与证据开示/[西]帕德罗·马丁内兹—弗拉加（Martinez-Fraga, P. J.）著；蒋小红、谢新胜等译．—北京：中国社会科学出版社，2009.6
原书名：International Commercial Arbitration
ISBN 978-7-5004-7945-1

Ⅰ. 国⋯ Ⅱ. ①帕⋯ ②蒋⋯ ③谢⋯ Ⅲ. 国际商事仲裁—研究 Ⅳ. D997.4

中国版本图书馆CIP数据核字（2009）第103741号

责任编辑	雁　声
特邀编辑	骆　珊
责任校对	修广平
封面设计	大鹏工作室
技术编辑	戴　宽

出版发行	中国社会科学出版社		
社　　址	北京鼓楼西大街甲158号	邮　编	100720
电　　话	010—84029450（邮购）		
网　　址	http://www.csspw.cn		
经　　销	新华书店		
印　　刷	北京君升印刷有限公司	装　订	广增装订厂
版　　次	2009年6月第1版	印　次	2009年6月第1次印刷
开　　本	710×1000　1/16		
印　　张	25	插　页	2
字　　数	450千字		
定　　价	48.00元		

凡购买中国社会科学出版社图书，如有质量问题请与本社发行部联系调换
版权所有　侵权必究

致　　谢

——献给我的妻子丽莎和女儿索菲娅

　　简要的致谢是必需的。在写作本书时我的学生的思想和贡献起了决定性的作用，但放弃其中的一些思想和贡献仍然是必要的。文中可能出现的任何矛盾之处或者愚蠢的想法都是我个人所为，与学生们有价值的贡献毫无关系。迈阿密大学法学教授迈克尔·H. 格雷哈姆（Michael H. Graham）先生非常慷慨地接受我的邀请为本书作序。其序充分说明了本书写作的合理性。我很感激他为本书作序并欣赏他无处不在的洞察力。我的父亲帕德罗·马丁内兹—弗拉加（Pedro J. Martinez-Fraga），我的名字与他相同，在本书的形式和内容上都提出了非常有意义和有价值的观点。我的朋友瑞恩·C. 瑞兹（C. Ryan Reetz），也是我 15 年的法律合作伙伴非常明显地提升了本书的水平。哈罗特·瑞兹（Harout Reetz），一名非常有前途的律师，在出版本书时还是一名优秀的法学院的学生，对于我不是很合理的研究要求不知疲倦地努力工作。最后，我的那些秘书们，从为我工作了 20 年的前秘书玛丽·马科斯（Mary Marcos）开始，都为我提供了非常大的帮助，他们始终坚定不渝地践行着他们的职业道德。我还想提及阿瓦·基尔帕齐克（Ava Kilpatrick）、玛丽·E. 如瑟夫（Mary E. Rutherford）、尼维亚·拉斯卡巴（Nivia Lascaibar）、帕姆（Pam See）和布伦达·兰斯（Brenda Lans），我很感谢他们。

序

在这部深思熟虑、鞭辟入里、发人深省的著作中,帕德罗·马丁内兹—弗拉加汲取了他多年以来作为国际商事争议解决(包括但显然不限于国际商事仲裁)领域一名非常成功的诉讼律师和学者的丰富经验。马丁内兹—弗拉加敦促其他人首次关注美国在审前证据开示(discovery)以及其他方面的理论发展已经并将继续给世界范围内构建适用于国际商事仲裁的综合性方法这一过程所带来的影响。

作者所采用的方法是历史的、描述的、分析的、批判的、乐观的、敏锐的,以及最重要的、现实的。

马丁内兹—弗拉加从综合性历史分析入手,清晰描述了美国对于国际商事仲裁从敌视抵制到可以说是欣然接受的态度转变过程。他总结了导致这一转变的四个具体因素:(1)美国最高法院的解释认为"国际合同"是给予国际商事仲裁特殊尊重的规范性基础;(2)感受到与建立专门法庭相类似的专业化需求;(3)认识到在国际商事法庭出现之前,只有国际商事仲裁才能充当争议解决方面的概念性的历史桥梁;(4)在经济广泛全球化的今天,只有国际商事仲裁才能提供符合当事人关于司法公正和采用其各自司法文化这两种预期的争议解决方式。

马丁内兹—弗拉加认为,商事仲裁目前在美国被认同为解决国际争议的灵活、可靠、透明、统一和可预测的方法。更重要的是,在争议解决方面,国际商事仲裁具有促进当事人意思自治并同时保持当事人的文化和司法预期的独特能力。

马丁内兹—弗拉加作为有所成就的律师和学者的独特视角,使其在这部重要著作中得以进行极具说服力地论证,证明国际商事仲裁在"证据的取得或收集"——这一概念已经受到,并且更重要的是可能在未来继续受到,美式证据开示方法的影响——方面的程序性变化的重要性。作者特别分析了《美国法典》第28编第1782(a)条。第1782(a)条规定,应任何利害关系人申请,联邦地方法院可以命令该地区居民或位于该地区内的人提供证言、声明、文件或其他物品,用于在外国或国际裁判庭进行的程序,包括国际商事仲裁。马丁内兹—弗拉加证明,国会于1964年修订第1782条的目的在于便利在外国法庭进行诉讼,促进诉讼方面的国际合作,以及将美国置于这一领域的全球领导地位。国会希望通过第1782条鼓励其他国家对其程序进行类似修改,亦即采用同《联邦民事程序规则》的规定相似的审前证据开示。正是在这一点上,马丁内兹—弗拉加强调了当事人意思自治的重要性。他说:根据详尽分析大量法学知识所获得的普遍认可的标准和规则,为当事人提供从事证据开示的标准化能力成为当事人意思自治原则实践应用的典型例证。

富有洞察力的是,面对众多强调和谐甚至比获得最佳结果更重要的其他评论者,马丁内兹—弗拉加有力地、坚定地,以及我愿意说是正确地和勇敢地指出:对证据开示和《联邦民事程序规则》的感知或者理解在学理和概念上与解释仲裁以及支持仲裁的原则相抵触完全是错误的,或者至少是不清晰的。

马丁内兹—弗拉加并不满足于此,而是进一步探讨当涉及根据《纽约公约》第5条承认和执行国际商事裁决这一问题时,敌视第1782条的仲裁庭所做出的裁决在承认和可执行性方面的潜在后果。

最后,这部著作讨论了两个当前极为重要的问题,即仲裁中的伪证和仲裁员与法院之间就含有仲裁条款的合同的效力的管辖权分工,以及可分性原则和显然漠视法律这一普通法原则的相关发展。

多年以来,当事人意思自治已经日益成为国际商事仲裁的一个主要特征。相对于大陆法系,普通法的对抗制度正在缓慢但却确定地成为被采用的主导方法。审判式听证被举行。律师在庭上引见证人。证人受到对方律师的交叉询问。在这种情况下,马丁内兹—弗拉加强烈支持采用美式审前证据开示来帮助支持仲裁的主张是极为合理的。妨碍第1782条审前证据开示进一步被接受的因素不是功利性的,而是观念性的。证据开示不是普通法的产物,而是美国的独特发明。因此,它面临着其他人的抵制,因为后者既不熟悉其运作和价值,又不是特别乐于看到一个如此强有力和美国化的东西被普遍纳入并非美国商事仲裁的国际商事仲裁之中。随着越来越多的外国律师和仲裁员逐渐熟悉美式证据开示,正如其此前熟悉强调当事人意思自治的普通法式对抗制度一样,审前证据开示将非常可能在国际商事仲裁中得到更多的接受和使用。到那时,帕德罗·马丁内兹—弗拉加可以说:"早告诉你会这样!"但他不会。

迈克尔·H. 格雷哈姆教授

目　录

致　谢 …………………………………………………………………（1）

序 ………………………………………………………………………（1）

第一章　导言 …………………………………………………………（1）

第二章　美国国内及国际仲裁制度的形成和发展 …………………（5）
　　一　美国仲裁的历史传统观点 …………………………………（5）
　　二　仲裁程序的本土怀疑论 ……………………………………（7）

第三章　不断变化的范式和公平竞争舞台的形成
　　　　——三个判例：威尔科诉斯旺、谢尔科诉阿尔贝托—卡尔弗、
　　　　　三菱汽车公司案 ………………………………………（14）
　　一　威尔科诉斯旺 ……………………………………………（14）
　　二　谢尔科诉阿尔贝托—卡尔弗 ……………………………（20）
　　三　三菱汽车公司案：决定性的范本 ………………………（27）
　　四　推翻威尔科诉斯旺案：一个新时代的开始 ……………（30）

第四章　程序变化及《美国法典》第 28 编第 1782 条：
　　　　取证 v. 普通法的证据开示 ……………………………（34）
　　一　第 1782 条及其要件 ……………………………………（34）
　　二　英特尔股份有限公司诉超微半导体有限公司：证据开示
　　　　被移植到仲裁上，这种变化重塑证据开示的范围 ……（38）

三　英特尔公司案:更进一步的观察……………………………(39)

第五章　收集证据 v. 普通法的证据开示……………………………(47)
　　一　罗兹公司案……………………………………………………(47)
　　二　国际仲裁中对普通法的证据开示的传统误解………………(51)
　　三　协助执行非美国的仲裁裁决的证据开示:不再是
　　　　一个奇怪的建议………………………………………………(52)
　　四　帕其希鸥·克勒里茨的缺陷:协助非美国仲裁
　　　　裁决的证据开示………………………………………………(54)

第六章　到底发生了什么事? 三部曲的影响之考察………………(58)

第七章　国际仲裁中普通法证据开示的新颖、非正统概念………(63)
　　一　《国际律师协会关于国际商事仲裁的取证规则》…………(64)
　　二　《国际商会仲裁规则》评析 …………………………………(73)
　　三　《国际争端解决中心规则》的再回顾 ………………………(76)
　　四　《伦敦国际仲裁院规则》……………………………………(78)
　　五　机构仲裁规则和当事人意思自治的综合……………………(81)

**第八章　现在我们如何在国际商事仲裁中避免《美国法典》
　　　　第 28 编第 1782 条**………………………………………(83)
　　一　范例一…………………………………………………………(84)
　　二　杜弗科案分析…………………………………………………(93)
　　三　乱中求治:需要建立超越直觉的"显然漠视法律"
　　　　统一标准………………………………………………………(99)
　　四　哈利根诉派珀·贾弗雷案……………………………………(102)
　　五　纽约电话公司诉美国通信工人组织案………………………(105)
　　六　美国钢铁公司及卡耐基养老金计划等诉约翰·
　　　　麦克斯金明案…………………………………………………(106)
　　七　再一个范例:巴顿诉签名保险公司案………………………(108)
　　八　蒙泰斯诉希尔森·雷曼兄弟公司案:一个典型范例………(109)
　　九　范例二:避免第1782条………………………………………(112)

第九章　伪证与仲裁：仲裁员拥有荣誉而当事人拥有制度的
　　　　荣誉制度 …………………………………………………… (115)

第十章　仲裁条款管辖权分配理论的发展与分割论的转型 ……… (125)

第十一章　美国仲裁法与《纽约公约》的对话：四个问题的发展 ……… (142)
　　一　未签署仲裁协议的仲裁第三人问题 ……………………… (143)
　　二　执行管辖权 ………………………………………………… (151)
　　三　不方便法院：不确定性的噩梦？ ………………………… (157)
　　四　已撤销的裁决与克罗摩洛案、贝克海运公司案和特莫里奥
　　　　公司案三部曲 ……………………………………………… (161)
　　结论 …………………………………………………………… (177)

附录一　《木棍决斗》 ……………………………………………… (179)
附录二　案例选编 ………………………………………………… (180)
附录三　《纽约公约》、《美国联邦仲裁法》与《美国法典》
　　　　第28编第1782条 ………………………………………… (304)
附录四　《美国法典》第28编第1782条的修正案 ………………… (318)
附录五　美国《联邦民事程序规则》选编 ………………………… (319)
附录六　1927年9月26日《日内瓦关于执行外国仲裁
　　　　裁决的公约》 ……………………………………………… (331)
附录七　《联邦仲裁法》立法史资料选编 ………………………… (335)
附录八　675 P.L. 101-369,《美洲国际商事仲裁公约》 ………… (339)
附录九　3931 P.L. 101-552,《行政争议解决法》 ……………… (345)
附录十　《美国法典》第9章第10条 ……………………………… (371)
附录十一　1978年《合同争议解决法》 …………………………… (372)

第 一 章

导　言

　　西班牙的普拉多博物馆里挂着弗朗西斯科·戈雅的一幅名为《木棍决斗》的名画，引人注目且富有启发意义。画中描述的是夕阳下的荒野中，两个人相望而立，但膝部以下皆埋于地下以至不能迈步，手中均持木棍可以互相攻击对方。正是因为"根植"于地下，他们不能逃避对方的打击，只能与对方搏击。对方挥舞着的木棍带来的直觉上的致命威胁，不可避免地促使他们直接锁定自己的既定目标。[1] 依据这种确定的方法论，潜在的或特定的冲突可以通过当事人协商解决，而无须国家干预，甚至动用司法资源。

　　在美国，正如戈雅《木棍决斗》画中描述的"替代性争议解决方案"，国内和国际仲裁被评论家、法官、律师和工商界人士视为生硬的、不严密的争议解决方法。[2] 仲裁裁决程序不仅剥夺了当事人寻求司法救济的权利，而且在法定诉因之诉中，仲裁员在违约金、惩罚性赔偿金和律师费的判定上也欠缺相应的权力。[3] 不过在当今美国，这种情况已经朝相反的方向走到了另一端。

　　具体来说，下列四个因素促使人们对平等主体间仲裁（pari materia，即民商事领域）加以重视。第一，美国联邦最高法院"将国际协议/合同"解释为适用仲裁程序的规范性依据。[4] 第二，传统的观点认为国际仲裁是司法活动中生硬且不严密的争议解决方法，有违反公正司法之嫌疑。与此形成

---

[1] 弗朗西斯科·戈雅：《木棍决斗》，大约作于1820—1823年间，亚麻壁画，123cm×266cm，埃米尔·厄兰格捐赠。

[2] See Wilko v. Swan, et al., 346 U. S. 427 (1953).

[3] See Steelworkers v. Enterprise Wheel and Car Corp., 363 U. S. 593, 597 (1960).

[4] See M/S Bremen v. Zapata Off-Shore Co., 407 U. S. 1 (1972).

强烈对照,在国内仲裁领域里,对这种"独特的管辖法庭"创造的需求却有泛滥之势。① 第三,新千年伊始,法院着重强调了国际私法程序规则发展历史中的这一独特现象,即跨国民商事法庭的缺乏显得非常突出。② 在实际经济往来中,跨国贸易的当事人可以:(1)向外国法院起诉;(2)尽量避免跨国商业往来;(3)一致同意将争议提交仲裁作为第一方案。从实效观点来看,前两种方法不具可操作性。在国际民商事法庭未真正建立之前,国际仲裁理所当然成为国际民商事争议的首要解决方案。第四,近年来最重要的历史性国际变革就是经济全球化,③ 史无前例的国际范围内的商事活动已经渗透国界。作为国际商业往来的一部分,资金流动实际上非常迅速。多重司法管辖权的复杂性,不同的法律制度和差异的文化背景,形形色色的团体和组织打着"便利和经济效率"的旗帜提供着各式服务,这所有的一切都将对争议解决方案的可行性产生影响,以期不同司法文化背景下的各国当事人获得一个公正的司法过程并与他们的期望基本相称。应该说,这个可行的方案唯有仲裁。

在美国,仲裁在深度和广度上都得到了一定的发展。深度上的发展缘于当今细化的产业分工和专业上的苛求。作为国内和国际争议解决方案的仲裁,具有灵活性、可靠性和可预期性,在保障当事人各自文化背景和法律制度认知的基础上,充分体现了统一性、透明性和当事人的意思自治,仲裁的这些特点使其在广度上得到了普遍的认同。当然,平等主体间的仲裁得以公认仍然是一个渐进且艰辛的过程,我们需要不断去完善。

本文的分析可以分为九个部分。第一部分是关于美国仲裁(包括国内

---

① 以美国仲裁协会提议的仲裁规则为例,不少于十二种:(1)专业会计及相关服务的争议解决;(2)建筑行业仲裁规则和调解程序(包括大型、复杂的建筑工程争议程序);(3)民用住宅建筑工程仲裁规则和调解程序;(4)劳动仲裁及调解程序;(5)劳动者利益请求仲裁规则;(6)保险和再保险产业内交易争议解决的附加程序;(7)专利争议解决附加程序;(8)美国仲裁协会附加仲裁程序;(9)美国仲裁协会域名争议解决附加规则(该规则作为美国商务部采用的《域名争议解决统一规则》的附加);(10)美国仲裁协会奥林匹克运动争议解决附加规则;(11)证券交易仲裁附加规则;(12)遗嘱和信托仲裁规则;(13)美国仲裁协会无线电产业仲裁规则。

② 事实上,美国法学会在跨国民事诉讼领域已经采取了一些值得称赞的努力措施。咨询顾问小组提出了一些正式、连贯且实质性的可行方案。尽管如此,全球范围内的不同法律制度的"混血"和"杂交"无论在战略方面还是技术方面都显得遥不可及。

③ 历史上五个主要的社会变革:哥白尼学说革命、土地革命、工业革命、科技信息革命和经济全球化。

仲裁和国际仲裁）制度的形成和发展，在这一部分里，将重点介绍"美国仲裁的历史传统观点"。第二部分是对美国联邦最高法院三个案例判决的注释。这三个案件分别是威尔科诉斯旺案、[1] 谢尔科诉阿尔贝托—卡尔弗公司案[2]和三菱汽车公司案。[3] 第三部分将介绍仲裁程序的重要变化和最新变化。特别是对"证据的取得和收集"与普通法的"证据发现程序"（discovery）进行比较。有观点认为，国际商事仲裁中"证据的取得和收集"在理论上尚存疑问，对此，我们将重点分析新范式的构造。实际上，国际商事仲裁不仅保留了美国普通法中证据发现程序形成的基础和原则，还在促进它的发展。实践中，仲裁程序法中"证据的取得和收集"在经历过一场革命性的转变后显示出其先进性，它要求大陆法国家的律师们应掌握美国普通法中证据发现程序的基本规则。美国联邦最高法院的改革三部曲从对三个案件（英特尔公司案、[4] 罗兹贸易公司案、[5] 帕其希鸥·克勒里茨案[6]）的指示开始，这些改革被视为最高法院支持这一新的观点。第四部分将讨论国际商事仲裁中"当事人意思自治"原则在证据取得和证据收集中应扮演的角色。第五部分是对国际律师协会关于国际仲裁中证据取得的规则、国际商会仲裁规则、国际争议解决中心相关规则、伦敦国际仲裁法院相关规则的非主流分析。通过当事人意思自治原则折射出的特点和普通法中一些显著的特征所混成的国际仲裁规则将是这一部分的最重要的内容。第六部分主要是关于普通法中的"显然漠视法律"学说的形成和应用的发展。第七部分将探究仲裁中的伪证问题和仲裁裁决撤销的基础理由。第八部分将探究在合同中包含有效仲裁条款的情况下仲裁和法院管辖权分工的新发展以及仲裁条款独立性学说的新发展。第九部分将探讨美国仲裁学说的发展及其与《纽约公约》的联系，包括四个独立的问题：（1）仲裁协议未签字当事人与相关义务之间的关系；（2）仲裁裁决中债务人先期执行的管辖；（3）仲裁执行程序中的"不方便管辖"的应用；（4）关于国际仲裁裁决的撤销或不认可，执行申请国和执行国之间的关系。

---

[1] Wilko v. Swan, 346 U. S. 427 (1953).
[2] Scherk v. Alberto-Culver, 417 U. S. 506 (1974).
[3] Mitsubishi Motors Corporation v. Soler Chrysler-Plymouth, Inc., 473 U. S. 614 (1985).
[4] Intel Corporation v. Advanced Micro Devices, Inc., 542 U. S. 241 (2004).
[5] In Re Application of Roz Trading Ltd., 469 F. Supp. 2d 1221 (N. D. Ga. 2006).
[6] In Re Clerici, 481 F. 3d 1324 (11th Cir. 2007).

上述内容的选择依据的是实践中的重要性以及不同地域的地方特征。这些共同的话题是学说理论发展模式的需要,它促进了国际商事仲裁中统一性、预期性、当事人意思自治、确定性和规则的透明性等基本原则的发展。

第二章

美国国内及国际仲裁制度的形成和发展

一 美国仲裁的历史传统观点

我们无法割裂美国法院早期对仲裁的偏见,这种对仲裁的蔑视来源于英国法院。

事实上,英国 1687 年《罚金条例》①制定后,有很多原因导致仲裁协议不具司法上的效力。首先,因为仲裁协议不具有衡平法上的强制执行力,也不能产生一个合法的诉因,在当事人之间具有相同诉因的情况下不能构成法院签发诉讼中止令的适当理由。②值得注意的是,《1854 年法案》③授予法院以自由裁量权,法院可以根据仲裁协议而中止诉讼程序,这种不可撤销的中止令将导致法院失去对案件的管辖权。1889 年《仲裁法案》④规定不违反法院令的仲裁协议是不可撤销的,另外,该法案赋予仲裁协议与法院令同等的效力,授权法院对终局仲裁裁决涉及的法律问题进行司法审查。⑤但在 19 世纪中期,尽管有这些制定法,仲裁协议仍然被认为是违反公共政策的,

---

① Statute of Fines and Penalties, 1687, 8 and 9 Will. III c. 11, § 8 (Eng.).

② 《罚金条例》原则上支持任何为保障契约履行的起诉,但限制原告提出的单独实际损害的请求。See 9 C. J. 128, 129; 11 C. J. S. *Bonds* § 120; William Holdsworth, 12 History of English Law 519—520 (1938). 此后,科克法官在具有划时代意义的 *Vynoir* 案件中指出,保障仲裁协议履行的违约金可以构成损害赔偿金判决的基础。1698 年,国会又制定了一项条例 (9 Will. III c.15),规定仲裁协议可以简化为一个法院令,因此,对仲裁协议的违反将被视为对法院的藐视而受到处罚。自此,法院在这方面严格限制了自己的管辖范围。

③ Act of 1854, 17 and 19 Vict. c. 125 (Eng.).

④ Arbitration Act of 1889, 52 and 53 Vict. c. 49 (Eng.).

⑤ See Paul Sayre, *Development of Commercial Arbitration Law*, 37 Yale L. J. 595, 606—7 (1928); Zechariah Chaffee, JR. & Sidney Post Simpson, Cases and Materials on Equity (1934).

这主要是基于以下两个原因：第一，仲裁协议被视为"剥夺法院管辖权"的私人合同，而法院对这一事项本来具有管辖权。[①] 第二，主流的观点主张，置于法院监督之外的仲裁将是难以接受的，因此，立法赋予法院对仲裁的司法审查权力确属必要。但是非常明显，英国立法机关和法院制定的这些条例和法案都无视上述两种意见的存在。例如，仲裁协议因剥夺了法院的管辖权而违反了公共政策，但立法仍然赋予仲裁裁决具有普通法和衡平法上的执行效力，这种规定在一定程度上是不合常理的。另外，契约和债务免除的强制执行不具可诉性，两者都排除了法院的管辖权。关于仲裁员公正性的监督，英国法院始终如一地严格适用那些将仲裁协议定义为合法的约束性条款的制定法，而不是保护当事人之间的仲裁协议。[②]

英国人对仲裁的抵触极大地影响了19世纪时期美国法院对仲裁的态度。实际上，美国联邦最高法院在汉密尔顿诉利物浦[③]一案中提出了反对仲裁协议的三个主要理由：第一，在诉因相同的情况下，仲裁协议并不是导致诉讼程序中止的充分理由。第二，损害赔偿可以依仲裁协议作出，但特定履行并不是损害赔偿的一种方式。第三，这种仲裁协议不能作为法庭抗辩的理由，"除非在某些特别情况下，比如一个仲裁协议明确或隐含地规定了仲裁优先于诉讼的条款，仲裁裁决可用于决定某些事实上的先决问题。"[④]

尽管最高法院在20世纪初期的权威论断中曾提及一个新的起点可能到来，即仲裁协议与司法程序有着更密切的联系，并可以带来促进作用，但从技术上来看，这种观点还不够成熟，它仅仅是发生在一些为数不多的特别程序中。[⑤] 不过，最高法院在梅因公司诉德雷福斯[⑥]一案中指出，《联邦仲裁法》的制定是为了实质性改变法院抵触仲裁的普遍倾向，具有重大意义。[⑦] 1925年的一些仅具有象征性意义的国会文件更像是一个时代颠倒的错误，它首次提出了一个正式的且最强有力的国会声明，反对法院对仲裁的抵触。

[①] "剥夺法院管辖权"这一术语首次出现在 Kill v. Hollister, 1 Wils. 129 (1746) 一案中，See Creswell & Campbell, *Critical Comments*, in Scott v. Avery, 5 H. C. L. 811, 837, 853 (1855).

[②] See Tobey v. County of Bristol, 23 F. Cas. 1313 (C. C. D. Mass. 1845) (No. 14, 065) (Story, J.); 2 J. Story, EQUITY JURISPRUDENCE § 670.

[③] Hamilton v. Liverpool, London & Globe Ins. Co., 136 U. S. 242 (1890).

[④] 同上。

[⑤] See The Atlanten, 252 U. S. 313, 315 (1920); Red Cross Line v. Atlantic Fruit Co., 264 U. S. 109, 123—4 (1924).

[⑥] Marine Transit Corp. v. Dreyfus, 284 U. S. 263 (1932).

[⑦] See H. R. REP. No. 96 (1924).

同时,《联邦仲裁法》支持仲裁制度普遍化。例如,1930 年《联邦监狱工业法案》[①] 就包含了一个仲裁条款。《诺里斯—拉瓜迪亚法案》(Norris-La Guardia Act) 规定,当事人如果未能经过"合理的努力"申请劳动争议仲裁,可以请求禁令救济。[②] 再如,1926 年《铁路劳工法案》[③] 同样规定了详尽的仲裁条款。

二 仲裁程序的本土怀疑论

移植于英国普通法的美国法律对仲裁的嘲弄态度有过之而无不及。事实上,关于"仲裁协议因剥夺了法院的管辖权而违反了公共政策"和"在缺少法院参与的情况下,不能信任仲裁员会公正地适用法律"的两种说法都能在英国仲裁制度的发展历史上找到源头。[④] 然而,这些导致美国法律普遍反对仲裁的关键理论原则,却不是从大西洋的另一边进口而入的,而是美国本土的法律文化培育的。一直到 1985 年,上述两种观点在美国司法和立法界都占据着统治地位。第一,人们认为仲裁是为解决当事人之间的简单合同纠纷而生成的,不能适用于复杂的国内或国际商业领域。第二,单一的主流观点认为,法定诉因之诉的目的是保护整个消费者阶级或潜在的原告,与其他因法定权利受到侵害而提起的诉讼不同,潜在原告可以作为"私人检察总长"来保护公共利益。[⑤]

在美国安全设备公司案(American Safety Equipment Corp. v. JT Maguire & Co., Inc)中,第二巡回上诉法院的论证和判决作为一个范例,阐明了上述两种观点。[⑥] 暂且不论本案的程序问题,本案的事实问题简单且具有借鉴意义。原告美国安全设备公司(ASE)作为一个被许可人,向联邦地方法院提起诉讼,状告 Hickok 制造公司,请求确认双方签

[①] 18 U.S.C. § 744 (g) (1930).
[②] 29 U.S.C. § 108 (1932).
[③] 45 U.S.C. § 157–159 (1926).
[④] 英国法律早期对仲裁协议的认可近乎神秘且是不透明的。仲裁作为中世纪行业公会和海商行业确立的一种纠纷解决机制,学说上认为其核心已在形式上植入了希腊法。See Pedro J. Martinez-fraga, The New Role of Comity in Private Procedural International Law 120 n. 160 (2007).
[⑤] See Waldron v. Cities Service Co., 351 F. 2d 671, 673 (2d Cir. 1966).
[⑥] *American Safety Equipment*, 391 F. 2d at 821.

订的许可合同是不合法的且自始无效,所以没有支付许可费的义务。① 另外,原告主张正在履行的许可协议违反了谢尔曼法,因为该协议不正当地扩大了 Hickok 公司商标专有权而且不合理地限制了 ASE 公司的商业经营。②

值得注意的是,该许可协议作为起诉内容的一部分,③ 还包含了一个仲裁条款。④ 提起诉讼的十二天后,被告的受让人 J. P. Maguire 公司(Maguire)援引了这一仲裁条款,请求仲裁裁决给予许可合同中规定的 32.1 万美元许可费。然而在这个关节点上,ASE 公司又提起第二个确认判决之诉,状告 Maguire 公司,将同样的诉讼请求予以合并且增加了一项请求,即禁止 Maguire 公司提起仲裁。⑤ Maguire 公司则根据《联邦仲裁法》向法院提出中止诉讼程序的请求,要求对全部仲裁事项的诉讼予以中止。⑥ 被告放弃了许可协议中争议条款的执行权,主张原告提出的与许可协议相关的一切事项都应提交仲裁,在仲裁终结之前中止原告提出的确认之诉。原告一方亦不甘示弱,提出了一个动议请求法院签发事前禁令,以此对抗被告的仲裁要求。⑦

地方法院认为该仲裁条款的内容足以涵盖所有诉讼请求事项。据此,法院裁定:关于反托拉斯诉讼的仲裁并不违反公共政策。因此,"法官裁定中止了(原告)两个确认诉讼,指令该'协议本身及相关的一切争议和纠纷以及协议履行的违反,包括仲裁条款的自身有效性问题,均通过仲裁裁决'。"⑧ 上诉审理过程中,关于"地方法院是否错误地中止了 ASE 公司的诉讼并错误地将 ASE 公司的反托拉斯请求移交仲裁",⑨ 第二巡回上诉法院在确认该问题之前,简单阐释了案件事实。上诉法院在调查之后又进一步明

---

① *American Safety Equipment*, 391 F. 2nd at 823.
② 同上。
③ ASE 公司还对双方签订的一个制造合同提出了诉讼请求,该协议从 1959 年一直履行到 1966 年。同上书,第 823 页。
④ 该条款内容为:协议本身及相关的一切争议和纠纷、协议履行的违反,均通过仲裁裁决。同上书,第 823 页。
⑤ 请求主张:(1)该许可协议非法且违反反托拉斯法;(2)地方法院对该事项具有排他的管辖权;(3)根据许可协议,Maguire 公司仲裁请求不符合规定,因为被告(Hickok)的转让行为无效。同上书,第 823 页。
⑥ 同上。
⑦ 同上。
⑧ 同上书,第 823—824 页。
⑨ 同上书,第 824 页。

确了案件事实,"摆在我们面前的问题是,ASE 公司请求的法定权利之执行的性质是否与仲裁裁决执行相称。这是一个非常棘手的问题,因为我们以前很少面对。"①

上诉法院推翻了地方法院的裁决,认为"反托拉斯请求之诉与仲裁是不相称的",法院在下列四个主要观点的基础上做出了上述意见。

第一,上诉法院强调仲裁不应中止诉讼程序,已有大量判例支持这一观点。② 第二,第二巡回上诉法院强调,滥用权利是本案区别于其他案件的根本所在。例如,依据联邦制定法,我们无法证实案件中的一个请求是否无效,但不久之后,当事人提出了更高层次的请求,争议的核心问题变成了"联邦制定法对经常处于不利地位的公众的保护"和"支持仲裁作为快捷、经济和充分的争议解决方式"之间的冲突。③ 第三,关于涉及法定具体权利事项的仲裁,对这种仲裁的陈旧的本土偏见已作为一个突出的分析原则。"反托拉斯法之诉不仅仅是一个私人问题,《谢尔曼法》是为了保护市场经济竞争状态下的国家利益。因此,原告提起反托拉斯之诉是作为私人检察总长在保护公共利益……我们认为国会的立法旨意是此类争议必须在法院予以解决。但是,如果我们对仲裁机构审理反托拉斯案件的监管规则予以细化,则必须考虑这种规则的潜在影响。"④ 这一点虽然与第二个观点相联系,但描述了一个更好的优点,强调需制定出一个适合反托拉斯法的规则。在这一点上,有关的立法规则或许不会影响到整个国家的经济,甚至是一些潜在的原告们。⑤ 法院的第四个也是最主要的理由建立在两个密切相关的全国性原则上:与司法救济相比,仲裁作为一个可行的替代性争议解决机制,应减少其

---

① *American Safety Equipment*, 391 F. 2d at 824.

② 法院特别指出了五个案例:(1) Fallick v. Kehr, 369 F. 2d 899 (2d Cir. 1966),本案中,法院认为清偿和破产不能中止对盗用合伙基金的诉讼、转而提起仲裁; (2) Greenstein v. National Skirt and Sportswear Ass'n., 178 F. Supp. 681 (S. D. N. Y. 1959), appeal dismissed, 274 F. 2d 430 (2d Cir. 1960),本案中,法院认为集体谈判协议的仲裁程序应予中止,即便是原告声称协议违反了谢尔曼法; (3) United States for Use and Benefit of Capolino Sons, Inc. v. Electronic and Missile Facilities, Inc., 364 F. 2d 705 (2d Cir. 1966), dismissed under Rule 60, 385 U. S. 924 (1966),本案中,法院认为涉及《米勒法案》的诉讼事项提起仲裁是不适当的; (4) Evans v. Hudson Cole Co., 165 F. 2d 970 (3rd Cir. 1948),本案中,法院支持依据《公平劳动标准法案》提起的仲裁; (5) Prima Paint Corp. v. Flood & Conklin Manufacturing Co., 388 U. S. 395 (1967),本案中,法院认为即便当事人主张因欺诈而使合同中仲裁条款自始无效,合同本身是否构成欺诈仍属于仲裁的范围。

③ 在 *American Safety Equipment*, 391 F. 2d at 826 (citing *Wilko*, 346 U. S. at 438) 一案中,最高法院强调,"本案中,我们必须面对诸多类似的违反公共政策的情况"。

④ 同上书,第 827 页。

⑤ 同上。

适用；也就是说，仲裁只是适用于简单的合同纠纷案件，而很少涉及公共政策。法院的判决所述可以说是无法替代。

在另一方面，原告主张该协议是非法的。另外，反托拉斯案件一般是比较复杂的，而且往往有大量的各种证据，因此更适合法院审理，而不宜适用仲裁。再者，反托拉斯法律本来就是用以规范整个工商界的，而来自工商企业界的仲裁员在裁决案件时似乎很难去保护宏观的公共利益。克拉克法官在 Wilko v. Swan 一案中提到过类似的情况（少数意见）：仲裁裁决实际上可以给企业提供一个争议的解决方案，但是，它并不能保证给消费者一个公正客观的补偿（依据《证券法》）。①

第二巡回上诉法院在其有些反常的技术性引证中，反向引用了关于司法机关反对仲裁的两个相关理论（仲裁不适用保护私人权利的法定诉因之诉，这类案件中某一类个体处于一个非对等的不利交易地位；在复杂的、裁决结果可能涉及公共利益的案件中，仲裁也难以胜任），这一解释让人颇感困惑，也让人有些扫兴。简单地说，这两个相关的理论原则被视为首要原则神圣不可侵犯，因此，我们发现没有任何一个法院去质疑、分析或者去审查这些指导性原则，而是将它们作为裁决的前提要件。或许法院认为这将影响到公共政策、被保护的当事人群体、国会的意旨以及执业律师和法官。对上述两个理论长期缺乏严格的分析使我们看到的仅仅是这些不够清晰的所谓格言和概念上的对称。

试举一例可以说明，法院认为违反反托拉斯法的主张并不构成原告无须支付 Maguire 公司许可费用的抗辩理由。"在这个案件中，仲裁员可以马上设定一个最大限度，决定哪些商品可以出售。但是，联邦地方法院并不是仅仅在这些事项上作出裁决，而是认为该案所有事项都应当交由仲裁处理。这种做法是错误的，因为上诉人提起的反托拉斯诉讼请求不能仲裁。地方法院应当首先迅速作出判断，决定案件中哪些事项可以仲裁，比如许可协议下的请求事项，而反托拉斯诉讼请求不应当由仲裁员来审理。"②

虽然一审中案件事实并不清晰，在仲裁协议的非缔约人介入诉讼的情况下，法院仍然认为案件可以由仲裁来审理，本案中即包含有 Maguire 公司（受让人）的请求。令人诧异的是，在确定了抗辩方的争论点后，第二巡回

---

① 在 *American Safety Equipment*, 391 F.2d at 827 (citing *Wilko*, 346 U.S. at 438) 一案中，最高法院强调，"本案中，我们必须面对诸多类似的违反公共政策的情况"。
② 同上书，第 828 页。

上诉法院将案件发回给地方法院。"Maguire 公司是否可以迫使 ASE 公司接受仲裁应由法院来决定。"① 在后来的意见中,第二巡回上诉法院没有提及"仲裁条款独立性原则",试图将该案的裁决与本院及联邦最高法院的判例② 区别开来。在以往的那些判例中,包含有仲裁条款的协议被控是受欺诈而签订的,但法院认为仲裁条款应独立于整个合同,因此将案件交由仲裁审理。第二巡回上诉法院没有经过逻辑论证和认真调查,直接否定了先例和独立性原则的适用。令人失望的是,它仅仅作出了一个毫无意义的空洞意见:"假如 Maguire 公司并不是协议一方,那么,将仲裁条款独立于整个协议也是于事无补。"③

实际上,有关欺诈行为的规定可以直接适用于这个案件中。该案中,原告的主要诉讼请求是该合同在实质上因欺诈而导致无效。案件的主要争点是整个合同或者涉及反托拉斯法的那部分是否违法,因为公共政策旨在保护某些处于不利地位的群体的利益,其应当优先于当事人之间的仲裁合意。该合同的有效性在这两种情况下均存在争议。Maguire 公司的仲裁请求完全符合传统仲裁的范围。假如在事实上该公司不是许可合同的一方,而且只有在 ASE 公司同意的情况下才能成为受让人,而这种同意不可能发生,那么,Maguire 公司的仲裁请求事项属于仲裁的范围。我们可以根据仲裁条款独立性原则得出这一结论,因为原告所称的欺诈是指整个合同本身,而不是仲裁条款。

第二巡回上诉法院将案件发回地方法院时并没有给出一个令人满意的理论分析和实证分析。

前述两个相关的关于司法对仲裁的抵触理论可谓影响深远。当然,法院并不是仅有一种声音。试举一例,第七巡回法院在一个"通知诉答"的案件中,在确认反托拉斯诉讼请求但存在仲裁条款的情况下,试图削弱关于法定诉因之诉的理论,签发了诉讼程序中止令并将案件移交给仲裁审理。关于这一点,我们可以在美国大学人寿保险公司案④中找到那些强有力的论证。在

---

① 在 *American Safety Equipment*,391 F. 2d at 829 (citing *Wilko*,346 U. S. at 438) 一案中,最高法院强调,"本案中,我们必须面对诸多类似的违反公共政策的情况"。

② See Prima Paint Corp. v. Flood & Conklin Mfg. Co.,388 U. S. 395 (1967); Robert Lawrence Co. v. Devonshire Fabrics, Inc.,271 F. 2d 402 (2d Cir. 1959),*cert. granted*,362 U. S. 909,*appeal dismissed*,364 U. S. 801 (1960).

③ *American Safety Equipment*,391 F. 2d at 829.

④ University Life Insurance Company of America v. Unimarc Ltd.,699 F. 2d 846 (7th Cir. 1983).

这个案件中，尽管被告向法院提出了诉讼请求，地方法院在证据听审后中止了该程序，第七巡回法院还是指示地方法院将案件移交给仲裁审理。①

法院在劝说有关部门坚持反托拉斯案件不适用仲裁之后（包括第二巡回法院在美国安全设备公司案中的意见），还论证了仲裁适用的具体技术规则。法院认为："涉及反托拉斯法的案件必须中止仲裁——即便这是一条刚性规则，我们也不能只根据当事人的反托拉斯请求就无条件适用它。"② 这一论证还通过下列表述得到了增强："如果仲裁协议的一方当事人通过提起一个不必要的反托拉斯诉讼的方式来拖延仲裁程序，法院就不应当中止仲裁。事实上，本案正是这种情况。"③ 在此，法院重申，该诉讼请求可以根据美国《联邦民事诉讼规则》第12（b）（6）动议予以驳回，但应当由加州地方法院而不是上诉法院来决定。另外，如果当事人的诉讼请求被驳回，他仍然可以提起第二次修改后的诉讼。但是，第一次起诉的被告诉答被视为非实质性的反托拉斯抗辩，因此不能构成拒绝仲裁的理由。④

第七巡回法院对仲裁予以认可，反对那种教条式的中止仲裁程序而由法院管辖的裁定，而不管当事人将所有请求都已提交仲裁。法院对仲裁的态度都巧妙地总结在其意见中："正如莎士比亚在《哈姆雷特》中所言，凡事皆有天意。反托拉斯理论并非一成不变。"⑤ 虽然第七巡回法院论证的出发点在表面上是第一次起诉中反托拉斯认定的不充分，但细心谨慎的读者仍然可以认定法院实际上采取了实质重于形式的技术论证。法院认为在普通民商事领域里，一个有效的仲裁条款完全可以作为一种替代性争议解决方案。目前一个非常明显的情况是，以下四个关于司法机关抵触仲裁的前提理论缺少实质的论证：（1）仲裁剥夺了有管辖权的法院的管辖；（2）对仲裁予以司法监督；（3）仲裁不适用于复杂的国内和国际案件；（4）那些处于不利地位的潜在原告提起的法定诉因之诉中，仲裁不适宜作为该争议的解决方案。

因此，第七巡回法院并没有呆板地遵循先例和维持既有的观点，而是从实质上审查了不予仲裁的请求。尽管这一论证并不严格符合关于"通知诉答"的联邦标准，但法院还是确认了仲裁条款的有效性。美国大学人寿保险

---

① University Life Insurance Company of America v. Unimarc Ltd., 699 F.2d 848（7ᵗʰ Cir. 1983）.
② 同上书，第851页。
③ 同上。
④ 同上书，第853页。
⑤ 同上。

公司案被视为标志性的案例,该案表明,严格的程序论证同样要求实质重于形式的实质性分析,尤其是仲裁处在一个充满敌意的司法环境下。

除了上述四个颇具偏见的关于司法机关抵触仲裁的理论原则,司法意识的觉醒与发展要承认仲裁程序和司法程序具有平等的地位。根据《联邦仲裁法》,仲裁协议应该与其他合同同等对待。尽管《联邦仲裁法》是国会制定的关于商业贸易的实体性法规,但直到1967年,即该法制定后的第42年,联邦最高法院才指出:"很显然,有一点毫无争议,即《联邦仲裁法》是建立在一个无争议的'联邦有权控制州际和海事贸易'的基础之上,这也是仲裁法内容的限定范围。"[1]

上述理论原则阻碍了仲裁协议与其他有法律约束力及执行力的合同具有同等效力,克服了这一障碍后,关于仲裁作为替代性纠纷解决机制的学说开始朝它的本质及目的发展,即仲裁是平等主体间的司法程序。

---

[1] Prima Paint Corporation v. Flood & Conklin Mfg. Co., 388 U.S. 395, 405 (1967) (citing H. R. REP. No. 96 (1924); and S. REP. No. 536 (1924)).

第三章

不断变化的范式和公平竞争舞台的形成

——三个判例：威尔科诉斯旺、谢尔科诉阿尔贝托—卡尔弗、三菱汽车公司案

一 威尔科诉斯旺

尽管有不断增长的对仲裁特有优点的认同，那两个反对仲裁的本土理论原则[①]依然活跃在司法领域。因此，我们需要就案件展开论辩，以确定仲裁的正当性。关于涉及法定权利的案件是否适用仲裁的问题，如果案件事实有本质上的改变，那么，仲裁可能是适宜的。对于该问题，联邦最高法院在威尔科诉斯旺[②]一案中有十分彻底的论证。

能否把仲裁作为替代性纠纷解决机制与司法程序放在一个公平竞争的舞台上，法院还需要通过具体案件再次检视，而威尔科案看起来是专门为它量身订制的。该案中，原告作为证券购买人，根据1933年《证券法》第12节第（2）款[③]的规定起诉证券经纪人，主张损害赔偿金。原告诉称经纪公司

[①] 即：仲裁不适用于法定诉因案件，仲裁不适用于复杂的国内或国际纠纷。

[②] 即前面提到的第二个案件。

[③] 48 Stat. 74, 15 U.S.C. § 77a et seq., 15 U.S.C.A. § 77a et seq., s. 12 (2), 48 Stat. 84, 15 U.S.C. § 771 (2), 15 U.S.C.A. § 771 (2). "任何人出售证券，利用邮政或州际商业方式和工具，使用书面介绍或者口头沟通，如果包含了事实上的不实陈述或者遗漏重要事实，在并没有误导（购买人并不知道这种不实陈述或者遗漏事实）的情况下，且根据合理的谨慎原则也无须知晓该事实，购买人无须承担不知晓的举证责任。购买人可以根据普通法和衡平法在任何有管辖权的法院起诉，要求返还购买证券的价款及其利息（扣除购买该证券后带来的收益），或者赔偿因卖出该证券导致的损失。"

利用州际商业工具欺骗其购买了 1600 股永新公司的股票。"根据博格华纳公司和永新公司的合并合同，永新公司的股票价格现值将超过每股 6 美元，受此预期财务收益的影响，该公司股票受到市场买盘的追捧。"[1] 原告后来又起诉了一名共同被告，即永新公司的董事兼法律顾问，诉称该共同被告出售的永新公司的股票中，全部或部分股票正是被原告所购买。仅仅在购买该股票两周后，原告亏损出售了所有股票，而这一亏损正是由于经纪公司的虚假陈述和信息遗漏所造成的。

被告经纪公司没有提交答辩，而是提出了一个动议，要求依据美国仲裁法案第三节的规定中止诉讼程序。被告在提出动议的同时提交了一份书面陈述，声称双方之间的关系受同一合同条款的约束，强调原告并没有按照双方的约定申请仲裁。[2]

地方法院片面地认为，该仲裁协议实际上违反了公共政策，它剥夺了原告依据《证券法》可以获得有利于己方的司法救济权利，因此拒绝签发中止令。[3] 第二巡回上诉法院[4]维持了地方法院的裁定，认为《证券法》并没有规定当事人之间的仲裁协议可以取代司法程序。最高法院对本案签发了调卷令，认为本案"引发了一个对《证券法》和《联邦仲裁法》都会产生影响的联邦问题"。[5]

法院确定本案的争议点是："仲裁协议是否构成一个可以约束任何证券购买人的约定或条款，该条款视为其放弃《证券法》第 14 节规定的无效宣告权。"[6] 两部法规在表面上或字面上不可调和的冲突如何协调成了案件的焦点。首先，正如法院自己所指出的，"两院关于《联邦仲裁法》的报告中皆强调了避免诉讼迟延和节约成本的重要性，[7] 以及条款的实践所带来的基于制定法[8]

---

[1] *Wilko*, 346 U. S. at 429.

[2] 同上。

[3] Wilko v. Swan, 107 F. Supp. 75 (D. N. Y. 1952).

[4] Wilko v. Swan, 201 F. 2d 439 (2d Cir. 1953).

[5] *Wilko*, 346 U. S. at 430.

[6] 同上。

[7] Citing H. R. REP. No. 96 (1924); *and* S. REP. No. 536 (1924). *See* Marine Transit Corp. v. Dreyfus, 284 U. S. 263 (1932).

[8] Citing Agostini Bros. Bldg. Corp. v. United States, 142 F. 2d 854 (4th Cir. 1944); Watkins v. Hudson Coal Co., 151 F. 2d 311 (3rd Cir. 1945); Donahue v. Susquehanna Collieries Co., 138 F. 2d 3 (3rd Cir. 1943); Donahue v. Susquehanna Collieries Co., 160 F. 2d 661 (3rd Cir. 1947); *and* Evans v. Hudson Coal Co., 165 F. 2d 970 (3d Cir. 1948).

或新标准的争议",①《证券法》禁止行为人放弃任何制定法规定的权利,这是国会赋予投资者的权利,但这一规定似乎又与国会鼓励仲裁程序的意旨相违背。值得注意的是,法院仅仅做了简单的评论,指出这两部法规存有争议且需要调和。这一描述实际上是矛盾的,除了字面上的简单分析,几乎没有任何意义。②

联邦最高法院推翻了第二巡回上诉法院的裁决,法院认为:"国会在证券买卖立法上的意旨,并不是简单认定凡涉及《证券法》事项的仲裁协议都无效。"③ 最高法院依据《证券法》第14条以及《联邦法典注释》第77条的规定,④ 限制了对仲裁协议的长臂管辖。减少仲裁的适用和1933年《证券法》的优先适用似乎制造出一个表面上的冲突,上诉法院列出了至少八个不充分和带有缺陷的论证理由,并在此基础上作出了裁判。

第一,上诉法院认为:"仲裁员不是依据法律做出裁决",因为本案"需要确认行为人有主观的违法目的和违法事实"。⑤ 这一非常奇怪的观点几乎是盲目遵循了长久以来司法机关对仲裁程序的偏见——仲裁不能应对复杂的法律和事实分析,更不能将法律正确应用于错综复杂的具体案件。不过,法院对上述认定没有作出具体的论证。

第二,上诉法院指出,仲裁裁决可以"直接作出而无须解释推理过程",当事人依据1933年《证券法》寻求司法救济可能会遭受不利。⑥ 在这一点上,法院对仲裁的性质和特征存在误解。与法院的上诉裁决不同,仲裁裁决对未来的相同或类似案件并没有约束力,仲裁员无须遵循先例。因此,仲裁员不需要像上诉法庭那样创立一种规则,因为仲裁是为了解决当事人之间特定的纠纷,并非像法院那样会形成一个具有法律约束力的判例。从上诉裁决

---

① Citing Marine Transit Corp. v. Dreyfus, 284 U. S. 263 (1932); Kentucky River Mills v. Jackson, 206 F. 2d 111 (6th Cir. 1953); Campbell v. American Fabrics Co. , 168 F. 2d 959 (2d Cir. 1948); Columbian Fuel Corp. v. United Field Gas Co. , 72 F. Supp. 843 (D. C. W. Va. 1947), *affirmed*, 165 F. 2d 746 (4th Cir. 1948); Matter of Springs Cotton Mills v. Buster Boy Suit Co. , 88 N. Y. S. 2d 295 (App. Div. 1949), *affirmed*, 300 N. Y. 586 (1949); White Star Mining Co. v. Hultberg, 220 Ill. 578 (1906); Oregon-Washington R. & N. Co. v. Spokane, P. & S. R. Co. , 83 Or. 528 (1917); STURGES, COMMERCIAL ARBITRATIONS & AWARDS 502, 793—798 (1930).

② *Wilko*, 346 U. S. at 438.

③ 同上。

④ 15 U. S. C. A. s. 77,该条规定如下:"证券购买人不得放弃本小节所规定或证券交易委员会规章制度规定的权利,该种权利放弃的条款或约定均为无效。"

⑤ *Wilko*, 346 U. S. at 436.

⑥ 同上。

和仲裁裁决的形式及实质的区别上我们可以得出以下结论："法院认为，如果权利人对涉及法定权利的纠纷必须依照仲裁协议提起仲裁而不能向法院寻求司法救济，那么，这将对申请人产生不利。实际上，这是对仲裁程序和司法程序的性质及特征的双重误解。"

第三，上诉法院认为仲裁缺乏一个"完整的审理程序的记录"，申请人可能因此遭受不利。正如上述第二个主张所提及，法院的这一推断建立在下列前提之下：任何公正合理的司法活动都必须跟法院诉讼程序一样，有一个完整的记录。然而，法院并没有注意到，仲裁程序实行的是一套严格的证据和证言记录规则，相反，复杂的联邦和各州的司法程序在司法行政的管理上缺乏统一性的规则。

第四，上诉法院认为"仲裁员对'举证责任'、'合理注意'和'重要事实'等法律概念的理解很难满足法律要求的精确性。"[1] 法院这种对仲裁的新解释并不存在合理的基础，这种抽象的概括不过是创设了另一个基础性框架，用以限制仲裁适用于法定诉因纠纷。

第五，上诉法院认为撤销仲裁裁决的法律依据十分有限。[2] 满足当事人对争议解决终局的寻求是仲裁程序和诉讼程序共同的基本原则。仲裁在这方面有明显的优势，当事人启动诉讼程序，其过程或许是漫长的。然而，双方采用一致接受的仲裁作为替代性争议解决方式，方便快捷地满足了当事人对终局结果的追求。争议解决终局的需求同时符合当事人意思自治的理论原则，这也是仲裁程序和诉讼程序所共同追求的。上诉法院过于简单的概括或许忽略了普通法中最重要的理论原则——当事人意思自治，而这一原则正是美国"对抗性诉讼制度"中不可或缺的一部分。

第六，上诉法院还认为"联邦法院无法将仲裁员对法律明显错误的解释行为纳入司法审查范围，"[3] 以此来证明法定诉因案件的不可仲裁性。在这里，法院再一次违反了当事人意思自治原则。缩小司法审查的范围恰恰是替代性纠纷解决制度中当事人意思自治原则的应有特点。只要不违反法律，仲裁裁决就应当被承认。

第七，上诉法院列举了两个晦涩难懂的前提，以此支持它的裁决。这个论证分为两部分。首先，法院宣称："《联邦仲裁法》并没有规定对法律问题

---

[1] *Wilko*, 346 U.S. at 436.

[2] 同上。

[3] 同上书，第437页。

可以进行司法裁决的条款，英国法律中同样没有。"① 令人惊讶的是，法院这一判断的依据是 1950 年《英国仲裁法》② 以及英国《哈斯伯瑞法》。③ 其次，法院认为："《证券法》的保护性条款要求司法机关行使司法权以确保其效力"，④ 因此，"国会在《证券法》第 14 节上的立法意旨包括对当事人放弃司法救济程序的行为进行审查。"⑤ 但是，与此类似的 1950 年《英国仲裁法案》以及英国《哈斯伯瑞法》并没有相关判例。显然，这种推论是值得怀疑的，关于"保护性条款"的说法也缺乏依据。

第八，上诉法院认为："尽管《证券法》没有强制要求提起诉讼，但提前放弃诉讼权利应另当别论。"⑥ 这一论证只不过是第七点后面部分内容的重复。

持少数意见的弗兰克福特（Frankfurter）大法官支持明顿（Minton）大法官所发表的完整清晰的法律推理意见。简单地说，少数意见认为，没有事实可以说明"处于纽约联邦地方法院监督之下的纽约市仲裁制度无法保障原告应享有的权利"。⑦ 另外，"特别是在纽约市，诉讼过程异常复杂烦琐"，⑧ "这种烦琐的程序促使人们急切地寻找替代方法，《联邦仲裁法》满足了人们这一需求。"⑨ 少数意见在推理中明确引用了《联邦仲裁法》第 10 条⑩的规

---

① *Wilko*, 346 U.S. at 437.
② United Kingdom Arbitration Act of 1950, Act14 Geo. Ⅵ, C.27, §21.
③ 29 Halsbury's Statutes of England Ⅱ at 106.
④ *Wilko*, 346 U.S. at 437.
⑤ 同上。
⑥ 同上书，第 438 页。
⑦ 同上书，第 439 页。
⑧ 同上书，第 440 页。
⑨ 同上书，第 439 页。
⑩ 该条内容如下：
第 10 条：休庭；理由；复审。
(a) 在下列情况下，美国法院可以根据任何一方仲裁当事人的申请，裁定撤销仲裁裁决。
(1) 裁决是通过贿赂、欺诈或其他不正当手段取得的；
(2) 有证据证明任何仲裁员有偏袒或腐败行为；
(3) 有充分理由相信仲裁员拒绝推迟听审的行为不当，或者拒绝听取相关证据和事实材料；或者有其他任何损害当事人权利的不当行为；
(4) 仲裁员越权或不当做出裁决；
(5) 重新指派仲裁员。
(b) 仲裁裁决被撤销后，如果仲裁协议仍然有效，法院可以自由裁量将案件交给仲裁再次审理。
(c) 根据第 5 条第 580 款，仲裁当事人以外的第三人如果认为仲裁裁决内容侵害了其权利，美国联邦地方法院可以根据其申请，撤销明显违反第 5 条第 572 款的仲裁裁决。

定，强有力地挑战了多数意见的主要观点——比如，仲裁员在一定程度上不受法律约束。弗兰克福特大法官没有明确引证当事人意思自治原则，但做了一个常识性的但非常细致的审查。他认为：我们不能同意这种观点，即"签订了仲裁协议的原告只能接受仲裁意味着在商业交易过程中设定了一个不合理和不应执行的约束。"证明当事人双方协议的效力过于宽泛是一个方面，而在《证券法》禁止放弃权利的条款中推出限制适用《联邦仲裁法》的一般性规定，则完全是另一个方面。[1] 不同于多数意见，弗兰克福特大法官非常重视各方当事人在选择仲裁作为争议解决方式时谈判力量的均衡，对证券法规定的潜在原告的利益保护条款以及禁止放弃权利条款则不予讨论。[2]

少数意见在其逻辑推理结论中说明，冲突的出现可以依据制定法作出一个简单的、文义上的解释，并且，所谓公共政策的冲突也只不过是表面上的冲突，完全可以调和。实际上，在当事人选择仲裁作为争议解决方式时，《证券法》第12条所规定的赋予潜在原告的"特别权利"[3]可以得到保护和促进。再者，《证券法》也没有赋予证券购买人任何反对仲裁的权利。因此，当我们认真审视上述八个前提理论、在仲裁制度框架下论证《证券法》实际赋予的权利、把当事人意思自治原则作为普通法基本特点以及结合仲裁的特有因素来论证这一问题，上述冲突现象及调和的需要将

---

[1] 该条内容如下：

第10条：休庭；理由；复审。

(a) 在下列情况下，美国法院可以根据任何一方仲裁当事人的申请，裁定撤销仲裁裁决。

(1) 裁决是通过贿赂、欺诈或其他不正当手段取得的；

(2) 有证据证明任何仲裁员有偏袒或腐败行为；

(3) 有充分理由相信仲裁员拒绝推迟听审的行为不当，或者拒绝听取相关证据和事实材料；或者有其他任何损害当事人权利的不当行为；

(4) 仲裁员越权或不当做出裁决；

(5) 重新指派仲裁员。

(b) 仲裁裁决被撤销后，如果仲裁协议仍然有效，法院可以自由裁量将案件交给仲裁再次审理。

(c) 根据第5条第580款，仲裁当事人以外的第三人如果认为仲裁裁决内容侵害了其权利，美国联邦地方法院可以根据其申请，撤销明显违反第5条第572款的仲裁裁决，第440页。

[2] 来自宾夕法尼亚州的格雷哈姆（Graham）议员是司法委员会委员，他分析了当事人之间的仲裁协议约束效力。

[3] 这些"特别权利"可以归纳为：(1) 误述的恢复权；(2) 联邦法院或州法院管辖权下的特别权利执行权；(3) 管辖法院的选择权；(4) 全国范围内送达的优先权；(5) 无多重管辖的数量条件。

大大减少。

二 谢尔科诉阿尔贝托—卡尔弗

实际上,试图将民商事领域仲裁协议与其他合同同等对待的变化趋势有所增长。在威尔科诉斯旺一案中,最高法院的指示只不过加强和进一步确认了上述对仲裁的偏见,这种偏见正是《联邦仲裁法》试图消弭的。在国际贸易和跨国商业日益发达的今天,最高法院用了23年的时间来重新审视这一观点。从技术上看,最高法院在尝试最直接的路径。最高法院已经认识到,改变在威尔科诉斯旺案中的观点势在必行,但又不能在书面意见中明确反对自己的判例。最高法院强调了法律的确定性、可预期性、透明性以及当事人意思自治原则,也指出了对国际合同及仲裁程序的不当抵制。在谢尔科诉阿尔贝托—卡尔弗[①]案中,最高法院指出六个不同于威尔科诉斯旺一案的明显区别。从对威尔科诉斯旺一案的指示到三菱汽车公司案[②]具有决定性意义判决的转变,谢尔科诉阿尔贝托—卡尔弗案起到了一个过渡作用,并为这种转变创造了可能。在谢尔科诉阿尔贝托—卡尔弗案中,最高法院的意见受到"经济全球化"概念的影响,虽然这一词语并没有出现在其书面意见中,但这是法院将仲裁和诉讼程序置于一个平等地位所依据的主要理由。

正因为如此,最高法院在伯利蒙诉扎巴塔离岸公司案[③](以下简称伯利蒙案)中又开创了一个全新的判例。该案可以视为最高法院在全新的经济视角下作出的一个开创性判决。实际上,最高法院在伯利蒙案中着重突出了由美国主导的跨国商业往来的全球化特征,此外,还强调了发展一个与全球化商业往来相适应的法律制度的重要性。这个案件所显现的经济全球化现实迫使法院在仲裁的问题上改变以往的观点。该案的争议是关于一个选择管辖法院的合同条款,该条款内容为:"任何纠纷的解决都必须提交伦敦高等法院",那么,当合同的美国一方在美国联邦地方法院起诉合同另一方(某德国公司),地方法院是否有权管辖?[④]

---

① Scherk v. Alberto Culver Co., 417 U.S. 506 (1934).
② Soler v. Mitsubishi, 473 U.S. 614 (1985).
③ M/S The Bremen v. Zapata Off Shore Co., 407 U.S. 1 (1972).
④ *The Bremen*, 407 U.S. at 1.

1977年11月，原告扎巴塔离岸公司（简称扎巴塔公司）是一家总部位于休斯敦的离岸公司，其与被告德国安特外瑟公司（Unterweser）签订一份合同，约定由被告将原告所有的一套海洋石油钻井设备（称为查帕拉号，Chaparral）从美国的路易斯安那运送到意大利拉文纳市的一个港口（特别说明，扎巴塔公司已经通过协议取得某特定海域的石油开采权）。该运输合同还包括了两个相关条款：第一，双方一致同意将本合同所有争议提交伦敦高等法院；第二，关于因安特外瑟公司违反合同义务或侵权导致赔偿的另外两个附加条款同属于本合同的一部分。[①] 依据第五巡回上诉法院的判例，[②] 地方法院认为被告德国安特外瑟公司应遵守公平原则，撤回该公司已在伦敦高等法院提起的同一诉讼。另外，地方法院还认为其拥有事项管辖权及属人管辖权。

第五巡回上诉法院根据卡本布莱克案的判决维持了地方法院的决定。上诉法院认为："该案至少可以说明，除非选择的法院所在国能提供一个比受理法院所在国更为方便的条件，选择管辖法院的合同条款将不具有强制执行力。"[③] 据此，第五巡回上诉法院认为伦敦高等法院应限制其管辖权，根据"不方便法院"原则驳回该案。[④] 第五巡回上诉法院支持地方法院的裁定，其多数意见[⑤]的作出依据以下五个方面的因素：（1）船队从未离开第五巡回法院的管辖地，且事故发生在地方法院的管辖区域之内；（2）包括扎巴塔公司全体员工在内的大量可能证人都居住在墨西哥湾附近的地区；（3）包括检查和维修在内的所有前期工作都是在墨西哥湾领域内完成的；（4）伯利蒙号全体员工的证词可以轻松获取；（5）除了管辖法院选择条款，英国方面对本

[①] 1968年1月5日，德国安特外瑟公司的深海拖船伯利蒙号运送查帕拉号离开路易斯安那威尼斯港前往意大利。当伯利蒙号到达墨西哥湾国际海域时，遭遇到大风暴。风暴中，查帕拉号的其中一条"升降腿"灭失，钻井平台也遭到严重破坏。无奈之下，扎巴塔公司指示伯利蒙号将查帕拉号拖至最近的佛罗里达州坦帕港。扎巴塔公司没有遵照选择管辖法院的合同条款，而是在坦帕的联邦地方法院起诉德国安特外瑟公司以及伯利蒙号，要求被告因过失及违约支付原告350万美元的损害赔偿金。

[②] See Carbon Black Export, Inc. v. The Monrosa, 254 F.2d 297, 300—301 (5th Cir. 1958), Cert. dismissed, 359 US 180 (1959)（该案中，法院认为该选择管辖法院的合同条款有意逃避本具有管辖权的法院的管辖，违反了公共政策，因而不具有约束力）。

[③] 同上书，第1912页。

[④] 法院可以"不方便法院"原则行使自由裁量权，驳回案件而将管辖权让予另一个更为方便的法院。

[⑤] 第五巡回法院的初步意见中法官的支持反对比例是2∶1，实际上，被告向第五巡回法院的全体14名法官提出了一个再审查的动议。其中6位反对其他8位法官所做出的维持地方法院决定的多数意见。

案没有任何相关利益。①

在伯利蒙案中，第五巡回上诉法院还认为原告是一家美国公司，因此，如果将该案驳回而移送给英国法院管辖必然引起争议。第五巡回上诉法院的多数法官认为上述选择管辖法院的条款违反了公共政策而不具约束力，最高法院的判例中②也有类似的观点。

最高法院对该案签发了调卷令，对巡回法院审理该案过程中引发的一个直接、明显的问题进行了审查，即合同当事人是否有权选择一个外国管辖法院而排除合同违约行为或过失行为发生地法院的管辖。最高法院基于下列八个理由推翻了第五巡回上诉法院的判决。

第一，法院强调美国公司在全球范围内从事跨国商业贸易活动至少已经有 20 年了。③ 基于这种情况，法院认为，曾经妨碍跨国商业往来的地域阻隔如今已经消失。

第二，数以千计的美国公司在从事大型设备和机械的远程海上运输，已经构成国际贸易的重要组成部分。④

第三，如果"我们仍然固守一种狭隘的观念——所有纠纷都必须依照美国法律在美国法院解决"，⑤ 将不利于美国企业的扩张和发展。

第四，第五巡回法院对卡本布莱克案的引用并不适用于国际贸易中。"我们不应当在国际贸易中要求一切事项必须适用美国法律，一切纠纷都必须提交美国法院解决。"⑥

第五，八年前的国家设备租借公司⑦案中，法院认为，在联邦地方法院提起诉讼的当事人如果只可以在某一地方法院接受传唤文书的送达，否则无法通过自己指定的代理人接受传唤文书，那么，该法院是适宜的。法院指出："合同一方当事人可以事先约定一个管辖法院，允许对方当事人送达传唤文书，或者放弃送达。"⑧ 最高法院声明，这一道理是显而易见的，简单地说，根据选择管辖法院的条款，任何国际商事领域内的合同纠纷都可以在

---

① *The Bremen*, 407 U. S. 1.
② *Bisso v. Inland Waterways Corp.*, 349 U. S. 85 (1955), and *Dixilyn Drilling Corp. v. Crescent Towing and Salvage Co.*, 373 U. S. 697 (1963).
③ 同上。这里的 20 年，法院指的是 1953—1973 年。
④ *The Bremen*, 407 U. S. at 9.
⑤ 同上。
⑥ 同上。
⑦ National Equipment Rental, Ltd. v. Szukhent, 375 U. S. 311 (1964).
⑧ 同上书，第 315—316 页。

国外法院审理和判决，该合同条款应约束各方当事人。这种规则唯一的例外是，如果该争议中的条款在某一案件特定的事实和背景下执行，会导致一个"不合理"的结果。①

第六，该案中选择管辖法院的条款是经验丰富的商人以合理的商事行为方式一致协商达成的。因此，合同各方当事人应受该条款约束，除非存有欺诈、其他类似的强迫性事由以及其他正当理由能够证明协商过程双方处于明显不均等的状态而导致实质不公平。②

第七，充分证据表明该选择管辖的条款是"协议的重要组成部分，包括金钱方面的条款在内，都是当事人经过认真考虑后做出的。"③

第八，最高法院强调，尽管在一个更远的法院提起诉讼会带来不便，反对选择管辖法院条款的当事人将面临非常严格的举证责任。在国际贸易案件中，坚持选择管辖法院条款是不必要的，而且，选择条款不仅仅是为了方便国内当事人寻求国内纠纷的解决。④ 法院认为，除非当事人能够证明选择条款的执行会导致明显的不合理和不公平，或者有欺诈的事实或当事人缔约能力的明显不均等才导致选择条款无效。⑤

值得注意的是，最高法院并没有提及仲裁和仲裁条款，也没有勇气去开创一个新的原则，将仲裁条款与选择管辖法院条款同等对待。不过，法院发展了两个重要的概念，这或许有助于仲裁制度发展成一个与司法程序并行的平等主体间的纠纷解决方法。如今，在多边贸易和跨国商业交往日益发达而形成的新经济秩序下，国际合同的性质和特征使其被提升到一个重要高度，而最高法院在这方面的判例很少，甚至没有。事实上，法院已经提到过"国际合同"的标准，这一新标准的创造将有助于国内和国际仲裁的发展。

最高法院在理论层面强调了"国际合同"⑥的至关重要性，暗含着一个观念上的转变——重新拾起了几近抛弃的"当事人意思自治"原则。暂且不论最高法院强调"当事人意思自治"原则的目的，这种转变至少使法院在审查选择管辖法院条款的时候有了更多的自由。可以说，这是法院在伯利蒙案中取得的第二个重要的理论突破。

---

① *The Bremen*, 407 U. S. at 10.
② 同上书，第 12 页。
③ 同上书，第 14 页。
④ 同上书，第 17—19 页。
⑤ 同上书，第 18—19 页。
⑥ 最高法院将"国际合同"和"国际纠纷或国际争议"解释为同一意义。

法院对选择条款的尊重亦可以推断出将仲裁视为与司法程序并行的纠纷解决机制，仲裁所具备的可靠性、统一性、可预期性和确定性将得到进一步阐述。在国际贸易中，选择管辖法院条款与仲裁条款应具备相同的效力，这种同一对待或将突破长久以来阻碍仲裁制度发展的理论困境。这一突破将从伯利蒙案的判决开始。

伯利蒙案的判决就像苏格拉底传奇的大衣一样，充满了洞眼的表面使我们看到更多的内在。抛开对"合同义务神圣"的格外强调，法院的论证指出：基于国际贸易的繁荣和美国跨国公司从事跨国商业的增加这两个原因，法院承认了当事人意思自治和选择管辖条款。当事人意思自治已经演化成一个综合性的指导原则并在一定程度上抵消了国际合同及国际交易性质的重要性。[①]

随着国际合同的不断发展和司法的不断完善，合同中设定单独的争议解决条款成为国际趋势，这使得当事人意思自治原则在美国仲裁发展的进程中起到了举足轻重的作用。

实际上，仅仅在伯利蒙案判决一年后，最高法院便用大量的论证将很多案件与威尔科诉斯旺案区分开来，且没有推翻威尔科诉斯旺案的判决。这些意见促进了仲裁制度的发展。在谢尔科诉阿尔贝托—卡尔弗公司案中，[②]"因为本案争讼问题的重要性"，[③] 最高法院签发了调卷令。在威尔科诉斯旺案中，法院认为："仲裁协议不能排除证券购买人依据1933年《证券法》规定的司法救济权，从该法第14节的内容来看，'证券购买人放弃本小节所规定的权利的任何条款或约定'都应予以禁止。"[④] 在这里，谢尔科诉阿尔贝托—卡尔弗公司案所面临的问题是法院能否引用上述判例。该案中，第七巡回上诉法院否定了美国原告与位于瑞士的德国被告所订合同中的仲裁条款，该合同在奥地利履行，涉及三个依据德国和列支敦士登法律设立的公司。[⑤]最高法院推翻了第七巡回上诉法院的判决，认为：该解决国际商业往来中贸易纠纷的仲裁条款具有约束力，与之可能产生冲突的《证券法》第14节之

[①] 值得注意的是，最高法院在伯利蒙案中指出，国际合同是一个种属概念。法院并没有特别说明国际建筑合同、国际销售协议、国际代理协议、国际特许协议以及国际资产购买协议之间的区别。

[②] Scherk v. Alberto Culver Co., 417 U.S. 506 (1934).

[③] 同上书，第510页。

[④] 同上。

[⑤] 同上。

规定并不能影响其有效性。[1] 最高法院谨慎地阐明了如下事实：(1) 原告是一个大部分业务在美国的美国公司；(2) 被告是一个按照德国和列支敦士登法律设立的德国公司；(3) 合同的履行在奥地利，交易完成在瑞士、美国、英国和德国；(4) 买卖合同涉及的公司是依据欧洲国家法律设立的，且其绝大部分业务都在欧洲市场。[2] 在威尔科诉斯旺案中，原被告都是美国企业，显然，本案当事人国际化的特点与之完全不同。另外，最高法院还认为："本案中，《联邦仲裁法》的有关规定不应被忽略"，[3] 法院用一个巧妙的表达方式开创了一个新的规则，既使得本案的判决区别于23年前威尔科诉斯旺案的判决，又没有直接推翻该案的判决。

严格地说，法院至少作出了六个重大的、实质性的、事实上或法律上的推断。第一，威尔科根据1933年《证券法》提起诉讼，该法第12节赋予受欺诈的购买人"特别权利"，以获取民事赔偿。但是，1934年《证券交易法》第10节并没有相似的规定。相反，联邦判例法已经确定相关规则，即《证券交易法》本身并没有设定威尔科案所述的"特别权利"。[4] 第二，虽然1933年《证券法》和1934年《证券交易法》都分别规定了禁止放弃权利的条款，但1934年《证券交易法》中并没有1933年《证券法》中的类似规定，即法院在威尔科案中认定的禁止仲裁协议放弃相关权利的条款。[5] 第三，法院在威尔科案中指出，根据1933年《证券法》的管辖条款，允许原告在任何有管辖权的法院提起诉讼，包括联邦法院和州法院。但是，1934年《证券交易法》只允许原告在联邦地方法院提起诉讼，大大限制了原告的管辖法院选择自由。[6] 第四，联邦最高法院认为：尽管表述各不相同，《证券法》和《证券交易法》禁止放弃权利条款的目的在本质上是相同的，但是，威尔科案中的协议与谢尔科诉阿尔贝托—卡尔弗公司案大不相同。阿尔贝托—卡尔弗公司为购买谢尔科的企业所签订的合同是一个真正的国际合同。[7] 在前面所述的伯利蒙案[8]中，法院非常自信地迅速作出判决，确认和提高了"国际合同"的地位。

---

[1] Scherk v. Alberto Culver Co., 417 U.S. 513 (1934).
[2] 同上。
[3] 同上。
[4] 同上书，第514页。
[5] 同上。
[6] 同上。
[7] 同上书，第515页。
[8] M/S Bremen v. Zapata Off-Shore Co., 407 U.S. 1 (1972).

这一合同所体现出来的政策考虑应明显区别于威尔科案。在威尔科案中，除仲裁协议外，只有美国联邦证券法对该案的证券买卖纠纷有相关规定。当事人都位于美国、协议签订行为发生在美国，也没有任何国际法律冲突问题。而本案中，虽然合同中没有包含仲裁条款，但仍然存在一个冲突——适用哪个国家的法律来解决合同争议。这种争议无可避免地存在于涉及两个或两个以上不同国家的当事人间的合同之中，因为每一个国家都有自己独立的实体法和冲突法。一个包含选择管辖法院条款的合同可以事先确定管辖法院和适用的法律，这种可预期性和规范性是任何国际合同必不可缺的。另外，选择条款可以避免某些法院对某一方当事人的敌意或可能产生的不公平对待。①

最高法院考虑到国际贸易的日益繁荣以及确定性、可预期性和统一性的需要，不仅强调了国际合同的重要性，也强调了谢尔科诉阿尔贝托—卡尔弗公司案区别于威尔科案的6个重要因素。这一司法意见起初看起来只不过是对合同条款的逻辑分类。不过，当我们认真分析，就会发现其中的特别之处。由此，法院特别指出："诉讼前的仲裁协议，事实上是一个特别的选择管辖法院的条款，它不仅确定了纠纷解决机构，也确定了将要适用的程序规则。"② 这里我们说仲裁协议是"一个特别的选择管辖法院的条款"，即意味着将仲裁与诉讼程序放在同一水平线上。虽然选择管辖法院的条款可以使当事人为自己选择一个司法制度，其中包括：(1) 证据规则；(2) 民事程序规则；(3) 司法行政规则；(4) 证明规则；(5) 上诉方式；(6) 特别赔偿问题；(7) 司法过程中国家政策的考虑，但仲裁过程都不存在上述规则。法院的分析论证突破了这些概念上的障碍（即阻碍仲裁程序与诉讼程序处于平等地位的概念因素）。③

最后，法院在伯利蒙案④中确定了两个重要概念，在此基础上，法院将谢尔科诉阿尔贝托—卡尔弗公司案与威尔科案区别开来。既然将仲裁条款视为一种特别的选择管辖法院的条款，那么，法院应当把选择管辖条款的相关规定应用于仲裁条款。实际上，法院也是这么操作的：

---

① *Scherk*, 417 U.S. at 516.

② 同上书，第519页。

③ 实际上，仲裁条款、法律选择条款和法院选择条款根据各自不同的目的而大不相同。关于这方面的精彩分析，参阅：Georgios Petrochilos, Procedural Law in International Arbitration (2004).

④ *Scherk*, 417 U.S. at 519 n.14.

在伯利蒙案中，我们认为在当事人自由缔约且不存在欺诈的情况下，选择管辖法院的条款应具有完整的法律效力。当然，这并不意味着任何关于欺诈的未经证实的主张（比如本案）都会导致该条款的不可执行。另外，当条款确是因欺诈或强迫而达成的，该仲裁条款和选择管辖法院的条款不具法律效力。①

因此，关于缔约过程中欺诈的认定应该由仲裁机构而非法院来裁决。当然，最高法院采取的是非常谨慎的步骤，尽量避免与威尔科案的判决产生直接冲突。最高法院也成功地做到了这一点，其并没有直接公开抵触以往对仲裁的偏见理论，也为后来具有里程碑意义的三菱汽车公司案②的判决打下了坚实的基础。

三　三菱汽车公司案：决定性的范本

谢尔科诉阿尔贝托—卡尔弗公司案作出判决 11 年之后，最高法院在三菱汽车公司案中又面临与威尔科案和谢尔科诉阿尔贝托—卡尔弗公司案同样的法律问题。正如法院所述：

这些案件所带来的核心问题是仲裁的应用问题。涉及《联邦仲裁法》、《关于承认和执行外国仲裁裁决的公约》和《谢尔曼法》，以及国际商业交易中包含一个有效仲裁条款的协议。③

实际上，最高法院认为将这个问题进一步缩小更为可行："本院签发调卷令是为了审查在国际商业交易的案件中，美国法院是否可以将反托拉斯诉

---

① *Scherk*, 417 U.S. at 519 n.14.
② Mitsubishi Motors Corp. v. Soler Chrysler-Plymouth, Inc., 473 U.S. 614 (1985).
③ 同上书，第 616 页。对《公约》的简单介绍将有助于我们了解上下文。1958 年，联合国中 45 个成员国中的 26 个国家签署了《联合国关于承认和执行外国仲裁裁决的国际公约》（简称《公约》或《纽约公约》）。国际联盟（即联合国的前身）已经达成了两个多变国际条约：(1)《关于仲裁的日内瓦协议》，1958 年 1 月 10 日对签署开放；(2)《关于执行外国仲裁裁决的日内瓦公约》，1927 年 9 月 26 日对签署开放。

讼请求交由仲裁审理。"[1]

值得注意的是，联邦地方法院指示原告三菱公司和被告索勒（Soler）公司："将主诉请求和反诉部分的前两个及第三个请求的一部分提交仲裁审理。至于联邦反托拉斯争议，根据上诉法院对美国安全设备公司案的判决，反托拉斯争议不适用于仲裁。"[2] 不过，地方法院根据最高法院在谢尔科诉阿尔贝托—卡尔弗公司案中的指示，将反托拉斯请求中的国际部分仍交由仲裁审理。[3]

第一巡回上诉法院在美国安全设备公司案的判决中认为，反托拉斯诉讼请求不适用于仲裁程序，而且，"即便是在国家商业往来中，无论是最高法院对 Scherk 一案的判决还是《纽约公约》都没有禁止这一原则。"[4] 最高法院推翻了第一巡回上诉法院关于这一问题的裁决，第一次将仲裁程序与诉讼程序同等对待，挑战和反驳了长期以来对仲裁程序的偏见。法院的多数意见主要从六个方面阐释了这一点。

第一，法院认为："仅仅有反托拉斯争议的请求并不能证明选择管辖的条款当然无效，因为该请求未经证实。当然，一方当事人对仲裁的反对声明可以构成仲裁协议无效的审查理由。"[5] 那种狭隘的、陈旧的对仲裁的误解曾经是法院一些判决的决定性因素，这些判决都认为关于法定诉因的纠纷提交仲裁审理是错误的。如今，这一观点显然已不具有正当性。法院在裁决中含蓄地表达了这一观点：仲裁可以给当事人充分的机会来改正错误，尽管这种纠正行为很少发生。

第二，以往法院长期的做法是认定仲裁的性质决定其不适合复杂的经济纠纷，最高法院在其论证中直接质疑了这种观点并予以否定。最高法院特别指出："可能的复杂性不足以排除仲裁的适用。在美国安全设备公司案中，法院认为反托拉斯案件的性质决定其不适宜仲裁，我们或许应该质疑这一观点……总而言之，仅仅可能的复杂性不足以说明仲裁不能正确地审理反托拉斯案件。"[6] 仲裁员的专业化特点决定其完全可以胜任那些事实及法律上都非常复杂的案件的审理，最高法院对这一点的认同可以说没有任何先例可循。

第三，法院强调，"有观点认为，反托拉斯法对商业行为的限制导致仲

---

[1] Mitsubishi Motors Corp. v. Soler Chrysler-Plymouth, Inc., 473 U.S. 624 (1985).
[2] 同上书，第 620 页。
[3] 同上书，第 621 页。
[4] 同上书，第 623 页。
[5] 同上书，第 633—634 页。
[6] 同上。

裁员可能对其产生一种本能的抵触。这种担心完全没有必要，应予以否定。国际仲裁员往往是从法律界和商界中选任的，当事人事先达成协议一致同意将有关争议提交仲裁机构审理，并从中选择仲裁员来解决他们的纠纷。"[1]

第四，有观点认为，当事人在仲裁程序中可能无法找到相关职业道德规范所要求的完全胜任的仲裁员。对此，法院指出："这并不意味着当事人和仲裁机构无法寻找到胜任的、尽职的和公平的仲裁员。"[2]

第五，还有观点认为，《谢尔曼法》是为了保障国家利益，因此，仲裁裁决不能给予反托拉斯诉讼中的原告以三倍损害赔偿。最高法院坚决否定这一说法，并第一次作出了如下声明：反托拉斯的赔偿请求在本质上是补偿性的，尽管其含有惩罚性功能——惩罚违法者以威慑未来可能的侵权人。[3]

第六，最高法院强调："法院应放弃那种陈旧的反对仲裁的观念，并且可以根据案件的具体情况将本属于自己管辖的诉讼交由外国或国际法庭审理。从这个意义上讲，法院至少应遵循国际商事仲裁的国际惯例。"[4]

因此，最高法院推翻了第一巡回上诉法院关于反托拉斯请求不能适用仲裁的判决。更重要的是，最高法院否定了以往反对仲裁的四个基本理论。这一开创性的判决对美国仲裁制度（包括国内仲裁和国际仲裁）的发展具有非常积极的意义。如今，下列事项（包括但不限于）均可以约定仲裁：（1）不公平和欺骗交易（法定诉因案件）；[5]（2）年龄歧视；[6]（3）运动员对违反集体协议的处罚不服而引发的体育纠纷；[7]（4）RICO 案件（Federal Racketeer Influenced and Corrupt Organizations Act，即《联邦反对欺诈及腐败组织法》（简称 RICO——译者注）；[8]（5）涉及 1991 年《民权法案》的案件；[9]（6）涉及 1947 年《劳动关系法》；[10]（7）请求惩罚性赔偿；[11]（8）集团诉讼案件。[12]

---

[1] Mitsubishi Motors Corp. v. Soler Chrysler-Plymouth, Inc., 473 U.S. 634 (1985).
[2] 同上。
[3] 同上书，第635页。
[4] 同上书，第638—639页。
[5] See JLM Industries, Inc. v. Stolt-Nielson, 387 F. 3d 163 (2d Cir. 2004).
[6] Ibid.
[7] See Sprewell v. Golden State Warriors, 266 F. 3d 979 (9th Cir. 2001).
[8] See Shearson/American Express, Inc. v. McMahon, 482 U.S. 220 (1987).
[9] See Maye v. Smith Barney, Inc., 897 F. Supp. 100 (S.D.N.Y. 1995).
[10] See Stroehmann Bakeries, Inc. v. Local 776, International Brotherhood of Teamsters, 969 F. 2d 1436 (3rd Cir. 1992).
[11] See Mastrobuono v. Shearson Lehman Hutton, Inc., 514 U.S. 52 (1995).
[12] See Green Tree Financial Corp. v. Bazzle, 539 U.S. 444 (2003).

四 推翻威尔科诉斯旺案：一个新时代的开始

值得注意的是，仅仅在三菱汽车公司案判决 4 年后，最高法院在罗吉圭兹·奎杰斯等诉希尔松/美国快递公司案中又遇到同一问题：涉及 1933 年《证券法》的争议事项是否可以事先约定仲裁，而该法规定相关争议只能向法院提起诉讼。[1] 原告大约投资了 40 万美元购买证券，该买卖是根据原告与经纪人签订的标准服务协议（格式合同）完成的。该协议包含有一个仲裁条款，即"双方当事人一致同意将所有争议（包括账户管理）提交仲裁审理。"[2] 后因该投资并未盈利，原告起诉被告及其账户管理代理商，诉称其资金因"未授权及欺诈交易"[3] 而遭受损失。另外，原告还主张被告违反了联邦及州法律，包括 1933 年《证券法》第 12 节和 1934 年《证券交易法》中的三节内容。[4]

借鉴威尔科诉斯旺案，地方法院裁定：除涉及《证券法》之外的诉讼请求一律提交给仲裁审理。根据被告提出的再审查动议，地方法院不仅维持了其裁定，而且作出了一个认定经纪人疏忽职责的判决。[5]

第五巡回上诉法院推翻了地方法院的裁决，认为"该仲裁协议是可执行的，因为法院后来的判决已经在一定程度上削弱了威尔科诉斯旺案的判决。"[6] 最高法院为此签发了调卷令。

最高法院认为："威尔科案的判决并非当然正确，因为《证券法》规定所述'禁止放弃本节中条款所规定的任何权利'，其中'本节中条款'很容易被解释为不包括救济程序条款的实体性条款。"[7] 另外，法院承认自己并没有把上述"本节中条款"解释为不包括救济程序条款的实体性条款，原因有二：第一，关于"仲裁仅仅是用于司法审理的一种方式"的观点是错误

---

[1] Rodriguez de Quijas v. American Express, Inc., 490 U.S. at 478.
[2] 同上。
[3] 同上。
[4] 同上书，第 479 页。
[5] 同上。
[6] 同上。
[7] 同上书，第 480 页。(citing Alberto-Culver Co. v. Scherk, 484 F. 2d 611, 618 n. 7 (7th Cir. 1973) (Stevens, J. dissenting), rev'd, 417 U.S. 506 (1974).)

的。① 法院进一步强调这一主张成立的前提是："《证券法》第 14 节不允许任何人放弃司法救济的权利而选择仲裁，因为仲裁受理涉及《证券法》保护购买人权利的案件缺乏相应的法律根据。"② 一前一后，这些论证都被视为支持威尔科案的判决。第二，法院认为《证券法》的目的是为了保护证券购买人，证券购买人与卖方相比往往处于交易劣势地位。不同于其他商业交易，证券卖方的优势使其拥有一个广泛的管辖法院选择范围，正因为此，"选择管辖法院的权利"成为《证券法》中一个非常有价值的特别条款。③

最高法院的判决以四个观点作为基础。第一，在威尔科案中，法院对仲裁的看法受一种偏见的影响，弗兰克大法官称该偏见为"陈旧的对仲裁的敌视"。④ 其实，随着时间的推移，这种偏见从"下级法院开始"正在消退。⑤ 法院也在强调："决定某事项是否可以仲裁应当考虑支持仲裁制度发展的联邦政策因素。"⑥ 这种对联邦政策的解释有利于仲裁制度的发展，尤其是在涉及联邦制定法的情况下，有助于决定该案件是否可以仲裁。因此，潜在的请求人可以提出控告反对那种对仲裁制度的历史偏见，要求：（1）将仲裁程序与诉讼程序并行作为一种纠纷解决机制；（2）将含有仲裁条款的合同与其他可诉合同同等对待。⑦

第二，5 年前三菱汽车公司案的判决是法院论证的重要支持。在三菱汽车公司案中，法院明确表示"威尔科案所采纳的关于仲裁的观点已经开始改变"：当事人将涉及法定权利的案件提交仲裁，并不意味其事先放弃制定法所赋予的实体性权利，而仅仅是将该争议交由仲裁而不是法院来审理。⑧ 威尔科案所确立的基本观点认为，仲裁程序不可以也无力审理那些联邦制定法

---

① Rodriguez de Quijas v. American Express, Inc., 490 U.S. at 480.

② 同上。

③ 同上。

④ 同上。引自 Kulukundis Shipping Co. v. Amtorg Trading Corp., 126 F.2d 978, 985 (2d Cir. 1942).

⑤ 同上。引自 *Scherk*, 484 F.2d. at 616 (Stevens, J. dissenting) (citing cases), Sherson/American Express, Inc. v. McMahan, 482 U.S. 220 (1987); Mitsubishi Motors Corp. v. Solar, 473 U.S. 614 (1985), *and* Moses H. Cone Memorial Hospital v. Mercury Construction Corp, 103 S. Ct. 927 (1983).

⑥ See *Rodriguez de Quijas*, 490 U.S. at 481, 引自 Moses H. Cone Memorial Hospital v. Mercury Construction Corp., 460 U.S. 1, 24 (1983).

⑦ 虽然本案中法院没有提及这一问题，当事人也没有将该问题请求最高法院审查，但仲裁条款的独立性原则已经作为合同自由原则的一部分得到认同。虽然仲裁条款独立性原则来源于《联邦仲裁法》，但其应用和发展却是法学和判例法发展的结果。

⑧ See *Rodriguez de Quijas*, 490 U.S. at 481, 引自 *Mitsubishi*, 473 U.S. at 628.

规定的权利纠纷案件。这一观点作为美国司法文化遗留下来的历史偏见,如今遭到了否定。无论在威尔科案中还是之前的案件中,专家学者们都没有任何对仲裁偏见理论的争论和分析。①

第三,《联邦仲裁法》第 2 节规定:"如果'有充分证据证明该仲裁协议的达成存在欺诈或协议双方的经济地位处于极端不对等而构成合同撤销的理由',法院可以根据当事人的申请予以审查。"② 因此,如果争议合同是一个格式合同,当事人可以根据上述条款提出审查请求。特别需要指出的是,《联邦仲裁法》第 2 节的规定与《证券法》关于保护处于市场弱势地位的证券购买人的规定相吻合。这一问题在威尔科案中再次出现。③

第四,最高法院指出了威尔科案和马克马洪(McMahon)案的判决存在的自相矛盾之处。由这两个案件引出的概念上的不一致不利于制定法的推行,而 1933 年《证券法》和 1934 年《证券交易法》需要协调、统一执行,因为它们"都是关于规范证券及其交易的联邦法律,密不可分"。④ 最高法院还指出,除了解决适用这两部法律所造成的自我矛盾,这一问题的解决还可以"防止起诉人只根据证券法提出主张而规避其他请求,以达到恶意操作诉讼的目的"。⑤ 因此,唯一可行的解决这一自我矛盾的办法就是推翻威尔科案的判决。⑥

第五,最高法院拒绝了申请人提出的要求法院改变威尔科案判决的请求。新判决不能约束以往判决的当事人,因为其不具有追溯力。法院指出了两个理由:其一,最高法院由大量判决案例形成的规则对本案具有约束力;⑦ 其二,"尽管法院的判决推翻了威尔科案,对涉及《证券法》事项的可仲裁性提出了一个新的法律适用原则,但这并没有违反《证券法》的相关规定。"⑧

最高法院的少数意见并没有论述任何关于仲裁制度发展理论的判例。这一缺失在很大程度上削弱了本来就存有缺陷的观点——关于"涉及 1933 年

---

① 为支持这一主张,法院还引用了其他案件的判决。
② 同上书,第 483—484 页。
③ *Wilko*, 346 U.S. at 435.
④ Ernst & Ernst v. Hochfelder, 425 U.S. 185, 206 (1976).
⑤ *Rodriguez de* Quijas, 490 U.S. at 485.
⑥ 同上。
⑦ 关于这一点,最高法院引用了几个判例:*St. Francis College v. Al-Khazraji*, 481 U.S. 604, 608 (1987); *and United States v. Schooner Peggy*, 5 U.S. (1 Cranch) 103, 109 (1801).
⑧ *Rodriguez de* Quijas, 490 U.S. at 485.

《证券法》的争议事项是否可以事先约定仲裁"。[1] 少数意见明确指出了上诉法院的"司法激进主义"认定仲裁协议不具有执行力和最高法院后来的判决削弱了威尔科案的判决之间具有的相似性。而多数意见的判决对国会 35 年前制定的但从未修改过的法律进行了修正的解释,这同样是无可辩驳的。[2]

同样不满意的是少数意见中的令人困惑的表达:"大法官在案件中的决定意见更多地取决于他们各自对国会及法院立法职责的看法,而不是考虑公共利益的冲突。"法院接着指出:"法官对自己把握公共政策的能力满怀信心,在非宪法问题的决断上远比那些选举代表们果断。"[3] 将法院签发调卷令的案件和仲裁可以审理法定诉因案件的主张联系起来是一个很具挑战性的举动,仲裁可以审理这类案件关系到司法权力的分配,因为法院对以往判例的推翻意味着最高法院和上诉法院在该问题的观念原则上有了实质性的冲突。

可以说,法院推翻威尔科案的判决是仲裁制度和诉讼制度发展历史上的里程碑。

---

[1] Rodriguez de Quijas, 490 U. S. at 478.
[2] 同上书,第 486 页。
[3] 同上书,第 487 页。

第四章

程序变化及《美国法典》第 28 编第 1782 条：取证 v. 普通法的证据开示

一 第 1782 条及其要件

第 1782 条的基本主张可以通过引用该条款简要地归纳如下。

(a) 该人居住或在其被找到的区域的联邦地方法院可以命令他提供口头证言或声明，或者提供在外国或国际裁判庭诉讼中所使用的文件或其他物件，包括正式指控前的刑事调查。命令可以基于任何利害关系人的申请而作出，并可以要求向法院任命的人提供口头证言或声明，或者提供文件或其他。

目前的第 1782 条在 1964 年被修改。法院认为，修改该条是为了"便利在外国裁判庭的诉讼，改善国际诉讼合作，并使得美国在这一方面处于世界各国的领导地位。"[①] 根据附在草案的最后版本并最终成为目前的第 1782 条文本的参议院报告，"国会希望鼓励其他国家也如我们一样，修改他们国家的司法程序。"[②]

分析联邦法院发布的有关解释第 1782 条的观点，判例是唯一认为该条款在追求以下"双重目标"：(1) 提供一个有效的方式来帮助国际争端中的利害关系人，为他们提供直接到联邦地方法院起诉的权利；(2) 鼓励外国法院为那些美国法院的诉讼参与人向外国法院寻求获得文件和信息提供类似的

---

① See Bayer A. G., 146 F. 3d 188, 191—192 (3d Cir. 1998).

② See Application of Asta Médica, S. A., 981 F. 2d 1, 5 (1st Cir. 1992) (citing to S. Rep. No. 88—1850 (1964), as reprinted in 1964 U. S. C. A. N. 372, 3788).

协助。① 第十一巡回上诉法院已经认识到"立法历史表明对第1782条的修正的目的是鼓励其他国家遵循美国的领导并调整他们国家的程序以便于国际诉讼合作。"②

在追踪第1782条的立法目的中,第十一巡回法院在特立尼达和多巴哥案中认为,国会有意扩大了法令的范围:(1)不仅包括了证言和书面的质询,也包括自由决定寻求文件和其他有形的证据;(2)允许联邦地方法院协助"外国裁判庭"的诉讼,并不把法令中"外国裁判庭"的含义限定为法院或专门的司法机构;(3)允许"利害关系人"(并不像《海牙公约》那样仅限于不太有效率的诉讼中的外国裁判庭)直接向联邦地方法院申请司法协助;(4)废除了使用的证据开示程序仅适用于未决诉讼以及提供的文件和信息只由外国裁判庭来使用的条件。③ 但是,1863年3月3日法案的通过很快限制了这个最初的法令。1863年的法令允许美国法院只有在证言是用在以下的诉讼中时才能获得证据来帮助外国法院:(1)有关金钱或财产的证据开示的诉讼案件;(2)美国与之友好的国家的未决诉讼;(3)外国政府是一方当事人或有利益的诉讼案件。1863年法令,包括其中的限制一直到1948年

---

① See Schmidtz v. Bernstein, Libhard and Lifhsitz, LLP, 376 F. 3d 79, 84 (2d Cir. 2004). 第二巡回上诉法院特别强调第1782条的双重目标可以概括成"为我们联邦法院的国际诉讼参与人提供有效的协助方式并通过示范鼓励外国向我们的法院提供类似的协助方式"。另 See Lancaster Factory Co., Ltd. v. mangone, 90 F. 3d 38, 41 (2d Cir. 1996)〔citing F. Rep. No. 1580, 88th Cong., 2d Seccion. 2 (1964), reprinted in 1964 U. S. C. C. A. N 3782, 3783〕; In Re: Gianoli Aldunte, 3 F. 3d. 54, 58 (2d Cir. 1993)(同样的主张); in Re: Ishihara Chemical Co., 251 F.3d 120, 124 (2d Cir. 2001)(是这样阐述第1782条的双重目标的:(1)为我们联邦法院的国际诉讼参与人提供有效的协助方式;(2)通过示范的方式鼓励外国对美国的诉讼方提供相同或类似的协助); In Re: Edelman, 295 F. 3d 171 (2d Cir. 2002)(本质上,这一法令规定了美国涉外诉讼中获得证据的开示); in Re: Letter Rogatory from the Nedens District Court, Norway, 216 F. R. D. 277 (S. D. N. Y. 2003) ("所以,准许要求当事方提供血样的申请将有效地帮助挪威法院提出的要求,并会鼓励挪威向我们的法院提供类似的帮助"); In Re: Application of Grupo Gamma, S. A. de C. V., 2005 W. L. 937486, (S. D. N. Y. 2005); In Re: Request of Oric, 2004 W. L. 2980648 (N. D. I. 11. 2004); In Re: Application of Servicio Panamericano de Protection, S. A., 354 F. Supp. 2d 269, 273—74 (S. D. N. Y. 2004); In the Matter of the Application of Procter & Gamble Co., 334 F. Supp. 2d 1112, 1113 (E. D. Wis. 2004); and In Re: Application of Guy, 2004 W. L. 1857580 (S. D. N. Y. 2004).

② See Request for Assistance from Ministry of Legal Affairs of Trinidad and Tobago, 848 F. 2d. 1151 (11th Cir. 1988).

③ 在 Trinidad 案和 Tobago 案中,法院非常学术性地分析了第1782条的立法历史。本案中,法院非常详尽地指出"1855年3月2日的法令第一次授权联邦法院帮助外国裁判庭。这一法令授权联邦法院强制获得证人证词来帮助外国法院。See Letter Rogatory from the Justice Court, District of Montreal, Canada, 523 F. 2d 562, 564 (6th Cir. 1975). Trinidad and Tobago, 848 F. 2d at 1153—1154.

都基本上没变。

从 1948 年开始,国会制定了几个修正案,拓宽了法令的范围。改变了"金钱或财产的证据开示的诉讼案件"的限制性要求,并且最终只要求是"司法程序"。① 但是,在这一时期,国会保留了司法程序是在美国与之友好的国家的未决案件的要求。

1964 年,国会制定了第 1782 条的最新的修正案。这些修正极大地背离了国会对于国际司法协助的谨慎的态度。② 国会没有异议地通过了国际司法程序规则委员会提交的修改第 1782 条的一系列建议。立法史非常清楚地表明这些建议的目的是鼓励其他国家遵循美国的领导并调整程序来改善国际诉讼合作。③

有必要指出,《美国法典》第 28 编第 1782 条的申请受制于联邦地方法院的绝对自由裁量。④ 因此,即使满足了法令的所有的要求,只有肯定性的证据表明审理法院滥用了自由裁量权,其判决才能被推翻。

虽然在案例中还不是很明确,但法院倾向于限制授予根据第 1782 条提出的申请,只对那些所寻求的信息和文件也会在外国提出申请的法院开示的申请给予批准(提出要求的法院)。⑤ 这种加以区分的思想被第二巡回上诉法院所拒绝。法院在 The Matter of the Application of Euromepa, S. A. v. Esmerian, Inc.⑥ 案中阐明了这一前提以及根据第 1782 条提供信息和文件中的对等互惠概念。

在该案中,第二巡回法院推翻了地方法院拒绝第 1782 条申请的判决,理由是地方法院的判决是"滥用自由裁量权"。⑦ 法院认为"我们说联邦地方法院可以自由酌处是否命令开示并不意味着可以基于不合适的理由自由作出决定。在该案中,我们得出这样的结论,即联邦地方法院错误地适用了我

---

① See Act of May 24, 1949, Ch. 139, §93, 63 Stat. 103 (1949).
② Letter Rogatory from Montreal, Canada, 523 F. 2d at 656.
③ See Trinidad and Tobago, 848 F. 2d at 1153—1154.
④ See United Kingdom v. United States, 238 F. 3d 1312, 1318—19 (11th Cir. 2001); and Lo Ka Chun v. Lo To, 858 F. 2d 1564, 1565—66 (11th Cir. 1988) (认为国会已经授予联邦地方法院关于第 1782 条类似的自由裁量权)。
⑤ See, e. g., In Re: Application of Asta Médica, S. A., 981 F. 2d 1, 7 (1st Cir. 1992); and Lo Ka Chun V. Lo To, 858 F. 2d 1564, 1566 (11th Cir. 1988).
⑥ In the Matter of the Application of Euromepa, S. A. v. Esmerian, Inc., 51 F. 3d 1095 (2d Cir. 1995).
⑦ 同上书,第 1097 页。

们指导性的判例,并且在认定是否应该下令开示时错误地理解了它解释外国法的范围。"① 在形成其主张中,第二巡回法院摒弃了构成审理第1782条申请的处理标准的四个前提条件。作为摒弃的一个分析点,法院强调在制定第1782条时国会故意设置了"一个单行线街道"。② 换句话说,立法"对他方给予了广泛的协助但并不求回报"。③

长期以来,对于在向外国司法机关申请协助时是否穷尽救济构成提起第1782条申请的根据这个问题上,上诉法院一直处于混乱的状态。第二巡回法院强调它已经拒绝了"任何内含的要求,即美国寻求的任何证据都应该根据一个外国法开示"。④ 因此,第二巡回法院建议,在"申请的外国法院"寻求的信息或文件是否可开示问题上,这只是在审理这样的要求时所考虑的一个因素。

最后,对于联邦地方法院必须首先研究申请的外国法院的程序法和实体法的程度以及其作为审理第1782条申请的根据的问题,第二巡回法院彻底地排除了相应的疑问。其他巡回法院的判例主张如果取证违反了有关国家的法律,则应该禁止该证据的开示。对此,法院强调,为了揣测外国对于在美国提供信息和文件时努力寻求司法协助的态度而详尽地分析外国法律既没有必要也不合适。⑤ 这一观点并不是说联邦地方法院应该完全漠视外国法以及外国对可能提起第1782条申请的特定问题的态度的考虑。第三巡回法院明确地参考有关"提出开示请求的国家的政府的性质和态度"的立法历史,把有关这一问题的立法者的语言和意图解释为"授权联邦地方法院来审查外国

---

① In the Matter of the Application of Euromepa, S. A. v. Esmerian, Inc. , 51 F. 3d 1097 (2d Cir. 1995).

② 同上。

③ 同上〔citing In Re: Malev Hungarian Airlines, 964 F. 2d 97, 99 (2d Cir.), cert. denied, 506 U. S. 861 (1992)〕。See also, John Deere Ltd. v. Sperry Corp. , 754 F. 2d 132, 135 (3d Cir. 1985) (认为第1782条"并没有要求互惠作为授予证据开示的指令的前提条件")。

④ 同上书,第1098页〔citing In Re: Application of Aldunate, 3 F. 3d 54, 59 (2d Cir.), cert. denied, 510 U. S. 965 (1993) ("在国会制定解除限制的修正案时,如果国会意在对法院的自由裁量权施加全面的限制,国会会把法令中的语言加进去以增强该效果")〕。

⑤ 这一批判性的结论是来自于目前第1782条文本的其中一个主要设计者的评论:法令的起草者认识到把美国的协助扩大到依赖外国法将开启一个真正的潘多拉盒子。他们绝对不想把一个合作的要求变成一个过分花销庞大和耗时的对外国法的争辩。那将与他们努力寻求的东西背道而驰。他们也认识到,虽然大陆法国家并没有类似于普通法国家的证据开示规则,但是这些国家经常对于公开信息的程序有所不同,如果不能非常综合地理解复杂的外国制度,就不能正确地评估这些程序。他们认为,美国联邦地方法院为了尊重一个简单的协助要求去努力理解复杂的外国法律是完全不合适的。Hans Smit, Recent Development in International Litigation, 35 S. Tex. L. J. 215, 235 (1994).

程序内在的公正性以确保外国程序符合正当程序的理念。"①

在 Euromepa 案中，第二巡回法院采纳了第三巡回法院关于这一点的解释，认为联邦地方法院的法官尽力从可能对立或有偏见地外国法解释中去收集其他国家的做法和态度是不明智的，也与第 1782 条的目标不符。②

Euromepa 案创立了作为审理第 1782 条申请的标准的四个原则，但仍然与三年前第一巡回上诉法院在 In Re：Application of Asta Médica, S. A., 等问题上的判决有直接和明确的冲突。③

在该案中，第一巡回法院推翻了审判法院的裁决。审判法院的裁决支持从居住在联邦地方法院管辖范围的人那里寻求文件和证言的申请。第一巡回法院的分析建立在第十巡回上诉法院、第三巡回上诉法院、第二巡回上诉法院和宾夕法尼亚东区联邦地方法院的观点之上。这些法院把处理标准解释为要求考虑在美国寻求的证据开示在其本国是否可以揭示和允许。④ 最高法院在英特尔股份有限公司诉超微半导体有限公司案中非常详尽地、结论性地提出了 Asta Médica, S. A. 案与 Euromepa 案观点上的冲突。⑤

二 英特尔股份有限公司诉超微半导体有限公司：证据开示被移植到仲裁上，这种变化重塑证据开示的范围

虽然不知道巡回上诉法院内部意见的分歧，但它们之间冲突的解决却产

---

① Euromepa, 51 F. 3d at 1099.
② 同上。
③ In Re：Application of Asta Médica, S. A., 981 F. 2d 1 (1st Cir. 1992).
④ 同上书，第 6 页。citing In Re：Request for Assistance from Ministry of Legal Affairs of Trinidad and Tobago, 848 F. 2d 1151, 1156 (11th Cir. 1988)（"联邦地方法院在授予协助前必须决定是否证据在外国是可以开示的"）；Lo Ka Chun, 858 F. 2d at 1566（推翻了审判法院的判决并指示联邦地方法院认定是否在美国寻求的证据在其本国是可以开示的 [Hong Kong 1988]）；John Deere, Ltd. v. Sperry, 754 F. 2d 132, 136 (3d Cir. 1985)；In Re：Court of the Commissioner of Patents for the Republic of South Africa, 88 F. R. D. 75, 77 (E. D. Pa. 1980)（"如果美国法院给予外国案件中的当事人以法律程序的帮助而外国裁判庭并没有这样的法律程序，那就极大地阻止了法院之间的国际合作的发展"）；See Malev Hungarian Airlines, 964 F. 2d 97 (2d Cir, 1992)（认为审判法院滥用了其裁量权，其裁定当事方提起第 1782 条申请首先必须努力从匈牙利法院获得一个裁决，认定申请中寻求的信息根据匈牙利规则是可以开示的）。
⑤ Intel, 542 U. S. 241 (2004).

生了适用于仲裁的程序规则的革命性的发展，特别是在国际背景下。同样的，1863年第1782条的最初的起草者、1948年修正案的起草者以及1964年修正案的起草者一定会惊奇地看到，他们的作品很快演变成了调整仲裁程序的最重要的规则之一：取证或者是现在的证据开示。

这种使审理有关第1782条的申请的处理标准模糊不清的学说上的困境于2004年还在最高法院审理的英特尔股份有限公司诉超微半导体有限公司案上获得很大程度的解决。这个判决形成了考虑适用第1782条的明晰的、灵活的标准。同样重要的是，它为证据开示真正地纳入到证人和信息都被认为存在于美国的外国仲裁程序开辟了道路。

在行使这一管辖权时，[1] 最高法院把这一问题认定为是"有关联邦地方法院为提供在国外的国际仲裁中使用的证据提供帮助的权力"。[2] 最高法院在仔细审查了该诉讼的程序性历史后，指出：根据第九巡回上诉法院的判决，到欧共体委员会（欧洲委员会）竞争总署或"委员会"去申请的人是第1782条所指的"利害关系人"。此外，最高法院认为"委员会"以"第一审决策者"的身份行事时是一个"裁判庭"。同样，法院认为"第1782（a）条所寻求的证据开示必须被合理地考虑"，但不需要是"正在被审理的"或"即将要被审理的"。最后，最高法院分析"第1782（a）条不包含门槛要求，即不要求联邦地方法院寻求的证据在规范外国诉讼的法律中是可以开示的。"[3]

因为申请者在某种程度上是将其作为另外一种救济来寻求法院行使"监督的权力来禁止根据第1782（a）条的证据开示的裁决"，[4] 我们必须分析案件的事实。

三 英特尔公司案：更进一步的观察

超微半导体有限公司（简称AMD）和英特尔公司是世界上微处理器生

---

[1] "鉴于不同的巡回法院之间对于第1782条是否包含了外国的证据开示要求存在不同的意见"，法院行使了移送管辖权。最高法院也对其他两个问题作了审查。第一，1782（a）条是否也授予没有私人"当事方"资格以及不具有独立资格的机构获得证据开示的权利？第二，外国"法庭"的诉讼必须是"正在审理的"或者至少是申请人"即将"会成功地援引第1782（a）条提出的诉讼？Intel，542 U. S. 241 (2004)，第252页。

[2] 同上书，第246页。

[3] 同上书，第246—247页。

[4] 同上书，第264页。

产的竞争者。2000 年 10 月，AMD 向欧共体委员会竞争总署提起了反垄断申请。① 委员会是欧共体的行政执行机关，负责欧盟条约包含的所有事务，包括有关商业竞争的条约和条例的规定的执行。② 竞争总署是在委员会的主持下开展工作，它构成欧盟最主要的反垄断法执行机构。③

AMD 的申请主要依据以下事实断言英特尔违反了欧盟竞争法：（1）英特尔依照忠诚回扣（loyalty rebates）滥用了其在欧洲市场上的优势地位；（2）英特尔与制造商和零售商签订了专门购买协议；（3）价格歧视；（4）设立标准卡特尔。④ 在这方面，AMD 建议竞争总署寻求在阿拉巴马联邦地方法院提起的私人反垄断诉讼中英特尔公司提供的文件的开示。⑤

应该注意到竞争总署"婉言谢绝"了寻求美国的司法协助。⑥ 这一拒绝促使 AMD 公司向加利福尼亚北区联邦地方法院（ADM 与英特尔的总部都设在该地）提起了有关第 1782（a）条的申请，寻求指令要求英特尔提供在 Intergraph 公司案中开示的文件以及在阿拉巴马联邦地方法院提供的材料。在这一点上，AMD 主张"寻求与向欧洲委员会提出的申请相关的材料。"⑦

作为裁判第 1782（a）条中的"外国裁判庭"的含义的根据，法院强调，尽管在委员会的程序中需要"当事方"或"诉讼方"的正式的地位，但提起申请的实体被授予"重要的程序上的权利"，"可以向竞争总署提供支持其主张的信息，并要求司法审查委员会对申请的处理。"⑧ 法院进一步强调，到委员会提起申请的申请方：（1）被授权提起调查；（2）被授权向竞争总署提供有关的信息；（3）如果委员会不继续调查或者不受理申请可以选择寻求司法帮助。⑨ 因此，申请者在委员会面前所享有的权利有了一个强制的、引人注目的事实基础，从中可以推断出申请方"在获得（司法）协助上有合理的利益，所以有资格作为利害关系人"。⑩

完全是以对向委员会提出申请的申请方给予其权利的仔细审查作为基

---

① Intel, 542 U. S. 250 (2004).
② 同上。
③ 同上。
④ 同上。
⑤ 同上。
⑥ 在分析评估避免适用第 1782 条的可能的方法中，这一似乎没有引起争议的事实证实是很重要的。
⑦ Intel, 542 U. S. at 250.
⑧ 同上。
⑨ 同上书，第 256 页。
⑩ 同上。

础，法院拒绝了申请人英特尔公司五个主张中的第一个主张，即 AMD 不是第 1782（a）条中所指的"利害关系人"。对此，英特尔公司提出了上诉。英特尔公司认为，第 1782（a）条只包括"诉讼方、外国主权以及那些主权授权的机构，并不包括 AMD，它是向委员会申请的申请方，只被授予'有限的权利'"。①

在考虑"利害关系人"寻求的协助是否符合"在外国或国际裁判庭使用"的必要的前提条件，法院分析在认定第 1782（a）条所指的"外国或国际裁判庭"时的指导性标准是什么。特别是，最高法院强调"一审法院和欧洲法院都有资格作为裁判庭。这两个法院都不是调查取证的法院。他们的审查限于向委员会提供记录……因此，AMD（应诉方）只能在审查法院使用在目前的调查阶段向委员会所递交的证据。"② 简单地说，委员会应对之为其行为加以说明的两个"上诉"法庭仅局限于审查和分析申请方向委员会提交的证据，因而强调了：（1）委员会作为一个审判机关的重要性；（2）在委员会层面上"收集证据"的实质意义。

通过分析国际司法程序规则委员会（"规则委员会"）的记录，形成了认定一个裁判庭是否是第 1782（a）条所指的"国际或外国裁判庭"的部分概念上的成规。③ 经过咨询，很清楚地看到 1958 年国会授权规则委员会具有咨询资格来为修改"为外国法院和准司法机构提供协助"提出建议。④ 委员会给予了答复，把以前的措辞"任何司法程序"更换为"外国或国际裁判庭程序"。⑤ 国会采纳了规则委员会的修改建议，把其解释为"为有关的（行政和准司法程序）提供美国的司法协助的可能性"。⑥ 最高法院还引用了学术评论，认为"'裁判庭'这一术语……包括了调查官、行政法庭和仲裁庭、准司法机构以及传统的民事、商事、刑事和行政法院"。根据这一引证，任何形式的"仲裁"都出现在这一观点中。虽然法院明确地表明仲裁庭是符合第 1782（a）条所指的"外国或国际裁判庭"的标准的，但是这一引证明显是法官的附带意见，因此只具有说服力而肯定不具有法律效力。但是，这一

---

① Intel, 542 U. S. at 256.
② 同上书，第 258 页。
③ 同上。
④ 同上。citing to § 2，72 Stat. 1743.
⑤ 同上书，第 258 页。
⑥ 同上（citing to S. Rep. No. 1580, at 7 - 8, U. S. Code Cong. & Admin. News 1964, pp. 3782, 3788）。

对于仲裁的引证构成法理学上的一个重大的实质性的飞跃，认为事实上仲裁庭在适当的情况下，肯定属于第1782（a）条所调整的范围。

在形成第1782（a）条所指的"外国或国际裁判庭"的操作标准中，最高法院强调，争议中的裁判庭是或者说在功能上是第一审的决策者。① 因此，(1) 申请的处理；(2) 证据的评估；(3) 裁判庭向审查法院加以说明的性质和程度；(4) 调整审查法院的证据的分析、修改以及纳入的程序规则；(5) 裁判庭的建议和认定的效力程度，应是认定第1782（a）条范围中"外国或国际裁判庭"地位的主要的处理标准。

申请方对第九巡回法院裁决的第二个质疑是以建议的方式提出 AMD 的申请还没有发展到委员会程序的调查阶段，因此辩解道：刚刚开始的程序状态远没有达到委员会工作日程中司法裁判的时机。②

在一定程度的审查第1782条的1964年修正案之后，③ 大多数的观点支持"合理的考虑"标准，认为"悬而未决的程序"的要求是不必要的。④

英特尔公司提出了"外国证据的可开示性规则"作为禁止同意第1782（a）条申请的学理上的障碍。这一反对意见是基于以下两个观点：一是申请方主张第1782（a）条的申请必须受到限制以免冒犯外国政府；二是英特尔公司辩称只有对第1782（a）条施加限制才能保持诉讼方之间的平等。⑤ 这两个意见都被否决了。

可以肯定的是，法院主张"没有理由假定因为一个国家还没有制定一个特殊的证据开示程序就会反对使用它"。⑥ 出于同样的理由，法院否决了在有争议的诉讼中当事方平等的考虑，法院提出这样一个认识，即"当一个

---

① Intel, 542 U.S. at 258.

② 同上。

③ 最高法院论述道：1964年的立法修改是同步进行的，它反映了国会承认可以获得关于"外国或国际诉讼或调查是具有刑事、民事、行政或其他性质"的司法协助。Citing to S. Rep. No. 1580, at 9, U.S. Code Cong. & Admin. News 1964, pp. 3782, 3789（重点为法院所加）。

④ 特别是，法院否决了"在 In Re: Ishihara Chemical Co. 案中所表达的观点，即第1782条只有在审判程序'悬而未决'或'即将到来'时才适用，See 251 F. 3d, at 125（诉讼程序必须是'即将到来的——很可能发生或很快就发生'）。相反，我们认为，第1782（a）条只要求可以由欧洲法院审查的委员会的处理决定应该给予适当的考虑。"citing Crown Prosecution Serv. Of United Kingdom, 870 F. 2d, at 69; Trinidad and Tobago, 848 F. 2d at 1155 n. 9 (C. A. 11 1988); Hans Smit, International Litigation 1026（"不必要求在寻求证据时裁判程序正在进行，只要求该证据最后在这一程序中使用"）。

⑤ Intel, 542 U.S. at 261.

⑥ 同上。

'利害关系人'寻求有关的信息,联邦地方法院可要求其互惠交换信息作为提供救济的条件",从而确保诉讼当事方之间的平等。① 法院进一步阐释这一观点,认为"外国裁判庭可以对接受有关信息提出条件来确保它采取的任何平等措施是恰当的。"②

申请方质疑第九巡回法院的观点的第四个基本根据,是认为第1782(a)条的申请者有必要证明根据美国法律在类似于外国诉讼的国内诉讼中的证据开示是可以被允许和可实行的。③ 这一主张也被否决了,原因是不同法律制度之间的比较如果不是不可能的也经常是很困难的。通过举例的方式,可以看出在美国没有相当于欧洲委员会体制的政府机构,AMD不能自由地根据这一体制在相当于审判法院或欧洲法院层级的法院提起自己的案件,而只能"作为申请者和在委员会主导的程序中的'利害关系人'的身份来参与案件。"④

最后,法院否决了申请方的主张,即法院应该对是否符合第1782(a)条的申请履行监督的职能。在摒弃这一主张时,最高法院似乎还提出了两个建议,这两个建议被证实在以下的仲裁案件中对当事方来说是至关重要的,即一方当事人主张因为争议的仲裁条款的语言禁止具体的证据开示方法而反对提起第1782条的申请。首先,法院强调欧洲委员会没有期望联邦地方法院的监督。⑤ 其次,还不是很清楚欧洲委员会是否打算"永远"或"几乎不会"寻求美国法庭的司法协助。⑥

这一裁定简化并澄清了审理第1782条申请的适用标准,可以概括为需要满足三个条件:(1) 向之寻求信息的人或机构必须出席提起申请地的联邦地方法院的审判;(2) 根据申请使用寻求的信息的目的必须限于向外国裁判庭提供帮助;(3) 法人或个人必须是第1782条所指的"利害关系人"。⑦ 这

---

① Intel, 542 U.S. at 261.

② 同上 (citing Euromepa, 51 F.3d, at 1101). 此外,法院在脚注中指出,"而且,一个大陆法系国家的法院在认定案情时会考虑诉讼方之间的平等:'在大陆法国家,文献证据通常是作为申请的附件或者是作为专家报告的一部分提交上去的……大陆法国家的法院通常只有在认定案情时对是否特定的文献证据可以作为依据这一问题做出裁决。'" (Citing Hans Smit, Recent Developments in International Litigation, 35 S. Tex. L. Rev. 215 (1994).)

③ Intel, 542 U.S. at 261.

④ 同上。

⑤ 同上书,第264—266页。

⑥ 同上书,第266页。

⑦ 这一主张和第二巡回法院在 In Re:Application of Aldunate 案中的认识一致,3 F.3d 54 (2d Cir. 1993), cert. denied sub nom. Foden v. Aldunate, 114 S. Ct. 443 (1993).

种认识代表了构成法令的立法要件的简明重述,并且现在已经成为有拘束力的司法判例,或者用分析法学的术语来说已经成为有拘束力的单个的规范。①

法院在阐述了以上授予适用第 1782 条的三个条件外,还说明了第二个规则,该规则是建立在国会制定第 1782 条时努力发展起来的那些原则之上的。联邦地方法院一旦认定满足了以上三个条件,就必须在审理申请的事实时行使其自由裁量权。简要地说,联邦地方法院不"仅仅"因为符合三个条件就必须准予申请。② 最高法院煞费苦心地强调联邦地方法院在审理第 1782 条申请中行使其自由裁量权时要考虑的几个因素,这些因素包括:(1)评估作为申请的对象要提供文件和公开信息的"个人"③或"单位"是否是外国诉讼中的当事方(如果答案是肯定的,那么通常提供司法协助的需要就不会像非当事方时那样明显);(2)"外国裁判庭的性质、国外进展中的诉讼程序的特点以及外国政府或外国法院或机构对美国联邦法院司法协助的接纳能力";(3)申请是否已经被伪饰来规避尚存的关于证据收集方面的外国限制或者是外国或美国的公共政策,或者征集的信息"过分地打扰别人或者是带来过多的负担,或许会遭到拒绝或调整"。④

最高法院不仅阐明了法令的因素以及联邦法院已经解释的方式,例如"利害关系人"的概念、⑤"外国裁判庭"的"程序"的性质和特点,而且认

---

① See, In Re: Bayer, 146 F. 3d at 193; In Re: Application of Esses, 101 F. 3d 873, 875 (2d Cir. 1996); and In Re: Letter Rogatory from the First Court of First Instance in Civil Matters, 42 F. 3d 308, 310 (5th Cir. 1995).

② Intel Corp., 542 U. S. at 264.

③ 立法中通常所指《词典法》(The Dictionary Act)包含了调整联邦立法中的术语和词汇的含义的界定。这一立法规定"除非上下文表明其他的含义,'人'包括企业、公司、社团、商行、合伙、协会和联合证券公司以及个人" 1 U.S.C. § 1.

④ Intel Corp., 542 U. S. at 264.

⑤ See Ishihara Chemico Co. Ltd. v. Shipley Co., et al., 251 F. 3d 120, 124 (2d Cir. 2001)(认为第 1782 条为联邦法院的国际诉讼中的当事人提供了充分的协助方式);Lancaster Factoring Co. v. Mangone, 90 F. 3d 38, 42 (2d Cir. 1996)(认为由法院任命的保护外国债权人利益的信托机构是第 1782 条所指的"利害关系人";"第 1782 条的立法历史很清楚地表明'利害关系人'包括'外国诉讼当事人"。Senate Report at 8, 1964 U. S. C. C. A. N. at 3789");Esses, 101 F. 3d at 875—876 (一个人死后没有留下遗嘱,其在外国的兄弟姊妹是第 1782 条所指的"利害关系人");In Re: Letter of Request from the Crown Prosecution Service of the United Kingdom, 870 F. 2d 686 (D. C. Cir. 1989)(裁决一个法律事务外交部长、总检察长或其他的检察官在许多场合被认为是第 1782 条"利害关系人"范围中的个人或机构;联邦法院一致认为在外国诉讼中具有利益的一方可以被看作是第 1782 条范围中的申请方或者是"利害关系人",不需要先向原外国裁判庭寻求一个法令来授权调查文件或公开信息);Malev, 964 F. 2d at 101 ("我们相信,联邦地方法院基于没有要求匈牙利法院提供协助而否决适用美国法典第 28 编第 1782 条的证据开示是不正确的")。

为根据第1782条联邦地方法院可以更自由、更少限制地适用《联邦民事程序规则》,从而扩展了处理标准。正是法院在其制定的第一个标准中所使用的对"裁判庭"这一概念的界定表明了它已经用与法规中用语的字面含义一致的方法来解释国会起草第1782条时的用意。第1782条中所体现的用语的字面含义以及法令的立法目的都说明要自由地而不是限制性的适用。

布瑞耶德法官所持的反对意见既没有敏锐的洞察力(例如,包含对未来重大的发展的预见性的价值,而大多数人的观点必然会产生这种价值)也不是特别新颖,显然没有参考斯密特教授关于第1782条的著作和评论,更不用说分析了。金斯伯格法官代表大多数人的观点,其观点很大程度上是根据斯密特教授关于第1782条的著作和评论,尤其是在阐述第1782条中的"外国或国际裁判庭"的含义时。同样,布瑞耶德法官的反对意见对国际仲裁程序必然产生的后果也没有被提及,尽管大多数人明确主张接受斯密特教授的分析,认为"'裁判庭'这一用语包括行政法庭和仲裁庭……"① 关于第1782条的起源和探寻其构成的这些有价值的学术成就统统被持反对意见的人所忽略。②

相反,布瑞耶德法官所持的反对意见强调了美国式的证据开示的成本和拖延以及迫切需要明确限制联邦法院在审理第1782条申请时的自由裁量权。关于证据开示程序的经济上的副作用,反对意见强调了布鲁克林研究所的研究,该研究认为"典型的联邦案件中60%的诉讼成本是由证据开示引起的,并且高额的诉讼成本经常是由滥用证据开示程序导致的。"③ 反对意见提出的明确的限制包含两个方面。然而,其所建议的明确的限制根本不具有新颖性或者说是背离了在英特尔案之前的审判实践。

限制的第一个方面建议"如果外国机构不具备法院的特征,那么适用法令中的'法院'就受到强烈的质疑,美国法院就应密切关注外国机构对于

---

① Intel, 542 U. S. at 258.

② 汉斯·斯密特教授关于国际仲裁,特别是关于第1782条的学术成就在国际法学界有重要影响。所以,实际上可以预见到,最高法院在发表关于第1782条的显著特征的声明时会寻求其分析支持。而且,斯密特教授在哥伦比亚大学法学院当教授时正好吉斯伯格法官是该法学院的学生。她在1959年获得了哥伦比亚大学的法学学士学位。作为大多数观点的代表,她的个人学术素养比她熟知斯密特教授的著作更为重要。

③ 同上书,第268页。See The Brookings Institution, Justice for All: Reducing Costs and Delay in Civil Litigation, Report of a Task Force 6—7 (1989); T. Willging, J. Shapard, D. Steinstra & D. Miletich, Discovery and Disclosure Practice, Problem, and Proposals Change 1—2, 4, 8, 14—16 (Tables 3—5) (Federal Judicial Center, 1997) (Consults for a study outling the contours of discovery costs).

'裁判庭'其自身的认识——像或不像'法院'。通过密切关注国会寻求帮助的外国的观点，法院可以更好地取得国会在制定该法令时基本的合作目标。"①

限制的第二个方面本身可以分为两个前提。如果这两个前提都满足，那么就可以辩称应该禁止证据开示。因此，在以下情况下联邦地方法院在否决第1782条申请时行使其自由裁量权："（1）根据外国法，寻求证据开示的个人没有资格获得该证据的开示；（2）根据国内法，在类似的情况下不能获得证据的开示。"②

任何详细说明大多数人所持的自由构建第1782（a）条的观点产生的长远影响的努力都根本不在意布瑞耶德法官的分析。反对意见回避对重要的意见作出评论或者回避把特定的裁判庭认定为是第1782条所包括的裁判庭。根本没有反对意见提及法院的判决中所提到的调查官员、行政法庭、仲裁庭、准司法机构以及传统的民事、商事、刑事和行政法院。相反，反对意见似乎依据不明确的假定，即至少在国际背景下，一个裁判庭的特点和性质不易于立即转化到美国或者类似的普通法中。布瑞耶德法官同意这一非常限制性的观点，但是没有做理论上的分析而只是努力发展某种促进这一"转化"的标准。

英特尔公司的观点及其分析已经使在仲裁程序中对"取证"或"证据开示"方面进行变革具备了理论上的可能性。大多数分析为审理国际仲裁第1782条申请的下级法庭提供了丰富的学术营养，在这些申请中申请方寻求获得裁决一个仲裁庭是第1782条所指范围的"外国或国际裁判庭"。英特尔案后，在包含取证或证据开示领域的法律文化的交流必然要求美国和国外的法官和律师把重点放在因调整跨国仲裁证据开示的《联邦民事程序规则》的扩展而导致的细微差别上。

① Intel, 542 U.S.，第270页。
② 同上。

第五章

收集证据 v. 普通法的证据开示

在英特尔案之前,第二和第五巡回法院分别对 Nat'l Board Co., Inc v. Bear Stearns & Co., Inc.[①]和哈萨克斯坦诉贝德曼[②]作出判决并提交给美国佐治亚北区联邦地方法院,该法院在罗兹公司案(In Re: Application of Roz Trading Ltd.)[③]中作了批判性的分析。

一 罗兹公司案

在罗兹公司案中,申请方罗兹贸易公司根据《美国法典》第28编第1782(a)条成功获得了法院的命令,该命令要求被诉方可口可乐公司提供在外国仲裁程序中所使用的涉及罗兹公司和乌兹别克斯坦政府的文件。案情简要如下。

申请方可口可乐出口公司(可口可乐的分公司)和乌兹别克斯坦政府签订了合资企业合同并生效。罗兹公司指控乌兹别克斯坦政府毫无理由地并用暴力侵犯了其在合资企业中的利益。[④] 在这一点上,申请方进一步指控其雇员别无选择只能逃离乌兹别克斯坦,因为他们有理由担心他们的生

[①] Nat'l Board Co., Inc. v. Bear Stearns & Co., Inc., 165 F. 3d 184 (2d Cir. 1999).

[②] Republic of Kazakhstan v. Biedermann, 168 F. 3d 880 (5th Cir. 1999).

[③] In Re: Application of Roz Trading Ltd., 469 F. Supp. 2d 1221 (N. D. Ga. 2006). 值得注意的是,National Board Company, Inc. v. Bear Stearns & Co., Inc., 案和 The Republic of Kazakhstan v. Biedermann 案都是在最高法院对英特尔案判决之前裁决的,并且都主张只有政府机构才构成第1782(a)条所指的"裁判庭"。

[④] 同上书,第1223页。

命安全。① 因为这些雇员离开乌兹别克斯坦时很匆忙并且惶恐不安,许多文件落在那里,不能再从该国获得这些文件。罗兹公司进一步主张可口可乐出口公司和乌兹别克斯坦政府与可口可乐公司一起蓄谋把罗兹公司从合资企业中排挤出去。②

　　罗兹公司根据合资企业合同向位于维也纳的国际仲裁中心奥地利联邦经济分会提起仲裁。而且,罗兹公司要求法院迫使应诉方可口可乐公司提供由申请方发起的仲裁中心程序中使用的文件。联邦地方法院认识到在其面前存在两个问题:"(1)是否法院有资格受理该申请,尤其是《美国法典》第28编第1782(a)条的范围是否包括仲裁中心仲裁小组的程序;(2)在英特尔公司案中所列举的因素是否支持同意这样的申请。"③ 这两个问题都得到了肯定的答复。

　　在大量地分析最高法院关于第1782条的语言结构以及其参考国会在制定和修改该法案时的意图之后,法院认为,"判定仲裁中心的仲裁小组是第1782条所指的'裁判庭'是与英特尔案的裁决相一致的。"④ 值得注意的是,法院强调"英特尔案没有明确地认为仲裁机构是一个'法庭',它只是引用支持包含第1782(a)条所指的'仲裁庭'的语言。最高法院也认为竞争总署当其在一个诉讼程序中——'而该程序会导致做出处理决定,也就是说最终的行政行为即对申请者做出回应也可以在法院受到审查'——作为最初的决定者时构成'裁判庭'。"⑤

　　很显然,这一导致里程碑式的在司法上把仲裁庭纳入第1782条范围的分析建立在以下四个基本规则的基础之上。第一,是建立在最高法院在谢尔科诉阿尔贝托—卡尔弗公司案和三菱汽车公司案中所持的观点上。法院认为,"普通的用法"和对"裁判庭""广泛接受的定义"都包括了仲裁庭。⑥ 对"裁判庭"这一词的语言学结构的调查不仅仅止于以上案件中所提及的普

---

　　① In Re:Application of Roz Trading Ltd. ,469 F. Supp. 2d 1221 (N. D. Ga. 2006)。值得注意的是,National Board Company, Inc. v. Bear Stearns & Co. , Inc. ,案和 The Republic of Kazakhstan v. Biedermann 案都是在最高法院对英特尔案判决之前裁决的,并且都主张只有政府机构才构成第1782(a)条所指的"裁判庭"。
　　② 同上。
　　③ 同上。
　　④ 同上书,第1224—1225页。
　　⑤ 同上(citing Intel,542 U. S. at 255)。
　　⑥ 同上。

通或被广泛接受的用法，还包括了对第二手来源的分析。[1]

第二，仔细地阅读法令的 1964 年修正案。对此，法院认为，当国会删除"司法程序"一词而代之以"国际或外国裁判庭"时，其意图扩大法令的范围从而包括了在性质和特征方面不是严格意义上的司法程序的程序。[2] 所以，法院论述道："没有明确地表达的这样的立法意图，即'裁判庭'不包括那些例如由仲裁中心召集的仲裁小组，或者是这个词不应该解释成通常定义的那样。"[3] 实际上，法院走得更远，直截了当地认为："如此那样考虑立法历史或者是对法令的词语施加自己的限制都是不正确的。"[4]

第三，仔细地分析和诠释国家木板公司案和贝德曼案后，法院辩解道，错误地解释第 1782 条的立法历史部分是因为第二巡回法院和第五巡回法院在英特尔案前 5 年认定这些案件时都还没有从最高法院的分析中受益。联邦地方法院的分析要比仅仅顺从最高法院对有关的立法历史的分析更深入，尤其是它强调第二巡回法院错误地主要依据《美国法典》第 22 编第 270—270g 条中"国际裁判庭"这一词的使用。根据这个法令的框架存在着致命的缺陷，因为正是这一法令被第 1782 条所替代。实际上，《美国法典》第 22 编第 270—270g 条仅仅适用于政府间的法庭。[5] 正如第二巡回法院所引用的那样，联邦地方法院指出，第 270 条是这样规定的：

> 无论何时美国或其国民作为利害关系人向一个根据美国和任何外国政府之间的协议而成立的国际裁判庭或委员会提出的申请正在处理当中……[6]

联邦地方法院没有太敏锐地指出第二巡回法院"错误地认识到法令的语言这样限制（局限于政府间的法庭）"。[7] 因为法院又分析道："国会纳入明

---

[1] 为尽可能全面分析，联邦地方法院寻求以下分析性支持：(i) Professor Smit's work, *International Litigation*, (ii) *Black's Law Dictionary* (8th Ed. 2004), (iii) *William Blackstone, Three Commentaries 17* (London, Strahan, Cadell & Prince 1787) (10th Ed.), and (iv) *Joseph Story, Commentaries on Equity Jurisprudence* (Boston, Little Brown & Co. 1866) (9th Ed.).

[2] Roz Trading, 469 F. Supp. 2d at 1226.

[3] 同上。

[4] 同上 (citing Turkette, 452 U.S. at 578)。

[5] 22 U.S.C 270—270g.

[6] Roz Trading, 469 F. Supp. 2d at 1226 (citing 22 U.S.C 270 at App. A).

[7] 同上。

确的限制——'根据美国和任何外国政府之间的协议而成立的'——表明如果国会想限制一个法令只适用于政府机构时,它是能够这样做的。第二巡回法院对第270—270g条的解释使得这一明确的限制变得毫无意义,违背了'长期存在的普遍的原则,即法院不许解释一个法令的规定而使得另一个规定无意义'。"[1]

与以上分析一致的是,联邦地方法院忽略了第五巡回法院在贝德曼案中的主张,该主张依据一个错误的假定。简单地说,在该案中第五巡回法院的出发点是主张"裁判庭"这个词是"含糊不清的",联邦地方法院认为这一认识是站不住脚的,它是建立在先前根据英特尔案中对该词的立法历史的解释、简单的语言的分析和法令的修正案的解释的分析基础上的。[2]

第四,仔细地审查仲裁中心的结构和目的。该中心的章程特征实际上被看做在鉴别第1782(a)条所指的"裁判庭"时起决定性作用。该中心在性质上是"国际"裁判庭。"它必须依赖其管辖权之外的法院的帮助——例如根据第1782(a)条运作的美国联邦地方法院——在奥地利境内或境外来执行其查询并帮助其调查。"[3] 事实上,该中心仲裁规则的第1条就规定其目的是"为在争端中不是所有的缔约方在奥地利有业务开展地或正常居住地的争议的仲裁解决作出安排……"[4]

此外,该中心的民事程序规则第589条规定为其公平司法提供便利在必要时要求助于司法机构。[5]

罗兹案对规定仲裁程序中第1782(a)条的使用的法学理论的发展的影响还远没有被接受。[6] 直到今天,在联邦地方法院或上诉法院一级还没有遵从或拒绝该案中的主张或分析的典据。有点令人惊奇的是,在学术上分析这

---

[1] Roz Trading, 469 F. Supp. 2d at 1226 (citing *Burlison*, 455 F. 3d at 1247).
[2] 同上书,第1228页。
[3] 同上书,第1229页。
[4] 同上 (citing to Article 1 of the Centre's Rules of Arbitration)。
[5] 同上。法院还认为,"中心的规则包含了例如通过第1782(a)条的机制寻求的证据开示。"
[6] 公共记录表明被诉方向第十一巡回上诉法院的上诉在2007年3月28日因没有管辖权而被驳回。第十一巡回上诉法院在该日作出的裁定如下:该上诉因没有管辖权而被驳回。2006年12月19日要求根据《美国法典》第28编第1782条提供在外国裁判庭的诉讼程序中所使用的文件的指令并不是最终的或者是立即可以上诉的,因为该指令还要求进一步考虑关于所提供的文件的范围的实体程序。See 28 U.S.C. §1291, In Re: Commissioner's Subpoenas, 325 F. 3d 1287, 1292 (11th Cir. 2003); Pitney Bowes, Inc. v. Mestre, 701 F. 2d 1365, 1368 (11th Cir. 1983); Broussard v. Lippman, 643 F. 2d 1131, 1133 (5th Cir. 1981).

一特别主张也非常少。① 但是，尽管关于这一非常有意思的程序理论的典据和学术作品目前还很少，无可争议的是，这一问题应该引起大的关注，因为它革新了国际仲裁中证据收集的程序结构。

二 国际仲裁中对普通法的证据开示的传统误解

从传统的观点来看，国际仲裁根本不认为证据开示是《联邦民事程序规则》第26条规定的标准所调整的那样。英特尔案和罗兹案的裁决已经引起了对国际仲裁行为的两个明显的重大修正。首先，"证据开示"已经被引进并如"取证"一样占有同样的理论空间；其次，学者和实务工作者现在已被迫重新审视传统上在仲裁中所使用的"取证"概念。应该注意，"取证"概念在目前的理论和实务中在许多方面都是模糊的，缺乏可预见性价值，与历史悠久的古老的当事人意思自治概念相敌视，而当事人意思自治概念既是调整证据开示的联邦民事程序规则的理论支柱也是仲裁作为一种可替代性纠纷解决方法的设置的支点。这些重大的变化的范围可能已经被拓宽了，从而甚至可以适用于仲裁程序提供帮助的证据开示。

英特尔案之后的案件，至少是收集到的第十一巡回法院在帕其希鸥·克勒里茨案②的观点支持为协助执行一个判决而运用第1782（a）条。把这一观点扩大到适用于仲裁裁决所必要的概念上的步骤实际上还不存在。

---

① See, Pedro J. Martine-Fraga, El Arbitraje y El Proceso Global, La Justicia Norteamericana Abre Las Puertas A Los Tribunales Extranjeros, LA GACETA, May 21, 2007; Pedro J. Martinez-Fraga, *Globalización Procesaly Arbitraje Internacional*, DIARIO LA LEY, No. 6758, July 18, 2007; Eric Schwartz and Alan Howard, *International Arbitration Discovery Applications to Rise?*, NEW YORK LAW JOURNAL, Volume 237, May 4, 2007; Daon Zupanec, *Discovery For Use in Foreign Proceeding- "Foreign or International Tribunal" -Arbitral Body*, FEDERAL LITIGATOR (March 2007); Douglas H. Yarn and Gregory Todd Jones, *Chapter 9: Arbitration, B. Prehearing Issues, Alternative Dispute Resolution: Practice and Procedure in Georgia* (2007); American Law Institute, *Recent Developments in Domestic and International Arbitration Involving Issues of Arbitrability, Consolidation of Claims and Discovery of Non-Parties*, ALI ABA Course of Study (March 7—9, 2007).

② In Re: Clerici, 481 F. 3d 1324 (11th Cir. 2007).

三 协助执行非美国的仲裁裁决的证据
开示:不再是一个奇怪的建议

在帕其希鸥·克勒里茨案中,巴拿马法院为了从一个已经迁到佛罗里达州的判决中的债务人那里取证发布了一封调查信。美国政府单方面地向佛罗里达南区联邦地方法院提起了第1782条申请,要求任命一个美国律师助手作为专员来负责处理证据开示申请。应诉方帕其希鸥·克勒里茨建议取消法院先前作出的第1782条申请并任命一个专员的指令,联邦地方法院拒绝了该建议并等待第十一巡回法院的上诉处理决定。主要的案情如下。

应诉方帕其希鸥·克勒里茨是一个居住在佛罗里达州迈阿密的美国公民。1998年他在巴拿马提起诉讼指控一个判决中的债权人,即一家名为诺奈姆公司的巴拿马公司。诉讼是向巴拿马共和国科隆第二巡回法院民事庭提起的（以下简称"巴拿马法院"）。① 在这一诉讼中,帕其希鸥·克勒里茨附带提出扣押据称是属于诺奈姆公司的财产。这一附带要求在法律上是有效的。诺奈姆公司提出书面申请认为不应受理指控并应拒绝附带要求。这一申请被全部接受,诺奈姆在巴拿马法庭继续提出附带诉讼,要求因帕其希鸥·克勒里茨提出的诉讼和附带申请而导致的损害给予赔偿。诺奈姆的申请根据是认为帕其希鸥·克勒里茨提出的诉讼"改变了该公司的商业形象"并"消极影响诺奈姆公司与许多银行之间的信誉和在社会中的形象,这些都导致了当它申请增加银行贷款时遭到了拒绝"。② 巴拿马法院发布了第1166号司法令,根据该法令,帕其希鸥·克勒里茨被迫赔偿诺奈姆损失费1996598.00巴波亚③以及诉讼费294589.70巴波亚。第十一巡回法院认为:"诺奈姆的反对帕其希鸥·克勒里茨的外国判决还没有被国内接受,目前还不能在佛罗里达执行。虽然诺奈姆提出了国内化的诉讼申请,但它从没有继续这一申请。"④

诺奈姆在作出判决的同一个巴拿马法院提起了判决后申请。这个申请名

---

① In Re: Clerici, 481 F.3d 1327 (11th Cir. 2007).
② 同上。
③ 一巴波亚相当于一美元。
④ In Re: Clerici, 481 F.3d, 第1327—1328页。

为"涉及不止一个附带损害赔偿数额的补充执行申请的普通程序"。①

第十一巡回法院指出,因帕其希鸥·克勒里茨没有对同意第1782条申请的第一和第四点提出异议,②法院强调了第二个要求,即帕其希鸥·克勒里茨辩解其申请并不是寻求证据而是寻求执行外国法院的判决,是毫无实质意义的。法院特别提出,"巴拿马法院寻求帮助以获得关于帕其希鸥·克勒里茨的财产和其他财政事务问题的仅仅是他宣誓过的回答。"第十一巡回法院还强调,"联邦地方法院认识到这一主要的区别并正确地作出这样的结论,即要求帮助局限于寻求获得帕其希鸥·克勒里茨处的证据,因此,根据第1782条是适当的。"③

法院同样摒弃了帕其希鸥·克勒里茨提出的不符合法令的第三个要求(在外国或国际诉讼中所使用的)的主张。对此,第十一巡回法院假定在巴拿马一个诉讼程序正在进行中,与巴拿马的诉讼程序协调一致,帕其希鸥·克勒里茨被要求宣誓回答问题。以下的假定支持这一观点,即"如果帕其希鸥·克勒里茨居住在巴拿马,诺奈姆或者是巴拿马法院将会直接讯问他诺奈姆所提出的问题。"④

最后,第十一巡回法院进一步以这样的假定来支持其观点,即"最高法

---

① In Re: Clerici, 481 F. 3d, 第1328页。应该指出的是,诺奈姆向巴拿马法院提出的申请"开启了根据巴拿马司法典第1049条和第1050条补充执行其判决的程序"。申请提出了向帕其希鸥·克勒里茨发问的在"巴拿马共和国或者世界上任何一个其他地方"(强调为作者所加)有关其财产和经济状况的问题。问题如下:(1) 2001年4月27日,他在巴拿马共和国或世界上任何其他地方有什么财产(动产或不动产)、债权、维持生活的手段(sustenance means)或任何其他收入来源?(2) 2002年9月27日,他在巴拿马共和国或世界上任何其他地方有什么财产(动产或不动产)、债权、维持生活的手段(sustenance means)或任何其他收入来源?(3) 在2001年4月27日和2002年9月27日之后,他在巴拿马共和国或世界上任何其他地方转移、转让或捐赠什么呢?请对此说明原因。(4) 在本程序截止前,你的祖传财产是多少?(5) 你打算如何并通过什么手段来履行科隆第二巡回法院2002年9月27日作出的第1166号的义务,据此你必须向诺奈姆公司支付200多万巴波亚?(6) 你破产了吗?请解释原因。(7) 迄今为止,你有多少个国家的国籍或公民身份?(8) 你在哪个国家进行纳税登记?(9) 你在世界上有什么金融机构(银行、投资公司)或与什么金融机构有商业关系或作为代理人与什么金融机构有关系?
② 在英特尔案中最高法院明确、有力地阐述了第四个要求:(1) 申请必须是由"外国或国际裁判庭"或者是"任何利害关系人"提出的;(2) 申请必须是寻求证据,不论是一个人的"证词或者是申明"或者是提供"一个文件或其他东西";(3) 证据必须是"用在外国或国际裁判庭"的诉讼中;(4) 被寻求证据开示的人必须居住在审理该申请的联邦地方法院所在的区或在该区被发现。Intel, 542 U. S. at 255. 此外,"联邦地方法院接受第1782条的申请不是强制的。"United Kingdom v. United States, 238 F. 3d 1312, 1319 (11th Cir. 2001).
③ 同上书,第1332页。
④ 同上书,第1332—1333页。

院已经承认根据第 1782 条所授权的'证据开示的广泛的范围',并认为第 1782 条并不局限于正在进行中的或即将发起的程序。"[1]

第十一巡回法院在该案中的分析和观点对于该案中所引用的具体的诉讼来说是令人不安的,对于跨国仲裁诉讼也同样如此。第十一巡回法院的观点在三个方面似乎与最高法院在英特尔案中的指令以及其他巡回上诉法院的判例不一致。

四 帕其希鸥·克勒里茨的缺陷:协助非美国仲裁裁决的证据开示

首先,在许可巴拿马法院——一个外国裁判庭——为指称中的债权人获得有关的财政信息时,第十一巡回法院不仅大大扩展了第 1782 条本来的目的,而且其判决不符合最高法院对于第 1782 条的解释。事实上,在英特尔案中,最高法院非常强调以下观点,即"根据第 1782(a)条寻求证据开示的程序必须被合理地考虑,但是不必是未决诉讼或者是即将被审理的案件。"[2] 即使经过浅层的考虑,也很显然,未决诉讼或者是预期的诉讼必然意味着根据第 1782 条寻求证据开示的诉讼不可能是已经结案的、在未来没有可能再对案件的事实进行审理的诉讼。简单地说,第十一巡回法院忽略了英特尔案中的裁定:"诉讼"不必是法院已宣判的。[3]

此外,第十一巡回法院没注意到在颁布当代的第 1782 条时,国会提出警示:联邦地方法院在适用第 1782 条时的自由裁量应该受到外国诉讼的"性质"和"特点"的支配。[4] 外国裁判庭的形式——不管是行政的还是准司法的——一般都没有关系,只要证据与正在进行的某种审判相关。[5] 例

---

[1] 在英特尔案中最高法院明确、有力地阐述了第四个要求:(1) 申请必须是由"外国或国际裁判庭"或者是"任何利害关系人"提出的;(2) 申请必须是寻求证据,不论是一个人的"证词或者是申明"或者是提供"一个文件或其他东西";(3) 证据必须是"用在外国或国际裁判庭"的诉讼中;(4) 被寻求证据开示的人必须居住在审理该申请的联邦地方法院所在的区或在该区被发现。Intel, 542 U.S. at 255. 此外,"联邦地方法院接受第 1782 条的申请不是强制的。"United Kingdom v. United States, 238 F. 3d, 1333 (11th Cir. 2001).

[2] Intel, 542 U.S. at 259 (emphasis supplied).

[3] Clerici, 481 F. 3d at 1333.

[4] See S. Rep. No. 88-1580 § 9 (1964), as reprinted in 1964 U.S.C.C.A.N. 3782, 3788.

[5] 同上。

如，有关的参议院的报告这样解释：当外国的调查官员正在审理未决诉讼时法院在决定是否提供帮助上有自由裁量权。①

没有迹象表明国会打算把法令扩大到包括在性质上不在审理的诉讼程序。所以，第十一巡回法院的异常的分析既不符合英特尔案的判决也不符合国会的意图。

其次，第十一巡回法院的认识明显、直接地与以前的判决相冲突，这些判决主张根据第 1782 条寻求的证据开示如果不是为了在外国诉讼中使用，例如在帕其希鸥·克勒里茨案中，是被禁止的。根据第 1782 条向外国的债权人提供判决后的资产证据开示帮助中，法院加剧了与其他上诉法院判决之间的冲突。第 1782 条用明确的语言排除了判决后为帮助执行判决的证据开示，规定政府只有当申请的证据开示"是在外国的诉讼中使用"② 时才对外国法院的证据开示请求表示尊敬。在 Euromepa 案中，第二巡回法院认为，类似的请求不符合第 1782 条"在诉讼中使用"的要求。有一个法国的审判法院请求联邦地方法院从审判法院中的原告那里就被偷的珠宝的所有权和保险责任范围取证，③ 联邦地方法院拒绝了该请求，因为该案在法国收集证据——审理法院和中级上诉法院——不再是未决案件，因此没有必要开示新的证据。④

对此，要求证据开示者提出了上诉，辩解道：因为存在一个未决的破产诉讼，在该诉讼中，其尽力避免支付法国法院的诉讼费用，在主要的诉讼中免除其任何义务的证据都是紧密相关的。第二巡回法院否决了这一辩解，认为因为"作为居民的债务人和要求证据开示者之间的纠纷的事实问题已经被审理过了，不会在法国的破产诉讼中再考虑，"寻求的证据开示不是要在外国裁判庭的诉讼中使用，而这一点是第 1782 条的必要前提条件。⑤ 简单地说，没有什么还未审理，剩下的问题就是执行该判决。⑥ 因此，没有"诉讼"要适用第 1782 条来取证。

值得注意的是，在英特尔案中，最高法院没有触及 Euromepa 案中关于外国诉讼的性质的问题。但是，第十一巡回法院认为，Euromepa 案中关于

---

① 1964 U.S.C.C.A.N. 3782, at 3788.
② See 28 U.S.C. § 1782 (a).
③ Euromepa, 154 F.3d at 26.
④ 同上。
⑤ 同上书，第 28 页。
⑥ 同上。

外国诉讼在性质上必须是已审理的主张没有说服力。① 为分析这一点，第十一巡回法院承认，美国政府寻求的证据开示是为了在巴拿马法庭执行判决程序中使用的。② 如同在 *Euromepa* 案中那样，在帕其希鸥·克勒里茨案中，在巴拿马诉讼中没有合理地考虑其他方面，因而法院的裁决完全背离了第二巡回法院对外国裁判庭的"诉讼"必须是：（1）审理中的；（2）关于实体问题还没有解决的观点。

最后，第1782条中的证据开示的目的是帮助"外国和国际裁判庭"以及国外审理程序中的诉讼方。没有任何迹象表明国会意图授权外国裁判庭的证据开示用于在判决后的执行程序中。英特尔案、第1782条以及其他的联邦法令都没有授权联邦法院根据一封调查信来执行一个外国判决。③ 其他地方也找不到这样的规范性命令。但是，法院的判决引起了诉讼方在授权证据开示协助执行外国判决之前通过根据州法律要求内国化或者承认外国的判决来规避这些基本的政策。

在联邦法院，证据开示来协助执行判决在《联邦民事程序规则》第69（a）条中是允许的，其中有关的部分规定：在协助执行判决中，如果判决的债权人或继受人能够证明有利害关系，可以从任何人那里，包括判决的债务人那里以本规则规定的方式或根据联邦地方法院所在的州的通行的方式获得证据开示。④

换句话说，一个判决的债权人可以使用任何证据开示规则（第26条至第37条），或者使用联邦地方法院所在的州授权的任何证据开示工具来发现判决的债务人的财产并执行这些财产。这些做法也是在帕其希鸥·克勒里茨案中申请方代表巴拿马法庭所努力实现的。

第十一巡回法院忽略了一点，就是判决的债权人根据规则的第69（a）条有资格在协助执行判决中获得证据开示的必要前提条件是有一个有效的并

---

① *Clerici*, 481 F. 3d at 1333 n. 10.

② 同上。

③ See In Re: Letter Rogatory, No. 01 – MC – 212（JC），2002 WL 257822, at 11（E. D. N. Y. Feb. 6, 2002）；*Tacul, S. A. v. Hartford Nat'l Bank & Trust Co.*, 693 F. Supp. 1399, 1400（D. Conn. 1988）；*In Re Civil Rogatory Letters*, 640 F. Supp. 243, 244（S. D. Tex. 1986）.

④ FED. R. CIV. P. 69（a）.

且可以执行的判决。①

在帕其希鸥·克勒里茨案中，在美国的任何地方都没有一个有效的判决。诺奈姆虽然尽力在佛罗里达州使判决内国化，但没有成功。根据佛罗里达州法律，除非所有的异议都由州法院处理过了，外国法院的裁决不被承认和执行。②

参考联邦法律会得到同样的结果。《联邦民事程序规则》第69（a）条进一步规定：在联邦法院，"执行程序……应该遵照联邦地方法院所在州的程序和通行做法。"③

在帕其希鸥·克勒里茨案中，第十一巡回法院没注意到申请方（例如美国政府）代表巴拿马法庭努力要求获得证据，根据程序规则如果判决根据州法律没有内国化则没有权利获得证据开示。在美国，没有一个有效的判决很难深入了解到每一个人（包括外国裁判庭和美国政府）已经认可的信息的开示的依据是为了执行或补充一个判决。但是，法院授权取证以协助执行外国的判决已经在美国得到认可。

毫无疑问，帕其希鸥·克勒里茨案大大扩展了可以获得第1782条中的证据开示的诉讼的类型，有效地以国会从来没考虑过的方式改写了法令。这一判决为那些不愿意为外国判决在美国内国化并承认外国判决而承担义务的诉讼方获得判决后的证据开示开启了大门。对于仲裁程序没有什么不同。如果仲裁裁决在美国之外已经获得，那么仲裁当事人现在可以根据《纽约公约》承认和执行裁决之前在联邦地方法院寻求证据开示协助执行仲裁裁决。这样，美国的个人和公司就可以提出昂贵的证据开示请求来收集外国的判决或仲裁裁决，而这些判决或裁决完全不能充分满足被承认和内国化的要求。

---

① See, e.g., Sanderson v. Winner, 507 F. 2d 477, 480 (10th Cir. 1974) ("如果被告获得判决他将有充分的机会根据《联邦民事程序规则》的第69条得到证据开示"); United States v. Kulukundis, 329 F. 2d 197, 199 (2d Cir. 1964) (第69（a）条中的证据开示 "只有在得到判决后才可以获得"); Fuddruckers, Inc. v. KCOB I, LLC, 31 F. Supp. 2d 1274, 1278 (D. Kan. 1998) ("根据规定，……第69（a）条中的联邦或州法律中的'选择'仅仅指的是判决后的证据开示"); accord 13 Moore's Federal Practice § 69.04 [1] ("在判决作出之前不存在第69（a）中的证据开示")。

② See FLA. STAT. § 55.604 (2005)。

③ See FED. R. CIV. P. 69 (a)。

第六章

到底发生了什么事？三部曲的影响之考察

英特尔公司案、罗兹贸易公司案以及帕其希鸥·克勒里茨案等三部曲将以第 1782（a）条为基础的政策性地方议题移植于仲裁之中，即法令两重目标的可行性。第 1782 条是否：（a）增进了《联邦民事程序规则》在国际社会间扩散的目标，并据此促进了美国式证据开示的国际化；（b）通过在国家间司法协助领域实施优胜互惠，仍然拭目以待。这并不只是个别人的意见，一些学者对此也进行了评论，并认为第 1782 条的应用使外国诉讼人和目前的当事人能够以牺牲美国公民和商业为代价利用国际仲裁程序。实际上，没有证据显示第 1782 条在任何环境都产生对美国普通法证据开示规则的接受，或者以任何方式提高国家间的司法合作。

一个无法回避的问题是证据开示纳入仲裁程序的学说构成了对仲裁程序的发展，还是极端挑战。这一问题引起的睿智、层次分明以及截然不同的观点及其所具有的冗长和令人沮丧的性质没有减损处理该问题的努力，且在处理问题时应通过调查的表象反应进行观察。

如果假定仲裁的解释规则是当事人意思自治原则和更为一般意义上的预测价值、标准的透明度、一致性、确定性原则，那么不太清楚的是，将符合第 1782 条规则和《联邦民事程序规则》第 26 条标准的美国普通法式证据开示制度纳入仲裁程序是否会损害仲裁强烈寻求促进的政策目标。

具有讽刺意义的是，当事人意思自治或许是最容易被忽视，甚至是被低估的原则——根据其中心要素从字面上讲——它在本质上是以个人主动性为基础的对抗性制度和一剂有益健康的"司法自由放任"良药。关于美国普通法，一般来讲，当事人意思自治规则没有比在《联邦民事程序规则》中更为普遍的，特别是那些支配证据开示的民事诉讼规则。

根据详尽分析大量法学知识所获得的普遍认可的标准和规则，为当事人提供从事证据开示的标准化能力成为当事人意思自治原则实践应用的典型例证。在对《联邦民事程序规则》第 26 条[①]阐述的基础标准进行实际研究前，这些标准对从事仲裁事务的大陆法系律师来说初看上去似乎过于自由和宽泛，更别说将它们与其他相应的"提取或者收集证据"对比了（如果考虑到这些特征是相对应的话）。根据《联邦民事程序规则》第 26 条，并不是所有"想当然会引起可采信的证据开示"的起诉书或者文书都进行证据开示。证据开示争议事项的范围受限于当事人主张或者答辩的适当原则。这种限制是实质性并具有重要意义的。"相关性"进一步解释为哪种"当然引起可采信证据的证据开示"。因此，尽管非可采信证据可以根据特权和教义限制进行开示，然而，开示信息的争议事项必须属于适当主张和答辩的范围。这些限制性要素取消了普通法系和大陆法系律师以及具有良好训练和丰富经验的法学家经常引用的"审前调查"这种陈词滥调，选择有意忽略标准的精确性和严谨性。

或许《联邦民事程序规则》内最具当事人意思自治原则普遍性象征的条款是涉及诉讼或者上诉审未作出判决前书面证词的第 27 条规则，它们通常也会被忽视，且与调整书面证词、质询、要求出示文件、要求承认事实以及参加非当事人出示文件目的的传唤规则相比，确实很少被频繁引用。第 27 条通过在诉讼提起前审查书面证词为未来可能成为原告的当事人提供了保存证据的法律基础。该规则的简明性掩盖了其非凡的特征。

正如第 27 条所例证的，对于强调《联邦民事程序规则》当事人意思自治原则的普遍性以及特别涉及调整证据开示的那些规则而言，上下文是必须注意的。举例来说，《联邦民事程序规则》第 3 条是一条只有一句话的规则。

[①] 评论者、律师和法院经常误认为它是常人所知的民事普通法程序原则。参考法律文本或者分析上诉庭判决并不罕见地会发现，根据《联邦民事程序规则》第 26 条，证据开示标准可引用为提出"当然引起可采信的证据开示"的证据开示。这种规则解释，或者更为准确地说是误解，只不过是正在实施中的护身符的一部分。

《联邦民事程序规则》第 26（b）(1) 条指出：

(b) 证据开示的范围和限制。除非根据这些规则受到法院命令的限制，证据开示的范围包括下列各项：

(1) 概况。当事人无任何特别优惠，都可获得与任何当事人主张或者答辩有关的任何问题的证据开示，包括所有账簿、文书或者其他有形事物的存在、叙述、性质、保管、条件和位置及任何懂得证据开示问题的自然人的身份和住所……如果证据开示看来当然引起可采信证据的开示，那么有关起诉书不需是可受理的……

该条规定,"民事诉讼从向法院提起诉讼时开始。"尽管该项规定表面看来平淡无奇,然而该规则为解释普通法制度体系的当事人意思自治这一基本规则树立了基调,远远超过了《联邦民事程序规则》应有的含义。注意到起诉由提起诉状的当事人控制,而不是根据学理在着手进行独立磋商及调查以确定原告主张可行性和有效性后由法院签发正式命令所控制。这种程序与按照民事诉讼应自法院实际"接纳"时开始的大陆法系一样清晰。值得注意的是,大陆法系的民事诉讼并不是自动或者草率地被"接纳"。法院或者法官应首先着手进行独立调查和评估以确定有支持的诉讼主张是否被确认并证实,以及评估诉讼本身的程序适当性。

第27条规则详述了取得书面证词:(1)在缺乏基本的法院判决前;(2)当事人主动提出时;(3)关于取得书面证词(实际审查)及进行辩护由当事人实际实施。[1] 与大陆法系相比,缺乏对基本诉因的需要突出了诉讼程序过程中司法干预的实质性缺失,而这种缺失是非常明显的。在绝大多数大陆法系国家,法官处理对证人的询问,当事人参与充其量是有限的,且仅仅在某些特殊场合为法院提供向证人所提的书面问题。至于拟定实际问题,寻求通过法院询问证人的当事人不会施加或者影响提问的方式、形式或者类型(在普通法体系内以直接交叉询问和再直接询问)。此外,法院在选择向证人询问哪些问题时应自由履行其无任何限制的自由裁量权。这里有3条建议需要强调。

第一,即使有的话,大陆法系国家也很少在诉讼前询问证人。[2] 第二,诉讼开始由法院而不是当事人单方面确定。第三,在大多数大陆法系国家,

---

[1] 《联邦民事程序规则》第27条(a)(1)指出:

第27条 诉讼或者上诉审未作出判决前的书面证词

(a)诉讼前

(1)申请。要求保存涉及美国任一法院可受理事件证据的当事人可以在预期成为相反一方当事人的居住地的美国联邦地方法院提出可经核实的申请。申请应当以申请人名义命名,并应说明:1.申请人希望成为美国法院可审理诉讼的一方当事人,但目前无法提起诉讼或者使诉讼被提起;2.预期诉讼的争议事项以及申请人利益;3.申请人希望通过提议的证据以及要求保存证据的原因建立事实;4.申请人要求成为相反一方当事人的自然人和法人名称或者说明和所知地址;以及5.被询问自然人的名字和地址以及证据内容,这些都是申请人为保存证据目的,希望从各被询问人处得到,且请求获得法庭令以授权申请人取得请求书中所提到的被询问人的书面证言。(斜体为强调部分)

[2] See, e.g., Oscar Chase, *American "Exceptionalism" and Comparative Procedure*, 50 AM. J. COMP. L. 277, 294 (2002); *and* Mirjan Damaska, *The Uncertain Fate of Evidentiary Transplants: Anglo-American and Continental Experiments*, 45 AM. J. COMP. L. 839, 844 (1997).

诉讼开始在程序上与实际庭审是无法区别的。与普通法国家不同，提起民事诉讼启动了自动触发包含审前阶段的诉讼程序，该程序为取得证据开示和主动申请程序所塑造。然而，在大陆法系国家，则完全不存在这种审前阶段。在大陆法系中，一旦真正的诉讼被"接纳"，那么该案的是非将受到评估、挑战、支持以及挑剔性的检验。

《联邦民事程序规则》第 27 条由于以当事人意思自治原则为基础，因此，构成程序规则的基柱。它虽然远不同于大陆法系国家的基本框架，但是该原则相当接近框架的根本宗旨，即二者都对仲裁的实质进行了解释，将仲裁程序与司法诉讼程序进行了区分，并提出仲裁旨在寻求促进：（主要是）当事人意思自治、可预测性、当事人主动以及最少司法干预。[1] 实际上，第 27 条努力申请和保存证据的司法干预限于法院评估被提起经证实的诉状以确定法院"对保存证据预防失败或者推迟司法程序是否满意……"[2]

与深奥的反应或者一般理解不同，《联邦民事程序规则》第 3 条和第 27 条成了有益教诲的机制或者范例。机制和范例表明它们与许多明显的规则有着密切的概念和学说联系，而这些规则有助于形成和改变仲裁，从那些构成司法程序的规则中为仲裁程序提供独特的性质和特征。当然，从 20 世纪早期到中期，哲学的现象学派代表埃蒙德·胡塞尔（Edmund Husserl）和莫里斯·梅勒—庞蒂（Maurice Merleau-Ponty）（仅提及 2 名发展出黑格尔在《精神现象学》中最初提出的理论的重要人物）例证了基于纯粹感知而没有更多的标准经常是危险和易于误导的。突破感知什么以及确定感知与本质的冲突成为可怕的任务，消磨和耗尽了西方法学家和哲学家同样的精力。假如我们没有运用系统分析的推理去寻求感知的概念基础，那么，虽然每天太阳东升西落，但是我们只会同意世界是平的以及太阳围绕地球转等等这些命题。

对证据开示和《联邦民事程序规则》的感知或者理解在学理和概念上与解释仲裁以及仲裁寻求促进的原则相抵触完全是错误的，或者至少是不清

---

[1] 至少从某个观点来看，没有某些司法干预仲裁（不论国内或者国际，这些特征都无法改变分析结果）不可能存在的意见具有相当客观的理性苛刻和可信度。然而，这种禁止的本性和特征是有争议的。这也间接表明，仲裁程序中的司法干预应该从属于仲裁本身，法院为完成当事人意愿和有关裁决或者仲裁庭声明充当"主持人"使司法干预成为必要，如强迫当事人和非当事人作证以及遵守非终局仲裁庭裁决。当仲裁裁决引起可行的上诉时等有限理由出现时，仲裁裁决的承认和执行自然使为有限目的进行司法干预成为某种必要。

[2] See FED. R. CIV. P. 27（a）（3）.

晰的。

事实上，这种偏见经论证有害和有损于仲裁（国内和国际两者），如偏见的 4 种标记使仲裁程序的合法性丧失，并拖延了对仲裁应当从属于司法程序的理解：(1) 仲裁协议或者包含在商业合同中的仲裁条款错误曲解了法院对当事人和争议标的行使适当管辖权的观点；(2) 特殊的法定诉因不能影响仲裁裁决的理解；(3) 仲裁程序必须在法院支持下行为的信念；(4) 仲裁和仲裁员缺乏训练难以裁度复杂技术性争端的理解。

第七章

国际仲裁中普通法证据开示的新颖、非正统概念

现象学控制了调整变动以便跨越本质与现象、是什么和看见什么之间的鸿沟。仔细分析可以确定，一般称为《联邦民事程序规则》的证据开示以及组成该体系的基本原则，尽管在概念和学理上与大陆法系不同，但是由于其基础来源于当事人意思自治，因此，它已相当接近于将其确认和解释成不同于司法程序的仲裁和基本政策。然而，一般而言，大陆法系的"权威概念"在概念和学理上极大地、严重地偏离了仲裁，以及构造仲裁和仲裁程序所特有的当事人意思自治原则。因此，《联邦民事程序规则》构造、建立以及解释的证据开示十分明确地与仲裁的性质相协调，它只是由于其他非普通法系国家的律师不熟悉规则，坚持认为普通法系律师、法官以及评论者滥用证据开示的陈词滥调而对其产生误解，从而使证据开示与仲裁之间的联系变得模糊。

在对《联邦民事程序规则》第3条和第27条进行概括性和框架性分析以前，为消除"无控制范围"的观念以及无限许可进行审前调查（或称远距离求证）的问题，曾经就有关《联邦民事程序规则》第26条阐述的证据开示标准提出了下列建议。如果假定，仲裁的解释规则是当事人意思自治原则，或者更广泛地讲，包含预测性价值原则、标准的透明性以及确定性，那么，不太清楚的是，美国普通法式的证据开示纳入仲裁程序与第1782条和《联邦民事程序规则》第26条的协调性是否损害了仲裁强烈寻求促进的政策目标。经过仔细考虑和认真对待塑造和作为美国普通法证据开示基础的原则，运用具有说服力的意见赞同证据开示和仲裁之间在概念和学理上存在联系变得非常明显。

令人瞩目的是，一般性理解推动了这些提议，即"取证"经常涉及仲裁程序，并同置于证据开示以突出对这种方法论的欣赏，或许就其本身而言，它也是纯粹没有争议的理解的牺牲品，因此，也是一种实际的误解。

尽管有着显而易见的性质，然而，某个问题仍应提出。到底存在"国际商事仲裁取证"这样的事情吗？或许内心深处"是"的回答值得更为密切的关注。

一 《国际律师协会关于国际商事仲裁的取证规则》

1999年6月1日，国际律师协会理事会通过决议，决定采用《国际律师协会关于国际商事仲裁的取证规则》（IBA Rules on the Taking of Evidence in International Commercial Arbitration，简称《规则》）。该《规则》的序对这种极为值得称赞的努力的介绍在某种程度上把这些规则的目标确定为"帮助当事人和仲裁人使其能够以有效和经济的方式处理国际仲裁程序证据阶段的某种手段"，《规则》为"提交文书、事实证人、专家证人、审查以及管理证据听证提供了机制"。[1] 此外，该《规则》的序进一步提出，这种努力是尝试协调汇合不同司法文化和传统的产物。[2] 该《规则》实际上包含了混合式的妥协，这在国际商事仲裁程序中很大程度上是行得通的，并且是有益的。然而，它们在概念和学理上被进一步从构造仲裁程序和仲裁旨在促进当事人意思自治、预测性价值、一致性、透明性、确定性以及标准透明性的原则中移除——比美国普通法证据开示距离这些原则还远。正如已经提到的，尽管《美国法典》第28编第1782条的普通法证据开示推动了这些原则，然而国际仲裁中的"取证"事实上否定了它们，但这种主张应当得到坚持。

即使该《规则》的序和导言中15次提到了"证据"一词，[3]《规则》第

---

[1] 见《规则》。

[2] 《规则》的序明确指出，它们"反映了许多不同法律制度下正在使用中的程序，且如果当事人来自不同法律文化时，它们或许特别有用"（见《规则》）。同样，《规则》的导言部分强调，《规则》意图"以有效和经济的方式管理国际仲裁中的取证，特别是那些来自不同法律传统的当事人之间的取证"。

[3] "证据"一词在序中出现了10次，在导言中出现了5次。

1条"定义"也没有解释"证据"这一关键性名词。例如,"证据听证"自然被解释为"仲裁庭听取口头证据的任何听证,不论其是否连续举行"。[①] 尽管该词条在《规则》条款内解释"证据听证"是清楚的,然而,这并不存在明显有意义的断言,能够从此推断出《规则》所提到的"证据"的重要性。这种省略的严重性后果在混合后变得更坏,因为规则极为崇高和实用的期望塑造了一套规范,为来自不同法律文化的律师提供便捷,这种便捷产生于《规则》所设计的、对重要概念熟悉的认识。遗憾的是,这个目标在国际仲裁情形下明显失败,这是因为几乎所有的法律制度都有其自身的权威性规则和"证据"定义。[②]

《规则》第1条定义部分同样缺乏"相关性"词语的概念。没有它,在"提供证据"方面将不可能存在任何概念一致的制度。虽然如此,《规则》在序的相关部分指出,"这些国际律师协会的证据规则取代了最初在1983年公布的《国际律师协会管理国际商事仲裁提供和接受证据的补充规则》。国际律师协会证据规则反映了许多不同法律体系下使用的程序,且如果当事人来自不同法律文化时,它们可能特别实用。"[③] 这两处严重的省略——"证据"和"相关性"的定义——令人不安,且当然不能增进预测性价值、标准透明、确定性,甚至是当事人期待等原则所促进的目标。

同样的无力状态根本不会在《联邦民事程序规则》中出现,即使这些规则并不是旨在调和不同法律文化中具有说服力的概念和公正标准。有必要强调的是,《联邦民事程序规则》缺乏属于不同司法管辖国形式多样且经常无法协调的法律原则的交流。然而,由于《联邦民事程序规则》坚持当事人意思自治、[④] 预

[①] 见《国际律师协会关于国际商事仲裁的取证规则》第1条。
如果不是比较,那么《联邦民事程序规则》第26(b)(1)条以对比的方式谈到了当事人"*获得有关任何事务证据开示……*"的能力(斜体为强调部分)。规则的小节进一步限定——没有限制——"任何事务以包括'账目、文书或者其他有形东西的存在、说明、性质、监管、条件、位置以及具有任何证据开示事务知识的自然人的身份和位置。'"

[②] Kevin M. Clermont & Emily Sherwin, *A Comparative View of Standards of Proof*, 50 AM. J. COMP. L. 243 (Spring 2002); and Michele Taruffo, *Rethinking the Standards of Proof*, 51 AM. J. COMP. L. 659 (Summer 2003).

[③] 见《规则》。

[④] See FED. R. CIV. P. 3 and 27.

测价值、[1] 标准透明[2]以及确定性[3]等原则,它在某种程度上弥补了这些缺憾。

尽管《规则》第2条"适用范围"的确为规则和一般规则间的相互作用提供了一些指南,[4] 然而,《规则》的"适用范围"在对"证据"施加限制时没有任何作用(不论该框架内的证据可能意味着什么),且缺乏"取证"的任何标准。事实上,第2条第3、4款严重损害了当事人意思自治、确定性、预测价值以及标准透明原则。

第2条第3款指出,如果出现有关国际律师证据规则的任何争端,仲裁庭应根据其目标以及符合特别仲裁的方式解释它们。[5]

值得注意的是,在面临这类争端时,代替引用仲裁庭必须援引和应用的客观标准或者检验标准,规则只不过授权仲裁庭自由裁量该问题。由于国际商事仲裁中的仲裁庭趋向于由不同的代表组成,因此,在解释规则意义时缺乏适用的"已知标准",扭曲了当事人为解决此类争端在某个更为一致和"客观"的方法论基础上决定先验的能力。[6]

依据相同的精神,《规则》第2条第4款规定:鉴于国际律师协会证据规则和一般规则对有关取证的任何事务都无规定,当事人在其他方面也没有达成一致,只要根据国际律师协会证据规则的一般原则认为是适当的,仲裁庭就可以指导取证。[7]

---

[1] 该原则出现在《联邦民事程序规则》第26条(b)(1),该部分以极大的热情和细节阐述证据开示的争议事项。

[2] 《联邦民事程序规则》第26条(b)(1)指出,"除了调整特免权法律所限制的以外,相关信息以及与这些信息有关的限制要素都必须包含在内"(也就是说,"与任一当事人相关的主张或者答辩")。

[3] 尽管归因于"确定性"原则并不准确,且是徒劳的,然而,期望促进可能结果的不现实提议,来自私人程序国际观点的"确定性"以及在证据开示情况下或者国际商事仲裁取得证据时,应适用当事人期望的统一要求或者标准,这远甚于组成仲裁庭各仲裁员纯粹的个人经验。该种标准受益于详尽的学术著作、起草人的评论以及法理学,应适用于有关"证据"或者"需进行证据开示的事务"。

[4] 第1条对一般规则进行了解释,该规则解释为"当事人实施仲裁所使用的制度或者专门规则"。

[5] 见《规则》第2条。

[6] 在《联邦民事程序规则》框架内,特殊和潜在的决定性术语的含义可以从多个来源进行收集,包括:(1)调整诠释艺术和其他法律术语的法理学;(2)负责起草和修订规则的委员会成员起草的须知;(3)一个发达的解释规则的法理学团体;(4)学者和律师创作的学术性材料,广泛评论了规则中绝大多数突出和重要的基本原则。截至目前,《规则》缺乏这些来源中任何一个的帮助,更不用提从有能力在协调特别冲突时与所有或者部分来源进行磋商中获益了。

[7] 见《规则》第2条。

一般性术语"取证"一开始就没有得到解释。同样,"指导取证"的意思也完全不清楚,这个技术性术语在规则的定义中没有得到确定。此外,缺乏对"证据"这一术语的定义只能使事情变得复杂。在这里,当事人意思自治、预测价值、一致性、标准透明以及可确定性等基本原则当然也没有被解释,更不用说被增强了。事实上,它们也都直接受到了损害。第4款为仲裁庭树立了几乎不受任何约束的权威。将"只要认为是适当的,就指导取证"交给仲裁庭服从于当事人的意愿以及当事人意思自治原则,从而使系统更为紧密地与某种调查方法相联系,而不是与深深植根于当事人意思自治的方法相联系。[①] 从某种程度上讲,第2条在作出以下建议时确实让位于当事人意思自治:

> 只要当事人同意,仲裁庭应确定适用国际律师协会证据规则,规则应控制取证,除非在某种程度上它们中的任何特别条款被认为与当事人或者仲裁庭决定适用案件的强制性法律条款相冲突。[②]

转折词的第二部分将当事人的意愿与仲裁庭的决定置于相同位置。

正如"相关性"概念和"证据"意思仍然模糊,《规则》没有对此给以"实质性"解释。当判决来自不同法律体系和文化的当事人间证据冲突时,缺乏"实质性"的任何标准会进一步引起混淆。然而,三种因素在安排"文件"时是不可或缺的,据称"文件"被认为是规则意思内的"证据"。

第一,根据《规则》提供文件是展示"可信赖性"的底线。就此而论,寻求提供文件的当事人必须说明为何寻求的文件"与案件结果是相关的,且

---

① 为了完整性起见,第4款明确涉及"当事人在其他方面没有达成一致"的情况必须得到强调。虽然存在这种语言,然而缺乏对潜在的决定性规范或者标准给予援用还是令人不安的。除了特别援用一些决定性仲裁条款所说明的、符合当事人意愿的法律或者基本原则外,例如,选择特殊的实体法、第4款提到的"根据国际律师协会证据规则的一般原则",它还是缺乏直接的直观性规则的定义部分,没有确立任何"一般性原则"。事实上,规则十分缺少能够阐述基础性或者具有支配地位一般性原则的任何一节或者附录。因此,人们必然会得出这样的结论,即:无论"国际律师协会证据规则的一般原则"提到什么,都可以从规则的整个部分以某种方式推断出它们。这种艰辛的工作当然要求更多的指导和更为广泛的分析,以便能够给仲裁员和当事人提供重要的实用性帮助。

② 《规则》第2条。

是至关重要的"。①

"可信赖性"的要求容易受到存在过度限制以及技术性偏见的批评。完全与《联邦民事程序规则》第26条指导主张与答辩关系以及详细解释"相关性"内涵的相关性说明形成对比,假如提供了请求的文件,这里试图提交文件的当事人必须披露有关其假设进一步推动案件策略的内心想法。披露当事人工作成果很少推动公平的司法行政,特别是在为弹劾或者信誉目的寻找证据的时候。此外,全部披露证明主张的方式将损害移动中的当事人。根据这种解释,当事人在提交证实文件请求确定来源于请求文件的利益是否大于部分或者全部披露当事人的仲裁策略以前,必须进行论据分析。需要强调的是,与普通法系不同,《规则》明显是妥协的产物。因此,它们为仲裁员提供了足够的范围检查和询问证人以及当事人,正如民法或者大陆法系国家负责司法管辖的法官所做的那样。从事这种初步分析的当事人从而必须假想,披露其工作成果应比当事人提出的假设范围更宽,这是因为仲裁庭极为可能进行询问。

第二,根据适用于特殊争论点的已知标准,如果提出的程序的确促进了可预测性、一致性、确定性以及目标的透明度,那么"相关性"的概念需要进行解释。毫无疑问,国际商事仲裁的当事人试图利用《美国法典》第28编第1782条的框架,将《联邦民事程序规则》引入国际商事仲裁,从而通过明确援用《联邦民事程序规则》第26(b)(1)条减轻这种担忧。在美国普通法系内的"证据"情况下,美国法院和基层司法官员实体证据规则("证据规则")将以决定性方式得到适用。② 该《规则》没有任何学识、评

---

① 第3条第1款体现了"可信赖性",基于:
    1. 在仲裁庭规定的时间内,各当事人应向仲裁庭和其他当事人提交所有可以依赖的可用文件,包括公共文件以及公开文件,除了已经向另一当事人提交的文件。见《规则》(斜体为强调部分)。
第3条第3款(b)首次阐述了"相关性"和"重要性"要求。该小节规定:
    (b)描述被请求的文件怎样与案件的结果相关联和具有决定性意义(斜体为强调部分)。
② 《联邦证据规则》第401条指出:
    第401条规则 "相关证据"的界定
    "相关证据"意味着,证据具有使决定诉讼重要结果的事实更为可能或者更不可能,反之,事实在没有这些证据作支撑时会变得更不可能或者更可能。
《联邦证据规则》第402条也是有用的:
    第402条规则 相关证据一般会采信;不相关证据不采信
    所有相关证据是采信的,除非美国宪法、国会法案、规则或者最高法院根据立法机构发布的其他规则另有规定的除外。不相关的证据不予采信。
关于《联邦证据规则》第401条和第402条的学理和法理意义,see, e.g., Graham, Handbook of Federal Evidence (West, 6th ed. 2001).

论、准则或者其他成果为这种重要的技术名词提供主要含义。

第三,"实质性"原则没有在规则中得到解释。此外,《规则》缺乏对任何"立法构架"体系的援用,而这些体系在其他方面可以促进《规则》框架之内关键性术语的解释。而且,在审视它们时,几乎不可能在概念上从《规则》对"实质性"一词的使用中收集到特殊和具有可操作性的意思,进而缓解和满足来自不同法律文化和传统的当事人的期望。尽管"实质性"从证据的角度看不会成为《联邦民事程序规则》的一部分,该词语也需要纳入《联邦民事程序规则》,然而,它还是被证据规则详尽地予以解决。[1]

当某个框架内要求提出文件请求作为先决条件的当事人从其自身角度披露所寻求的文件为何"与案件结果相关且具有实质性"时,缺乏澄清这些重要术语如(1)证据;(2)相关性;(3)实质性等意思的任何解释、诠释方法论,或者权威机构。在整个《规则》,特别是在第3条中,减少了当事人意思自治原则的普遍性。

因此,证据开示必须通过仲裁庭,经陈述所提供的文件以某种方式与案件结果"相关"且具有"实质性"进行指导。一经提交此类信息,通常由不同法律传统和文化组成的仲裁庭以一致方式决定请求的范围、程度和适当性。同样,提供文件也必须整个与仲裁庭全体分享。[2] 根据同样的精神,当事人自己在所提供的没有首先获得仲裁庭许可的情况下也不能够审查据认为是原始的文件。[3]

仲裁庭按照《规则》被授权进一步表明,根据控制标准的透明度,当事人意思自治、预测价值、一致性以及当事人预期等原则的作用变得更低。《规则》中自然充满实例。然而,六个极为明显的评论尤其直观。

第一,通过例子,仲裁庭被授权承认,证人尽管无正当理由或者有效原因选择不出席证据听证,然而,正如《规则》第1条解释的,其所提供的证人证言可以接受为"证据"。[4]《规则》文本没有就哪种"例外情况"保证承认这些证据提供任何指导。在司法协助情况下,尝试根据第1782条在国际

---

[1] See, e.g., Michael Graham, Handbook of Federal Evidence (2001); Christopher Mueller & Laird Kirkpatrick, Evidence Under the Rules: Text, Cases, and Problems (2004); and Arthur Best, Wigmore on Evidence (1995).

[2] 见《规则》第3条。

[3] 同上。

[4] 见《规则》第4条:

8. 如果提交证人证言的证人没有有效原因在证据听证上不出席作证,除非当事人同意,仲裁庭应忽略该证人证言,除非在例外情况下,仲裁庭另外作出决定(斜体为强调部分)。

商事仲裁中使用时，当事人将有学术说明且伴随法理学的帮助。

第二，仲裁庭被授予权力，行使其自由裁量权，为在程序中作证目的，允许当事人从选择不出席的难缠证人那里取得证据，仲裁庭将在进行中的程序内决定这些难缠证人的证据"将是相关和具有实质性的"。①

第三，为就特殊问题寻求意见目的，《规则》授权合议庭任命专家。《规则》进而给予合议庭一般性权力，为仲裁庭指定的专家报告确立参考性术语。这种报告将被自动送予合议庭和当事人。② 因此，不管当事人的选择，合议庭控制专家证据的范围和性质。而且，《规则》对有关一方或者全部当事人具有诉权或者一般性主张排除引入证据的程度保持了沉默。然而，纯粹推断，有理由猜想，缺乏对当事人异议的任何援用可以被解释为当事人没有权利排除引入此类证据。③

第四，合议庭可以自由进行证据调查，包括动产和不动产。而且，合议庭也可以自己主动要求仲裁庭指定的专家指导这类调查。④ 这种自由裁量权与普通法证据开示并不相关，这是因为《规则》授权合议庭组成法律诉讼中的法官、陪审团和当事人的范围。这种《规则》授予合议庭主动调查当事人没有考虑的证据以及没有组成当事人举证顺序的任何部分。实际上，它曲解了当事人为他们自己提供的参加目标调查的名义权利。当然，按照适用规范，当事人意思自治、预测价值、标准透明以及确定性受到了损害。

---

① 见《规则》第4条：

10. 如果当事人所提供的证据需源自某个经其请求不愿出现的自然人，那么，当事人可以在仲裁庭规定的时间内要求仲裁庭采取法律上可用的步骤获得该证人的证词。当事人应确定预期证人，陈述查找证人证词的对象，且说明这些对象为何与案件结果相关且具有实质性。如果仲裁庭在其自由裁量权内决定该证人证言时相关和具有实质性的，它应根据此请求决定，并采取必要措施（斜体为强调部分）。

② 见《规则》第6条，该条规定：

1. 仲裁庭，在与当事人进行协商后，可以任命1名以上仲裁庭指定的独立专家，并就仲裁庭指明的特殊问题向仲裁庭报告。仲裁庭应为仲裁庭指定的专家报告确立参考性术语。仲裁庭应给当事人提供一份参考性术语最终版。

③ 《规则》第3条明显考虑了允许当事人通过提出异议单边停止提供文件的结构。因此，逻辑结构间接表明，不能在此背景下考虑当事人异议，即使在支持该建议的规则内部并不存在明确的权威机构。

④ 《规则》第7条，该条规定：

在第9.2条规定的条件下，仲裁庭，经一方当事人请求或者出于自身的意愿，可以调查或者请求仲裁庭指定的专家检查它认为合适的场所、财产、机器或者其他货物或者生产过程或者文件。仲裁庭应与当事人协商决定调查的时间和安排。当事人及其代表有权参与此种调查。

第五，规则禁止"不合理的诱导性"问题，且在此情况下，也涉及"直接和再直接证词"。然而，这种控制即使对于形式也没有任何意义。《规则》明显没有规定任何讯问的方法或者对当事人的讯问。此外，仲裁庭被给予无任何约束的裁量权以限制或者排除向证人提出的问题、提供证据甚至事实存在和专家证人。[①] 这种缺乏支配性要求、评价依据或者标准的权威将决策过程集中在合议庭个人和集体法律训练及经验之上，在预测价值时是缺乏有用性的，并且是不合格的。仲裁庭多样化的经验在国际商事仲裁中将增加一层复杂性，只会损害仲裁试图促进的基本原则，而这些都是有可能发生的。

第六，合议庭通过要求证人提供与合议庭盘问这些证人相符的证词，有权要求将证据引入独立于当事人的仲裁程序。[②] 在这里，缺乏援用当事人限制仲裁庭询问的能力，以及没有对归于"证据"、"相关性"和"实质性"等关键名词的原则进行严格解释，也都引起对当事人预期、一致性和确定性有着潜在敌意的合议庭发起单边性调查。而且，它也剥夺了当事人在仲裁程序中控制举证顺序的策略和战术性优势。

《规则》对国际商事仲裁有着出色贡献和巨大帮助。在不存在任何指导原则时，这种努力提供了相关指导。它无疑在国际商事仲裁领域构成了一种框架，建立了促进信息收集、提供和评估此类信息证据价值的指导标准。它令人想起《规则》"旨在补充当事人控制仲裁的法律规定和制度或者特别规则"。[③] 因此，《规则》必须被理解为事实上的补充，这样才能避免被误解。

然而，欣赏《规则》不应贬低这样的无力状态，即《规则》迫切需要提高，以及《规则》实际上的损害到了与当事人选择组成机构的仲裁中心公布的规范不相一致的程度。由于缺乏严格的权威性，不可避免地会因将过度的自由裁量权和无约束范围给予合议庭而产生不确定性，在当事人预期没有得到满足时，《规则》的绝对合法性会受到很大伤害。

《规则》提出的"取证"无疑对《规则》序部分提出的建议是真实的。

---

① 《规则》第8条规定：

1. 仲裁庭在任何时候都应完全控制证据听证。如果仲裁认为回答或者出现的这些问题不相关、无实质性、繁重的、重复的或者适用于第9.2条提出的理由或者异议，仲裁庭可以限制或者排除证人回答任何问题或者证人出庭（为本条之目的，该词语包括事实证人和其他专家）。在直接和再直接（redirect）作证期间向证人询问不能是不合理的诱导。

② 《规则》第8条，规定：

4. 根据第9.2条的规定，仲裁可以要求任何自然人就仲裁庭认为相关和具有实质性的问题给予口头或者书面证据。仲裁庭传唤和询问的任何证人也可以被当事人询问。

③ 《规则》导言。

该部分提议，它们"反映许多不同法律体系使用的程序，且它们在当事人来自不同法律文化时是特别实用的"。① 遗憾的是，在某种程度上，法哲学似乎在《规则》的塑造中被抛弃。分析法学与程序上概念范畴的发展相关，这样，将表面不同的假设和提议合并，能使之协调形成一种不同、独特和独立的规则，这些规则从其整体上独特结构的完整性而不是从其部分痕迹中得到规范的合法性。分析法学不会，且不应通过类似于商事交易的程序交易来替代新概念范畴的发展。

《规则》是妥协的产物，不是法学理论和法哲学的成果。从《规则》中，人们找不到丝毫法律现实主义最实用的表现形式的痕迹。取而代之的是，它们只构成了一组规则而不是法典的具体化。尽管比喻平淡无奇，然而它很难抵挡这种诱惑，即把它们描绘成"委员会指鹿为马"的大众格言所代表的经典形象。

合理分析有争议地表明，第1782条（《联邦民事程序规则》）并入国际商事仲裁的确不会像首次出现的那样不同于基本的仲裁程序原则。相反，正如通过分析《联邦民事程序规则》第3条、第26条和第27条所例证的，以及为解释目的所使用的，坚持仲裁庭是第1782（a）条范围内的外国或者国际裁判庭的学说发展，在概念上符合解释仲裁以及仲裁同样明确促进的最基本原则。这种原则在这里解释为：（1）当事人意思自治；（2）预测价值；（3）标准透明；（4）确定性。

学说发展也丰富了涉及仲裁传统政策的仲裁程序，例如，相称性、终局性以及经济和有效的司法管理。这些政策最终以引用的原则为基础。如果"历史是重复的"不是不言自明的，那么"历史是重复的，但不是每次都完全按照同样的方式"或许是真实的。这些似乎是带有理解或者误解的情况，被在仲裁情况下稍许引用"证据开示"所促成。与偏见的四种标志一样，②证据开示与仲裁矛盾的命题在本质上是有瑕疵的，且无法抵挡严格的分析审查。实际上，持续的指责表明，相反的事物是真实的。

"取证"也迫使进行某种视觉的调整，但完全以直接相反的方向。认为只是在直觉和自发水平为当事人提供仲裁庭而不是当事人所管理的提供文件和信息方面的混合解释，从而符合来自不同法律传统的当事人的期望，至少根据某些人的分析，实际情况恰恰相反。这里并没有任何一种规则，恰好是

---

① 《规则》序。
② 这些被看作是仲裁程序倾向于：（1）取代另外享有适当管辖权的法院；（2）赞成仲裁不足以裁定法定引起诉因的某些类型案件；（3）仲裁最好，且或许只在法院保护下进行；（4）仲裁员和仲裁程序无法适应管理伴随复杂和高技术问题的诉讼。

为提供或者交换文件解释"证据"、"相关性"、"实质性"以及"方法论"的，或者是依据所支配的文化和信息提供或者交换来解释标准的。令人瞩目的是，旨在补充特别程序或者制度条文的《规则》在提供文件和信息方面成为最为广泛的典型。

二 《国际商会仲裁规则》评析

《国际商会仲裁规则》甚至没有涉及"取证"这样的措辞，更不用提解释提供文件和信息的支配标准了。而且，通过给仲裁庭分配相当大的职权，当事人意思自治规则被充分地控制。然而，一些规定值得评论。①

通过举例，仲裁庭被授予"在它考虑适当的任何场合都可以进行审议"。② 仲裁庭也被授予一般性权利，决定在《国际商会仲裁规则》和当事人对这种问题没有规定时适用程序规则所附带的一国国内法。③ 在当事人没

---

① 《国际商会仲裁规则》的定义条款相当有限，只包含3个解释性术语：
第2条
定义
在本规则中：
(1)"仲裁庭"包括1名或者数名仲裁员。
(2)"申请人"包括一个或数个申请人，"被申请人"指一个或数个被申请人。
(3)"裁决"包括中间裁决，部分裁决或终局裁决。
这里没有提到任何类型的程序限制，更不用说支配"取证和使用证据"的特别程序规定。

② 见《国际商会仲裁规则》第14条（1998），http://www.iccwbo.org/court/arbitration/id4093/index.html. 然而，值得注意的是，本条第2款提到，"经与各方当事人协商后"，仲裁庭"可在其认为合适的地点"开庭和举行会议，"但当事人另有约定者除外"。

③ 见《国际商会仲裁规则》第15条（1998），http://www.iccwbo.org/court/arbitration/id4093/index.html，指出：
第15条
仲裁程序适用的规则
1. 仲裁庭审理案件的程序适用本规则。本规则没有规定的，适用当事人约定的，或当事人未约定时仲裁庭确定的规则，无论仲裁庭是否援用仲裁适用的国内法的程序规则。
授予仲裁庭广泛的权利是极为有助于讨论的事项，德兰斯和施瓦兹（Yves Derains and Eric A. Schwartz）认为：
第15条第1款在安排仲裁庭审理案件的程序时给予当事人和仲裁员更大可能的自由，这只受规则本身以及法律可能强制适用的规定所约束。在这方面，它建立了所适用规则间的下列层级：第一，规则本身；第二，规则适用没有规定、当事人约定的任何规则；第三，仲裁庭决定规则。〔Yves Derains and Eric A. Schwartz, A Guide to the ICC Rules of Arbitration 230 (Kluwer, 2nd Ed. 2005).〕

有特别指定仲裁期间使用的一种或者数种语言时——大概在仲裁协议中——仲裁庭负责做出决定。因此,根据《国际商会仲裁规则》,当事人就法律程序使用的有效语言没有超越仲裁协议限制的权利。[1] 此外,即使仲裁庭无权决定程序适用的法律原则,只要当事人没有就此问题达成一致,《国际商会仲裁规则》规定,"在任何情况下,仲裁庭均应考虑合同规定及有关贸易惯例",假定:(1) 适用当事人选择适用的法律规则;(2) 补充仲裁庭选择的法律规则;(3) 修改上述两个中的任何一个提议。[2]

---

[1] 《国际商会仲裁规则》第 16 条 (1998),http://www.iccwbo.org/court/arbitration/id4093/index.html,指出:

第 16 条

仲裁语言

当事人对仲裁语言没有约定的,仲裁庭应当在适当考虑包括合同所用语言在内所有情况后决定使用一种或数种仲裁语言。

即使文本没有明确提出超越仲裁条款范围的当事人协议在此问题上应服从仲裁庭裁决,援用"包括合同所用语言在内所有情况"也可解释为正好剥夺当事人的这种权威,即使同样似是而非的诠释间接表明,当事人只是没有就程序适用的语言以及求助仲裁庭是必要的达成一致,这种解释也是完全有道理的。

德兰斯和施瓦兹再次证实,在决定仲裁语言时,仲裁庭居于首位以及仲裁庭所受约束的、适当的一般原则。他们注意到:

根据第 16 条,在决定一种或者数种仲裁语言时,仲裁庭应当适当考虑所有情况。"包括"合同语言同样被规定,但不像某些其他仲裁规则,《国际商会仲裁规则》没有将合同语言作为仲裁默认语言〔引用比较《美国仲裁协会国际仲裁规则》第 14 条;《伦敦国际仲裁院规则》第 17 条;《世界知识产权组织仲裁规则》第 40 条 a 款。Yves Derains and Eric A. Schwartz, A Guide to the ICC Rules of Arbitration 232-3 (Kluwer, 2nd Ed. 2005).〕

[2] 《国际商会仲裁规则》第 17 条 (1998),http://www.iccwbo.org/court/arbitration/id4093/index.html,指出:

第 17 条

法律适用

1. 当事人得自由约定仲裁庭处理案件实体问题所应适用的法律规则。当事人没有约定的,仲裁庭适用其认为适当的法律规则。

2. 在任何情况下,仲裁庭均应考虑合同的规定以及有关贸易惯例(斜体为强调部分)。

在这里,德兰斯和施瓦兹在评论不再提出求助特定管辖国冲突规则的国际思考时,注意到:

尽管没有改变在先文本,仲裁庭仍可以自由适用其认为适当的冲突规则,不论这种规则源于一国国内法、国际公约或者国际私法的一般原则。实际上,仲裁员可以设计他们自己的冲突规则。然而,根据当事人的合法预期,不论使用何种方法,仲裁员必须为其选择提供合理解释。〔Yves Derains and Eric A. Schwartz, A Guide to the ICC Rules of Arbitration 242 (Kluwer, 2nd Ed. 2005).〕

尽管有评论最后一句话的明确限制,然而"改变在先文本"给予仲裁庭在决定适用的实体法方面相当大的灵活性。此外,我们必须承认,这种遵循"当事人合法预期"及"合理解释"的标准完全没有给仲裁庭对仲裁适用适当法律的任务附加很强的概念限制。

在拟定审理范围书时，仲裁庭负责制定有效的时间表。[1] 与美国普通法证据开示或者标准的审前程序完全形成对比，仲裁庭根据其不受任何拘束的自由裁量权以及不用援引需通知当事人的先前存在的客观标准，有权询问证人证言——专家证人和外行证人——且可以在当事人未出席情况下进行询问。该《国际商会仲裁规则》缺少在有证人作证时使用的任何程序方法。在没有当事人出庭的情况下，专家证据的取得或者事实证人引起了对《联邦民事程序规则》完全缺乏正当程序的担忧，例如盘问或者提供反驳证据的权利。[2] 仲裁庭有权自主决定，且不需与当事人协商，通知当事人补交证据。[3]

---

[1] 依照《联邦民事程序规则》，只有在当事人就时间安排报告达成一致时，司法干预才开始启动。见《联邦民事程序规则》第 26 条 6 款。《国际商会仲裁规则》第 18 条第 4 款指出，"经与当事人协商"，仲裁庭才可以继续制作需遵循的时间表。《国际商会仲裁规则》第 20 条（1998），http：//www.iccwbo.org/court/arbitration/id4093/index.html，规定：

第 18 条

审理范围书；程序时间表

4. 在拟定审理范围书时或随后，经与当事人协商，仲裁庭应以独立文件的形式制定临时时间表，供进行仲裁程序时遵循，同时应将其通知仲裁院和各方当事人。此后对临时时间表的任何修改亦应通知仲裁院和当事人。

[2] 《国际商会仲裁规则》第 20 条（1998），http：//www.iccwbo.org/court/arbitration/id4093/index.html，规定：

第 20 条

确定案件事实

3. 在当事人出庭或虽未出庭但经过适当传唤的情况下，仲裁庭可以询问证人、当事人委派的专家或其他人员。

德兰斯和施瓦兹注意到，仲裁庭被授予权力排除证人证言：

实际上，法国和英格兰法院都确认，ICC 仲裁庭在没有否定一方当事人正当程序的情况下可以拒绝询问证人。〔citing to *Societe Soubaigne c/ societe Limmareds Akogar*, *Cour d'appel de Paris*（March 15, 1984），*Rev. arb.*（1985），p. 285；*Honeywell Bull S. A. c/Computacion Bull de Venezuela CA*, *Cour d'appel de Paris*（June 21, 1990），*Rev. arb.*（1991），p. 96；*see also Fouchard Gaillard and Goldman*，p. 698〕英格兰高等法院（Kerr, J.）指出，与申请拒绝执行 ICC 在日内瓦作出的仲裁裁决有关，ICC 仲裁员没有违反拒绝询问口头证言的自然正义，这是因为这些证言在本案中"完全没有必要"（citing *to Dalmia Dairy Industries, Ltd. v. National Bank of Pakistan*（1978）2 Lloyd's Rep. 223, 269）。Yves Derains and Eric A. Schwartz, A Guide to the ICC Rules of Arbitration 276（Kluwer, 2nd ed. 2005）。

[3] 《国际商会仲裁规则》第 20 条第 5 款（1998），http：//www.iccwbo.org/court/arbitration/id4093/index.html，规定：

第 20 条

确定案件实

5. 仲裁庭可以在程序进行的任何阶段通知当事人补交证据。

关于这一点，德兰斯和施瓦兹注意到，"因此，在缺乏当事人相反的协议时，考虑到每个案件的特殊仲裁庭在指导询问时的法定权威是广泛的，且完全是自由裁量的。当事人对举证顺序这一关键性问题的策略和战术性意图自然是被仲裁庭彻底改变了。[①]关于这一点，尽管在特别的庭审中没有要求一方当事人或者证人提供证据，仲裁庭还是被授予了进行庭审的权力。而且，《国际商会仲裁规则》明确解释，"仲裁庭应全权负责庭审……"[②]

《国际商会仲裁规则》内没有任何指导提供文件和信息的规定突出反映和强调了当事人意思自治原则从属于仲裁庭权威。程序顾虑的全部随后问题完全依靠仲裁庭毫无任何约束的裁量权，当然无法增进当事人意思自治、预测价值、标准透明和确定性原则。在国际商事仲裁情况下，当一方当事人试图通过补充《美国法典》第 28 编第 1782 条来利用《联邦民事程序规则》时，这四种重要的规则被提供用来使仲裁程序更为便利。用《国际律师协会关于国际商事仲裁的取证规则》补充《国际商会仲裁规则》没有促进这些原则。因此，《国际商会仲裁规则》外加《国际律师协会关于国际商事仲裁的取证规则》比美国《联邦民事程序规则》更为接近基本的一般性仲裁规则，这种理解是极有争议，且令人怀疑的。在这里，本质与现象间的不和谐也源源不绝地被揭示出来。

三 《国际争端解决中心规则》的再回顾

《国际争端解决中心国际仲裁规则》（以下简称《ICDR 规则》）在促进当事人意思自治、预测价值、标准透明、一致性和确定性方面没有很好地衔接。7 项规定完全说明了这一点。

首先，当事人在仲裁程序适用《ICDR 规则》期间仲裁庭处于完全自由裁量时不得修正或者补充其请求、反请求或者抗辩。《ICDR 规则》在作出这

情况，如果有的话，应当留给仲裁庭根据个案情况去决定在多大程度上允许证据开示。"〔Yves Derains and Eric A. Schwartz, A Guide to the ICC Rules of Arbitration 281 (Kluwer, 2nd ed. 2005).〕

① 《国际商会仲裁规则》第 21 条第 1 款（1998），http://www.iccwbo.org/court/arbitration/id4093/index.html，规定：

第 21 条

开庭

1. 仲裁庭决定开庭审理案件的，应以适当方式通知当事人在指定的时间和地点出席庭审。

② 《国际商会仲裁规则》第 21 条第 2 款和第 3 款（1998），http://www.iccwbo.org/court/arbitration/id4093/index.html。

些决定时没有提供任何协商指导或者标准。该规则也没有规定修正或者补充程序是否应自由解释。规则对最后询问的临近可能组成限制或者全部否定当事人修正或者补充其请求或者抗辩的权利同样没有作出回答。实际上，《ICDR 规则》只是非常笼统地援用了出自迟延以及可能范围的歧视。① 根据《ICDR 规则》第 10 条组成 3 人仲裁庭时，1 名仲裁员被免除职务，剩余的 2 名仲裁员假如认为合适，可以根据他们的独有和无约束的自由裁量权，决定继续仲裁程序和作出决定、裁定、裁决。② 值得注意的是，第 11 条第 1 款援用了剩余 2 名仲裁员在审议裁定或者发布裁决时考虑的 3 个因素：(1) 该第 3 名仲裁员对其未参加审议给出的理由；(2) 仲裁进行的阶段；(3) "他们考虑适当的其他事项"。即使第 3 项规则是一项概括性"兜底条款"，缺乏叙述是对当事人意愿的随意援用，这是假定已经与 3 人仲裁庭首先进行了约定。此外，"如果根据第 10 条或者第 11 条任命替换的仲裁员，那么仲裁庭应根据其独有的裁量权决定所有或者任一在前进行的审理是否应当重新进行。"③

仲裁庭"可以在其认为合适的地点开庭或者询问证人，或者调查财产或者文件。当事人应被给予充分的书面通知，使其能够在仲裁程序中出庭。"④ 这种对"证据"或者被使用作为证据的文件和信息的贫乏以及相当短暂的援用，在伴随迫切需要来自复杂事实和法律适用事实的有力文件和信息交换的仲裁程序下几乎无法得到任何好处。然而，坐落于仲裁庭上的权力高峰被规定在《ICDR 规则》第 16 条第 1 款和第 3 款之内。根据这些限制，仲裁庭在指导仲裁和概括性提议的唯一限制因素时被给予绝对权威，这种提议包括公

---

① 《ICDR 规则》第 4 条 (2007)，http：//www.adr.org/sp.asp？id＝28144，规定：
在仲裁程序内，当事人可以修正或者补充其请求、反请求或者抗辩，除非仲裁庭认为这些修正或者补充属于仲裁协定范围以外，接受修正或者补充请求或者反请求不是适当的。

② 《ICDR 规则》第 11 条第 1 款 (2007)，http：//www.adr.org/sp.asp？id＝28144：
1. 如果在 3 人组成的仲裁庭中有 1 名仲裁员由于除了第 10 条所确定的原因外（成功提出异议或者死亡）没有参加仲裁，那么，虽然第 3 名仲裁员没有参加，但是其他 2 名仲裁员仍应根据其独有的自由裁量权有权继续进行仲裁，且作出决定、裁定或者裁决。在有 1 名仲裁员不参加仲裁情况下决定是否继续进行仲裁或者作出任何决定、裁定或者裁决时，如果第 3 名仲裁员表示不参加仲裁，且在此情况下 2 名仲裁员考虑其他事项是适当的，这 2 名仲裁员应考虑仲裁进行的阶段、原因。如果其他 2 名仲裁员在第 3 名仲裁员不参加仲裁时决定不再继续进行仲裁，接受符合要求的证据的管理人应当宣布，仲裁庭出现空缺，并应根据第 6 条之规定任命替换的仲裁员，除非当事人另有意见（斜体为强调部分）。

③ 《ICDR 规则》第 11 条第 2 款 (2007)，http：//www.adr.org/sp.asp？id＝28144。

④ 《ICDR 规则》第 13 条第 2 款 (2007)，http：//www.adr.org/sp.asp？id＝28144。

平对待当事人、给予他们提出各自情况的机会等。此外，仲裁庭可以直接和明确地在整个仲裁程序中建立庭审中使用的举证顺序。① 根据《ICDR 规则》第 22 条，"仲裁庭可以任命 1 名或者数名独立的专家想起书面报告仲裁庭指定的特殊问题，并通知当事人。"②

最后，根据仲裁庭的自由裁量权，它"可以在作出裁决前的任何时候重新开始庭审。"③

与《国际商会仲裁规则》所包含的一样，《ICDR 规则》本身缺乏解决证据或者信息收集的任何程序方法。实际上，"证据"、"相关性"、"取证"等词语都没有出现在文本中。同样与《国际商会仲裁规则》所包含的一样，《ICDR 规则》几乎不支持《国际律师协会关于国际商事仲裁的取证规则》所带来的任何帮助。ICDR 把仲裁庭设置为其规则的概念支点。事实上，没有任何类型的标准或者检验被确认能够指导文件和信息提供和交换。当事人从其角度以更为明确和更具有说服力提供其各自情况安排举证顺序时，被断然剥夺了作出基本决策的权利。在这里，"取证"与"证据开示"之间的比较也变成了明显地对比。

四 《伦敦国际仲裁院规则》

《伦敦国际仲裁院仲裁规则》（以下简称《LCIA 规则》）在适用指导文件和信息提供时缺乏任何程序方法。至于这些狭义和特殊问题，它们在理论或者概念上与《国际商会仲裁规则》或者《ICDR 规则》都没有实质和

---

① 《ICDR 规则》第 16 条第 1、3 款（2007），http://www.adr.org/sp.asp?id=28144，规定：

  1. 根据本规则，只要平等对待当事人，允许当事人参与庭审，并为其提供公平机会提出各自实际情况，仲裁庭就可以以其认为合适的方式进行仲裁。

  3. 仲裁庭根据其裁量权可以指导举证程序分开审理，排除累积或者无关证词或者其他证据，指导当事人侧重于提供所安排的全部或者部分案情的决定所涉及的问题。

因此，除了控制举证顺序以外，在仲裁被授予决定证据提供的连贯性和相关性影响时，一项极为重要的典型策略为当事人作出了保留，即，在指导当事人如何更好地提供问题以及确定哪些问题可以看做是全部或者部分决定性事实时，仲裁庭也可以用当事人决定替换其决定。

② 《ICDR 规则》第 22 条第 1 款（2007），http://www.adr.org/sp.asp?id=28144（斜体为强调部分）。

③ 《ICDR 规则》第 24 条第 2 款（2007），http://www.adr.org/sp.asp?id=28144。

重大的区别。①《LCIA 规则》授予 3 人组成的仲裁庭有权在即使该第 3 名仲裁员缺席的情况下继续进行仲裁程序，开始审议，发布裁定、作出裁决。② 在这里，《LCIA 规则》第 12 条第 12.2 款与《ICDR 规则》的有关规定相符（第 11 条第 1 款），也确定了其余 2 名仲裁员在决定是否继续进行仲裁时应当考虑的 3 项基本原则：(1) 仲裁进行的阶段；(2) 该第 3 名仲裁员对其未参加审议作出的解释；(3) 概括性的"兜底条款"，涉及特别案件情况下重要的其他事项。此外，这里没有提到当事人的意愿，或者假定当事人首先就主题仲裁协议提交 3 人组成的仲裁庭达成一致等相当重要的论述。

依照"（仲裁庭）决定适用的法律或者法律规范……"③《LCIA 规则》也授予仲裁庭更广泛的权力以履行其义务。与这种限制相一致，仲裁庭也被授予广泛的裁量权以变更《LCIA 规则》第 15 条提出的提交时间表，而不用考虑当事人的选择。④ 仲裁庭可酌情决定在任何地理便利的地点安排和举行庭审。⑤

尽管《LCIA 规则》没有解释当事人之间提供和交换标的的"相关性"、"证据"或者"实质性"，但是它授予仲裁庭强迫证人出庭，以及也另外限制

---

① 这里并没有表明，适用仲裁程序的《国际商会仲裁规则》，《ICDR 规则》以及《LCIA 规则》在理论和概念上都是相同的。实际上，这 3 种框架的比较研究，不是本章的主要目的，在它们之间确立了明显的和具有实际意义的不同。本章基本侧重于当事人意思自治的狭义问题，以及规则为适用提供文件和信息所规定的可行性方法的范围。

② 《LCIA 规则》第 12 条，第 12.1 款和第 12.2 款（1998），http：//www.lcia-arbitration.com. 该款分别规定：

第 12 条　继续进行程序的多数权

12.1 倘若 3 人组成的仲裁庭中任何 1 名仲裁员拒绝或者持续不参加仲裁庭的审议，另 2 名仲裁员将该仲裁员拒绝或者不参加审议书面通知仲裁院、当事人和第 3 名仲裁员之后，有权在即使该第 3 名仲裁员缺席的情况下继续进行仲裁（包括作出任何决定、裁定或者裁决）。

12.2 另 2 名仲裁员在决定是否继续进行仲裁时应考虑到仲裁进行的阶段、该第 3 名仲裁员对其未参加审议作出的解释以及他们认为在该仲裁的具体情况下适当的其他事项。此等决定的理由应于该 2 名仲裁员在第 3 名仲裁员缺席的情况下作出的任何仲裁、指令或者其他裁定中予以说明。

③ 《LCIA 规则》第 14 条，第 14.2 款（1998），http：//www.lcia-arbitration.com。

④ 《LCIA 规则》第 15 条，第 15.1 款（1998），http：//www.lcia-arbitration.com，规定：
除非各当事人按照第 14.1 条的规定另有约定或仲裁庭另有规定，以书面形式进行的程序应按下述规定进行（斜体为强调部分）。

⑤ 《LCIA 规则》第 16 条，第 16.2 款（1998），http：//www.lcia-arbitration.com，规定：
仲裁庭可以酌情决定在任何地理便利的地点进行审理、会议和审议；在仲裁地以外进行审理、会议和审议，其中仲裁应被视为在仲裁地进行的仲裁，所作出的任何裁决亦应被视为在仲裁地作出的裁决（斜体为强调部分）。

另见《LCIA 规则》第 19 条，第 19.5 款（1998），http：//www.lcia-arbitration.com，规定：
仲裁庭拥有全权规定会议和开庭审理的期限或其中任何部分的期限（斜体为强调部分）。

和禁止证人出庭。仲裁庭也可以"要求任何当事人提前身边该当事人拟传唤的各位证人（包括反证证人）的身份，以及该证人证言的主题、内容及其对仲裁事项的关联性。"① 同《国际商会仲裁规则》和《ICDR 规则》相一致，《LCIA 规则》为仲裁庭提供了规范化的基础，允许其依据"必要"的标准酌情指定独立于当事人的专家，并将专家提交当事人审查。②

《LCIA 规则》特别之处在于第 22 条关于仲裁庭附加权力的规定。这种授予仲裁庭在大量不同问题上拥有广泛权力的规定使全面引用该条款成为必要。③ 这

---

① 《LCIA 规则》第 20 条，第 20.1 款 (1998)，http：//www.lcia-arbitration.com。

② 另见《LCIA 规则》第 21 条，第 21.1 款第 1 和 2 小节 (1998)，http：//www.lcia-arbitration.com，规定：

21.1 除非当事人另有书面约定，仲裁庭：

(1) 可以指定 1 名或数名专家向仲裁庭就特定的问题提出报告，专家在整个仲裁程序过程中应保持公正和独立于当事人之外；

(2) 可以要求当事人给予该专家有关的信息，或让该专家接触任何有关的文件、货物、样品、财产或现场，以便该专家查验。

另见《LCIA 规则》第 21.2 条，第 19.5 款 (1998)，http：//www.lcia-arbitration.com：

21.2 除非当事人另有书面约定，如果当事人提出要求或仲裁庭认为必要，专家在向仲裁庭和当事人提交书面或口头报告之后，应参加一次或一次以上的开庭审理，届时当事人可以就专家的报告向专家提问并传唤专家证人以证实有关问题的论点（斜体为强调部分）。

③ 第 22 条 仲裁庭的附加权力

22.1 除非当事人于任何时候书面约定，仲裁庭有权根据当事人的申请或依照仲裁庭自己的动议进行下列事项，但必须先给予各方当事人合理的机会表达他们的意见：

(1) 允许任何当事人根据仲裁庭决定的条件（关于费用和其他事项）更改任何请求、反请求、答辩和答复；

(2) 延长或缩短仲裁协议或本规则规定的有关仲裁进行的任何期限；延长或缩短仲裁庭本身的指令所限定的任何期限；

(3) 进行仲裁庭认为有必要或有用处的查询，包括仲裁庭是否应该和应该到什么程度，去主动找出问题并确定有关的事实和适用仲裁的法律或法律规范、当事人争议以及仲裁协议的实质性问题；

(4) 指令任何当事人将任何由其控制并与仲裁事项标的有关的财产、现场或物件提供给仲裁庭、任何其他当事人、其专家或仲裁庭的任何专家查验；

(5) 指令任何当事人向仲裁庭和其他当事人提供任何仲裁庭认为有关的并在其占有、保管或权力范围之内的文件和任何类别文件以供查阅并提供副本；

(6) 裁定对一方当事人提出的任何有关事实或专家意见方面的材料的可采纳性、关联性和重要性，是否适用任何严格的证据规则（或其他规则）；并确定当事人之间交换或向仲裁庭出示此类材料的时间、方式和形式；

(7) 指令改正当事人之间的任何合同或仲裁协议，但仅限于要求改正仲裁庭认为属于当事人共有的错误，并且仅限适用于该合同或仲裁协议的法律或法律规范许可此类改正的范围之内；以及

(8) 仅在一方当事人提出申请的情况下，允许 1 名或者 1 名以上第三人作为当事人加入仲裁，但该第三人和提出申请的当事人必须已经书面同意上述事项；其后，仲裁庭可以对依此加入仲裁的所有的当事人作出单一的终局裁决或分开的裁决。

项特别规定在某种程度上是空前的,它把权力授予仲裁庭,按理说在一些情况下一定程度上损害了作为当事人意愿的成果、对于仲裁程序的完整性和仲裁的概念性结构是极为重要的当事人意思自治原则。该规定以尽可能简洁地方式提出了授予仲裁员最广泛权力的7种一般类型:

(1)更改任何请求、反请求、答辩和答复的能力;

(2)在确定问题后,将其引入仲裁程序,即使当事人没有这些问题;

(3)授权充当财产和与仲裁争议事项"有关"事务的调查人;

(4)授权要求提供文件和信息;

(5)在指导仲裁程序时,酌情适用证据规则;

(6)尽管有些限制,但仍可实际授权修改当事人之间包括仲裁协议在内的"任何"合同;

(7)控制第三方和非当事人的合并仲裁行为。

五 机构仲裁规则和当事人意思自治的综合

正如对独立和相互联系的主要制度规则,以及《国际律师协会关于国际商事仲裁的取证规则》进行的最肤浅的分析所间接说明的,如果仲裁充当了适应全球化需要的论坛,那么文件和信息提供领域内重要的学说发展是必要的。法律文化和传统之间更大规模的交流,特别是美国普通法和大陆法律之间的相互借鉴,已经不再是理论上的奢侈品,而是有着实践上的必要性。如果复杂的跨界争议确实应根据当事人预期以及在当事人意思自治仍然可能是唯一最为重要的商事仲裁特征、合同的典型产物和当事人意愿环境下进行公开和处理,那么这种法律制度的交汇是必需的。

英特尔公司案、罗兹贸易公司案以及帕其希鸥·克勒里茨案促使人们观察和回顾、了解和再熟悉有关取证的传统观点,许多评论者、法学家、律师和大企业家相当自负地承认,它与解释以及区分商事仲裁和包括司法救济等其他争端解决方法的基本原则相互并列。然而,至少有人分析得出,它可能会重视这样的命题,即主要仲裁机构和国际律师协会关于此主题规则所促进的"取证"实际上给仲裁庭裁量的原则而不是比对当事人意思自治提供了更多的概念优势。这种结果是清楚的。根据以当事人意思自治为中心以及带有明显叙述的标准和规范的程序说明,至少在证据和信息方面,历史悠久、值得尊敬的预测价值、标准透明、统一性和确定性规则极佳地促进了它们的发展。更妙的是这些说明由众多的司法意见、学术评论和诠释规则相陪伴,从而产生不只是规则的汇编,而是发展为法典的身份,规范之间的关系在那里将由已知和透明的原则所支配。

调整证据开示的《联邦民事程序规则》当然接近于这种叙述。坚持"从分析性法哲学的观点看,正如机构规范和国际律师协会关于此主题的规则所体现的,尽管'取证'只是调整仲裁程序最为显著特点的基本原则的逻辑延伸,然而美国普通法证据开示仍不利于商事仲裁"是不准确的,甚至近乎于堕落到高智商欺诈的水平来坚持文化偏见。

第 八 章

现在我们如何在国际商事仲裁中避免《美国法典》第 28 编第 1782 条

在国际商事仲裁中遵守第 1782（a）条，将在当事人对文件和信息的收集乃至仲裁程序本身如何开始等方面改变适用于仲裁的程序法。在"英特尔案"之后，"利害关系人"可以在实际提出仲裁申请之前向美国联邦地方法院提起第 1782（a）条申请，只要该仲裁申请"在合理时间内紧接着"提出。[①] 因此，仲裁——现在在法律上构成"外国或国际裁判庭"——甚至不需要已经开始，潜在被申请人有可能就要根据《联邦民事程序规则》承担回应证据开示要求（discovery）的法律义务。"英特尔案"剥夺了潜在仲裁机构参与最为基本的仲裁案件管理工作的权力。同样的，美国仲裁和国际程序私法中这一不同寻常的理论发展，还剥夺了仲裁庭[②]在仲裁当事人之间文件和信息披露与交换的适用标准、进行、可接受性以及性质和特点等方面的所有权力。

无论第 1782 条是否被视为美国和国际仲裁程序方面的积极发展，在大量范例中风险评估模型都表明，如果发生争议导致对方当事人援引仲裁条款，以及随之而来地可能提起第 1782 条诉讼，那么当事人将受到决定性的重大不利影响。仲裁当事人受到向美国联邦地方法院提起的第 1782 条申请不利影响的最常见的场景是，仲裁地在美国及其属地之外，在第 1782 条诉

[①] 但不大清楚的是，如果事实表明提起第 1782 条申请的目的是实现实际请求权，而不是收集文件和信息以备裁断案件是非曲直之用，作为法律问题而言，联邦地方法院是否会行使其自由裁量权，在当事人提出仲裁申请之前受理第 1782 条申请。这是尚待决定的最为重要的问题之一。

[②] 这一"权力争夺"无疑正在大部分主要仲裁机构进行。我们已经相当详细地讨论了国际商会、伦敦国际仲裁院和国际争议解决中心如何在文件和信息披露的进行、适用标准和可接受性方面给予仲裁庭几乎不受限制的自由裁量权。

讼中被列为"被申请人"的当事人在美国境内有属于《联邦民事程序规则》适用范围的总部、分支机构、资产、代理人、代表、银行账户或过往交易，而"申请人"是除了引发仲裁程序——现在就第1782（a）条而言被定性为在"外国或国际裁判庭"进行的诉讼——的当下交易之外同美国没有任何联系的非美国实体。根据这一场景，其资产和联系不在联邦地方法院管辖范围的被申请人受到申请的影响。

迄今为止这些新问题尚待"英特尔案"及后来的案例来加以解决。但是，在仲裁条款的谈判阶段就应当执行的两套战略战术，倒确实可以作为排除第1782条证据开示对仲裁程序之适用的可能手段。

一 范例一

首先，有必要回到基本原则。因为仲裁本身以及仲裁庭在理论和实践上都不过是合同的产物，所以当事人的意志在仲裁条款的解释方面必须居于首要地位。如果当事人事先同意不得诉诸第1782条，仲裁庭想来会尊重协议，不支持第1782条申请。事实上，仲裁庭理论上有权发布命令，禁止任何此种申请。可能的现实困难在于普遍存在的执行问题。

假如申请人单方提起第1782条申请，理由是该申请人符合独立于仲裁庭权限并与之并行的法律要求，那么可以想象尽管有仲裁条款用语的明白含义，联邦地方法院仍然可能认为这一理由具有说服力。尽管在仲裁条款中加入禁止诉诸第1782条申请的内容是可取的并具有潜在的决定性意义，但这种做法能否真正限制或排除当事人根据这一框架对《联邦民事程序规则》的利用，还很不清楚。同样的，很难断定联邦地方法院必然会遵从仲裁庭的中间裁定。对"英特尔案"判决的细致审视在一定程度上表明，即使仲裁庭不容争议地决定性地裁定，其不希望进行第1782条证据开示，联邦地方法院也可以不顾仲裁庭的意愿而行使其被赋予的巨大裁量权。具言之，在"英特尔案"中证据开示是作为法律问题被准许的，尽管值得注意的是，欧盟竞争委员会已经拒绝寻求进行证据开示。

这一场景中可能出现的相关情形是，单方提起第1782条申请的申请人成功获得了文件和信息，但在试图将这些材料作为仲裁证据提出时被仲裁庭禁止。仲裁庭完全拒绝考虑根据有悖于禁止进行此种证据开示的仲裁协议明确用语的第1782条证据开示获得的证据，是否会危及将要作出的最终裁决的完整性？对此有必要做进一步分析。

拒绝考虑根据解释联邦法律的确立判决合法获得的材料，容易被定性为排除当事人对案件提出意见，至少根据多种分析之一是如此。如果是这样，仲裁庭的此种裁定就可能直接和明确地触发《纽约公约》第5条的适用。① 如果当事人"不能对案件提出意见"，那么第5（1）（b）条禁止承认和执行仲裁裁决。若其确定裁决与其利益相悖，第1782条申请的申请人可能会有确保上诉请求权方面的主张，能够为其提供撤销裁决的实质性理由。因此，仲裁庭对根据第1782条获得的材料一概排除的做法，有使得任何未来裁决不可执行的直接和重大的风险。

对这一解释的进一步分析性和法律性支持可以见于《联邦仲裁法》第10（a）（3）条。② 在实践中，这一条款构成对《纽约公约》第5（1）（b）

---

① 《纽约公约》第5条规定仲裁裁决的承认和执行。它对于国际商事仲裁的普遍成功具有如此核心的意义，以至于必须对其全文引用：

第5条

（1）被请求承认或执行裁决的管辖当局只有在作为裁决执行对象的当事人提出有关下列情况的证明的时候，才可以根据该当事人的要求，拒绝承认和执行该裁决：

（a）第2条所述的协议的双方当事人，根据对他们适用的法律，当时是处于某种无行为能力的情况之下；或者根据双方当事人选定适用的法律，或在没有这种选定的时候，根据做出裁决的国家的法律，下述协议是无效的；或者

（b）作为裁决执行对象的当事人，没有被给予指定仲裁员或者进行仲裁程序的适当通知，或者由于其他情况而不能对案件提出意见，或者

（c）裁决涉及仲裁协议所没有提到的，或者不包括仲裁协议规定之内的争议；或者裁决内含有对仲裁协议范围以外事项的决定；但是，对于仲裁协议范围以内的事项的决定，如果可以和对于仲裁协议范围以外的事项的决定分开，那么，这一部分的决定仍然可以承认和执行；或者

（d）仲裁庭的组成或仲裁程序同当事人间的协议不符，或者当事人间没有这种协议时，同进行仲裁的国家的法律不符；或者

（e）裁决对当事人还没有约束力，或者裁决已经由做出裁决的国家或据其法律做出裁决的国家的管辖当局撤销或停止执行。

（2）被请求承认和执行仲裁裁决的国家的管辖当局如果查明有下列情况，也可以拒绝承认和执行：

（a）争议的事项，依照这个国家的法律，不可以用仲裁方式解决；或者

（b）承认或执行该项裁决将和这个国家的公共秩序相抵触。（斜体为强调）

② 《联邦仲裁法》第10条（a）（3）规定：

第10条 仲裁裁决；撤销；理由；再裁

（a）在任何下列情形下，裁决作出地的美国联邦地方法院均可应仲裁任何一方当事人的请求，作出撤销裁决的命令：

（3）仲裁员在当事人提出充足理由的情况下仍然拒绝推迟审理，或者拒绝听取争议的相关证据和材料，或者有损害任何当事人权利的任何其他不当行为。

条的法典化和解释。通过将仲裁员"拒绝听取争议的相关证据和材料"及"损害任何当事人权利的任何其他不当行为"规定为撤销裁决的理由,它强调需要将基本的正当程序作为承认和执行外国仲裁裁决的前提。仲裁庭一概拒绝考虑任何根据第1782条获得的文件或其他信息,很可能会同时落入被提及的两个类别,即拒绝给予当事人对案件提出意见的机会,以及仲裁员损害当事人权利的不当行为。

事实上,对于就《纽约公约》而言什么样的因素会使得仲裁裁决成为"国际的"或"外国的"这一点,各国有不同看法。并不令人惊讶的是,根本性的观念差异存在于普通法系与民法法系关于这一主题的理论之间,后者又植根于它们各自的法律与文化传统。第二巡回上诉法院在"伯格森诉约瑟夫·马勒公司案"(Bergesen v. Joseph Muller Corp)[①]中对这些分歧进行了细致讨论。

在该案中,三艘货轮的挪威船东作为原告向承租人提起诉讼,请求法院承认和执行在纽约作出的、有利于原告的仲裁裁决。相关仲裁是根据租船合同中的仲裁条款进行的。联邦地方法院判决承认和执行仲裁裁决,第二巡回法院维持了联邦地方法院的判决。第二巡回法院将有待解决的问题总结为"1958年《承认和执行外国仲裁裁决公约》是否适用于两个外国实体在纽约进行的仲裁所产生的裁决"。[②]

在引述重要案件事实后,第二巡回法院提及了《纽约公约》背后的商业理由,认为其部分归因于"'二战'后国际贸易迅速扩张,以及国际商人基于更迅速、更便宜和更灵活等优点倾向于选择仲裁而非诉讼"。[③]之后,第二巡回法院极其仔细地分析了在《纽约公约》草案雄心勃勃的目标范围内,各方当时为界定"外国"或"国际"裁决所提出的不同主张,作为其维持一审判决的基础。

[①] Bergesen v. Joseph Muller Corp., 710 F. 2d 928, 931 (2d Cir. 1983). See also Albert Jan van den Berg, When is an Arbitral Award Nondomestic Under the New York Convention of 1958? 6 Pace L. Rev. 25, 32—38 (1985).

[②] 同上。

[③] 同上。法院还提到,1958年举行了一次会议,讨论国际协议在确保执行仲裁裁决方面的无效,即便这些仲裁是在国际商会或伦敦国际仲裁院的支持下进行的。关于同一问题第二巡回法院还指出:"美国参加了会议,但没有签署《纽约公约》。10年以后,参议院在1968年表示同意,但为了让国会制定必要的实施性立法,拖延到了1970年。立法草案没有遭到反对,成为《美国法典》第9编第201—208条。"

法院指出，西欧国家与普通法系国家之间在理论和概念上陷入了僵局。[1] 例如，法国、意大利和当时的西德认为草案不可接受，因为在它们看来，将领土作为确定一项裁决是外国还是本国的检验标准是不合适的。相反，这些国家提出了一个三元检验标准，将当事人国籍、争议标的及仲裁程序规则作为确定裁决的外国或本国性质的最重要因素。[2] 西德和法国一致认为，裁决的国籍必须由仲裁程序准据法确定。

为了提出替代领土理论的可行方案，8个欧洲国家提议，《纽约公约》"适用于承认和执行除被裁决所依赖国视为国内裁决之外的仲裁裁决"。[3] 法院进一步指出："包括美国在内的8个其他国家反对这一提议，称这将使得普通法系国家无法理解外国和国内裁决之间的区别。这些国家敦促其代表只采纳领土标准。"[4] 在描述了两个理论阵营以及最终的妥协方案后，第二巡回法院对上诉人（承租人）作为上诉基础提出的6项主张进行了外科手术式的精确分析。

第一，上诉人主张"裁决不能被视为第1条第1款的第二句话含义范围内的外国裁决，因为它未能取得'不被视为国内裁决'的资格"。[5] 对此上诉人进一步主张，"'不被视为国内裁决'检验标准的目的在于对所谓'无国籍裁决'（即那些在被请求执行国领土内作出，但由于某些外国因素而被认为不可执行的裁决）的执行作出规定"。[6] 这一主张被法院断然拒绝，理由是"一些支持这一条款的国家之所以想要它，是为了排除对在国外作出的特定裁决的执行，而不是加强对在国内作出的判决的执行"。[7]

第二，上诉人极力主张对于《纽约公约》未对非国内判决进行任何界定这一点作狭义解释，从而断定合格裁决在理论上和现实中都是极为罕见的。对此第二巡回法院强调："《纽约公约》并未界定国内裁决。这似乎是有意为

---

[1] 同上书，第931页。

[2] See G. Haight, Convention on the Recognition and Enforcement of Foreign Arbitral Awards 1 AT 2 (1958).

[3] Bergesen, at 931.

[4] 同上。第二巡回法院进一步强调："由来自这一问题被提交处理的10个国家的代表组成的工作组建议，同时采纳两个标准。这样，《纽约公约》将适用于在被请求执行国以外作出的裁决，以及不被该国视为国内裁决的裁决。代表西欧集团的工作组成员同意这一建议，条件是允许每个国家将在国外作出的特定种类的裁决排除在外。在会议结束时这一排除条款被略去，工作组最初建议的文本被采纳为《纽约公约》第1条。"

[5] 同上书，第932页。

[6] 同上。

[7] 同上。

之,以便涵盖尽可能多种多样的合格裁决,同时允许执行当局自行提供符合其国内法的'非国内裁决'定义。"事实上,正如法庭恰当领会的那样,这一省略使得支持领土理论的国家更乐于批准《纽约公约》,同时也使得《纽约公约》对于"那些坚持认为裁决的国籍应由仲裁程序准据法确定的国家"更具吸引力。① 因此,法院认为,"不被视为国内裁决"的裁决是指"并非因为在国外作出,而是因为在另一国法律框架内作出,例如根据外国法宣布或者当事人的住所或主要营业地位于执行国之外"而属于《纽约公约》适用范围的裁决。② 无疑,法院所采取的解释最符合《纽约公约》的基本目标,即使得国际仲裁裁决能够跨国执行,而不受那些体现在法律文化和传统最深处的、各执一词并且常常在概念上无法调和的理论分歧的影响。

第三,法院拒绝了上诉人关于因为美国在加入时根据第1条第3款作出了两项保留,所以必须对《纽约公约》作狭义解释的主张。③ 法院拒绝这一主张的原因是,"美国在加入《纽约公约》时宣布作出保留这一事实,没有提供什么让法院对加入作狭义解释的理由"。法院补充说:"假如美国在加入《纽约公约》时没有作出这两项保留,《纽约公约》的适用范围无疑将更广……然而,应当对条约用语进行广义解释,以实现其承认和执行之目的。"④ 简言之,适用于条约解释的标准并不受美国作为加入《纽约公约》前提而提出的两项保留的影响。

第四,上诉人主张实施性立法"并不意在涵盖在美国之内作出的裁决"。⑤ 为支持这一主张,上诉人提及题为"属于《纽约公约》适用范围的协议或裁决"的《美国法典》第9编第202条,其相关部分内容如下:

> 源自纯属美国公民之间关系的协议或裁决不应被视为属于《纽约公约》的适用范围,除非此等关系涉及位于国外的财产、设想在国外履行或执行或者同一个或多个外国有其他合理联系。⑥

---

① Bergesen, at 932.
② 同上。
③ 同上书,第932页。这一主张是基于1970年9月1日的《总统声明》。
④ 同上书,第933页。
⑤ 同上。
⑥ 同上(引用题为"属于《纽约公约》适用范围的协议或裁决"的《美国法典》第9编第202条)。

然而，该法的立法历史表明，它意在确保"源自纯属于美国公民之间法律关系的协议或裁决不得在美国法院根据《纽约公约》强制执行，除非其同外国有合理联系"。[1] 法院论证道："假如国会想要排除我国法院对在美国之内作出的、涉及两方外国当事人的裁决的执行，它可以轻而易举地这样做。但它没有。"[2]

而且，在实施性立法的其余条款中也能够找到进一步的支持，表明在美国作出的仲裁裁决可以成为根据《纽约公约》进行执行的恰当标的。事实上，法院指出："第204条规定了此种诉讼的审判地，第206条规定'根据本编享有管辖权的法院可以指示在……被规定的任何地点进行仲裁，无论该地点在美国之内还是之外'。"[3] 这一解释受到实质上是基于归谬法的分析的进一步支持。具言之，法院强调："认定联邦地方法院可以根据该法指示两名外国人在美国之内进行仲裁，却不能根据该法执行由此产生的裁决（在很大程度上该法的目的正在于此），那是反常的。"[4]

上诉人的第五个主张是国会不可能意在使《纽约公约》适用于类似于本案的情形，"因为这将使得太多裁决脱离《联邦仲裁法》（《美国法典》第9编第1—13条）的适用范围"。[5] 法院拒绝了这一主张，理由很简单：没有证据表明"国会不打算在《纽约公约》和《联邦仲裁法》之间提供重叠管辖权。"[6]

最后，上诉人主张，申请本身在技术上不充分，因此"未能满足《纽约公约》的要求"。[7] 特别是，上诉人对《纽约公约》第4条第1款[8]作了相当

---

[1] Bergesen, at 933.

[2] 同上。See Gerald Aksen, American Arbitration Accession Arrives in the Age of Aquarius: United States Implements United Nations Convention on the Recognition and Enforcement of Foreign Arbitral Awards, 3 Sw. U. L. Rev. 1, 16 (1971) 认为根据实施性立法，在有充分的国外联系，亦即"当涉及国外履行的协议的一方当事人为外国个人或公司，或者商事交易'同一个或多个外国有其他合理联系'时，应当适用《纽约公约》；又见McMahon案，第740—743页（分析第202条是否适用于类似于本案的裁决）。

[3] 同上。

[4] 同上。

[5] 同上书，第934页。

[6] 同上。

[7] 同上。

[8] 《纽约公约》第4条第1款规定：
1. 为了获得前条所提到的承认和执行，请求承认和执行裁决的当事人应当在裁决时提供：
(a) 经正式认证的裁决正本或其经正式证明的副本；
(b) 第2条所提到的协议正本或其经正式证明的副本。

新颖的解释，认为根据第 4 条第 1 款，需要提供经正式认证的正本，或者经正式认证的正本的经正式证明的副本。对此法院指出："经仲裁庭成员证明的裁决和协议副本构成执行裁决的充分基础，而这些在本案中已经提供。"[①]

如"伯格森诉约瑟夫·马勒公司案"所示，什么是"国际"或"外国"法庭这一根本性问题已经成为来自民法和普通法传统的执业者、法官和学者之间大量辩论和争议的主题。对这一司法文化和理论间迷人碰撞的混合和灵活的解决，提供了充分的概念基础，据此并结合案件具体事实，可以令人信服地主张，仲裁地在美国的国际仲裁可以构成适用第 1782 条所需的"外国或国际裁判庭"。因此，在仲裁条款中选择美国或其任何属地作为仲裁地，远不足以确保排除第 1782 条的适用。

除了引发涉及《纽约公约》第 5 条的问题，可能因未给予一方当事人对案件提出意见的机会而危及将来的最终裁决的完整性之外，仲裁庭一概拒绝第 1782 条证据开示的做法还可能被解释为显然漠视法律。

根据《美国法典》第 9 编第 10 (a) 条，只有当仲裁员有不当行为，以及"超越权限，或者行使权力不完善以致没有作出关于所提交标的物的相互、最终及确定的裁决"时，才能撤销仲裁裁决。[②]重要的是，与《纽约公约》第 5 条有关撤销裁决的规定不同，关于撤销在美国联邦地方法院被请求执行的裁决的判例承认，对于对被确定是因仲裁庭显然漠视法律而产生的裁

---

① 《纽约公约》第 4 条第 1 款规定：
1. 为了获得前条所提到的承认和执行，请求承认和执行裁决的当事人应当在裁决时提供：
   (a) 经正式认证的裁决正本或其经正式证明的副本；
   (b) 第 2 条所提到的协议正本或其经正式证明的副本。

② See 9 U.S.C. § 10 (a) (4). Indeed the grounds for vacating an award for rehearing are quite narrow and all set forth in § 10 (a) — (b), which reads: See《美国法典》第 9 编第 10 (a) (4) 条。事实上，撤销裁决的理由颇为有限，全部规定在第 10 (a) — (b) 条中，内容如下：
　　　　第 10 条　仲裁裁决；撤销；理由；再裁
　　(a) 在任何下列情形下，裁决作出地的美国联邦地方法院均可应仲裁任何一方当事人的请求，作出撤销裁决的命令：
　　(1) 裁决是腐败、欺诈或不正当手段的结果；
　　(2) 仲裁员或其中任何一人有明显的偏私或腐败行为；
　　(3) 仲裁员在当事人提出充足理由的情况下仍然拒绝推迟审理，或者拒绝听取争议的相关证据和材料，或者有损害任何当事人权利的任何其他不当行为；
　　(4) 超越权限，或者行使权力不完善以致没有作出关于所提交标的物的相互、最终及确定的裁决；
　　(b) 当裁决被撤销，而协议中要求作出裁决的期限尚未过期时，法院可以依其自由裁量权指示仲裁员再裁。

决可以撤销；如若不然，裁决"必定会游离于业已明确建立的法律先例之外"。[①] 当"有被明确界定且无合理辩论余地的可适用法律原则，而仲裁员拒绝留意该法律原则"时，就应当认为是显然漠视。[②]

例如，在"Jacada（欧洲）诉国际营销战略公司案"（Jacada (Europe). v. International Marketing Strategies）中，原告英国软件开发商在州法院起诉，请求撤销有利于被告经销商的仲裁裁决。相反，经销商却在联邦法院提起执行仲裁裁决之诉。在案件被移送并合并后，联邦地方法院作出了有利于经销商的判决。第六巡回上诉法院维持了联邦地方法院的判决，驳回了上诉人开发商关于仲裁员的显然漠视法律的主张。

在该案中原告的撤销请求是基于这一主张，即仲裁庭有意忽视了损害赔偿限制条款。对于这一事实没有争议；事实上仲裁员称"损害赔偿限制条款的潜在效果是……排除对重大违反协议行为的赔偿，只对小的违约行为进行赔偿"。[③] 第六巡回法院因此论证道，因为有限责任条款使得经销商在经销协议下的权利变得"没有意义"，所以仲裁员"无视该条款，以实现（经销商）合同权利的核心目的，即在欧洲、中东和非洲经销（开发商的）软件包"。[④]

"Jacada（欧洲）案"的要求是明确的。当仲裁庭为促进协议的基础性目标和目的而解释合同时，不应认为其构成显然漠视法律，即使这种解释有意排除了经当事人正常谈判而来的合同条款。第六巡回法院在"Jacada（欧洲）案"中的分析及其对"显然漠视法律"的构成要素的描述，可能会对仲裁庭拒绝第1782条证据开示或决定严格解释仲裁条款中禁止诉诸第1782条的规定之行为是否构成撤销裁决所需的显然漠视法律这一问题有所启示。可以说，当仲裁庭无视作为既被明确界定又无合理辩论余地的可适用的程序法律原则的第1782条时，"显然漠视法律"检验标准的第一个方面就被满足了，而一概拒绝考虑任何第1782条证据开示这一点则符合第二个方面。

当各方对于这种证据开示将促进标的合同的目标这一点没有争议时，上述主张在分析上将得到强化。如同在"Jacada（欧洲）案"中一样，在这个

---

① See Jacada (Europe), Ltd. v. International Marketing Strategies, 401 F. 3d 701, 713 (6th Cir. 2005) (citing Merrill Lynch v. Jaros, 70 F. 3d 418, 421 (6th Cir. 1995)).

② See Nationwide Mut. Ins. Co. v. Home Ins. Co., 330 F. 3d 843, 847 (6th Cir. 2003) (citing Dawahare v. Spencer, 210 F. 3d 666, 669 (6th Cir. 2000)).

③ Jacada, 401 F. 3d at 713.

④ 同上。

假想案例中仲裁庭想来会从合同中排除一个条款,以促进公正司法和实现仲裁协议的目标,如果该目标部分在于考虑对于全面透明地了解争议事项具有潜在相关性的所有重要文件和信息的话。在此,仲裁协议应被认为是仲裁条款本身。相反的分析也同样可以进行。

遵循"Jacada(欧洲)案"的分析,当仲裁庭依其自由裁量权拒绝考虑任何通过适用第1782条而获得的文件和信息,尤其是在仲裁条款根本没有提及第1782条时,这种行为是否构成显然漠视法律?与"Jacada(欧洲)案"和第一个假想案例不同,在这个假想案例中仲裁员没有被请求排除或以其他方式忽视经讨价还价而来的合同条款。但是,在此仲裁庭被请求无视可以说是可适用的、支配证据收集的程序法。无视非仲裁地的程序法是否达到显然漠视法律的程度?同"Jacada(欧洲)案"的类似性迅速消逝了。这里不仅不涉及对合同(不管是实际的合同还是根据可分性原则被解释为独立合同的仲裁条款)中的法律条款的有意忽视,而且还存在美国——仲裁地之外的法域——联邦法律的适用问题。让问题更加复杂的是,与"Jacada(欧洲)案"所阐明的检验标准——根据该标准,仲裁员的决定产生了一个"必定会游离于业已明确成立的法律先例之外"的裁决——不同,在这个范例中没有"先例"。同样有别于"Jacada(欧洲)案"的是,在这个假想案例中所争论的是对程序法而非实体法的无视。

对假想案例的解释不但确实在一定程度上揭示了仍有待裁断和研究的许多潜在问题,从而产生了即使不是有约束力的先例,至少是可以对仲裁员、法官、执业者和实业领袖应对这一问题起到促进作用的大量评论,而且还为理解"显然漠视法律"这一为美国执行程序所独有、在《纽约公约》第5条中找不到理论基础的标准的易于变化和难以捉摸的本质提供了清晰的思路。事实上,这一领域的判例表明需要发展更为严密的理论。

当然,"显然漠视法律"理论的一般基本要素是明确无疑的。例如,如果显然漠视法律这一点在仲裁记录中显而易见,那么毋庸置疑仲裁裁决可以被撤销。[1] 但是,仲裁程序记录的性质和特征则不太清楚。由于在仲裁程序中并不要求逐字记录,完全没有任何关于仲裁记录构成要素的有意义的指南这一点确实可能妨碍对于在实际程序中系统性错误适用法律的审查。同样确定无疑的是,审查法院必须对仲裁庭的决定给予"高度尊重"。事实上,"请求联邦法院撤销仲裁裁决的当事人负有证明裁决属于成文法和案例法所描述

---

[1] See, e.g., Goldman v. Architectural Iron Co., 306 F. 3d 1214, 1216 (2d Cir. 2002).

的极为有限的情形的沉重举证责任"。① 在这些非常初步的规则之外，很难找到一个客观检验标准，确切表明这一理论何时适用。

这一理论的起源可以追溯到"威尔科诉斯旺案"②中的附带意见。在该案中最高法院称"仲裁员对法律所作的并非显然漠视法律的解释在联邦法院不得因解释错误而受司法审查"。③ 值得注意的是，这一理论源自勉强构成一个从句的寥寥几个字。对于什么可以构成足以使仲裁裁决被撤销的显然漠视法律行为，最高法院未做任何说明，更不用说为法官和律师提供一个标准。但正是从这一"谦和"的陈述中发展出来的判例，实质上修正了《联邦仲裁法》所规定的极为有限的撤销裁决理由。④

二 杜弗科案分析

第二巡回法院在"杜弗科案"中对于被联邦上诉法院认定存在显然漠视法律情形的为数不多的案例进行了颇有意义的分析。在声明其（第二巡回法院）于1960年首先阐述了对仲裁裁决给予"高度尊重"的"严格限定"的标准后，⑤ 法院称截至2003年6月24日，"在适用该标准的最近48个案件中，有4个是仲裁裁决因为显然漠视法律而被部分或全部撤销"。⑥ 除了

---

① Duferco Int'l Steel Trading v. T. Klaveness Shipping A/S, 333 F. 3d 383 (2d Cir. 2003).

② Wilko v. Swan, 346 U. S. 427 (1953), overruled on other grounds, Rodriguez de Quijas v. Shearson/Am. Express, Inc., 490 U. S. 477, 485 (1989).

③ Wilko, 346 U. S. at 436—37 (emphasis supplied).

④ Duferco Int'l Steel, 333 F. 3d at 388.

⑤ 这一标准是由第二巡回法院在 Amicizia Societa Navegazione v. Chilean Nitrate and Iodine Sales Corp., 274 F. 2d 805, 808 (2d Cir.), cert. denied, 363 U. S. 843 (1960) 中阐述的。

⑥ Duferco Int'l Steel, 333 F. 3d at 389. 法院指出了如下4个案件：(1) Halligan v. Piper Jaffray, Inc., 148 F. 3d 197, 204 (2d Cir. 1998) ("鉴于有强有力的证据证明哈利根是因为年龄而被解雇，并且当事人对于仲裁员被正确告知了可适用的法律原则这一点意见一致，我们倾向于认定他们忽视了法律或证据，或者两者兼而有之")；(2) New York Telephone Co. v. Communication Workers of America, 256 F. 3d 89, 92—93 (2d Cir. 2001 (认为仲裁员所依赖的判决并非该巡回区的法律，"因此仲裁员拒绝'Seatrain案'而适用另一规则的做法是'显然漠视法律'")；(3) Fahnestock & Co., Inc. v. Waltman, 935 F. 2d 512, 519 (2d Cir. 1991) (认为"这是一个根据《联邦仲裁法》第10 (a) 条撤销惩罚性损害赔偿裁决的适当例子")；(4) Perma-Line Corp. of America v. Sign Pictorial and Display Union, 639 F. 2d 890, 894—96 (2d Cir. 1981) (将涉及非法合同条款、基于公共政策理由的仲裁裁决发回重裁，若仲裁员能为非法条款提供正当理由则有可能确认)。

"哈利根案"（Halligan）以外，其余三个案件都是关于对超出仲裁员权限的仲裁裁决的审查。因此，第二巡回法院称在那些案件中"可以说不必用显然漠视作为撤销理由，因为就算根据《联邦仲裁法》也足以撤销了"。[①] 第二巡回法院还从反面适当界定了这一理论的适用标准。尽管明显缺乏理论发展，但法院的"路标"仍提供了有意义的帮助。它解释说，多年来它之所以"不情愿"认定显然漠视，是因为这是作为最后手段的理论——仅限于用于那些极为罕见的情形，即仲裁员存在某些非常恶劣的不当行为，但《联邦仲裁法》的任何条款均不适用的情形。[②] 从这一标准中可以看出三个要素。首先，它只有在已用尽所有其他适当撤销理由的情况下才能使用。其次，这种"最后手段"只能适用于最为极端和恶劣的情形。最后，只有在《联邦仲裁法》完全不适用时才能采用这一理论。

这个三元检验标准的背景是一条由来已久的仲裁原则，即仲裁程序的目标是解决当事人之间的极为谨慎的争议，这种争议独立于司法干预，也独立于体现在反映远远超出所涉特定争议或产业考虑范围的国家公共政策的成文法或判例法中的那些理论的影响。在这一点上，第二巡回法院强调需要节制对仲裁程序的干涉，以避免"阻挠当事人的意志，破坏仲裁的有用性，使其成为'争讼的开始而非结束'"。[③]

颇为引人注目的是，尽管陈述了历史检验标准及其自己对于适用该理论的实践标准的解释，并简要回顾了该理论的历史起源，但第二巡回法院承认，由于该理论罕有适用，故而只产生了极为少量的判例。因此，第二巡回法院说，"尽管其大致轮廓已经众所周知"，但该理论的"确切边界尚不清楚"。[④] 为此，法院创制了三步询问法，试图更为清晰和确切地界定该理论的触发标准。

首先，法院必须确定被忽视的法律本身是否不是模糊或含混的，亦即是明确[⑤]且适用于仲裁庭所裁断争议的。因此，法律必须是明确和可适用的。

[①] Duferco Int'l Steel, 333 F. 3d at 389.
[②] 同上。
[③] 同上。
[④] 同上。
[⑤] Duferco Int'l Steel, 333 F. 3d at 390 (citing Westerbeke Corp. v. Daihatsu Motor Co. Ltd., 304 F. 3d 200, 209 (2d Cir. 2000)); Merrill Lynch, 808 F. 2d at 934.

其次，假定对第一个询问的回答是肯定的，那么法院必须发现"法律事实上被错误适用，导致了错误的结果"。[1]

在此重点被放在最终结果同不当适用之间的因果关系上，从而排除了无论法律适用是否适当结果都将相同的情形。简言之，如果即使正确适用法律结果也会是错误的，那么这一理论就不适用。同样的，如果对仲裁裁决可以进行多种合理解读，那么只要其中一个解读为该结果提供了有法律支持的正当理由，这一理论就不能适用。[2]

最后，在满足前两个询问后，需要对"意图"进行分析。这一主观分析试图在一定程度确定仲裁员对于法律的知悉，因为显然只有对于知道的东西才能有意无视。为完成这一询问，第二巡回法院指出了两个需要考虑的因素。一是只有已经被当事人告知仲裁员的法律才会被用于分析其对法律的知悉。二是在当事人虽然没有告知仲裁员，但错误的性质和特点是如此明显，以至于平均水平的合格仲裁员完全能够认识到时，仲裁员将被推定为知悉和有意。[3]

自第二巡回法院在"杜弗科案"中的判决以来，该法院迄今[4]已经审查了12个关于请求撤销仲裁裁决的案件（不包括杜弗科案本身）。[5] 加上"杜弗科案"在内共计13个这样的案件中，11个裁决尽管受到"显然漠视法

---

[1] Duferco Int'l Steel, 333 F. 3d at 390.

[2] See e. g. , Willemijn Houdstermaatschapij, B. V. v. Standard Microsystems Corp. , 103 F. 3d 9, 13 (2d Cir. 1997) (citing Matter of Andros Compania Maritima, S. A. of Kissavos, 579 F. 2d 691, 704 (2d Cir. 1978)).

[3] 同上。

[4] 2007年8月17日。

[5] See Bernhard Porzig v. Dresdner, Kleinwort, et al. , 2007 U. S. App. LEXIS 18674 (2d Cir. 2007); IMC Maritime Group, Inc. , et al. v. Russian Farm Community Project, 2006 U. S. App. LEXIS 4088 (2d Cir. 2006); Alicia Nicholls v. Brookdale University Hospital & Medical Center, et al. , 2006 U. S. App. LEXIS 26152 (2d Cir. 2006); Bear, Stearns &. Co. , et al. v. 1109580 Ontario, Inc. , 409 F. 3d 87 (2d Cir. 2005); Nutrition 21, Inc. v. Andrew Werthhim, 2005 U. S. App. LEXIS 22223 (2d Cir. 2005); Warren Hardy v. Walsh Manning Securities, LLC, 341 F. 3d 126 (2d Cir. 2003); IBAR Limited, et al. v. American Bureau of Shipping, 2004 U. S. App. LEXIS 4273 (2d Cir. 2004); Michael E. Wallace, et al. v. DALJIT Buttar, et al. , 378 F. 3d 182 (2d Cir. 2004); Ralph Tobjy v. Citicorp, 2004 U. S. App. LEXIS 22324 (2d Cir. 2004); Richard Hoeft, et al. v. MVL Group, Inc. , et al. , 343 F. 3d 57 (2d Cir. 2003); Banco de Seguros del Estado v. Mutual Marine Office, Inc. , et al. , 344 F. 3d 255 (2d Cir. 2003); and Douglas Carpenter v. John E. Potter, 2003 U. S. App. LEXIS 20947 (2d Cir. 2003).

律"的质疑仍被确认。① 一个案件被发回重审,② 另一个案件中裁决基于显然漠视法律的理由被撤销。③ "华莱士诉巴特尔"(Wallace v. Buttar)和"哈代诉沃尔什"(Hardy v. Walsh)这两个案件尤为重要。

在"华莱士诉巴特尔案"中,法院将案件中的问题总结为"联邦法院对仲裁庭所作裁决进行审查的范围"。④ 第二巡回法院颇为引人注目地声称,对该案的审理遵循"此种审查的范围受到高度限制这一为人熟知的原则"。法院进一步称"当涉及仲裁庭对于呈交给它的文件性和证言性证据是否足以支持特定法律请求的评估时,尤其如此"。⑤ 法院继而异乎寻常地指出:"当然,联邦地方法院法官拥有高度的证据权衡技能。但正如我们在此得出的结论所示,联邦地方法院法官在面对仲裁庭所作裁决是否应当被确认这样的问题时,必须将这些技能放在一边。"⑥

程序历史和联邦地方法院的调查发现均需详细分析。申请人巴特尔夫妇在全国证券自营商协会(NASD)对蒙特罗斯公司(Montrose)和温斯顿(Winston)提起仲裁申请。仲裁请求是基于涉及某个特定投资机会的虚假陈述(声称投资于争议所涉公司可在两个月内获得确定回报)。修改后的仲裁请求在事实方面相同,但将迈克尔·华莱士(Michael Wallace)、大卫·雅卡卢索(David Jacaruso)和约瑟夫·斯科蒂(Joseph Scotti)增加为被申请人。⑦ 仲裁庭对巴特尔夫妇的仲裁请求进行了 3 天听证。⑧ 巴特尔夫妇向

---

① See, e. g., Alicia Nicholls v. Brookdale University Hospital & Medical Center, 2006 U. S. App. LEXIS 26152 (2d Cir. 2006); IMC Maritime Group, Inc. v. Russian Farm Community Project, 2006 U. S. App. LEXIS 4088 (2d Cir. 2006); Nutrition 21, Inc. v. Andrew Wortheim, 2005 U. S. App. LEXIS 22223 (2d Cir. 2005); Bear, Stearns & Co. v. 1109580 Ontario, Inc., 409 F. 3d 87 (2d Cir. 2005); Ralph Tobjy v. Citicorp., 2004 U. S. App. LEXIS 22324 (2d Cir. 2004); Michael Wallace, et al. v. Daljit Buttar, et al., 378 F. 3d 182 (2d Cir. 2004); IBAR Ltd., et al. v. American Bureau of Shipping, 2004 U. S. App. LEXIS 4273 (2d Cir. 2004); Duferco Int'l Steel Trading v. Klaveness Shipping, 333 F. 2d 383 (2d Cir. 2003); Richard Hoeft, et al. v. MVL Group, Inc., et al., 343 F. 3d 57 (2d Cir. 2003); Banco de Seguros del Estado v. Mutual Marine Office, Inc., et al., 344 F. 3d 255 (2d Cir. 2003); and Douglas Carpenter v. John Potter, 2003 U. S. App. LEXIS 20947 (2d Cir. 2003).

② See Warren Hardy v. Walsh Manning Securities, LLC, 341 F. 3d 126 (2d Cir. 2003).

③ Bernhard Porzig v. Dresdner, Kleinwort, et al., 2007 U. S. App. LEXIS 18674 (2d Cir. 2007).

④ Wallace, 378 F. 3d at 378.

⑤ 同上。

⑥ 同上。

⑦ 同上书,第 185 页。

⑧ 同上。

仲裁庭提交了听证后备忘录，列出了"适用于控制人责任"的北卡罗来纳州法和联邦法基本规则。华莱士和雅卡卢索也通过律师提交了听证后备忘录，但几乎没有任何形式的法律分析，倒是如第二巡回法院所说"极尽谩骂之能事"。①

仲裁庭考虑了有关华莱士、雅卡卢索和斯科蒂作为"控制人"的身份的、被定性为"既非没有又非压倒性的"证据，② 以及一名股票经纪人的证词，证明在其受雇于蒙特罗斯期间，温斯顿极力主张他投资于与争议所涉公司有关的证券。该经纪人还进一步作证说，他日益担心蒙特罗斯的经纪人"被（温斯顿）强迫购买……他们不愿意为其客户购买的证券"。③

NASD向所有当事人送达了仲裁裁决，其中称仲裁庭"对于针对蒙特罗斯的请求未作决定"，但称"中止令④不适用于被申请人温斯顿、华莱士、斯科蒂和雅卡卢索"。⑤

巴特尔夫妇在美国北卡罗来纳东区联邦地方法院提起诉讼，要求确认裁决。4天后，华莱士、雅卡卢索和斯科蒂在美国纽约南区联邦地方法院起诉撤销裁决。巴特尔夫妇自愿撤回了在北卡罗来纳的确认之诉，在纽约的诉讼中提出确认裁决的交叉请求。⑥ 联邦地方法院同意了撤销裁决的请求，否认了确认裁决的交叉请求。⑦ 联邦地方法院称"没有争议的是，在蒙特罗斯工作的一名经纪人温斯顿违反了证券法；雅卡卢索和斯科蒂系蒙特罗斯的董事和股东，华莱士系总裁"。⑧ 因此，剩下的唯一问题就是仲裁庭能否恰当地认定华莱士、雅卡卢索或斯科蒂对于温斯顿的行为和懈怠负有责任。

对此联邦地方法院判决，仲裁庭要么显然漠视法律，要么显然漠视事实，否则不可能认定华莱士、雅卡卢索或斯科蒂对于巴特尔夫妇的损失负有责任。事实上，联邦地方法院发现，没有任何证据被提交仲裁庭，从中可以推断出华莱士、雅卡卢索或斯科蒂具有作为温斯顿的计划的共同参加人进行

---

① Wallace, 378 F. 3d at 185.
② 同上书，第186页。
③ 同上。
④ 2001年12月7日，美国纽约南区联邦地方法院根据《破产法典》第362(a)条（《美国法典》第11编第362(a)条）发出中止令，终止所有针对蒙特罗斯公司的法律程序。
⑤ 同上书，第187页。
⑥ 温斯顿既未申请撤销裁决，也未提交任何文件反对巴特尔夫妇关于确认裁决的交叉请求。
⑦ See Wallace v. Buttar, 239 F. Supp. 2d 388 (S.D.N.Y. 2003).
⑧ 同上书，第188页。

欺诈的故意。① 对于地区法庭意见的回顾显示了法庭是如何既简洁又雄辩地讨论这一问题的：

整体证据……压倒性地显示，华莱士从未与巴特尔夫妇打过交道，对于巴特尔夫妇账户中的不当行为并不知悉，也没有义务或理由让自己了解巴特尔夫妇账户中的活动……

没有证据表明雅卡卢索和斯科蒂采取了任何与温斯顿欺诈巴特尔夫妇的交易有关的行动。

显然，除非仲裁员显然漠视这一证据或者说没有证据这一事实，否则其不可能认定华莱士、雅卡卢索和斯科蒂具有所需的故意。②

最后，联邦地方法院还认为仲裁庭在断定华莱士、雅卡卢索和斯科蒂作为控制人负有责任时显然漠视法律。③ 在对涉及显然漠视法律或者显然漠视证据的案例作了非常持久和详尽的分析后，第二巡回法院撤销了联邦地方法院的判决，发回重审。第二巡回法院的分析中反复出现的概念性法宝可以被简化为两个词，即"似乎有理的证据"（colorable evidence）。法院意味深长地强调，联邦地方法院对于第九巡回法院适用"显然漠视事实"分析的判例④相当重视，然而第九巡回法院恰恰在"华莱士诉巴特尔案"（联邦地方法院诉讼）之后的一个判决中称"显然漠视事实在本巡回区不是撤销裁决的独立依据"。⑤ 此外，在"库泰案"（Coutee）中第九巡回法院也强调，"似乎没有任何其他巡回区采纳了显然漠视事实标准"，第二巡回法院近来已经澄清，"哈利根案"⑥ 实际上是基于传统的显然漠视法律标准。⑦ 在这一点上，第二巡回法院通过声称在"哈利根案"中仲裁庭没有对其为何对已经获得来自"压倒性证据"和对方当事人实质性承认的支持的仲裁请求加以拒绝作出任何说明，进一步加强和解释了该案中的附带意见和判决。因此，第二巡回法院在"哈利根案"中"判决联邦地方法院对仲裁裁决的确认是错误的，因为有利于请求人的证据是如此有力，以至于令人确信仲裁员在此显然

---

① See Wallace v. Buttar, 239 F. Supp. 2d 188 (S. D. N. Y. 2003).
② Wallace, 239 F. Supp. 2d at 394—395.
③ 同上书，第 396 页。
④ American Postal Workers Union AFL-CIO v. U. S. Postal Service, 682 F. 2d 1280 (9th Cir. 1982); Pacific Reinsurance Management Corp. v. Ohio Reinsurance Corp., 935 F. 2d 1019 (9th Cir. 1991).
⑤ Coutee v. Barington Capital Group, LP, 336 F. 3d 1128, 1133 (9th Cir. 2003).
⑥ Halligan v. Piper Jaffray, Inc., 148 F. 3d 197, 202, 204 (2d Cir. 1998).
⑦ Coutee, 336 F. 3d at 1133.

漠视法律或者证据，或者两者兼而有之"。① 所以，联邦地方法院对于第九巡回法院采纳了显然漠视证据标准这一点的依赖，在相当程度上削弱了该判决的规范性基础。

此外，第二巡回法院论证说在北卡罗来纳州法上存在可以产生控制人责任的"似乎有理的依据"（colorable basis）。同样的，法院断定仲裁裁决在整体上至少似乎（colorably）是基于呈现在仲裁庭面前的事实和法律。②

"华莱士诉巴特尔案"是在"杜弗科案"之后澄清显然漠视法律理论的标志性案件，强调适用该理论需要仲裁庭有几乎被普遍、直觉地认为是不当行为的行为，并且在实质上说明不存在所谓的"显然漠视事实"规则。

"杜弗科案"之后另一个值得一提的案件是"哈代诉沃尔什·曼宁证券有限公司案"（Hardy v. Walsh Manning Securities, LLC）。在此无须对该案事实作任何分析，但值得一提的是第二巡回法院部分确认、部分发回重裁这种在程序上颇为古怪的做法。令人好奇的是，法院认为该案中被请求确认的仲裁裁决不能被不折不扣地执行。从司法角度看，问题就变成了"应该做什么"。在法院看来，所涉裁决没有包含任何法律推理，确实提出了只能有一种合理解释的法律结论，并且对法律作出似乎有理的解释。③ 因此，法院发现自己"不愿意宣布该裁决完全无效（亦即犹豫是否应该断定仲裁庭显然漠视法律）"。④

法院通过寻求对仲裁裁决进行澄清（但不是由联邦地方法院澄清）回答了自己的问题，其实际表述值得引用："尽管并非通常的处理方式，但我们确实有权基于比澄清特定救济的条件更为宽泛的目的发回仲裁庭重裁。也就是说，我们有权寻求澄清仲裁庭在作出裁决时的意图是否'表明显然漠视法律'。"⑤

三 乱中求治：需要建立超越直觉的"显然漠视法律"统一标准

1980年至2007年8月间，在24个案件中仲裁裁决基于完全无视法律

---

① Coutee, 336 F. 3d at 192 (citing Halligan, 148 F. 3d at 204).
② 同上书，第196页。
③ 同上书，第133页。
④ 同上书，第133—134页。
⑤ 同上书，第134页〔citing Americas Ins. Co. v. Seagull Compañia Naviera, S. A., 774 F. 2d 64, 67 (2d Cir. 1985)〕。

理论被撤销。[1] 分析表明，有14个基本原则是为大部分案件所共有的。第一，案例似乎一致表明审查被请求撤销的仲裁裁决的联邦地方法院必须重新审理。第二，撤销的依据极为有限，限于《联邦仲裁法》第10（a）条所列出的情形。第三，根据法律，仲裁员无须为其结论的正当性提供理由或者保留仲裁程序的同步或随后记录。第四，联邦地方法院发现仲裁庭存在法律错误这一情况本身并不构成有法律约束力的撤销理由。第五，尽管在几乎每个巡回区，能够为撤销提供正当理由的行为在本质和特性上都必须是"非常恶

---

[1] See:
(a) First Circuit Court of Appeals: S. D. Warren Co. v. United Paperworkers' Int'l. Union, 815 F. 2d 178 (1st Cir. 1987);
(b) Second Circuit Court of Appeals: Perma-Line Corp. of America v. Sign Pictorial and Display Union, 639 F. 2d 890 (2d Cir. 1981); Halligan v. Piper Jaffray, et al, 148 F. 3d 197 (2d Cir. 1998); New York Telephone Co. v. Communications Workers of America, 256 F. 3d 89 (2d Cir. 2001); Wallace v. Buttar, 378 F. 3d 182 (2d Cir. 2004); Bernhard Porzig v. Dresdner, Kleinwort, et al., 2007 US App. LEXIS 18674 (2d Cir. 2007);
(c) Third Circuit Court of Appeals: United States Steel and Carnegie Pension Fund, et al. v. John McSkimming, 759 F. 2d 269 (3d Cir. 1985); Exxon Shipping Co. v. Exxon Seaman's Union, 993 F. 2d 357 (3d Cir. 1993); Roadway Package System, Inc. v. Scott Kayser, 257 F. 3d 287 (3d Cir. 2001); Pennsylvania Power Co. v. Local Union No. 272 of the Int'l Brotherhood of Electrical Workers, 276 F. 3d 174 (3d Cir. 2001); Citgo Asphalt Refining Co. v. The Paper, Allied-Industrial, Chemical and Energy Workers Int'l Union Local No. 2—991, 385 F. 3d 809 (3d Cir. 2004); Merck & Co., Inc. v. Paper Allied-Industrial, Chemical and Energy Workers Int'l, Union, Local 2—86, 2007 U. S. App. LEXIS 13986 (3d Cir. 2007);
(d) Fourth Circuit Court of Appeals: Patten v. Signator Ins. Agency, et al., 441 F. 3d 230 (4th Cir. 2006);
(e) Fifth Circuit Court of Appeals: Hughes Training, Inc., et al. v. Gracie Cook, et al., 254 F. 3d 588 (5th Cir. 2001);
(f) Sixth Circuit Court of Appeals: NCR Corp. v. Sack-Co., Inc., 43 F. 3d 1076 (1995); Nationwide Mutual Ins. Co. v Home Ins. Co., 330 F. 3d 843 (6th Cir. 2003);
(g) Seventh Circuit Court of Appeals: Young Radiator Co. v. Int'l Union, United Automobile, Aerospace and Agricultural Implement Workers of America, 734 F. 3d 321 (7th Cir. 1984);
(h) Eighth Circuit Court of Appeals: Missouri River Services, Inc. v. Omaha Tribe of Nebraska, 267 F. 3d 848 (8th Cir. 2001); Boise Cascade Corp. v. Paper Allied-Industrial, Chemical and Energy Workers (PACE), Local 7—0159, 309 F. 3d 1075 (8th Cir. 2002); Gas Aggression Services, Inc. v. Howard Avista Energy LLC., et al., 319 F. 3d 1060 (8th Cir. 2003);
(i) Ninth Circuit Court of Appeals: American Postal Workers Union AFL-CIO v. United States Postal Service, 682 F. 2d 1280 (9th Cir. 1982); Coast Trading Co., Inc. v. Pacific Molasses Co., 681 F. 2d 1195 (9th Cir. 1982); Stead Motors of Walnut Creek v. Automotive Machinists Lodge No. 1173, 843 F. 2d 357 (9th Cir. 1988);
(j) Eleventh Circuit Court of Appeals: Montes v. Shearson Lehman Bros., Inc., 128 F. 3d 1456 (11th Cir. 1997).

劣的"，但这一术语本身就存在某些不确定性，会影响相应的法律分析。第六，仲裁庭对于合同中模糊条款的解释，或者对于合同中非模糊条款的模糊解释，不应导致撤销。事实上，审查法庭有义务按照有利于裁决成立的原则对仲裁庭合同解释中的任何模糊之处进行解释。同样的，只要仲裁庭对于合同条款的解释有一点"合理性"，该裁决就应当被维持，不得撤销。第七，在某些巡回区之间存在一个共同点，即模糊《联邦仲裁法》第10（a）条同显然漠视法律这一普通法理论之间的界限。第八，就国内仲裁程序而言，事实表明当仲裁庭是从属于独立仲裁机构而非自律组织的名单中指定时，争议解决更为公正。第九，法院一致认为当事人有权按其认为合适的方式自由设计仲裁条款。第十，仲裁协议（条款）可以使对仲裁裁决的司法审查扩展至《联邦仲裁法》范围之外。[①] 第十二（译者注：原文如此，遗漏第十一），在仲裁裁决被认为模糊不清时，审查法庭可以发回仲裁庭重裁。[②] 第十三，证明仲裁员超越权限的举证责任很重大，不容易满足。[③] 第十四，仲裁庭所做裁决绝对不能包含仲裁条款所未规定的救济方式。[④]

尽管有这些共同要素，但对在基于显然漠视法律这一普通法原则撤销裁决时所应考虑的因素进行界定的案例还远谈不上统一。事实上，即使是对不同巡回区的部分案件进行浅尝辄止的审视，也会发现大相径庭的标准，而且在某些案件中这一检验标准同第10（a）条所规定的四个撤销依据混为一谈。当撤销是基于仲裁庭超越权限这一理由时，这种混淆尤为突出。[⑤] 基于显然漠视法律原则的撤销案件中所适用的各不相同乃至常常自相矛盾的标准，助长了一个实际上是基于直觉的难以理解的概念类别的形成，令人想起斯图尔特（Stewart）大法官关于识别违反第一修正案的色情信息的标准：

[①] Gateway Tech., Inc. v. MCI, 64 F.3d 993, 997 (5th Cir. 1995) （"然而，本案中当事人同意由联邦法院对仲裁裁决进行扩大审查。具言之，他们的合同规定'仲裁裁决应当是终局的，对双方具有约束力，但对法律错误可以上诉'。这种合同性修改是可以接受的，因为正如最高法院所强调的那样，仲裁是合同的产物，《联邦仲裁法》的支持仲裁政策在实施时不能无视合同当事人的意愿"）。

[②] Cleveland Paper Handlers and Sheet Straighteners Union No. 11 v. E. W. Scripps Co., 681 F.2d 457 (6th Cir. 1982).

[③] Federated Department Stores, Inc. v. JVB Industries, Inc., 894 F.2d 862, 866 (6th Cir. 1990) （"鉴于支持执行仲裁协议的强有力的联邦政策，证明仲裁员超出其权限范围的举证责任非常沉重"）。

[④] Coast Trading Co. v. Pac. Molasses Co., 681 F.2d 1195, 1198 (9th Cir. 1982) （撤销"与合同所规定的救济方式相反的仲裁裁决"，拒绝接受争议后所提交材料修改了合同条款的主张）。

[⑤] See 9 U.S.C. § 10 (a) (4).

"但当我看到时我知道是。"① 尽管这一评论可能很敏锐,但主观直觉不应在法学分析中,从而也不应在仲裁基本要素的理论发展中,扮演角色。

四 哈利根诉派珀·贾弗雷案

有六个案件标志着这一问题,并在一定程度上暗示了在理论上具有一致性的实际解决方案。② "哈利根诉派珀·贾弗雷公司案"(Halligan v. Piper Jaffray, Inc.)颇有帮助。③ 在该案中,作为西奥多·哈利根遗产的遗嘱执行人的艾琳·哈利根(Irene Halligan,以下称"哈利根夫人")对美国纽约南区联邦地方法院的两个命令提起上诉。这两个命令分别拒绝撤销和确认了有利于被告(合称"派珀")的仲裁裁决。哈利根曾声称被告违反《就业年龄歧视法》(ADEA)终止了对他的雇佣。第二个命令基于"一事不再理"原则驳回了哈利根夫人在联邦法院的起诉,因为起诉是依据与仲裁中所提出的 ADEA 请求相同的理由。哈利根夫人基于显然漠视法律理论提起上诉。④

具言之,哈利根向一个 NASD 仲裁庭提出了 ADEA 请求及其他主张。记录显示"但在完成其自己的再次直接证言之前,哈利根的健康状况恶化,1995 年初仲裁员被告知他已无法继续作证"。⑤ 根据规定,他的再次直接证言从记录中被删除,但直接证言已经接受过交叉询问。

尽管记录充满了暗示存在年龄歧视的极具说服力的证据,但 10 个证据性事实对于第二巡回法院的分析尤其具有核心意义:

(1) 被告在整个过程中以当事人承认的形式承认哈利根"基本合格";

(2) 在 25 个机构销售员中哈利根排名第 5;

---

① Jacobellis v. State of Ohio, 378 U.S. 184, 197 (1964).
② 处理这一问题的案例一开始就必须确定,在适用这一普通法理论时,审查案件的法庭事实上能否举行证据性听证,而不是仅仅审查裁决和"仲裁程序记录"。这一问题之所以特别重要,是因为有关仲裁庭提供认定理由以及保存记录的要求非常宽松。有建议指出,如果没有对仲裁庭本身进行实际审查的证据性听证,那么不同巡回法院所采取的某些(如果不是大部分)标准就无法被有意义地适用。例如,"意识到"未被适用的可适用法律是否应被解释为等同于对相关法律的"知悉"?不适用所提交书面材料中包含的对于案件具有决定性意义的法律,作为法律问题而言是否应被解释为"故意"不适用支配性判例或成文法?这些问题在 1980 年至 2007 年 8 月间的这 24 个基于显然漠视法律理论撤销仲裁裁决的案件中找不到明确答案。
③ Halligan v. Piper Jaffray, Inc., 148 F.3d 197 (2d Cir. 1998).
④ 同上书,第 198 页。
⑤ 同上。

(3) 1987年至1991年间他排名第1；

(4) 记录表明他"向来是（被告的）顶尖销售员之一"；

(5) 他证实被告曾多次作出歧视性声明；

(6) 哈利根保有相关谈话的同期书面材料；

(7) 在仲裁过程中数名证人证实曾听到哈利根说他"快被解雇了"；

(8) 许多证人代表哈利根证实，被告的工作人员表达过因为哈利根的年龄而解雇他的意图；

(9) 尽管被告的工作人员否认曾经作出歧视性声明，但"他们的证言有时不一致或者不明确"；

(10) 哈利根提供了来自现在和以前客户的证言，一致证实他是本领域最出色的人之一。①

仲裁庭作出的裁决列出了双方当事人各自的请求及抗辩，并拒绝给予哈利根任何救济。② 哈利根夫人请求联邦地方法院根据《联邦仲裁法》第10(a)条撤销裁决，声称极具说服力的证据和明确的标准均要求认定仲裁员显然漠视法律。联邦地方法院拒绝了撤销申请，并相应发布了确认命令，理由是其发现"确定何者构成'（歧视的）直接证据'是困难的"。③

第二巡回法院指出，联邦法院已经碰到了越来越多的与出于裁断就业歧视方面的法律请求之目的而在争议前签订仲裁协议相伴的审查和争议，并阐述了它所认为的适用显然漠视法律原则的标准。在这个问题上，它认为这"显然不仅仅意味着与法律有关的错误或误解"。④ 法院进而阐述了适用该原则的一个二元标准："法院必须发现仲裁员知悉支配性的法律原则但拒绝适用或完全忽略，以及被仲裁员忽略的法律是确定、明白和显然适用于本案的。"⑤ 适用这一标准的困难在作为雇佣条件之一的强制性就业歧视仲裁的背景下被放大和复杂化。也许并不令人吃惊的是，"主要独立仲裁机构已经为裁断这些争议制定了正当程序标准"。然而，"诸如NASD之类的行业自律组织尤其受到批评，原因之一是其在确定可供选择的仲裁员名单以及指定审理针对某个自律组织会员公司的特定歧视请求的仲裁员方面所扮演的角色

---

① Halligan v. Piper Jaffray, Inc., 148 F. 3d 198—199 (2d Cir. 1998).

② 同上书，第200页。

③ 同上。

④ 同上书，第202页。

⑤ 同上。〔citing DiRussa v. Dean Witter Reynolds, Inc., 121 F. 3d 818, 821 (2d. Cir. 1997), cert. denied, 118 S. Ct. 695 (1998)〕。

对其公正性提出了质疑。"① 这种可能的偏私也许部分解释了为何罕有记录保存,以及为何裁决中除了结论之外几乎没有别的东西。因此,由审查法庭来尝试整理可使用的证据以衡量该原则的适用性,将是一件令人生畏的工作。②

在适用该标准撤销联邦地方法院命令时,第二巡回法院除了上述 10 个突出的证据性事实外,还强调了两点。首先,记录确定性地表明双方律师总体上对于所适用法律意见一致(在上诉时仍然如此)。其次,就决定性法律向仲裁员作了说明。③ 第二巡回法院明确细致的判决值得仔细审视。法院明确认定,"鉴于有强有力的证据证明哈利根是因为年龄而被解雇,并且当事人对于仲裁员被正确告知了可适用的法律原则这一点意见一致,我们倾向于认定他们忽视了法律或证据,或者两者兼而有之。"④

尽管第二巡回法院后来有所澄清,但当时并不清楚这句话是附带意见还是实际判决。这一点虽然一开始无伤大雅,但颇为令人不安。实际上,在这一句话中包含着三种可能性。法院发现自己倾向于基于显然漠视法律原则撤销裁决,因为仲裁员"忽视了法律"。⑤ 分析并不止步于此。法院还指出仲裁员还可能忽视了证据。⑥ 仲裁员还有可能既忽视了法律又忽视了证据。应当记得的是,正是这一三重表述导致许多法院颇为错误地在"显然漠视法律"原则之外采用了"显然漠视事实"标准。如前所述,⑦ 直到 6 年以后,第二巡回法院才在"华莱士诉巴特尔案"中确认这句话是"附带意见",并否认"显然漠视事实"是撤销裁决的强制性普通法原则。

---

① Halligan v. Piper Jaffray, Inc. , 148 F. 3d 202 (2d Cir. 1998).

② 当然,联邦法院对此已经表达了相当程度的关切。例如,See Cole v. Burns Int'l SEC. Serve, 105 F. 3d 1465, 1479 (D. C. Cir. 1997)("然而,尽管最高法院近来首肯了对法定请求的仲裁,但在仲裁能否满足法院预期方面仍然存在担忧,尤其是在将对法定请求的强制性仲裁作为雇佣条件之一的案件中。事实上,公平就业机会委员会已经表达了这样的立场,即这种协议在正在全国各地进行诉讼的许多案件中是不可执行的。")和 Prudential Ins. Co. of Am. v. Lai, 42 F. 3d 1299, 1305 (9th Cir. 1994)("上诉人没有基于任何有效协议的义务将那些就业争议提交仲裁,因为他们没有有意识地签订合同来放弃法定救济而选择仲裁。")

③ Halligan, 148 F. 3d at 204 (citing De Gaetano v. Smith Barney, Inc. , 983 F. Supp. 459, 563 (S. D. N. Y. 1997)).

④ 同上。颇为令人好奇的是,尽管仲裁庭没有义务保存记录或者在裁决中解释其事实或法律认定的依据,但法院的确称"至少在本案中,我们相信如果审查法庭倾向于认为仲裁庭显然漠视法律,那么仲裁庭没有就裁决进行解释这一事实可以作为考虑因素"。

⑤ 同上。

⑥ 同上。

⑦ See, supra, n. 444 (explaining Wallace, 378 F. 3d 182).

这一判决的虚弱性虽然微妙，但又有着明显的轮廓。该二元检验标准过于简略，无法适用于高度依赖事实的标准仲裁程序。尽管第一元关注仲裁员是否"知悉支配性的法律原则但拒绝适用"，但它将作为检验必备要素的"知悉"一词的含义想当然了。根据这一标准，当事人事实上对决定性法律作了概述是否构成撤销所需的"知悉"？作为法律问题而言，能否从当事人的概述推定"知悉"？还有，就适用这一标准而言"意识到"是否等同于"知悉"？

第一元的第二部分同样令人困惑。这一表述以转折方式提及两个概念：拒绝或忽视。"拒绝"意味着对法律的故意无视，而"忽视"则接近于过失或非故意的重大过失。因此，至少就第一元而言，如果发现仲裁庭以某种方式知悉法律但通过无法解释地不给予其任何考虑而不予适用，这一检验标准的第一部分就得到了满足。这一标准显然比"拒绝"更为宽松，因为后者必然意味着故意不适用所知悉的法律。

第一元与第二元必须以并列方式被同时满足。第二元只用了"忽视"一词。这一点支持关于只要仲裁员"过失"或者"不小心"地未适用支配性法律原则就满足该标准这种解释。然而，第二元接下来要求支配性法律原则必须是"确定、明白和显然适用于本案的"。这些要求实质上将支配性法律原则的可适用性上升到了科学的高度。可以这么说，适用于任何程序的"支配性原则"都难得是确定、明白的，更不用说"显然适用于本案"了。事实上，尤其是在普通法传统中，使用不同案例以及将其类比于争议事实很少是清楚或者明白的。同样，"支配性先例"所引起的问题也比其所应对的更多。特别是在普通法传统中，先例常常是从当事人所选择的管辖范围之外找到的。在这种只存在说服性先例的情况下，该二元标准根本上能适用吗？

五 纽约电话公司诉美国通信工人组织案

第二巡回法院自己在"纽约电话公司诉美国通信工人组织案"（New York Telephone Co. v. Communications Workers of America）[①] 中回答了这一问题。在该案中，法院维持了纽约南区联邦地方法院撤销一个不利于纽

---

① New York Telephone Co. v. Communications Workers of America Local 1100，AFL-CIO District 1，256 F. 3d 89 (2d Cir. 2001).

约电话公司的劳动仲裁裁决的判决。在叙述了实质上千篇一律的对仲裁裁决的尊重和审查法庭的重新审查标准后，法院强调"仲裁员显然漠视了（第二巡回法院在）'国际港口工人协会诉海上运输公司案'（International Longshoreman's Ass'n v. Seatrain Lines, Inc.）①中的判决"。相反，仲裁员选择依赖"来自本巡回区之外的两个（更新的）判决"。②第二巡回法院因此认为撤销有正当理由，因为"这些判决并非（第二巡回区的）法律，因此仲裁员拒绝'海上运输公司案'而适用另一个规则是'显然漠视法律'"。③

值得注意的是，判决中没有任何地方提及或引述"哈利根案"中所阐述的二元检验标准。法院将其关于显然漠视法律的认定基于一个有限的理由，即仲裁员依赖在本质上只是说服性的、来自另一个巡回区的判例——尽管可以说比所说的第二巡回区判例更新。在这里的分析中，"知悉"、"故意"、不适用法律、过失"忽视"支配性法律等要素没有扮演任何角色。唯一的要素是在存在约束性法律原则的情况下适用说服性判例，这大大放宽了这一原则的适用标准。适用说服性判例本身倾向于表明法律错误，而不是故意行为；而所有巡回区一致认为仅有法律错误并不能触发这一原则的适用。

六　美国钢铁公司及卡耐基养老金计划等诉约翰·麦克斯金明案

在"美国钢铁公司及卡耐基养老金计划等诉约翰·麦克斯金明案"（United States Steel & Carnegie Pension Fund, et al. v. John McSkimming）④中，第三巡回法院撤销了联邦地方法院确认一份关于《雇员退休与收入安全法》的执行条款下的法定劳动争议的仲裁裁决的判决。在此我们看到了在基于明确无视法律原则撤销裁决的第三个审查标准。

---

　①　See, e. g., International Longshoreman's Ass'n v. Seatrain Lines, Inc., 326 F. 2d 916 (2d Cir. 1964), and New York Telephone, 256 F. 3d at 91.

　②　New York Telephone, 256 F. 3d at 93 (citing Washington Post v. Washington-Baltimore Newspaper Guild, Local 35, 787 F. 2d 604 (D. C. Cir. 1986); United Steelworkers of America v. United States Gypsum Co., 492 F. 2d 713.).

　③　同上 (citing Halligan, 148 F. 3d at 202)。

　④　United States Steel & Carnegie Pension Fund, et al. v. John McSkimming, 759 F. 2d 269 (3d Cir. 1985).

在本案中，法院认为所适用的标准应当是尽量维持仲裁员的裁决：

> 只要根据协议的文字、语境以及当事人意图的任何其他表现，能够以任何合理方式从协议中得出这种解释；只有当存在对协议的显然漠视，完全不能得到合同解释原则和仲裁地法的支持时，审查法院才能干涉裁决。①

引人注目的是，尽管第三巡回法院充分采用了这一标准，但它令人无法解释地将之同另一个标准一起适用；后者同"显然漠视法律"绝对没有任何关系，完全是同《联邦仲裁法》第10（4）条有关，但法院无疑认为它对于其推理和判决具有核心意义。具言之，它强调"如果仲裁裁决'完全基于仲裁员对制定法的要求的看法'，而不是基于（合同），那么仲裁员就'超出了申请范围'，裁决也就不会被执行"。②

第三巡回法院阐明的这两个标准都值得仔细关注。在第一个标准中采用了"合理性"检验，其效果是只有当裁决同劳动合同之间的无论何种联系均被认定为不合理时，才能撤销裁决。换言之，这一标准似乎意味着除非任何合理法律假定都不支持仲裁裁决，否则裁决就应当被确认。这一标准非常严格，同上述第二巡回法院在"哈利根案"和"纽约电话公司案"中的两个表述形成鲜明对比。

第三巡回法院所阐明的第二个标准同第一个南辕北辙，并且多少有点难以归类，因为不太清楚它是否属于完全无视法律或者《联邦仲裁法》第10条的范围。因为仲裁员将裁决基于其对制定法的解释而不是协议文本而撤销裁决，作为检验标准难以同已经审视过的上述三个标准中的任何一个相调和。问题变成了所使用的方法中的法律错误是否构成"显然漠视法律"。如果仲裁员得出了正确结论，但基于错误的分析，那么是否还能依据同样的理由撤销裁决？

在阐述标准、使用先例和并不巧妙地提出假定等方面缺乏分析，只是助

---

① New York Telephone Co. v. Communication Workers of America Local 1100, AFL-CIO District, 270, 271 F. 3d 89 (2d Cir. 2001), 第270—271页〔citing Ludwig Honold Mfg. Co. v. Fletcher, 405 F. 2d 1123, 1128 (3d Cir. 1969); United Food & Commercial Workers, Local 590 v. Great Atlantic and Pacific Tea Company, 734 F. 2d 455, 457 (3d Cir. 1984); Sun Petroleum Prods. Co. v. Oil, Chemical and Atomic Workers, Local 8-901, 681 F. 2d 924, 928 (3d Cir. 1982)〕。

② 同上书，第271页。

长了这一原则适用中的主观相对性。

七 再一个范例:巴顿诉签名保险公司案

在"巴顿诉签名保险公司案"(Patton v. Signature Ins. Agency)① 中,第四巡回法院指出了适用"显然漠视法律"原则的第五个标准,即当裁决"未能汲取支配性仲裁协议的本质"时,应当适用该原则,撤销裁决。② 区别于"错误适用合同解释"或"错误解释"(二者均不足以作为撤销裁决的理由),③ 法院描述了适用该原则的一个新类别,即仲裁员"修订或改变了协议,从而"越权行事"。④ 这种观点认为,通过改变协议,"协议的本质"被破坏,从而产生了仲裁"范围"或"权力"问题,不过是基于普通法而不是《联邦仲裁法》第 10 条。⑤

"合同本质"是一个高度依赖事实和相当主观的标准。首先,它假定合同有一个所谓的单一"本质",而合同创设多个约束性义务和附带目标的情况并不少见。其次,在破坏"合同本质"与仅仅是错误解释合同的主要或次要目标之间作出区分,即使不是完全不可能,也常常是不寻常的。同样重要的是,在阐述完全无视法律标准时,第四巡回法院没有建议该标准的适用需要仲裁员在解释合同时有任何不合理或极端行为。这一检验标准显然需要相应的理论发展,但其概念性发展可以从已经审视过的其他范例获得支撑。对于这五个已经讨论过的检验标准⑥的扩展可以形成一个宽松但却丰富的框架,在此基础上使得"合同本质"标准变得更加严密、普遍和可预测。

自从在"威尔科诉斯旺案"中出现以来,致力于探讨仲裁协议的可执行性和仲裁裁决司法审查的可允许范围的"显然漠视法律"原则就在集体谈判协议相关争议中获得了最大程度的理论和概念审视。尽管很多这种案件将

---

① Patton v. Signature Ins. Agency, 441 F. 3d 230 (4th Cir. 2006).
② 同上书,第 237 页。
③ Apex Plumbing Supply, Inc. v. U. S. Supply Co., 142 F. 3d 188, 194 (4th Cir. 1998).
④ Patton, 441 F. 3d at 236.
⑤ 同上书,第 235 页。
⑥ 我们有意回避了对基于"公共政策"撤销仲裁裁决问题的分析。但非常有必要指出,在就业争议语境中,法院对于要求恢复被解雇员工工作的仲裁裁决是否违反公共政策意见不一。关于不同巡回区之间的这一分歧,详见 Exxon Shipping Co. v. Exxon Seaman's Union, 993 F. 2d 357, 363 (3d Cir. 1993)。

《联邦仲裁法》的撤销规定同普通法的"显然漠视法律"原则相混淆,但已有法院试图剪裁这一原则以配合那些构成协议的基础事实。在个人就业争议中,法院已经认为严格执行仲裁协议是可取和合乎逻辑的,同时倡导只对仲裁裁决进行最低限度的审查。判例表明,在个人诉求法定权利的非集体谈判协议语境中,仲裁似乎仅仅被视为诉讼的替代物。因此,当适用于这种案件时,"显然漠视法律"原则的适用标准似乎更加倾向于撤销裁决和加强对仲裁过程的司法干预。

八 蒙泰斯诉希尔森·雷曼兄弟公司案:一个典型范例

在这方面,第十一巡回法院的"蒙泰斯诉希尔森·雷曼兄弟公司案"(Montes v. Shearson Lehman Bros., Inc.)[1] 是一个很好的例子。除此之外,判决还强调,对于完全无视法律原则急需发展出普遍适用的透明标准。如下所示,在探寻了适用该原则的一系列案例的边界后,第十一巡回法院在试图总结该原则的含义和可适用性方面实质上回到了最基本的原则。

在"蒙泰斯案"中,原告德尔菲娜·蒙泰斯("蒙泰斯")受雇于希尔森·雷曼兄弟公司("希尔森·雷曼"),规定工作时间为每周40小时。因为超出了40小时的规定工作时间,她希望获得加班报酬。有趣的是,希尔森·雷曼称"虽然蒙泰斯每周工作时间超过40小时,但《公平劳动标准法》的加班报酬要求对她不适用,因为她没有'行政'或'管理'职位"。[2] 在离开希尔森·雷曼后,蒙泰斯提起诉讼,要求获得基于《公平劳动标准法》的加班报酬。案件被希尔森·雷曼申请移送到联邦佛罗里达南区联邦地方法院。联邦地方法院将案件转交仲裁。仲裁委员会作出了有利于希尔森·雷曼的裁决,拒绝给予蒙泰斯任何救济。在请求联邦地方法院撤销裁决未果后,蒙泰斯上诉至第十一巡回法院。[3]

尽管蒙泰斯在上诉中提出了撤销联邦地方法院裁定和仲裁委员会裁决的诸多理由,但她的核心观点是"希尔森的律师不恰当地敦促仲裁委员会无视

---

[1] Montes v. Shearson Lehman Bros., Inc., 128 F.3d 1456 (11th Cir. 1997).
[2] 同上书,第1456页。
[3] 同上。

《公平劳动标准法》，作出有利于希尔森的认定，而委员会显然这样做了"。[1]

在叙述了重新审查标准和给予仲裁裁决的假定后，[2] 法院以"威尔科诉斯旺案"为据，认为仲裁裁决不能因法律错误而被撤销。[3] 在这方面，判决称"除第五巡回区（拒绝采纳任何非法定撤销理由）[4] 之外的所有其他巡回区均明确承认'完全无视法律'是审查和撤销仲裁庭决定的适当理由"。[5] 正是基于这一明确承认，第十一巡回法院试图从所有判例中总结出适用于这一原则的支配性标准。

事实上，这一判决恰恰表明缺乏以连贯和统一方式阐明这一原则的构成要素的指南。法庭对《布莱克法律词典》和《美国传统英语词典》等权威著述的引用证实了这一概念性空白。尽管法院强调有必要"使最高法院在'威尔科诉斯旺案'中对法律解释错误与完全无视法律所作的区分有意义"，但相当引人注目的是，它仍然只是审视了这一术语的语词含义。这一分析值得整体引述。

第十一巡回法院一开始即指出："'明显'意味着'对于感觉尤其是视觉是明显的，对于理解是明显的，对于思考是明显的，不是模糊或隐藏的，同公开（open）、清楚（clear）、可见（visible）、确凿无误（unmistakable）、不容置疑（indubitable）、不容争议（indisputable）、显然（evident）、不言自明（self-evident）等是同义词'。《布莱克法律词典》，第 962 页（第 6 版，1990 年）。又见《美国传统英语词典》，第 794 页（新大学版，1981 年）（对于视觉是清楚可见的；显而易见）。"[6] 同样的，对于"无视"一词法院也从

---

[1] Montes v. Shearson Lehman Bros., Inc., 128 F.3d 1456 (11th Cir. 1997). 蒙泰斯还主张委员会的裁决"武断、反复无常和违反公共政策"。她还质疑联邦地方法院将案件转交仲裁的决定，但在这一点上第十一巡回法院维持了联邦地方法院的裁定。

[2] 法院提及其 4 年前在 Brown v. Rauscher Pierce Refsnes, Inc., 994 F.2d 1175 (11th Cir. 1993) 中的裁定，试图说明仲裁裁决可以被撤销的一般情形：
"我们对商业仲裁裁决的审查受到《联邦仲裁法》的控制。根据《联邦仲裁法》对仲裁裁决进行的司法审查是非常有限的。Booth v. Hume Publishing, Inc., 902 F.2d 925, 932 (11th Cir. 1990). 《联邦仲裁法》假定仲裁裁决将被确认，并且列举了四个有限的撤销理由，其中没有一个适用于本案。除这四个法定撤销理由外，我们还认可两个可据以撤销裁决的非法定理由。首先，如果仲裁裁决是武断和反复无常的，可以撤销裁决。其次，如果执行仲裁裁决有悖于公共政策，可以撤销裁决。"

[3] Montes, 128 F.3d at 1460.

[4] 因为第十一巡回法院的判决是在 1997 年作出的，所以它显然不可能注意到 Hughes Training, Inc., et al. v. Gracie Cook, 254 F.3d, 588, 592（称"仲裁协定因此可以将对仲裁裁决的司法审查扩展至《联邦仲裁法》的范围之外"）。

[5] Montes, 128 F.3d at 1460.

[6] 同上。

《布莱克法律词典》和《美国传统英语词典》寻求指引：

> "无视"是指"认为不值得关注或注意；不加注意；不予考虑；忽视；忽略；未能觉察"（"不加注意或留意；未予考虑；忽视"）。错误解释法律的仲裁委员会并未显然漠视法律。它只是犯了法律错误。要达到显然漠视法律的程度，必须意识到法律的存在并且有意忽视。①

以这一"标准"为武装，第十一巡回法院断定，因为仲裁员在裁决的论点概述中提到了双方当事人的抗辩，并且在记录中或者其他地方找不到任何证据"表明他们没有注意到这一抗辩"，所以应当适用这一原则，撤销联邦地方法院的裁定。②

对于这一判决的整体性细致阅读极具说服力地显示，第十一巡回法院虽然得出了正确的结论，但却是基于值得质疑的理论依据。尽管利用基本词典可能是有帮助的，但这很难说是辨识法律错误与显然漠视法律之间的概念性差异的可取方法。尽管法院明确提及几乎所有巡回区都采纳了这一原则，但它完全抛弃了遵循先例的方法，转而依靠词典。法院对于在记录中或者其他地方缺乏证明知悉和故意这对孪生问题的证据这一点所给予的重视程度甚至更加令人惊讶。无论是在普通法还是民法传统中，从否定性前提得出的肯定性判断都罕有在法律的形成和变化中发挥作用。相反，这种推断在历史上已经受到批评，如果不是被完全否定的话。③

上述分析中没有任何地方表明，已经讨论过的来自第二、第三和第四巡回上诉法院的六个标准中的任何一个同基于对该原则名称的直接含义分析的这一新标准之间可以调和。

支配国际商事仲裁和国内仲裁的基本政策清楚表明，仲裁程序：

(1) 主要——如果不是完全——涉及解决私人主体之间的特定争议；

(2) 不是必须将法律适用于事实，从而实现司法公正和公共政策目标；

(3) 不形成约束性乃至说服性先例；

(4) 只基于最为有限的理由受到"上诉审查"；

(5) 不受司法管理和证据规则约束，只在有限程度上受民事诉讼法

---

① Montes, 128 F. 3d at 1460.

② 同上书，第 1461—1462 页。

③ See, e. g. , David Fontana, Refined Comparativism in Constitutional Law, 49 UCLA L. Rev. 539 (2001).

约束；

（6）不裁判具有重大政治性的问题，例如宪法问题，除非纯属附带性且无突出社会意义；

（7）预期仲裁员所扮演角色与法官存在实质区别；

（8）依据合同而非立法获得管辖权；

（9）同司法程序具有平等地位；

（10）同司法部门建立了独特关系，在其中法院可以说是扮演从属角色，其任务是为仲裁庭解决特定争议提供便利，而不是通过干涉仲裁程序来实质性影响争议的解决。

然而，司法程序的本质迫使法院寻求建立在明确阐述公认法律准则的确定先例基础之上的前后一致的规范性依据和基础。就"显然漠视法律"原则而言，这一任务还有待完成。尽管对于这一原则从"威尔科诉斯旺案"中的简略从句到1980年至2007年9月间基于该原则被撤销的24个案件这段时间内的概念性发展的回顾无疑展示了普通法过程内在的光辉与庄严，但仍需进一步的理论发展，以便达致整合上述七个检验标准[①]的单一标准。

九 范例二：避免第1782条

到这一检验标准公布之日为止，无论是体现在《纽约公约》第5条和

[①] 第一，第二巡回法院提出了并列适用的二元检验标准，即仲裁员知晓支配性的法律原则但拒绝适用或完全忽略，并且被仲裁员忽略的法律是确定、明白和显然适用于本案的。

第二，第二巡回法院还创设了一个标准，即如果仲裁庭没有适用本司法辖区的实体法，而是适用了其他辖区的说服性判例，那么无论该判例是否更新，均可认定显然漠视法律。

第三，第三巡回法院阐述了一个基于"合理性"或"合理关系"的标准，即只要根据协议的文字、语境以及当事人意图的任何其他表现，能够以任何合理方式从协议中得出这种解释，就应当维持裁决；只有当存在对协议的显然漠视，完全不能得到合同解释原则和仲裁地法律的支持时，审查法院才能干涉裁决。

第四，如果仲裁裁决完全基于仲裁员对制定法的要求的看法，而不是基于仲裁协议的明白含义，则可以适用完全无视法律原则。

第五，第四巡回法院认为当仲裁裁决未能汲取支配性仲裁协议的本质时，应当适用完全无视法律原则，撤销裁决。

第六，第四巡回法院还指出，相较于集体谈判合同，在个人诉求法定权利的个人劳动合同语境中，应当更多强调司法审查的角色，更少考虑对于仲裁裁决正确性的假定，显然漠视法律原则的适用标准应当更加倾向于撤销裁决和加强对仲裁过程的司法干预。

第七，第十一巡回法院创设了一个基于该原则的名称本身的初步而又新颖的标准。

《联邦仲裁法》第 10（a）（3）条中的、源自仲裁庭通过完全不考虑一方当事人的证据而排除其对案件发表意见这一主张的正当程序论点，还是拒绝承认有关禁用第 1782 条的仲裁条款语句的可能主张，都还没有被法院或评论者分析。

同样的，即使是在仲裁条款完全没有提及第 1782 条的情况下，当仲裁地位于美国及其属地的管辖范围之外时，仲裁庭行使自由裁量权、不考虑当事人根据第 1782 条证据开示取得的任何证据，也仍然构成最重要的问题之一。尽管对于假想范例的解释能够在一定程度上便利对可行的理论发展的分析，进而促进当事人意思自治、预测性价值、标准透明化以及确定性，但对于成熟判例的持续分析仍是不可或缺的。

试图在国际商事仲裁中规避第 1782 条的第二种方法，最好也是在仲裁条款的制定阶段加以考虑。通过将美国或其属地约定为仲裁地，第 1782 条的"在外国或国际裁判庭上使用"这一要素根据定义不能被满足，因为该法含义范围内的"外国或国际裁判庭"是指非美国法庭。但这一技巧也容易受到重大挑战。最显著的是，寻求适用第 1782 条的当事人可以可信地和有意义地主张，尽管仲裁地位于美国或其属地之外，但仲裁在本质和特性上仍然是"国际的"，因此属于该法所明确预期的适用范围。

对于这一主张的司法支持可以见于《美国法典》第 9 编第 202 条对于"国际"一词所作的极为宽泛的界定。[1] 该条规定当仲裁协议涉及位于国外的财产、设想在国外履行或执行，或者同外国有"合理联系"时，协议就属于《纽约公约》的适用范围。[2] 因此，即使在仲裁协议中同时规定禁止诉诸

---

[1] 国会在 1970 年批准《纽约公约》的同时也制定了实施性立法，即《美国法典》第 9 编第 201—208 条。其中，只有第 202 条提供了非国内裁决的定义。第 201 条仅仅是规定实施《纽约公约》。第 203 条规定对《纽约公约》范围内的所有案件的联邦管辖权。第 204 条规定这些案件的起诉地。第 205 条规定所有《纽约公约》范围内案件的移送。第 206 条规定审理源自《纽约公约》的案件的联邦地方法院可以命令或强制仲裁。第 207 条实质上规定了 3 年的诉讼时效，在此期间内当事人可以申请执行令。第 208 条规定《联邦仲裁法》适用于根据《纽约公约》提起的诉讼，条件是该法同《纽约公约》或实施性立法不冲突。

[2] 第 202 条规定如下：

第 202 条　属于《纽约公约》适用范围的协议或裁决

源自包括本编第 2 章所描述的交易、合同或协议在内的商业性的契约或非契约法律关系的协议或仲裁裁决，属于《纽约公约》的适用范围。源自纯粹美国公民之间的这种关系的协议或裁决不应被视为属于《纽约公约》的适用范围，除非此等关系涉及位于国外的财产、设想在国外履行或执行或者同一个或多个外国有其他合理联系。就本条而言，注册地或主要营业地在美国的公司是美国公民。

第 1782 条和将美国或其属地作为仲裁地，也远不能确保作为支配仲裁行为的重要程序法要素的第 1782 条不被适用。

就这一方法而言，由于完全缺乏判例甚至评论，我们只有耐心等待司法和学术先例的发展。

第 九 章

伪证与仲裁:仲裁员拥有荣誉而当事人拥有制度的荣誉制度

因为部分源于已经指出的 10 个前提,[①] 不存在类似于法院地法 (lex fori) 的所谓仲裁地法 (lex arbitrai),所以伪证这一问题在仲裁中尚未受到应有的重视。与司法程序不同,仲裁程序中的证人罕有宣誓作证。事实上,甚至不清楚这种宣誓如果有法律效果的话,会是什么样的效果。在司法程序中宣誓作证,作伪证者受到处罚,这在概念上是连贯的,因为司法程序本身不过是主权国家通过司法部门行使主权的一种方式。在作为合同产物的解决私人争议的仲裁程序中,自然不存在这样的主权行使。但如果忽视理论发展的需要,只是基于这一基本政治理由强调已有的无论何种判例,那么多少会有些简单化,不会受到律师、法官、仲裁员、当事人和实业领袖的赞同。

关于这一问题的先例的匮乏是令人吃惊却又毋庸置疑的。然而,确实存在的那些案例则是作为进一步发展和分析的出发点的无价之宝。还应当指出的是,在这些少量先例中所包含的某些前提支持这一主张,即《联邦仲裁法》关于撤销裁决的最本质的政策在《联邦民事程序规则》中有着完全相同的基础。

除《联邦民事程序规则》第 60(b) 条和《联邦仲裁法》第 10(a)(1) 条之间的联系之外,如果我们承认仲裁程序不可能完全同司法干涉分开的话(即使这种干涉只是限于便利仲裁庭对仲裁程序的管理,以及裁断关于仲裁裁决的确认、承认和执行的问题),对仲裁中的伪证问题也不可能完全置之不理。尽管没有人建议对国内或国际商事仲裁制度进行修改,以某种方式赋

[①] See, supra, at 175.

予主权国家对在仲裁过程中作伪证的证人给予刑事处罚的权力，但作为有可能构成执行之目的而受到司法审查的仲裁记录的一部分，真实的证言值得鼓励。同理，伪证应当也必须受到制裁和阻遏。因此，为了让仲裁程序和司法程序都能发挥重大功效，应当让两种制度都能够制裁伪证，并建立可以帮助审查法庭适当评估此种证据的分量的标准。

　　幸运的是，伪证在何种程度上能够构成撤销理由这一问题，由第二巡回上诉法院在其拥有诸多最伟大法律天才的最为辉煌的历史时期进行了首次处理。事实上，这一问题发端于奥古斯塔斯·汉德（Augustus Hand）法官撰写的一份精彩但却鲜为人知的陈旧判决。

　　在"卡尔皮宁等人诉卡尔·基弗机械公司案"（Karppinen, et. al. v. Karl Kiefer Machine Co.）①中，法院对联邦地方法院同意申请人确认仲裁裁决之请求的裁定进行了审查。第二巡回法院维持了联邦地方法院的决定，并将其分析建立在六个前提之上。案件其实很简单，有必要引述。据称，上诉人（卖方）卖给被上诉人（买方）一部"用于将果酱装入容器的"机器。记录还显示7950美元的购买价已经支付，机器也按时交付。②然而，买方声称机器不适于按意图使用的目的，要求解除合同。可以想见，卖方否认了这一主张，争议被提交特别仲裁。仲裁庭作出了同意解除的裁决，买方立即申请确认。但是，卖方提出了撤销裁决的交叉申请，并主张裁决是基于伪证作出的。③一审法院作出了有利于买方的裁定，案件被上诉至第二巡回法院。

　　引人注目的是，不过考虑到这一时期第二巡回法院的背景也许又不太令人惊讶，早在1951年，最高法院在"三菱汽车公司案"中的开创性判决之前34年，汉德法官就强调说："不言自明的是，推翻仲裁裁决应当非常慎重。除非此处的裁决很清楚是通过'腐败、欺诈或不正当手段'获得的，否则它必须被维持。"④法院进一步指出，同联邦地方法院一样，它将会假定"在优胜方向仲裁员作出了重大伪证的案件中，裁决可以被撤销"。尽管如此，汉德法官仍然强调，法院"不会决定这个多少存在争议的问题，即《联邦仲裁法》第10（a）条中的'欺诈'一词是否具有比这个词被适用于允许对基于伪证作出的判决进行附带攻击时更为宽泛的范围"。⑤但它确实在附

---

① Karppinen, et al. v. Karl Kiefer Machine Co., 182 F. 2d 32 (2d Cir. 1951).
② 同上。
③ 同上。
④ 同上书，第34页。
⑤ 同上。

带意见中指出,"就伪证属于该法含义范围内的'欺诈'而言,因为它必然引起已经向仲裁员提出过的可信性问题,所以主张它的当事人必须首先证明他在仲裁期间不可能已经发现,否则他当时就应当将之作为抗辩理由提出。"[1]

第二巡回法院恰当地回避了裁断《联邦仲裁法》中的"欺诈"一词的含义是否比《联邦民事程序规则》中作为撤销判决之理由的同一词语的含义更广这一相关但却尚不成熟的问题,但它明确创设了一个检验标准,该标准在确定联邦地方法院在何种程度上能够审查已经由仲裁员判断过或者应当已经在仲裁程序中提出过的事实性问题方面被证明是有帮助的。如果伪证是《联邦仲裁法》含义范围内的欺诈,那么它就提出了可信性的问题。因此,这些问题应当已经在仲裁过程中被确定,申请人必须证明其在仲裁期间不可能已经发现存在欺诈。

法院维持决定的第四个前提集中于被声称的虚假陈述的"重大性":"但即使假定可以因为对重大证据作伪证而撤销裁决,(本案中)下级法院的判决也仍然必须被维持。"[2] 具言之,第二巡回法院认为卖方向第三方购买替换机器的价钱是与仲裁事项无关的问题。当事人已经恰当地将仲裁事项限定为:(1)该机器对于所声称的出售用途的合用性;(2)如果证明该机器确实有瑕疵,确定过错;(3)裁断关于质量保证的 30 天限制是否已被放弃。因此,关于替换价值的证言的真实性问题无关紧要。法院指出:

> 如果每个反对仲裁裁决的当事人都可以召回所有证人,以便基于某个对所裁决事项只有遥远和猜测性影响的证据是不真实的这一理由撤销裁决,那将是一个惊人的创新。对于何时及在何种程度上可以允许举行有关在仲裁员面前所作伪证的口头听证这一问题,我们没有必要确立任何一般规则。[3]

被声称之伪证的遥远性使得法院有机会谨慎地行使其自由裁量权,决定无须裁断下列两个复杂的问题。首先,伪证是否构成《联邦仲裁法》撤销制度含义范围内的欺诈?其次,《联邦仲裁法》第 10(a)(1)条含义范围内

---

[1] Karppinen, et al. v. Karl Kiefer Machine Co., 182 F. 2d 35 (2d Cir. 1951).

[2] 同上。

[3] 同上。

的欺诈的范围是否比《联邦民事程序规则》中作为撤销判决之理由的同一词语更广？判决还涉及其他三个对于伪证在撤销仲裁裁决中的影响乃至对仲裁程序的进行具有重要意义的问题。第二巡回法院认为，在举行证据性听证确定伪证在何种程度上支持撤销裁决方面，审查法庭必须慎重。同时，法院还将"重大性"要素引入了任何涉及将伪证作为撤销仲裁裁决理由的分析。最后，法院创设了一个检验标准，让申请人承担证明其在仲裁过程中不可能已经知道该虚假陈述的举证责任。

在"卡尔皮宁等人诉卡尔·基弗机械公司案"之后 16 年，伪证作为撤销仲裁裁决理由的问题才再次出现。这次该问题是在"基施纳诉西部公司案"（Kirschner v. West Company）① 中作为次要撤销理由被提出，并被法院照此处理。借鉴汉德法官在"卡尔皮宁案"中的基石性前提，联邦地方法院就关于伪证的次要论点评论道：

> 因为它（伪证）必然引起已经向仲裁员提出过的可信性问题，所以主张它的当事人必须首先证明他在仲裁期间不可能已经发现，否则他当时就应当将之作为抗辩理由提出。②

遗憾的是，该案判决没有涉及任何汉德法官提出但未予讨论的问题。而且，它也没有进一步阐述"卡尔皮宁案"在美国法学史上首次提出的那些原则。相反，分析限于下列四点，其中没有一个对这一领域的概念或理论发展作出了任何有意义的贡献。

首先，联邦地方法院对记录显示原告没有提交"任何后来发现的证据证明被告的证人作伪证"这一点给予了相当重视。其次，法院指出原告相反只依赖已经在仲裁程序中提出的证据。再次，法院强调如果"被告的证人的伪证真的如现在所主张的那么明显，那么它就应当已经在先前的程序中向仲裁员指明"。③ 最后，联邦地方法院认为原告基于伪证的撤销请求所提出的方式几乎无异于要求联邦地方法院以自己的判决代替仲裁庭的裁决。④ 基于这些理由，裁决被维持。

---

① Kirschner v. West Company. 247 F. Supp. 550 (E.D.P.A. 1965).

② 同上书，第 553 页〔citing Karppinen v. Karl Kiefer Mach. Co., 187 F. 2d 32, 35 (2d. Cir. 1951)〕.

③ 同上。

④ 同上。

"基施纳案"中的有限分析不过是强调了为那些在"卡尔皮宁案"中被提出但有意未作分析的问题找到确定答案的必要性。尽管这些问题远未完全解决,但"拜耳雀尼克·梅斯诉梅德福医疗器械公司案"(Biotronik Mess v. Medford Medical Instrument Co.)[①] 中的分析标志着重大的理论发展。非常重要的是,联邦地方法院在"梅德福案"中严格理解了《联邦民事程序规则》第60条和《联邦仲裁法》第10(a)(1)条之间紧密的概念性联系。然而,无论是分析还是判决均未详细说明在二者——一个是用于撤销来自司法程序的判决,另一个是被审查法庭用于撤销仲裁裁决[②]——之间发现概念性联系所意味着的不可避免的理论影响。应当感谢判决异乎寻常的内部结构,它颇为巧妙地将欺诈问题分为"第一和第二部分"。我们只需分析第一部分。

这一诉讼源自请求执行设在瑞士伯尔尼的国际商会仲裁庭作出的一份仲裁裁决的申请。申请人拜耳雀尼克·梅斯公司(Biotronik)是一家制造可植入心脏起搏器及其附件的西德公司。被申请人梅德福医疗器械公司(梅德福)是一家主要营业地位于新泽西州梅德福的新泽西公司。对于争议至关重要的一点是梅德福在大约3年中作为拜耳雀尼克的美国经销商这一法律关系。[③]

争议围绕三份协议展开,其中只有第三份对于"最重要"问题的产生起了决定性作用。[④] 在第一份协议中,拜耳雀尼克授予梅德福在美国经销其产品的排他性权利。其后签订的第二份排他性经销协议为期12个月。在第二份协议到期时,拜耳雀尼克指定了另一家公司作为其新的美国经销商。[⑤] 6个月后当事人就拜耳雀尼克据称在第二份协议到期前已经提交给梅德福的产品的发货问题发生了争议。拜耳雀尼克称梅德福尚未为这些已经交付的产品付款,并要求支付。尽管梅德福并未否认其付款义务,但称任何这样的责任必须同拜耳雀尼克的责任共同处理,后者的责任据称来自双方签订的第三份协议,其中对梅德福的经销权给予了展期。因此,梅德福建议双方通过放弃各自请

[①] Biotronik Mess v. Medford Medical Instrument Co., 415 F. Supp. 133 (D. C. N. Y. 1976).

[②] 《联邦仲裁法》第10(a)条不仅适用于国内裁决,也适用于根据《纽约公约》提起的诉讼。See e. g. 9 U.S.C. § 208 (将第1节(《美国法典》第9编第1—16条)适用于根据第2节(《美国法典》第9编第201—208条)提起的诉讼,条件是第1节同第2节不冲突);Indocomex Fibres Pte Ltd. v. Cotton Co. Int'l, 916 F. Supp. 721, 727-728 (N. D. Ill. 1996)(认为第10(a)条下的欺诈抗辩在《纽约公约》"有悖于公共政策"抗辩的范围之内)。法院进一步推说,第10(a)条下的欺诈"要求表明在仲裁过程中存在不诚信,如贿赂、仲裁员未披露的偏见或有意破坏证据,还要求这些关于欺诈的证据是仲裁员在仲裁过程中未能接触到的"。Indocomex, 916 F. Supp. at 728.

[③] Biotronik, 415 F. Supp. 133.

[④] 同上书,第138页,注15。

[⑤] 同上书,第135页。

求来解决其争议。① 拜耳雀尼克提起仲裁,并获得了有利于自己的裁决。

拜耳雀尼克在梅德福主要营业地所属的联邦新泽西区联邦地方法院请求执行裁决。梅德福对此表示反对,主要理由是"在梅德福的经销权终止前仅一天"②签订的第三份协议给予了梅德福在两年内就拜耳雀尼克在美国销售起搏器的收入获得高额提成的权利。梅德福因此认为其对拜耳雀尼克不承担义务。

此外,梅德福还声称执行申请应被拒绝,因拜耳雀尼克未向仲裁庭证据开示第三份协议,从而触发了规定任何"通过……欺诈获得的"裁决均可被撤销的《联邦仲裁法》第10(a)条,并主张虽然"欺诈"不是《纽约公约》第5条列举的抗辩理由,但通过《美国法典》第9编第208条的纳入条款成为抗辩理由。③

基于两类不同的先例,法院认为裁决显然是可执行的。首先,它指出"大多数法院已经认定,当反对裁决的当事人在仲裁过程中有机会反驳对手的主张时,仲裁裁决就不是《联邦仲裁法》第10(a)条含义范围内的通过欺诈获得的裁决"。④ 关于被声称的虚假陈述或遗漏,法院在此遵循了在"卡尔皮宁案"中形成并被适用于其后的"基施纳案"的规则。由此,联邦地方法院正确地指出,尽管梅德福主张仲裁庭因为拜耳雀尼克遗漏提及第三份协议而受到欺诈,但更准确地说问题应该首先是拜耳雀尼克是否有义务向仲裁庭告知有利于梅德福的请求和抗辩的证据。

其次,联邦地方法院敏锐地指出,在《联邦民事程序规则》第60(b)条⑤和《联邦仲裁法》第10(a)条之间存在功能性联系,因为二者均涉及最终判决或命令的撤销。意味深长的是,法院径直假定《联邦民事程序规则》

---

① Biotronik, 415 F. Supp. 136.
② 同上。
③ 梅德福还主张,即使欺诈不能根据第208条的纳入条款构成抗辩理由,也应当被视为是包含在《纽约公约》第5(2)(b)条所规定的"公共政策"之内的抗辩。同上。
④ 同上书,第137页。
⑤ 《联邦民事程序规则》第60(b)条规定如下:
(b) 错误;疏忽;可原谅的过失;新发现的证据;欺诈等。依申请并基于公平条件,法院可以根据以下理由免除当事人或其法定代理人承受终局判决、命令或程序的义务:(1) 错误、疏忽、突然或可原谅的过失;(2) 之前通过适当勤勉不可能及时发现并从而根据第59(b)条申请重新审判的新发现的证据;(3) 敌对当事方的欺诈(无论此前命名为内在还是外在)、虚假陈述或其他不当行为;(4) 判决无效;(5) 判决已经被满足、放弃或履行,或者其所基于的先前判决已经被撤销,或者执行该判决已经不再公平;或者(6) 免于执行判决的任何其他正当理由。申请应当在合理期间内提出,对于理由(1)(2)(3)而言不迟于该判决、命令或程序作出或开始后1年(着重号为作者所加)。

第 60（b）条的"欺诈"同第 10（a）（1）条中的具有相同含义。这是一个重大的概念性飞越。第二巡回法院在"卡尔皮宁案"中对于裁断"《联邦仲裁法》第 10（a）条中的'欺诈'一词是否具有比这个词被适用于允许对基于伪证作出的判决进行附带攻击时更为宽泛的范围"这一问题明确做出了保留。[①] 联邦地方法院关于二者之间不存在任何有意义的区别的观点没有基于对任何先例的审视。而且，它完全没有提及"范围"这一汉德法官觉得必须被提出来作为可能的考虑的问题。

联邦地方法院的确称"对第 10（a）条和第 60（b）条进行比较是恰当的，因为正如第 10（a）条挑战支持仲裁裁决终局性的强大政策一样，第 60（b）条挑战支持判决终局性的强大政策"。[②] 第 60（b）条的要求是明确的，并且受益于解释这一条款的大量判例。事实上，"为了使基于欺诈撤销最终判决具有正当性，'被指控的欺诈必须真的妨碍了提出申请的当事人作出充分和公平的抗辩'。"[③]

除了借鉴认为遗漏本身并不足以构成撤销最终判决所需的欺诈的先例之外，法院还依赖第三巡回法院的先例（后者又是依赖"卡尔皮宁案"），指出仅仅因为仲裁裁决可以基于欺诈被撤销"并不免除法院在审查裁决时应当具有的慎重性，否则就会破坏给仲裁在商事争议中带来发展的迅速性和终局性"。[④]

梅德福的主张显然不在第 60（b）条的范围之内，因此根据联邦地方法院的推理，也不在第 10（a）（1）条的范围之内。如果第 60（b）条所指的欺诈同第 10（a）（1）条所指的欺诈含义相同这一前提成立，那么法院支持执行裁决、拒绝梅德福基于遗漏之请求的判决就是恰当和合理的。判决还受到"对于为狭义解释抗辩提供了又一个理由的国际互惠考虑"的进一步支持。[⑤] 由于联邦地方法院认为仲裁裁决不是通过第 10（a）（1）条含义范围内的欺诈获得的，因此它并未讨论"第 10（a）条下的欺诈抗辩能否通过第 208 条在《纽约公约》下的执行诉讼中提出"这一问题。[⑥]

---

① Karppinen, 187 F. 2d at 34. 汉德法官在"卡尔皮宁案"中还对就第 10（a）（1）条而言伪证是否构成欺诈这一问题的裁断作出了保留。
② Biotronik, 415 F. Supp. at 138.
③ 同上。
④ Biotronik, 415 F. Supp. at 139.
⑤ 同上。
⑥ 同上。

不太清楚"梅德福案"能否真正支持第60(b)条中的欺诈同第10(a)(1)条中的欺诈具有同样法律意义这一主张。如上所述,除了二者都为当事人提供了挑战最终判决或其他命令的终局性假定的机会这一非常笼统的评论以外,它并未进行可以进一步支持这一主张的任何其他论证。适用《联邦民事程序规则》第60(b)条的判例、政策基础和分析来确定对仲裁庭遗漏具有潜在重大性的事实是否构成拒绝执行裁决的理由,这种做法是新颖的,甚至也许是有帮助的,因为它所提出的问题比该分析所解决的更多。

支持将第60(b)条分析适用于针对执行程序的第10(a)(1)条抗辩的理论原则是什么?二者所指的"欺诈"是否具有相同含义?第10(a)(1)条中的欺诈是否具有比其被适用于对司法程序中的判决进行附带攻击时更为宽泛的范围?"伪证"是否等同于第10(a)(1)条乃至整个《联邦仲裁法》所指的"欺诈"?是否可能不经审查仲裁员就确定重大遗漏在何种程度上欺诈性的导致了仲裁裁决?尚未看到最近以来的涉及以仲裁庭作出的误导性或虚假陈述作为反对执行及请求撤销仲裁裁决之理由的判决对上述问题作出回答。[1]

在此不是提供检验标准,而只是建议一个可行和实用的指引,关于司法或立法部门创设的规范能否作为仲裁原则的理论发展范例的考虑需要审视四个预备问题。首先,该司法或立法规范的实施功效是否有赖于其他司法或立法规范?其次,被用作范例的司法或立法规范是主要地还是仅仅附带地促进了一般性司法或立法政策?再次,假定该规范事实上促进了司法或立法政策,该政策同其仲裁"对应物"是否一致?最后,所讨论的司法或立法规范同其仲裁"对应物"在功能上是否等价(或半等价)?这四个问题的回答,加上一个平衡性检验标准,应当足以为这种范例可以在何种程度上适用于对仲裁原则或规范的含义和解释进行的合理审视提供一个初步定位。

沿着第60(b)条和第10(a)(1)条的分析,对第一个问题(该规则在何种程度上有赖于特定框架内的其他规则)的回答似乎应当是肯定的。具言之,第60(b)条假定存在一个对抗制度,当事人在其中可以自由进行《联邦民事程序规则》所预期的证据开示,而对于根据第10(a)(1)条反

---

[1] See, e.g., *Dandong Shuguang* Axel Corp. Ltd. v. Brilliance Machinery Co., 2001 U.S. Dist. LEXIS 7493 at 119 (N.D. Ca. 2001). ("第10(a)条下的欺诈要求证明在仲裁过程中存在不诚信,如贿赂、仲裁员未披露的偏见或有意破坏证据,还要求这些关于欺诈的证据是仲裁员在仲裁过程中未能接触到的。因此,当一方当事人故意作出虚假陈述或者对仲裁庭隐瞒证据时,法院可以撤销裁决。")

对执行并请求撤销裁决的仲裁当事人而言情况并非如此。由此，当以伪证或欺诈作为理由时，根据第10（a）（1）撤销裁决的范围或标准应当更宽，因为当事人相比根据《联邦民事程序规则》进行诉讼的当事人，进行广泛证据开示乃至任何证据开示的能力大受限制，发现虚假陈述并当庭提出的可能性也更小。

第二个（司法或立法规范是主要地还是附带地促进主权国家的政策）和第三个问题（该政策同仲裁规范的政策目标是否一致）似乎暗示了肯定的回答。第60（b）条和第10（a）（1）条的目标无疑是相同的。二者均旨在为失败方提供挑战给予最终判决、命令和裁决的一个非常有意义的假定的可行和正当的手段。具言之，仲裁裁决和最终判决被假定为终局性和有约束力的。而且，申请人负有证明裁决是通过表现为在仲裁庭上进行虚假陈述（伪证）的欺诈方式获得的。加诸于最终判决和裁决之上的终局性和正确性这对孪生政策，以及在有限情形下失败方应当被允许挑战该判决和裁决这一原则，对于第60（b）条或是第10（a）（1）条而言并无重大区别。

基于刚刚两个问题的分析，对第四个问题（司法或立法规范同其仲裁"对应物"在功能上是否等价）似乎也应当作出肯定回答。

在适用这一检验标准后，让相关分析受益于帮助确定肯定性回答是否被否定性回答压过的平衡性审视，应该说是适当的。在这里，伪证或者虚假陈述可能是高度依赖事实，从而需要同联邦司法程序中的当事人一样的全套证据开示手段，也可能不是。还有一个考虑因素是，司法程序中常见的直接询问、交叉询问和再次直接询问在仲裁程序中也受到极大限制。无论这些限制是对是错，其结果是使得仲裁当事人发现伪证或欺诈的能力更为有限。理性似乎要求，尽管有着针对仲裁裁决的正确性和终局性假定，但通过作伪证误导仲裁庭而获得裁决的问题无疑倾向于要求第10（a）（1）条中的欺诈的范围比第60（b）条中的更窄（译者注：原文如此，疑误。从行文逻辑看应当是更宽）。

涉及仲裁中的伪证的先例的稀缺与这一问题的重要性是不相称的。有必要认真考虑制定某种规则，通过施加制裁（尽管不是只有国家才能规定的刑罚）阻遏伪证。对于那些对案件或结果具有重大性的事项，仲裁中的伪证在技术上仍然可以被界定为在宣誓下说谎，惩罚措施对于当事人而言可以是丧失请求权或抗辩，对于非当事人而言则可以是从该证言中得出对其所支持的当事人不利和负面的推论。

此外，仅仅将第10（a）（1）条分析限于极少数已经处理过这一问题的法院所创设的非常笼统的检验标准是不够的。伪证是欺诈，欺诈于是提出了可信性问题，因而这个问题必然已经在原审法庭明示或默示地被提出并从而已经被评估过，这样的主张过于笼统且自我循环。根据这一原理，复审法庭将完全没有必要考虑基于对仲裁庭作出的伪证撤销裁决的问题，因为作为上述分析的结论，被声称的虚假陈述总是能够被归结为可信性问题。因此，这里所建议的四元"定位检验"以及平衡性分析，应当在考虑立法或司法标准在何种程度上可以作为解释和适用其仲裁"对应物"的范例时被采用。当涉及仲裁中的伪证时，这一需要是明显的。

最后，尽管听起来可能像是最为令人厌恶的异端邪说，但仲裁程序中的证人，包括当事人，应当被强制要求以与此处所建议的框架相一致的方式宣誓。只有这样，在荣誉制度中对荣誉的分配才能达到所欲达成的解决特定个人争议的功效目标。谁知道呢？也许偶尔还能从这一过程中获知真相呢。

第十章

仲裁条款管辖权分配理论的发展与分割论的转型

美国仲裁法理论的发展在很大程度上即为"意思自治"这一古老原则的重现与复兴。[1] 当然，反过来说，"意思自治原则"并不能仅从"法律赋予合约以尊严"这一概念化的信条中获取明证，而是遵从于将仲裁视为第二层级争议解决体系[2]的四个历史假设，在此争议解决体系中，仲裁条款既非有别且游离于包含该条款的合同之外的"独立"协议，也不是与商事合同之类享有同等地位的合同。

美国仲裁法理论的发展在很大程度上试图将仲裁与司法程序置于同等地位。然而，作为参照，在进行这一努力的同时，仲裁协议也从第二层级"有拘束力"[3]

---

[1] 为分析方便计，人们常常假设仲裁程序中的司法干预完全"消亡"就等于仲裁的意思自治，这一假设也将仲裁与诉讼视为两种对立的争议解决方式作为前提。实际上，在探寻意思自治原则边界的过程中，我们可以很清楚地发现所谓"干预"多转化为"协助"与"合作"。法院也应在仲裁程序中由"主角"转变为以支持仲裁程序为目的的那种温和的、且更具有从属性的"配角"，法院对仲裁程序的这种支持功能可通过强制证人作证与仲裁裁决的承认与执行等诸如此类的事项来实现。

[2] 这一偏见通常表现为以下几种观点：（1）一种有争议的观点认为，仲裁排除了法院本来所具有的对当事人与法律关系的管辖权；（2）一种假设认为，仲裁作为一种争议解决方式并不适合解决某些联邦法律为保护潜在受害人而引起的特殊集团诉讼；（3）一种观点认为，仲裁必须在法院的庇护下才能进行；（4）一种观点则认为，仲裁员缺乏处理复杂、专业法律事项与公平裁断司法所必需的训练与技能。

[3] 仲裁协议本身存在不少例外情形，这已为体现前文脚注中定性的四个推论的司法令状所证实，由于这些例外的存在，我们在涉及商事合同与司法令状时，对仲裁协议也采用了"有拘束力"这一委婉的用语。由于历史偏见与曾经对于仲裁作为替代性争议解决方式所盛行的怀疑主义，而且不乏针对仲裁协议的不当行为，法院可能单以所谓"政策"为由使仲裁协议不具有可执行力。仲裁协议的这一法律地位为其拓展了独特的法律空间，使得法官实际具有裁断仲裁条款适当性的无限自由裁量权。只要诉诸于由那些历史偏见与无知所导致的四个推论中的任何一个，都足以使一个完全可以执行的仲裁协议变得无效。

的合同转变为在各方面与具可执行性的商事合同平等的合同。这一转变需要对以下四个最基本的问题进行持续分析。

首先,作为联邦仲裁法律的一个实体事项,仲裁条款是否可以与合同其他部分分割?其次,对含有仲裁条款的合同的效力进行判定究竟应是法官还是仲裁员的权力?再次,《联邦仲裁法》是否创制了一个联邦实体法?最后,《联邦仲裁法》在各州法院是否与在联邦法院一样适用?这四个问题在2006年2月21日[1]方获得完全解答,尽管他们早在1967年6月12日[2]就已被首次提出。

反过来,这些解答将廓清这一问题:究竟是法院抑或仲裁员应管辖含有仲裁条款的合同是否因违法而无效。而只有解决好这个终极性问题,有关以上这四个问题的答案方能完美呈现。而且,除系统地回答这四个问题外,如果仲裁法理论的发展欲同普通法法律框架保持内在的和谐一致,有关仲裁"意思自治"的诸多理念,即使非经明确无误的说明,也会在潜移默化中不得不在普通法法律框架所预示的当事人对抗主义模式中扮演重要角色。本着同样的精神,通过弱化或重新定义仲裁程序中司法干预的角色功能,"意思自治"将最为恰当地部分被整合入各种理论分析。

有关最后一种假定可作如下表述:如果仲裁程序中没有"司法合作"、"司法协助"或者"司法干预"在某种程度的介入,仲裁将变得寸步难行,甚至无法存在。相应的,任何将仲裁提升至与诉讼同等地位的理论发展都在概念上是必要的,并且是有意义的结果。同样,"意思自治"原则的重现与复兴,无论对法律本身,还是对法律背后潜藏的法理而言,在调整、建构以及定义仲裁上,都具有不可或缺的意义。而对任何试图厘清"仲裁条款→仲裁协议→与其他商事合同具有同等法律地位的合同"这一理论发展脉络的人来说,重新审视普莱马涂料公司诉弗拉德—康克林制造公司案(Prima Paint Corp. v. Flood & Conklin Mfg. Co.,以下简称普莱马公司案)都是必不可少的先决条件。

普莱马公司案中法院所要解决的是这样一个问题:"即在一个由1925年的《联邦仲裁法》所支配的合同下,如无证据表明缔约当事人打算将'诱导中存在欺诈'的主张排除在仲裁解决的事项之外,那么是由联邦法院,还是

---

[1] 最高法院于当日在 Buckeye Check, Inc. v. Cardegna (545 U.S 440 (2006)) 案中发表了里程碑式的评论。

[2] 最高法院于当日在 Prima Paint Corp. v. Flood & Conklin Mfg. Co.. 〔388 U.S. 395 (1967)〕案中发表评论。

仲裁员来解决上述问题。"① 引起此疑问的事实并不缺乏。原告普莱马公司基于一个买卖合同与咨询合同向联邦法院提起诉讼，而这两个合同的订立则基于被告的商业能力以及被告公司执行官的咨询服务能力。在诉讼中，原告主张，与其他事项一样，被告"欺诈性地表示其有能力履行合同义务，然而事实却是处于破产状态，并在咨询协议执行后不久即根据破产法第 11 章提出破产申请"。②

在提起诉讼的同时，普莱马公司敦促法院签发禁令责成被告停止仲裁程序。被告则申请联邦地方法院在仲裁庭作出结论前中止诉讼程序，因为根据仲裁理论，有关合同是否存在欺诈性诱导的问题应由仲裁庭裁决，地方法院并不具有管辖权。③ 地方法院同意了被告提出的仲裁庭作出裁断前中止诉讼的要求，并认为"在合同包含了类似本案这样宽泛的仲裁条款④的情形下，若主张该合同存在欺诈性诱导，则此类主张应由仲裁员而非法院予以决定"。⑤ 第二巡回法院驳回了普莱马公司的上诉，它认为："涉诉合同证明了存在州际间的商事交易；根据占据支配地位的罗伯特·劳伦斯公司案的判决，针对合同而提出的有关欺诈性诱导的诉讼与针对仲裁条款本身所提出的相应诉讼不同，前者应由仲裁员而非法院决定；即使面对的是该州之相反规则，该规则作为'国家的实体法'也予以适用。"⑥

首先，最高法院认为原告普莱马公司与被告之间的咨询协议是由《联邦仲裁法》第 1 条与第 2 条所支配的合同之一，因而第 3 条便成为可供援引作为中止法院诉讼的法律基础。⑦ 最高法院进一步解释原告"已经为多个州的

---

① Prima Paint, 388 U.S. at 366.
② 同上书，第 398 页。
③ 同上书，第 399 页。
④ 该条款规定："任何由此合同引起的争议或诉请，应根据美国仲裁协会仲裁规则在纽约仲裁解决"。同上书，第 398 页。
⑤ 同上书，第 399 页。该联邦地方法院在罗伯特·劳伦斯公司案（Robert Lawrence Co. v. Devonshire Fabrics, Inc.）中找到支持其观点的主张〔271 F. 2d 402 (2d Cir. 1959), cert. granted, 362 U.S. 909, appeal dismissed, 364 U.S. 801 (1960)〕。
⑥ Prima Paint, 388 U.S. at 400.
⑦ Prima Paint, 388 U.S. at 401.《美国法典》第 9 章第 1—3 条如下：第一章：一般规定（第 1—3 条）第 1 条（"海事"及"商事"的定义不适用本法的除外规定）本法所称的"海事"，是指租船合同，海运提单，关于提供码头设备、船舶、船舶修理的协议，船舶碰撞和其他属于海事法庭管辖范围内的对外贸易方面的争议事项。所称"商事"，是指各州之间的或者对外国的贸易，在合众国的属地或者哥伦比亚特区内的交易，或者任何属地之间或属地、特区与任何州或外国之间发生的交易。但海员、铁路员工和服务于对外贸易或各州之间贸易的各种工人的雇佣合同除外。

第 2 条〔仲裁协议的效力、不可撤销及其执行〕在任何海事或商事契约中，当事人订立的，自

至少 175 位批发商收购了新泽西的绘画业务，并且在被告的协助下将绘画的制造与销售从新泽西转移至马里兰"。①因此，可以得出结论："没有其他合同比该合同更能说明存在州际间的商事交易的情况了。"②

其次，最高法院还解决了各上诉法院对"整个合同是否存在欺诈性诱导是由联邦法院解决还是提交仲裁员决定"这一中心问题存在分歧的问题。③甚至即使最高法院已经认识到，并通过浅白的语言分析强调：《联邦仲裁法》的成文法措辞并未以明确且必要的语言规定联邦法院有权对存在欺诈性诱导的诉请进行裁断，但该法的第 4 条并不是直接针对该案中止为对抗仲裁程序而提起的联邦诉讼程序的情况。④另外，最高法院对此还阐述道："不能设想，国会意图使所适用的规则因首先请求联邦法院协助的当事人不同而有所不同。因此，我们认为在审查第 3 条下中止诉讼的申请时，联邦法

愿将由合同引起的或者由于拒绝履行合同而引起的争议提交仲裁的书面条款；以及在上述争议发生后，当事人达成的将争议事项提交仲裁的书面协议，都是有效的，不可撤销的和可执行的。但是依照法律或衡平法的规定，属无效协议的情况除外。

第 3 条〔中止诉讼程序〕任何争议事项，如果已经有提交仲裁的书面协议，而向美国联邦法院提起诉讼的，法院根据一方当事人的申请，在查明争议属于依照协议应提交仲裁的事项后，如果申请人不违反仲裁程序，应当作出中止诉讼审理并依照协议的规定进行仲裁的决定。

① 同上。
② 同上。
③ 在此问题上，第二巡回法院认为：除非当事人有不同的意思，仲裁条款作为联邦法上的一个问题与包含该仲裁条款的合同是"可分割的"，在未主张仲裁条款本身存在欺诈时，一条宽泛的仲裁条款将被视为包含了对合同本身是欺诈性诱导的产物的主张的仲裁〔See, e. g. Robert Lawrwnce Co., v. Devonshire Fabrics, inc., 271 F. 2d 402 (2d Cir. 1959); In Re Kinoshita & Co., 287 F. 2d 951 (2d Cir. 1961)〕。然而与此相反的是，第一巡回法院则认为，"分割性"问题是州法问题，如果州法认为上述条款是不可分离的，则有关欺诈性诱导就必须由法院决定〔See, e. g., Lummus Co. v. Commonwealth Oil Ref. Co., 280 F. 2d 915, 923—924 (1st Cir.), cert. deneied, 364 U. S. 911 (1960)〕。因而，无论在联邦法院，还是在州法院，仲裁协议的执行力仍然没有其他合同那么清晰。
④ 《联邦仲裁法》第 4 条〔请求联邦法院作出强制仲裁决定的程序〕双方当事人已签订书面仲裁协议，由于对方不履行、拖延或者拒绝仲裁而受侵害的一方，可以向依照民事诉讼规则或海事法规的规定而享有管辖权的任何联邦地方法院提出申请，请求法院作出强制仲裁的决定。申请应当用书面通知违背协议的一方，通知书当依《联邦民事程序规则》规定的方式送达，并给予五日的期限。法院应当讯问双方当事人，如果对仲裁协议的签订或者违背协议没有异议，法院应当裁决双方当事人依照协议规定进行仲裁。如果对仲裁协议的签订或违背协议有异议，法院应当进行审理。上述讯问和其他程序须在提出申请的地区进行。如被认为违背协议的一方不要求用陪审制审理，或者争议属于海事法庭管辖权范围内的，即由该法院审理并作出决定。如果争议不是海事案件，被认为违背协议的一方可以在通知书应当缴回之日或在此之前，提出用陪审制审理的要求。法院接到要求后，应当裁决依照法律规定用陪审制审理衡平法诉讼案件的方式，或者特别召集陪审团审理。如陪审团查明，确实没有书面仲裁协议和没有违背协议的情况，应当驳回申请；如有书面仲裁协议并且有违背协议的情况，法院应当令状双方当事人依照协议规定进行仲裁。

院只能考虑与仲裁协议的订立和履行有关的问题。上述结论不仅符合成文法的明确含义，而且与国会这一清楚无误的目的一致，即在合同当事人选择了仲裁程序的情况下，该程序就应是迅速而不受法院拖延阻隔之苦的。"①

尽管与州的规则相反，联邦法院为维护仲裁程序而签发联邦诉讼中止令所应关注的第四个也是最后一个问题是联邦规则是否合宪。这一问题得到肯定回答。② 在审查伊利案（Erie R. Co. v. Thompkins）③ 以及纽约投资担保信托公司诉纽约州案（Guaranty Trust Co. of New York v. York）④ 这些先例后，最高法院通过对有关法案的立法意图及其背后法理进行了雄辩而又深刻的阐释后，推导出联邦规则的合宪性。⑤

---

① Prima Paint, 388 U. S. at 404.《联邦仲裁法》第4条的相关部分规定如下：法院应当讯问双方当事人，如果对仲裁协议的签订或者违背协议没有异议，法院应当裁决双方当事人依照协议规定进行仲裁。如果对仲裁协议的签订或违背协议有异议，法院应当进行审理。上述讯问和其他程序须在提出申请的地区进行。

② Prima Paint, 388 U. S. at 405.

③ Erie R. Co. v. Thompkins, 304 U. S. 64 (1938).

④ Guaranty Trust Co. of New York v. York, 326 U. S. 99 (1945).

⑤ 兹对有关立法的法理与立法历史分析引证如下：

《联邦仲裁法》正是在上述伊利案（Erie R. CO., v. Thompkins）的判决作出前三年刚得以通过，也正是该法终结了1842年swift v. Tyson案（16 Pet. 1, 10 L. ED. 865）所确立的仲裁法律体系。在仲裁法通过时，国会有理由相信其仍有权制定支配跨州案中"一般法律"问题的联邦规则，至少在州的法律并未在案件所涉问题上有相反规定的情况下，国会有此种权力。如果国会就他"受到质疑"的立法权的事项规定联邦法院应如何行事（Erie R. CO., 304 U. S., at 69, 58 S. Ct, . at818），这种立法是基于并限于联邦对州际海事与商事的控制权力。的确，格雷哈姆（Graham）议员，也就是众议院对该法的发起者，对其同僚曾经说道："联邦仲裁法仅调整跨州主体之间的合同与海事合同。"〔65 Cong. Rec. 1931 (1924)〕参议院的立法报告也对联邦仲裁法有类似说明："该法仅涉及海事案件与州际与国际商事合同。"〔S. Rep. N. O. 536, 68th Cong., 1st 3 (1924)〕

国会以外的其他联邦仲裁法的倡导者也同意此种观点。正如纽约商会仲裁委员会主席查理斯·伯恩海默对参议院的一个委员会所说："立法建议稿'遵从纽约仲裁法的路线，只是将其应用于联邦管辖的领域。这些领域限于海事案件和州际与国际间的商事案件'。"〔参议院司法委员会 S. 4213 与 S. 4214 号听证会，67th Cong., 4th Sess., 2 (1923)〕在众议院与参议院的联合听证会中，针对听证会主席斯特林参议员的提问："你认为立法建议中所涉及的合同仅限于跨州的商事合同吗？"伯恩海默回答道："是的，完全如此。"〔参议院与众议院司法委员会 S1005 与 H. R. 646 联合听证会，67th Cong., 1st Sess., 7 (1924)〕而美国律师协会的科恩先生，作为联邦仲裁法建议稿的起草人，认为该法倡导者的目的在于："首先……为调整跨州、跨国的商事或海事案件，第一层次应制定各州的制定法，第二层次是制定联邦法，第三层次则是与外国缔结有关条约。"（同上联合听证会所引，第6页；也见联合听证会所引，第27—28页亚历山大先生的陈述）。另外，科恩先生还敦促国会司法委员会扩大联邦法律的管辖基础，使之超出商事与海事案件管辖权的范围（联合听证会，第37—38页），但联邦仲裁法中没有哪条规则，甚至在该法的立法史中也没有任何证据说明其建议得到采纳，他的建议没有多少人理睬。Prima Paint, 388 U. S. at 405.

虽然普莱马公司案只在案件部分上阐明了那个未受质疑的论点:《联邦仲裁法》在商业条款中有其适用的法律根源与规范基础,但这也仅仅证明了《联邦仲裁法》的实体规则在联邦法院与州法院的诉讼程序中均可适用。因此,尽管该案的潜台词是主张《联邦仲裁法》的实体规则在州法院与联邦法院都可适用,但直到1983年最高法院在寇恩纪念医院诉墨丘利建筑公司案①中作出判决,这一理论的发展才算达到"水落石出"的地步。

现在看来,寇恩纪念医院诉墨丘利建筑公司案在程序上层次相当分明。本案整个诉讼程序的起始点在于:在州法院就相同问题予以解决前,地区联邦法院中止了当事人提起的申请强制仲裁的诉讼。最高法院认为下级联邦法院滥用其权力,因为并没有其他例外的情势表明应签发这一中止令。在对其判决的进一步解释中,最高法院认为,根据联邦仲裁法而产生的"联邦法律情事"是"考量联邦法院是否具有管辖权的主要因素"。② 因而,最高法院将案件背后所蕴含的可仲裁性问题作为联邦法的实体规则应调整的问题,而"联邦仲裁实体法支配州法院与联邦法院所处理的事项"。③

无论普莱马公司案也好,寇恩纪念医院诉墨丘利建筑公司案也罢,他们均说明了这一理论学说所出现的实质进展,而这一进展如果说没有被完全忽视的话,也经常为人所低估,因为人们通常更热衷于关注在州法这一层面上将仲裁提升至与司法诉讼相同的地位,同时乐意在联邦法层面上讨论所谓的可仲裁性问题。有关仲裁协议的这一理论的实质转变与发展使得仲裁协议本身可以在美国法学理论圣殿中与其他具备拘束力与可执行性的合约享有同等法律地位。所以说,普莱马公司案判决16年后的寇恩纪念医院诉墨丘利建筑公司案明确无误地表达出前者仅为暗含的东西,即不管州法如何规定,联邦法院有权发布中止令以有利于将含有仲裁协议的案件提交仲裁解决,而不是诉诸诉讼程序,因为《联邦仲裁法》无论在州法院还是联邦法院均支配可仲裁性问题。可以肯定的是,虽然《联邦仲裁法》的立法背景相当透明,但至于该法是否使仲裁协议在超出联邦法的层面具有可仲裁性,情势却仍难说清晰。当然,众议院的报告似乎暗示了更为广泛的目的:

"本法之目的在于使涉及州际与州内的商事合同、海事合同或者可作为

---

① Moses H. Cone Memeorial Hospital v. Mercury Construction Corporation, 460 U.S.1 (1983).
② Moses H. Cone, at 26.
③ 同上书,第24页。

联邦法院诉讼对象的合同中所包含的仲裁协议合法有效并具有可执行性。"①

最高法院自身也已认识到:"这一更为广泛的目的可以从现实情形中推断出来,因为国会不太可能关注一个影响仅局限于联邦法院的问题,而非在商事领域具有重大意义的问题。仲裁法试图'克服衡平法'的障碍,因为衡平法并不会特别地去执行仲裁协议。"② 可见,截至 1984 年,③ 我们最终可以很清楚地从法理中识别出联邦仲裁法的部分目的:使跨州商事合同中仲裁协议的当事人确信没有谁会违背他们的仲裁意愿,不管是州法院、联邦法院,甚至是立法者本身。

另外,国会针对仲裁发展过程中的三项根本问题所进行的顽强斗争也清楚地表明了其态度。第一,英国法院有许多历史遗产,例如仲裁程序须在法院庇护下方可进行,而且作为概念化的模式,仲裁总的来说是违反公共政策的,因为它"推翻"了法院所具有的合格管辖权。这些历史遗产无疑对国家的集体性司法意识影响甚大。其实,历史包袱如同老习惯一样,建设容易打破难。第二,国民对仲裁程序滋长了一些颇为不敬的偏见。如果不改变那些偏见,立法者使仲裁恰如其分地成为替代性争议解决方式的努力就当受损。这些偏见包括由于法律所赋予仲裁的一些"特权"以及仲裁员(连同仲裁程序本身)缺乏处理国际、国内复杂商事案件的能力,因此仲裁并不适合作为寻找正义的途径。第三,国会不得不识别并面对各州仲裁法律规则并不强制执行仲裁协议所产生的问题。由于这三个问题所产生的影响,人们对联邦仲裁法作出了限制性解读,从而必然会将仲裁法执行仲裁协议的范围局限于联邦法院,如此解读"曲解了国会的意图"。

由于普莱马公司案解决了法院抑或仲裁员有权裁判有关欺诈性诱导诉请的疑问,而该诉请产生于《联邦仲裁法》所支配的合同,且本案中没有任何证据证明当事人有使争议免于仲裁的意图,那么存有争议的问题就是《联邦仲裁法》在效力上是否优于与之有明确且直接冲突的州法的规定。因为根据州法规定之缘由,在该案情况下,当事人可在州法院提起诉讼。联邦法优先

---

① H. R. Rep. No. 96 (1924).

② See Southland Coporation v. Keating, et al., 465 U. S. 1, 13 (1984)〔引自参议院司法委员会 S. 4214 号听证会,67th Cong (1924),Walsh 参议员在听证会上的评论〕。法院继续引述众议院有关联邦仲裁法的报告阐述道:该法立法的需求源自……英国法院对他们自身管辖权的悭吝?……这一悭吝已经存续如此之久,以至于其作为一项原则早已牢牢嵌入英国普通法之中,并为美国法院所采纳。法院感受到先例如此坚强牢固,以至于没有成文立法将无法推翻〔引自 H. R. Rep. No. 96 (1924)〕。

③ Southland Coporation, 465 U. S. at 14.

性问题的解决不仅是将仲裁协议提升至与商事合同同等法律地位的一个重要先决条件,而且如果联邦法能优先于州法的话,还将再次凸显意思自治这一原则的重要作用,尽管最高法院在回答普莱马公司案、绍斯兰德公司案以及布克耶结算有限公司案这三个案件所引发的四个问题[①]时并未直接援引该原则。

最高法院在绍斯兰德公司案[②]中表明了《联邦仲裁法》优于州法的态度。在此案中,州之成文法明确规定某种争议不具有可仲裁性,因此当事人通过订立仲裁协议对争议进行仲裁依照州法规定在法律上是不可能实现的。对此,最高法院认识到:其"大概有权判断:(1)依《加利福尼亚州特许投资法》规定,在联邦仲裁法项下有效的仲裁条款为无效条款,这是否违反最高条款;(2)当集团诉讼诉诸州法院的诉讼程序时,联邦仲裁法项下的仲裁是否会受到削弱。"[③] 在加利福尼亚州最高法院法官以4∶2推翻《加利福尼亚州特许投资法》下的请求具有可仲裁性的意见之后,案件上诉至美国最高法院。加州最高法院认为,"《特许投资法》要求对其项下的诉讼请求进行司法判断",并得出结论:"推进加州法律与联邦仲裁法并不矛盾。"[④] 美国最高法院认为《加利福尼亚特许投资法》第31512条违反了最高条款,[⑤] 而且还称"加州最高法院否定执行仲裁协议的判决应予推翻"。[⑥] 对加州最高法院判决的推翻是基于四个基本推理:

首先,最高法院认识到加州最高法院的判决会产生这样一种明确效果:使一个包含仲裁意愿的、原本合法有效且可执行的合同归于无效。因而,判决明显与联邦仲裁法相冲突,因为该法规定"仲裁争议当事人应能够尽可能迅速且便宜地摆脱诉讼而进入仲裁程序"。[⑦] 在此方面,值得强调的是,"不能通过允许一方当事人无视仲裁协议而将争议诉诸法院诉讼的方式来规避仲裁协议的效力"。进一步地说,"这种做法将导致拖延性的诉讼,这也是当事

---

① 这四个问题分别为:(1)作为联邦仲裁法的一个实体事项,仲裁条款可与合同的其他部分分割吗?(2)对含有仲裁条款的合同进行质疑,应由法官还是仲裁员裁断?(3)联邦仲裁法中是否存在联邦实体法?(4)州法院是否也适用联邦法院所适用的那样的法?
② Southland Corporation, 465 U.S.1.
③ 同上书,第3页。
④ 同上书,第3—4页。
⑤ 同上书,第9页。
⑥ 同上。
⑦ 同上书,第5—6页〔citing Moses H. Cone Memeorial Hospital v. Mercury Construction Corporation., 103 S. Ct. 927, 940 (1983)〕。

人订立仲裁协议所恰恰力图规避的一种风险"。① 重要的是，支撑这一分析的理据明显即为"意思自治"的理念。当事人选择仲裁解决争议的意思表示清楚地体现于他们经过平等协商谈判所达成的仲裁条款之中，这也正是法院的分析推理所尤其看重的地方。实际上，在法院对伯利蒙案的分析中，就曾直接提到过这一点。该案法院认识到："一个选择某特定法院解决所有的争议的协议'通常是由经验丰富而又老练的商人们经过平等协商而达成的，如果没有胁迫与欺诈情事存在的话，协议应受当事人尊重，并由法院保障执行'。"② 在仲裁背景下，对当事人意思的强调与对法院作用的弱化标记这一理论上的转折点。

其次，加州最高法院对《特许投资法》③的解释显示该法明确且直接地与联邦仲裁法第 2 条相抵触。因而，最高法院发现《特许投资法》违反了"最高条款"。④ 最高法院首先主张：在制定联邦仲裁法第 2 条时，国会发布了支持仲裁的全国性政策，并禁止各州通过立法要求争议解决必须诉诸司法程序，⑤ 而后发现联邦仲裁法下的仲裁协议在可执行性问题上仅有两个限

---

① Southland Coporation，465 U.S. 5—6.

② 同上（援引伯利蒙案，407 U.S. at14）。最高法院也在伯利蒙案中强调仲裁条款也被视为一种特殊种类的协议管辖条款。虽然这种观点在概念上似乎有些难以解释，且有混淆仲裁程序与诉讼程序的特质之嫌，但其即使不是清晰地，也可以说得上明确地暴露出法院自己的看法：以意思自治作为理论支点的仲裁与诉讼程序具有同等法律地位，仲裁协议与商事合同一样也具有相同的法律严肃性。值得指出的是，在 1984 年，也就是三菱汽车公司案判决的前一年，最高法院也不再认为有必要旷日持久地考虑那代表性的四个偏见，它们只不过用以滋生司法对仲裁的轻蔑，甚至是所谓"过时的普通法对仲裁的敌意"（援引伯利蒙案，407 U.S. at 860）。

③ 《加利福尼亚特许投资法》规定：意图使任何获取特许的人不遵守本法之任何条款、规则或令状的条件、条款及规定均为无效〔《加利福尼亚公司法》第 31512 条（west 1977）〕。

④ Southland Coporation，465 U.S. at 10.

⑤ 伯格法官的多数意见认为联邦仲裁法在州法院诉讼程序与联邦案件中均可适用，但此观点显然引起很大纷争。托马斯法官和奥康纳法官激烈地批评了这种观点，而且大多数学者都认为联邦仲裁法的立法史都没有明确的言辞支持这一观点。实际上，一些学者认为："联邦仲裁法的立法结构不容置疑地揭示出这样一种现象：一个完整的、独特的法律规范应由核心条款与补充性条款所构成。"Iin R. Macheil，American Arbitration Law：Reform，Nationalization，Internationalization 105—106（1992）。麦克内尔（Macneil）教授也主张联邦仲裁法仅适用于联邦法院，作为其观点佐证的是从历史来看，联邦仲裁法诞生于纽约仲裁法之后。而在那篇意境深远的论文《为绍斯兰德公司辩护：联邦仲裁法立法历史的再审视》一文中，德拉豪则尔（Drahozal）先生不同意麦克内尔教授的如下结论："任何对联邦仲裁法可分为程序与实体两部分并适用不同领域的解读，创造出一个美国仲裁界以外的任何其他地方都没有发现的怪胎。"Ian R. Macheil，American Arbitration Law：Reform，Nationalization，Internationalization 107（1992）. 德拉豪则尔先生认为："从上述对联邦仲裁法的描述可以看出，该法的语言表述支持第 2 条的适用范围应较其他条款更为广泛。从所用语言上来看，第 2 条适用于海事交易与跨州的商事交易，它们既可能由联邦法院管辖，也可能由州法院管辖，

制。第一,联邦仲裁法的条文"必须处理海事合同与涉及商事的合同的一部分"。①第二,仲裁条款的效力只能"根据制定法上的法定理由或者衡平法上撤销任何合同的理由"加以撤销。②很明显,这两个限制均不会导致联邦仲裁法不适用于加州法院,因此美国最高法院得出上述结论。

　　再次,借助于该院在本案发生17年前——1967年的普莱马公司案中发表的观点,美国最高法院认识到其先前对联邦仲裁法立法历史的回顾可以得出以下结论:该法"是基于联邦无可争辩的'支配跨州商事与海事案'的权力而制定的"。③因而,法院通过阐述国会对商业条款的权力在漫长的司法史中一直为所有人尊重这一事实来完善其推理。④建立起这一小小的,但至少是令人信服的前提之后,多数法官认为之所以应遵从这一前提,是因为联邦仲裁法"系对国会商业条款立法权的一次操演,这强烈地暗示仲裁法的实体规则在州法院与联邦法院均予适用"。⑤

　　因而在推翻加州最高法院判决的关节点上,美国最高法院作出三个判断:(1)联邦仲裁法既包含实体法也包含程序法规则;⑥(2)实体法规则在联

而剩下的其他条款仅适用于联邦法院的诉讼程序。我并不是说该法所用的语言就一定要求这样的解释,但其当然是一种可信的解释。而且,联邦仲裁法以纽约仲裁法(该法并不拘束纽约以外的法院)为蓝本这一事实并不意味着联邦仲裁法也就类似地仅适用于单一的法管辖系统。麦克内尔忽视了联邦仲裁法与纽约仲裁法的一个关键区别:联邦仲裁法的立法者将'海事交易与涉及商事交易的合同'这一短语插入第2条。显然,先前的纽约法中没有这一管辖根据。简单来说,联邦仲裁法的立法者知晓他们正起草一部适用于联邦系统的成文法,在其中,联邦法的效力优先于州法。他们采用纽约法做蓝本不能说明第2条局限于一个管辖系统,即联邦法院。最后,美国仲裁界以外的其他地方没有这样的规则也并不奇怪,因为联邦仲裁法就是由联邦系统的政府机关所制定的,而其他仲裁法则由单一制的国家所制定"〔Drahozal, In Defense of Scotland: Reexamining the History of the Federal Arbitration Act, 78 NOTRE DAME L. REV. 101, 112 (2002)〕。

① Southland Coporation, 465 U. S. at 10.
② 同上。
③ Southland Coporation, 465 U. S. at 10〔引自 Prima Paint Corp. v. Flood & Conklin Mfg. Co. 案, 87 S. Ct. at 1806. H. R. Rep. NO. 96, 68th Cong., 1st Sess. 1 (1924)〕。
④ 同上书,第12页〔referencing Chief Justice Mashall in Gibbons v. Ogden, 22 U. S. 19 (1824)〕。
⑤ 同上。
⑥ 的确,这是基于这样的分析:举例来说,在惩罚性损害这一事项上,联邦法院认为仲裁庭有关惩罚性赔偿的裁决效力优先于各州法律或者否决这样裁决的公共政策〔See e. g. Mastrobuono v. Shearson Lehman Hutton, Inc., 514 U. S. 52 (1995);Raytheon Co. v. Automated Business Systems, Inc., 882 F. 2d 6 (1st Cir. 1989)〕(主张根据美国仲裁协会仲裁规则作出的惩罚性仲裁裁决是适当的)〔Todd Shipyards Co. v. Cunard Line, Ltd., 943F. 2d 1056, 1062 (9th Cir. 1991)(与前案例持相同观点)〕。

邦法院与州法院均予适用;(3) 对仲裁条款的执行力而言只存在两个限制:其一,仲裁条款必须是书面的海事合同或者涉及商事交易的合同的一部分;其二,仲裁条款不具有普通法或衡平法上撤销任何合同的理由。

美国最高法院坦率地指出:"尽管从立法历史来看并非毫无含糊之处,但仍有强烈暗示说明国会所设想的并不仅是要求仲裁协议在联邦法院具有执行力。"众议院的报告也清楚地表现出这一更为广泛的目的:"本法之目的在于使涉及州际与州内的商事合同、海事合同或者可作为联邦法院诉讼对象的合同中所包含的仲裁协议合法有效并具有可执行性。"[①]

而多数意见的批评则在于法院扩大联邦仲裁法适用范围的资格存疑,因为该项资格能力来源于这样一个推论:"国会不大可能仅关注一个影响仅限于联邦法院的问题,而非在商事领域具有重大影响的问题。"[②] 因此,最高法院进一步阐述道:"《联邦仲裁法》试图克服衡平法的做法,因为其不会去特别地执行任何一个仲裁协议。"[③] 最高法院寻找扩展联邦仲裁法适用范围的正当性基础,但这种斗争却适得其反,使得前述批评意见不仅被弄得尽人皆知,而且到处都是。然而,多数意见虽在理论分析上说服力不够强,但其结论却并非如此。[④] 简言之,多数意见从立法背景与该法的规范解释中窥探联邦仲裁法所谓的"更广泛的目的",这种推理方法有助于理论分析与法律

---

① Southland Coporation, 465 U. S., 第12页〔H. R. Rep. No. 96 (1924)〕。

② 同上。

③ Southland Coporation, 465 U. S. at 12. 〔引自参议院司法委员会 S. 4214 号听证会, 67th Cong., 4th Sess. 6 (1923), Walsh 参议员在听证会上的评论〕也见众议院对联邦仲裁法的报告:"该法立法的需求源自…英国法院对他们自身管辖权的悭吝…这一悭吝已经存续如此之久,以至于其作为一项原则早已牢牢嵌入英国普通法之中,并为美国法院所采纳。法院感受到先例如此坚强牢固,以至于没有成文立法将无法推翻"〔H. R. Rep. No. 96 (1924)〕。

④ 这种观点为德拉豪则尔先生表达的最为充分,他雄辩地说道:"我同意首席法官的意见没有有说服力的说明在该案中联邦仲裁法适用于州法院。但首席法官却得出正确结论……对联邦仲裁法立法背景的再审视揭示出这样一个事实:虽然该法的'首要立法目的'是使仲裁协议在联邦法院具有可执行力,但第二目的却是使仲裁协议在州法院也得以执行"(省略出处)。而一位为批评者所忽视的论者则归纳道:"联邦仲裁法的适用范围如此之广以至于足以在联邦法院与州法院提起的诉讼中均予适用,这也是起草该法的立法者们的意图"(省略出处)。虽然立法史中的模糊之处仍然存在,但最高法院对立法背景的解释还是较流行观点减少了不清楚的地方。See Chrispher R. Drahozal, *In Defense of Southland: Re-examining the Legislative History of the Federal. Arbitration Act*, 78 Notre Dame Law Review 33 (2002)。

虽然远未厘清立法背景中的模糊之处,但最高法院对国会面临双重问题的认识仍有价值:"过时的普通法对仲裁的敌意与州的仲裁法律部要求对仲裁协议加以执行。"Southland Coporation, 465 U. S. at 14.

适用两者结合的更为和谐一致，因而值得严肃对待。①

最后，奥康纳（O'cnnor）法官认为，国会将《联邦仲裁法》视做"程序法，仅适用于联邦法院"。② 如果国会仅试图创立在联邦法院适用的程序性救济，则无法解释联邦仲裁法明确限定"涉及商事合同"的原因。③

最高法院则认为，若依奥康纳法官对《联邦仲裁法》的解释，根据《加利福尼亚州特许投资法》产生的请求就不具有可仲裁性，而且与此观点相冲突：如果该诉讼作为案件主体为不同州籍当事人的诉讼，从而在联邦地方法院提起，"则该仲裁条款便具有可执行性"。④

最高法院的如下推理可能最具说服力：有人"认为国会在行使有关商业条款的广泛权力时有意创设执行仲裁条款的权利，却使该权利的行使取决于作为该权利主张对象的特定法院"，这种观点如果不是构思欠佳的话，恐怕也颇令人讶异。⑤ 最高法院的推论，尤其是在考虑到联邦仲裁法的所谓"更广泛"适用范围时，可为此令人困惑的统计所佐证：美国压倒性多数的民事诉讼案件在各州法院提起。具体来说，据最高法院统计，截至该案判决作出的1984年之前不久，仅有20%民事诉讼案件在联邦法院提起。⑥ 截至1982年1月30日前的12个月时间内，除破产案件外，联邦法院共裁判26万件民事诉讼；而在同一时期内，美国各州法院除了交通事故案件外，裁判民事案件达到了惊人的1360万件。⑦

绍斯兰德公司案一个最为引人注目的推论莫过于实体规范亦构成《联邦仲裁法》的一部分，这些实体条款不仅适用于联邦法院，而且适用于州法院，因而各州的立法者并没有资格去削弱或规避《联邦仲裁法》。时至今日，相关的立法历史仍然存在诸多争议，而且除非有丰富的资料供学者分析，这些争议也永远不会结束。不过，美国最高法院的结论依然是有说服力的。将《联邦仲裁法》局限于联邦管辖领域的解读无异于煎熬。这种解释将削弱

---

① 有必要再次指出，最高法院仅在两处简短地提到了来源于英国法院的对仲裁的所谓"偏见遗产"。
② 同上。
③ 同上。
④ 最高法院认为该仲裁条款包含《加利福尼亚特许投资法》项下的诉讼请求，该仲裁条款之相关部分如下：
"由此协议或违反此协议引起或相关的任何争议及诉请，均仲裁解决之。"可见，仲裁条款范围足够广泛，足以包含因上述制定法而提起的任何争议。
⑤ Southland Coporation, 465 U.S.
⑥ 同上书，第16页，n.8〔引自美国法院行政办公室，1982年年度报告（Director 3）〕。
⑦ 同上。

《联邦仲裁法》自身的有效性,尤其是在大致相同时期内将同一案件诉至联邦法院与州法院的情况下,这一弊端更为明显。

普莱马公司案和绍斯兰德公司案回答了四个问题。首先,《联邦仲裁法》的实体事项,仲裁协议可以与合同的其他部分分割。其次,对含有仲裁条款的合同效力的质疑首先应由仲裁员裁决,除非该质疑直接指向仲裁条款本身。再次,《联邦仲裁法》以商业条款为规范基础创制了联邦实体法规范。最后,《联邦仲裁法》的实体规范既适用于州法院,也适用于联邦法院。

实际上,在此期间国际商事仲裁的受案量呈直线上升趋势。[1] 因而,在此阶段,最高法院迅速地深化和扩展了由普莱马公司案开启,并为绍斯兰德公司案所继续推动的有关理论学说的发展。这两个案件所产生的一个重要进展即为"裁判含仲裁条款的合同是否因违法而无效的诉请之管辖权究竟应属法院抑或仲裁员"。[2] 最高法院的观点和分析对首先由普莱马公司案所阐发出的问题进行了概念化的分析与集萃,并重新定位了司法干预在仲裁程序中的角色,有效地回归了"意思自治"这一普通法与仲裁法的指导性原则。在此背景下,法官、实务人员以及评论者们对布克耶结算有限公司诉约翰·卡德格纳案的判决既有赞扬也有批评。

布克耶结算有限公司诉约翰·卡德格纳案程序上的大逆转使其如同一朵带刺的玫瑰。在此案中,原告(仲裁被申请人)在法院提起惩罚性集团诉讼,请求法院判决被告向原告(仲裁申请人)提出的"支付高额利息"的要求因借贷协议违反佛罗里达州多项借贷法与消费者保护法而触犯刑律。[3] 法院拒绝了仲裁申请人对此提出的向州法院发布禁令以支持仲裁的请求。[4] 在否决仲裁申请人动议的过程中,法院主张:作为一个法律问题,是法庭而非仲裁庭有权裁判合同是否违法以及自始无效这一特定问题。

第四地区上诉法院推翻了原审法院的判决,因为仲裁被申请人并未在法院诉请仲裁条款本身无效,而是直接诉请合同总体无效,所以仲裁条款可以

---

[1] Cathrne a. Rogers, Emerging Delimmas in Economicn Arbitration: The Vocation of the International Arbitrator. 20 AM. U. IN'L Rev. 957, 965 (2005).

[2] Cardegna v. Buckeye Check Cashing, Inc., 546 U. S440 (2006).

[3] 同上书,第443页。

[4] 该合同中的仲裁条款为:2. 仲裁条款 由本协议产生或与本协议有关的任何争议,包括仲裁条款以及整个合同的有效性、可执行性与范围(统称为诉请)均由当事人选任的仲裁庭仲裁解决之。此仲裁条款涉及跨州商事争议,受联邦仲裁法第9修正案之第1—16条支配。仲裁员应适用与联邦仲裁法及时效规则一致之实体准据法,并尊重法律规定的权利请求。同上。

执行，有关合同的合法性问题也就应由仲裁员裁断。① 而后该案又上诉至佛罗里达州最高法院，第四地区上诉法院的判决亦被推翻，原因则在于执行被质疑为非法合同中的仲裁条款，"会使生活置于一个不仅违反州法而且性质上触犯刑律的合同……"② 紧接着这两次判决推翻的是美国最高法院对佛州最高法院"就仲裁员与法院在判定含有仲裁条款合同效力的争讼谁有管辖权"这一问题的再次分歧。③

仲裁协议或仲裁条款与商事合同具有同等法律地位是弄清以下两个分析方式虽不相干，但最后结论却紧密关联的挑战的先决条件。第一个疑问为，美国最高法院像在绍斯兰德公司案中一样，须裁断对相关仲裁协议或仲裁条款效力。④ 第二个须裁断的疑问是有关含有仲裁条款且涉及商事交易的合同的合法性问题。对此，有论者认为整个合同可能无效，例如，若合同存在诱导性欺诈，则该合同将系非法，因为合同所要实现的目的违反了公共政策，或者若合同某个条款的违法出现违法情势，亦将导致整个合同的失效。⑤ 通过对原告诉请的审查，美国最高法院强调第二个疑问，即从整体上而不是仅就特定仲裁条款来质疑合同的效力，这个诉请也自然引出仲裁员与法院对合同效力争议谁有管辖权的问题。

美国最高法院通过四个方面的分析强调以意思自治为基本原则的仲裁程序相对于诉讼的优先地位，同时阐明了司法干预仲裁的新规则。

首先，佛州最高法院着力区分了无效合同与可撤销合同，并主张"佛州公共政策与合同法不允许将根据佛州法律无效及非法的合同之一部分从中分割出来"。⑥ 美国最高法院否定了这种基于对普莱马公司案的理解而得出的结论，因为其认识到该案所涉及的"州法中有关合同分割的规则是如何被拒绝适用于仲裁协议中去的，州法院并未讨论当事人的诉请是否会导致产生合同无效或可撤销的情况"。⑦ 另外，有关绍斯兰德公司案的分析可作进一步

---

① Cardegna v. Buckeye Check Cashing, Inc., 546 U. S443 (2006).
② Buckeye Check Cashing, 894 So. 2d at 862 (quoting Party Yards v. Templetion, 751 So. 2d 121, 123 9Fla App. 2000).
③ 同上书，第 442 页。
④ 美国最高法院将绍斯兰德公司案争讼的焦点在于加州法院认为："根据加州法律，仲裁协议应为无效；且直至目前，加州强制投资法支配当事人的诉讼请求。"同上书，第 444 页。
⑤ 该观点强调：由于合同效力问题与当事人间合同是否缔结这一问题是不同的，而我们的意见仅涉及前者，与案中所引被申请人提出的观点（佛州法院亦如此）无关，该观点主张法院应裁判当事人间是否签订了合同（省略出处）。
⑥ Bukeye Check Cashing, 894 So. 2d at 864.
⑦ 同上书，第 446 页（citing Prima Paint, 388 U. S. at 405）。

的佐证，不论从事实认定，还是从法律推理上，美国最高法院都有意不去触碰当事人的诉请是否会导致合同无效或可撤销这一问题，而是否决了州法院有关仲裁协议的可执行性应视州的立法而定的观点。[1] 因此，美国最高法院称其"不能接受佛州最高法院有关仲裁协议须根据'佛州公共政策与合同法'来决定是否可执行的观点"。[2]

其次，《联邦仲裁法》第2条的实体性在先前的普莱马公司案的判决中即已被美国最高法院强调过。但不令人奇怪的是，一些对普莱马公司案的批评认为，该案仅与《联邦仲裁法》第3条与第4条这两个"程序性条款"相关，而且这两个条款排他性地适用于联邦法院，而第2条是美国最高法院适用于州法院的唯一条款。这一学理批评在最高法院自己在普莱马公司案中的分析就已经得到回应，其特别提到：虽然"第4条与普莱马公司案对'合同可分割规则'的解读颇为相关"，但《联邦仲裁法》第2条更是合同分割论的滥觞。因而，"批评者认为普莱马公司案仅仅是为联邦法院设定了诉讼程序规则也与绍斯兰德公司案对普莱马公司案的理解完全相左"。[3] 绍斯兰德公司案并未拼命去维护那些陈腐观念，其实该案主张州法院适用对联邦仲裁法第2条明显是对普莱马公司案所持这一观点的继承：国会在商业条款下具有制定实体条款的广泛权力。[4] 所以，美国最高法院在布克耶案中主张合同分割论适用于该案，因为1967年普莱马公司案的判决发展了1953年威尔科案的分割论，《联邦仲裁法》的第3条与第4条适用于州法院的诉讼程序，1984年的绍斯兰德公司案也应如此，毕竟《联邦仲裁法》第2条之所以被视为分割论的理论基础，也是有赖于"国会在商业条款下具有制定实体条款的广泛权力"这样一种司法认知。具体的规范逻辑顺序如下：

（1）在决定究竟是由联邦法院还是仲裁员裁判包含仲裁条款的合同中是否存在欺诈性诱导与虚假陈述的诉请时，普莱马公司案采用了"合同分割论"，但仅限于在解释《联邦仲裁法》第3条与第4条的背景下；

---

[1] Bukeye Check Cashing, 894 So. 2d at 446.
[2] 同上（citing Bukeye Check Cashing, 894 So. 2d at 864）。
[3] Bukeye Check Cashing, 894 So. 2d at 447. 有必要重申主张联邦仲裁法第2条为实体规则的完整且明确的目的在于"仲裁协议具有与其他合同同样的司法地位"。
[4] 同上（citing Southland, 465 U. S. at 11, and Prima Paint 388 U. S. at 407）（最高法院认为联邦仲裁法作为联邦实体法事项……）。在此处，最高法院强调在Southland案中，其拒绝相信国会意图使联邦仲裁法仅适用于联邦法院解决的争议。

(2) 绍斯兰德公司案排除州立法（《加利福尼亚州特许投资法》）的限制，将《联邦仲裁法》的第 2 条适用于州法院，这一判断是基于美国最高法院对普莱马公司案有关国会在商业条款项下有制定实体规范权力的解读；

(3) 美国最高法院在绍斯兰德公司案中认为《联邦仲裁法》第 2 条是实体规范，这一结论是基于普莱马公司案对《联邦仲裁法》第 3 条与第 4 条有关商业条款的解释分析；

(4) 因而，美国最高法院在布克耶案中找到了拒绝佛州最高法院以该州公共政策与合同法为由否定仲裁协议执行力的规范基础。

再次，一种非常流行的批评意见认为，由于含有仲裁条款的合同根据佛州法律自始无效，而《联邦仲裁法》第 2 条仅适用于"有效、不可撤销且可执行的合同"，因此该案中并没有可能适用第 2 条的合同。[①] 美国最高法院则以应对《联邦仲裁法》中的"合同"这一概念作更广泛的理解为由对这一批评进行了回应。[②]

最后，即使如批评者所说，在普莱马公司案中，如果仲裁员后来才发现仲裁协议无效，最终也还是需要诉诸法院而非仲裁员问题，但反过来说，如果法院后来发现仲裁协议具有可执行性的话，那么批评者将判定仲裁协议效力的权力直接赋予法院岂不是直接剥夺了仲裁协议的效力。[③] 能调和这两种极端情形的明显也就只能是普莱马公司案所主张的将仲裁协议与主合同分开执行的做法，也即"合同分割论"了。

除了提炼普莱马公司案和绍斯兰德公司案因解释上述四个疑问所建立起的理论框架，布克耶案则充当了将上述两案作为合同分割理论与概念发展组成部分的解释性指导，这一理论发展试图强调：

(1)《联邦仲裁法》适用上的优先性；

(2)《联邦仲裁法》中有实体条款；

(3)《联邦仲裁法》第 2 条为该法实体性基础；

---

① Bukeye Check Cashing, 894 So. 2d, 第 447 页。

② 美国最高法院阐述道："我们并不将'契约'一语作如此狭窄的解读，这一用语在第 2 条中一共出现了 4 次，其中在第 2 条最后一款中是最后一次出现，该款规定：仲裁条款可能因'法律规定的理由以及衡平法上任何撤销合同的理由'而无效。毫无疑问，此处的合同必然包含后来被证明无效的合同。否则的话，撤销合同的理由也就局限于那些导致合同被撤销的理由了，这也就是说，仲裁协议只能被质疑为'可撤销'，而不能被质疑为无效。"

③ 同上。

(4) 第 2 条所包含的实体性，统领该法的第 3 条与第 4 条，其最终法律根源在于国会在商业条款项下有制定实体规范的广泛权力。

当然，正如托马斯法官非常简略的少数意见中所强调的那样，《联邦仲裁法》是否适用于州的法院，这一基本担心并未被驱散与消除。《联邦仲裁法》的立法史仍然一片混沌，想通过格式化的界定将其严谨地诠释出来可谓极端困难。而前文已述，伯格法官在普莱马公司案中对此问题的分析也远远谈不上具有压倒性的说服力。普莱马公司案和绍斯兰德公司案，以及布克耶案构成了美国仲裁理论发展的重要三部曲。这三个案件，共历经 39 年的历程，一以贯之地试图将仲裁协议置于与其他商事合同同等的法律地位。同时这三个案例通过重新定义仲裁与诉讼的关系，也支撑了仲裁的法律完整性、独立性。

第十一章

美国仲裁法与《纽约公约》的对话：
四个问题的发展

美国普通法在仲裁领域的发展其范围之广难以尽述，更不用说以相同模式将这些发展线索尽数厘清。然而，如果有人对"发展即为进步"这一缺乏普遍性而仅在特定情况下或为真理的原则提出质疑的话，那么要想完成廓清美国仲裁法发展状况的任务恐怕将更为令人头疼。因而，我们这里所讨论的"发展"仅限于四个具有共性的突出问题。在此程度上，这四个问题的存在或许可以使修改《纽约公约》找到适当理由，以进一步地促进公约适用的统一性、可预见性、确定性、意思自治以及标准透明性等原则。

与国际刑事法院（《罗马规约》）及欧盟的创立一样，《纽约公约》大概是20世纪国际法律领域最为成功的事件。目前已有142个国家签署了公约文本，我们甚至可以毫不夸张地说组成整个国际商业社会的各国都已签署了该公约。由于世界上并不存在能够裁判国际私人争议的跨国民事法院，国际商事仲裁正好填补其留下的真空，因为人们普遍认为仲裁对顺利进行国际商务不仅至关重要，而且效率颇高，尤其在经济全球化的背景下，这一优势更为明显。当然，对当下正在发生的历史发展进行评论有时不过是一种近视性的雾里看花，由于身在此山中，它可能产生一些我们认为恰当如此但却属歪曲历史的错误。实际上，直至有权裁判私人商事争议的跨国民事法院发挥实际功用，而非仅停留为学术理想的那一天，今天的国际商事仲裁都将一直成为横亘于历史长河中的一座桥梁。毫无疑问的是，虽然书写于白纸上的理念终究会变成触手可及的现实，但这种全球性的法院得以实现恐怕还需历经数十年的光阴。《纽约公约》孕育了一种或为可能的全球性替代性争议解决机制，它迅速流行于从事跨国交易的企业家、工业家以及商人之间，以免他们被迫在外国法院对该属地管辖下的个人或实体提起充满诸多艰难、地方保护与不可预见因素的诉讼，这些诉讼常为某些政治体制的利益而履行政治与经济功能，故不珍视司法独立之价值。

正是在这种从未出现过的法制成功的语境下，美国仲裁法理论在以下四个领域的发展应予剖析：(1) 未签署仲裁协议的仲裁第三人；(2) 执行管辖权；(3) 不方便法院原则；(4) 已撤销的裁决。这四个问题所引起的悖论其实足够简单：由公约用语简单所引起的语言模糊、条文起草的不完善等这些为人们所强烈呼吁应被修订的问题会予以考虑吗？公约的成功是否如此巨大，以至于要将"如果它没全破的话，干吗要修补"，这句陈腐平庸的格言提升至公理的高度加以认识？另一种角度的考察或许是：这种所谓的发展究竟是一种"进步"，还是仅仅是简单的"变化"（这两个概念在性质上并不相同），也就是说，它是否只是一种无关紧要的法律变化？

一　未签署仲裁协议的仲裁第三人问题

根据美国的权威观点，未签署仲裁协议的第三人可能被强制参加仲裁程序。这一观点的演进已经年有日，其自身也在不同巡回法院的审判中产生了若干不同细微变化与冲突。该理论的存在与发展已不新鲜，但却与《纽约公约》第2条的规定形成强烈反差，第2条规定缔约国应承认当事人根据书面协议提交仲裁。[①] 然而，值得注意的是，《纽约公约》并未包含任何将仲裁条款（仲裁协议）适用于未签署仲裁协议当事人的规定。有关此问题的判例法则集中关注了那些与公约规定表面不同的情形，甚至表面相反但实际超越公约的法律状况，这些状况已为人们的长期认识与固有观念所正当化。因此，对这些判例法的持续剖析并非毫无依凭。

至于传统上仲裁协议拘束第三人的原因究竟为何，此或由多种法学理论

---

① 《纽约公约》第2条规定：

一、当事人书面协议承诺，把其之间关于可仲裁解决事项之特定法律关系，不论是否契约关系，所已发生的或可能发生的全部或任何争执提交仲裁时，各缔约国应承认这种协议。

二、"书面协议"一词系指当事人所签署的或者在互换书信、电报中所含的合同中的仲裁条款或仲裁协议。

三、如果当事人就诉讼所涉及的事项已经达成本条意义内的协议，缔约国的法院受理诉讼时应该依一方当事人的请求，令状当事人提交仲裁，除非该法院查明该项协议是无效的、未生效或不可能实行的。

共同建构。例如,第二巡回上诉法院曾称这些理论"脱胎于普通法中的合同法与代理法原则"。① 的确,该法院已经认识到"仲裁协议拘束第三人的五种理论分别为:(1)通过援引并入(Incorporation by Reference);(2)行为推定接受(assumption);(3)代理;(4)揭开面纱;(5)禁止反言。"②

在汤姆逊公司诉美国仲裁协会案(Tomas-CFS, S. A. v. American Abitration Association)中,一个刚收购一家子公司的母公司在纽约南区地方法院对该子公司的供应商提起诉讼,诉请母公司不应受子公司与供应商之间仲裁协议的拘束。而且,母公司还寻求禁令救济,禁止供应商因主合同与仲裁协议对其提起任何诉讼或仲裁。供应商作为被告一方,很快采取反制措施向法院申请强制令,如果供应商提起仲裁,则应强制母公司接受仲裁协议的拘束。联邦地方法院否决了母公司的救济请求并满足供应商请求,强制母公司接受仲裁。

第二巡回上诉法院推翻了地方法院的判决,它主张:"下级联邦地方法院不当地将限制性理论进行扩展,正基于此理论,该法院同意执行针对第三人的仲裁协议。地方法院的这种含混方式消解了合同与代理的一般原则对第三人的保护,未能充分顾及其子公司已与他方缔约的母公司的利益。"③ 这一观点基于六阶段分析。第一,虽然上诉证据显示母公司汤姆逊知晓含有仲裁条款的执行合同意图通过因其子公司瑞迪福勋的关系对母公司产生拘束,但该记录同样也清楚地说明了"汤姆逊公司明确地否认任何基于主合同的义务,并且诉请其在该合同项下无任何责任"。④ 因而,以此记录为证据,第二巡回法院认为汤姆逊公司并不想受合同约束。当然,这第一阶段只是对事实的广泛分析,对事实性推断的遵从以及将法律原则应用于"发现事实"的过程。

第二,尽管有观点认为根据代理法理论,仲裁协议第三人可能受仲裁协议拘束,⑤ 但上诉法院关注的问题在于汤姆逊公司实际是在主合同为瑞迪福勋公司与其供应商履行后才收购瑞迪福勋公司。因此,上诉法院得出结论:

---

① Thomas-CFS, S. A. v. American Abitration Association, 64 F. 3d 773, 776 (2d Cir. 1995).
② 同上。
③ 同上书,第780页。
④ 同上书,第777页。
⑤ See e. g., Interbras Cayman Co. v. Oreint Victory Shipping Co., S. A., 663 F. 2d 4. 6-7 (2d Cir. 1981); A/s Custodia v. Lessin Int'l, Inc., 503 F. 2d 318, 320 (2d Cir. 1993).

"汤姆逊公司不可能受代理理论的拘束。"①

第三，巡回法院以"揭开公司面纱"或"另一个自我"（alter ego）理论作为其判断的理论指导，对案件所涉及之必要的事实进行了深入的分析。该法院作出的判决没有喋喋不休地引述那些烦琐且实际早已为人普遍熟知的揭开公司面纱理论，也甚少关注联邦地方法院的这样一个事实："供应商的董事会现在认为汤姆逊公司与瑞迪福勋公司之间可能存在'另一个自我'。"② 巡回法院进一步认识到："虽然供应商承认其并未提及欺诈事项（存在欺诈是决定适用揭开公司面纱理论是否合理的最主要因素），但其主张汤姆逊公司已充分控制瑞迪福勋公司，因此揭开公司面纱理论的适用具有正当理由。"③ 然而，巡回法院一方面阐明了那些足以说明传统中采用揭开公司面纱理论具有必要性与适当性须具备的事实情况；④ 另一方面则对揭开公司面纱的理论边界与案件记录的证据进行了一番清理，而后论述道："供应商并未说明汤姆逊公司对瑞迪福勋公司施加了足够程度的控制，因此其认为适用揭开公司面纱理论并不合理。"巡回法院又认识到：地方法院虽然发现"汤姆逊公司拥有瑞迪福勋公司的完全股权，汤姆逊公司实际控制瑞迪福勋公司……汤姆逊公司将瑞迪福勋公司合并入其自己的组织与决策体系，'但联邦地方法院没有发现原公司组织结构遭废弃的情况'"。⑤ 根据对以上情况总的分析，第二巡回法院作出与联邦地方法院相反的结论，而后者认为有关汤姆逊公司和瑞迪福勋公司司法管辖权问题应予整体。因此，"揭开公司面纱"／"另一个自我"理论不足以使汤姆逊公司承担仲裁协议项下的仲裁义务。

第四，巡回法院摒弃了禁止反言理论，尽管该理论在 Deloitte Noraudit

---

① Thmason, 64 F. 3d. at 777.
② 同上。
③ 同上。
④ 巡回法院特别提到揭开公司面纱理论在以下情况下是适当的：（1）子公司没有银行账户；（2）子公司没有独立的办事机构；（3）子公司没有独立的办公机构；（4）子公司没有独立的交易以及其他以子公司名义开展的活动。〔Citing Cart Blanche (Sigapore) Pte., Ltd. v. Dinners Club Int'l, inc., 2 F 3d 24, 29 (2d Cir. 1993).〕另外，以下情况也可作为参考：（1）母公司与子公司具有共同的办事机构与职员；（2）具有共同的管理人员；（3）共同的账户，资金混用；（4）非常紧密的关系；（5）盈利并不区分开，会计核算在一起。〔Citing Walter E. Heller&Co. v. Video Innovations, Inc, 730 F. 2d 50 (2d Cir. 1984).〕
⑤ 同上书，第778页。尤其值得注意的是，第二巡回法院基于一些记录在案的事实得出一个十分不同的结论，这些事实为：地方法院曾指出 Thomason 公司收购瑞迪福勋公司的合并完全流于形式，而且无论财务还是管理上的合并均不存在。

A/S v. Deloitte Haskings and Cells 案①中曾为法院判决仲裁解决争议的理论基础。当然，即便法院没有在禁止反言理论基础上剖析案件，但该理论仍然影响了汤姆逊公司在收购完成前对相关主合同的认知。② 尽管持该禁止反言的观点认为："汤姆逊公司从未获取，也未试图获取供应商的图像设备，只是供应商抛出汤姆逊公司从主合同中获益，而该合同实际上违反了针对供应商的反垄断协议的说法"，③ 但由于汤姆逊公司获利的性质仅为间接而非直接，禁止反言的观点在上诉审中被摒弃了，因为它并不适用本案，而且超出 Deloitte 案判决的范畴。

第五，第二种版本的禁止反言理论同样不可适用。仲裁第三人与仲裁当事人间的仲裁程序需以仲裁第三人与当事人及争讼交易间成功建立起密切联系为前提。④ 因为此种版本的禁止反言禁止仲裁协议当事人将其应当珍视与执行的合同义务转嫁给非当事人，而这与本案恰好相反，因为案件实是作为当事人的供应商强制第三人仲裁，而非后者主动要求参与仲裁。因此，该理论亦不适用。

第六，也是最后一点，联邦地方法院所赖以作出判决的 Delloite 案与 McAllister 案也不适用于本案。这一结论是基于对此两案的"符合"分析而作出。有意思的是，在 Delloite 与 McAllister⑤ 两案中，第二巡回法院曾指令联邦地方法院在适用合同法与代理法的基本原则时进行证据听证。但是，第二巡回法院仍然看到联邦地方法院认为根据"几乎可以完全阐明的合同法与代理法理论"，第三人受应裁协议效力支配。⑥

汤姆逊案的判决无论是其着重讨论的案情实体，还是一些显著遗漏的问

---

① Deloitte Noraudit A/S v. Deloitte Haskings and Cells，9F. 3d 1060，1064 (2d Cir. 1993).

② 地方法院发现："Thomason 已经注意到在完成收购前的 Rdediffusion 公司与供应商签订的工作备忘录中，供应商表达了将 Thomason 公司约束在此合同项下的意思，以及 Thomason 公司将收购 Rdediffusion 公司，并将其纳入母公司的组织决策机制，而 Thomason 公司因此获益。"Thomason，64 F. 3D. at 778.

③ Noraudit，9 F. 3d at 1064.

④ See，e. g.，Sunkist Soft Drinks, Inc. v. Sunkist Growers, Inc.，10 F. 3d 753，757－58 (11th Cir. 1993) (阐述道："我们探讨问题的焦点应在于背后的诉请的性质……以判断这些诉请是否在许可协议所包含的仲裁条款的范围内。") Cert. denied.，513 U. S. 869，115 S. Ct. 190，130 Lawyers Ed. 2d 123 (1994)；J. J. Ryan & Sons, Inc. v. Rhone Poulenc Textile, S. A.，863 F. 2d 315，320－21 (4th Cir. 1988) (阐述道："如果对母公司与子公司所提出的诉请是基于相同事实，且不可分割，法院则可以强制作为仲裁协议第三人参与仲裁")；McBro Planning & Dev. Co. v. Triangle Elec. Constr. Co.，741 F. 2d 342，344 (7th Cir. 1984).

⑤ McAllister Bros.，Inc. v. A & S Transp. Co.，621 F. 2d 519 (2d Cir. 1980).

⑥ Thomson，64 F. 3d. at 780.

题,都具有相当重要的启蒙意义。它阐述了一些具有根本性的合同法与商事法理念,这些理念适用于涉及第三人的仲裁协议。如果以近距离视角观察的话,这些基本理念包括:(1)行为推定接受(assumption);(2)代理;(3)揭开面纱/另一个自我;(4)禁止反言,等等。适用这些理念的目的在于规避时效以及这样一种非常令人震惊的假定(仅仅是假定):仲裁协议第三人可能被视为仲裁协议的义务主体,而实际并不存在任何受益理由。采用这些最为传统的理论避免了最为保守原则的盛行,因而也称得上是美国仲裁法理论的积极进步。在以前,法院总是力图首先保持仲裁相对于诉讼程序的从属角色,即便作为合同,其地位也逊色于商事合同;但现在,仲裁协议的特性强迫导致几乎最为主流与根本的合同法、合同解释以及公司法理念的自我重构,因为新的理念将使仲裁协议免于羁绊商事合同的诉讼时效。

这些发展经常被忽视,如果在学术热点常常迅速转换的背景下,对其没有足够重视的话,也的确易于被低估。而且,支配仲裁协议的规则必须反映足够的灵活性以与在日益复杂的商业交易中变得更为繁杂的公司内部体制相契合。

汤姆逊案所避而不谈的问题也同样独特。首先,该案例没有借助于《纽约公约》去讨论参与仲裁程序的第三人执行潜在的仲裁裁决问题。同样,该案也没有单独提及如何去协调这二者之间的抵触:一方面,法院签发强制令以强制仲裁协议第三人参与仲裁程序;另一方面,《纽约公约》第2条规定"缔约国应承认当事人根据书面协议提交仲裁"。① 判决中同样缺失的是对联邦仲裁法的切实分析。读者只能发现笼而统之的阐述,很难从中弄清联邦仲裁法实体条款在案件中的适用情况,同时联邦法的优先性问题也没有表述,但此问题并非无关痛痒,因为合同法问题是典型受州法支配的问题。② 这些讨论尤其必要,因为在本案中,子公司是英国公司,而供应商是营业地在美国犹他州盐湖城的公司,而合同签订地与履行地也均在盐湖城。

第二巡回法院在汤姆逊案中的观点与第四巡回法院在国际纸业公司案

---

① 见《纽约公约》第2条第2款。
② 早在半个世纪以前的 International Bank 案〔282 F. 2 到 31, 233 (2d Cir. 1960)〕中,即有这样的观点:"联邦仲裁法项下的仲裁义务不仅仅是拘束签署了书面仲裁协议的人。" Thomason, 64 F. 3d at 776. 美国最高法院也指令巡回法院"适用普通的州法原则去支配合同的形式问题"。See Chicago, Inc. v. Kaplan, 514 U. S. 938, 944 (1995)。

(International Paper Company v. Schwabeddissen Maschinen& Anlagen)①中的判决形成鲜明对照。在国际纸业公司案中，仲裁协议当事人成功地利用禁止反言理论维持了针对第三人的仲裁裁决，该第三人同样是以公约第2条为由主张只有书面协议的当事人有义务执行此仲裁裁决。第四巡回法院维持了联邦地方法院的判决，驳回了第三人的抗辩。该法院认为："第三人在从含有仲裁条款的合同中获得直接利益的情况下，不得拒绝受仲裁协议拘束。"② 维持联邦地方法院判决的关键原因在于巡回法院发现：原材料商（木业公司）与制造商（Schwabeddissen）之间的合同提供了"作为第三人的采购方（国际纸业公司）向制造商索赔的部分事实"。③ 尤其值得注意的是，采购方认为"卖方没有履行制造商与原材料商之间合同的保证义务"，因此诉请卖方赔偿损失并撤销原材料商与制造商之间的木材买卖合同。④ 相应的，因为采购方的诉请总体上有赖于根据木材买卖合同所产生的求偿权，所以第四巡回法院据此得出了以下正确结论："（采购方）不能一方面寻求实现合同权利，另一方面则不承担'合同任何争议应仲裁解决'的合同义务。"⑤ 而且，采购方还认为，公约排除此类仲裁裁决承认与执行的可能性，因为"这需要美国法院只能执行书面仲裁协议当事人所订立的仲裁协议"，对此观点，第四巡回法院也予以完全否决，⑥ 并援引了"禁止反言理论也适用于公约支配的仲裁协议项下的第三人"的权威观点。⑦

另外，本案不论在程序上，还是在法院的裁判上，均不乏奇异之处。例如，首先向日内瓦国际仲裁庭提起仲裁的是采购方，⑧ 在此仲裁程序中，采购方因仲裁庭认为在制造商与采购方利害关系人之间不存在任何合同而裁决其缺乏索赔依据而败诉。而且，原材料商也并非制造商的代理人，采购方利害关系人（Westinghouse）也不是原材料商与制造商之间合同的第三方受益人。这一事实发现导致采购方不仅面对制造商胜诉的判决，还要面对支付货款的裁决。正是对此仲裁裁决，采购方表示拒绝执行，并试图通过提起违反

---

① International Paper Company v. Schwabedissen Maschinen & Anlagen, 206 F.3d 411 (4th Cir. 2000).
② 同上书，第418页。
③ 同上。
④ 同上。
⑤ 同上。
⑥ 同上。见《纽约公约》第2条第2款。
⑦ 同上。
⑧ 同上。

劳动服务担保与补正口头合同的诉讼以摆脱不利局面。[①] 吊诡的是，首先提起仲裁的那方当事人接下来又主张其为仲裁第三人而不受制造商与原材料商之间仲裁协议的拘束，而在先前的仲裁中，仲裁庭却认为采购方的利害关系人与制造商之间不存在任何合同。

将国际纸业公司案与汤姆逊公司案一起考虑的话，它们共同构成了一个更为全面的判例法，该判例法规则支持仲裁第三人参与仲裁程序，而且尽管有《纽约公约》第2条之规定，有关此仲裁"当事人"的仲裁裁决也具有执行力。在本案中，《纽约公约》作为联邦仲裁法的组成部分，其优先性尽管只在脚注中提及，也足以说明联邦法律相对于有关州法中合同解释规则的优先适用地位，因而，仲裁协议也具有相应的优先性，它不仅具有其他合同的法律地位，而且还享有可规避适用支配其他合同原则的特殊待遇，以特别保障仲裁协议的执行。在此方面，我们大可断言仲裁协议地位优于其他形式的合同。

回顾主张仲裁第三人可被司法强制参与仲裁程序的判例，我们可以得出三个清晰的结论。首先，没有普遍接受的仲裁第三人参与仲裁的标准。其次，一些判例倾向于采用"密切联系"标准。根据此种模式，有关分析集中于交易、争讼法律关系与仲裁第三人、仲裁协议当事人以及合同当事人之间相互交织关系的密切程度。这一方法或许是可能找到的最为精当的标准。从国际纸业公司案与汤姆逊公司案中法院的观点，我们可以看出，联邦地方法院与上诉法院面对相同事实记录作出不同推断与结论的现象，可谓司空见惯，不足为奇。[②] 而就第二种标准对此案判断，不仅可为人辨识，也关照到合同法与公司法的基本理念。对所有诸如代理、受益人地位、禁止反言、公司治理以及公司面纱之类的概念而言，它们似乎均毫无差别地应用于"合同—公司"这一检测模式之中。最后，法院曾数次对以上两种分析予以综合。这些判例方法或以"总体情形论"为名进行描述为佳。的确，在一些判例中，所谓"合同—公司"模式本身即为双重复合性标准，符合其中任何一个便满足将第三人置于仲裁程序拘束的条件。进一步来说，所谓直接受益人与

[①] International Paper Company v. Schwabedissen Maschinen & Anlagen, 206 F. 3d 418 (4th Cir. 2000).

[②] 由于绝大多数涉及强制第三人参与仲裁程序的案例都仅仅对案件事实部分进行详细审查，还很少涉及性质问题，比较多的反对意见是：联邦地方法院相比上诉法院"离事实更近"，因此对此判例法的基础发现甚少。

间接受益人理论也被视为与"合同—公司"模式相区隔的一种独立标准。[①]因此，将汤姆逊公司案所阐述的五种理论整合为一类综合性标准确有必要，并可以统一应用于判断涉及第三人的合同如果含有仲裁条款的话，此第三人是否受此仲裁条款的强制拘束。另外，公约与联邦仲裁法在创设根据法院强制令强制第三人仲裁与对第三人裁决可执行性之间联系上的作用支配着更为严肃的学说与理论的发展。

反过来说，这三个结论性分析也受其共性制约，虽然他们在事实分析上尽显精当，但就可预测性的价值而言，某种程度上尚显僵化。而且，许多判例没有强调，甚至根本没有提到强制仲裁第三人仲裁与《纽约公约》规定第2条之间的表面不一致状况，也没有提到美国联邦仲裁法与联邦政策在这些判例中在何种程度上享有优先地位，甚至干脆完全回避联邦法的优先性问题。同样的，对于有关仲裁第三人的仲裁裁决的可执行性问题与公约第5条规定之间是否抵触，相关法院本应作更详细的分析，但许多判例对此却付之阙如。[②]

最后，问题必须提出。这些有关仲裁协议强制拘束仲裁第三人的判例法的理论发展是否足以提请人们对《纽约公约》进行修改？这样修改公约，而

[①] See, e.g., Bridas S. A. P. I. C. v. Government of Turkmenistan, 345 F. 3d 347 (5th Cir. 2003).

[②] 有关上诉法院仲裁第三人强制参加仲裁程序的更多判决书，请See Denney v. BDO Seidman, LLP, 412 F. 3d 58, 70 (2d Cir. 2005)（上诉法院将案件发回联邦地方法院重审，指令其考虑被告所提出的"禁止反言"诉请，有关被告方荷兰银行是否参与仲裁的事项与主合同之间关系密切，而且作为仲裁第三人的原告也可以因与合同同样"紧密的关系"被强制参与仲裁）；Contec Corp. v. Remote Solution, Co., 398 F. 3d 205, 209 (2d Cir. 2005)（在 Choctaw 案的"禁止反言"判决中，我们可以发现一个理性与现实的契合点，仲裁当事人不能反言不跟仲裁第三人去进行仲裁程序，只要仲裁第三人意图解决的争议在仲裁协议的范围内）；Trippe Manufacturing Company v. Niles Audio Corporation, 401 F. 3d 529, 532 (3d Cir. 2005)〔该案主张有五种理论使仲裁第三人受仲裁协议拘束：（1）通过援引并入（Incorporation by Reference）；（2）行为推定接受（assumption）；（3）代理；（4）揭开面纱；（5）禁止反言〕；Bridas S. A. I. C. v. Government of Turkmenistan, 345 F. 3d 347, 361 (5th Cir. 2003)（上诉法院认为联邦地方法院滥用其自由裁量权以互诉请求理论衡平禁止反言理论，并否决"直接受益人"理论以拒绝强制仲裁第三人参与仲裁）；Javitch v. First Union Securities, 315 F. 3d 619, 629 (6th Cir. 2003)（该案主张只有仲裁协议当事人仲裁当事人不能反言不跟仲裁第三人去进行仲裁程序，只要仲裁第三人意图解决的争议在仲裁协议的范围内，并适用了 Thomason 案所阐述的"合同—公司"标准）；Employers Ins. of Wausau v. Bright Meadow Specialties, Inc., 251 F. 3d 1316, 1322 (11th Cir. 2001)（该案认为美国多个法院已经承认有多种理论可使仲裁第三人受仲裁协议拘束）；以及 In Re: The Matter of Arbitration between Judy Lee v. Chica, 983 F. 2d 883, 887 (8th Cir. 1993)（该案主张，即使当事人未签署消费协议，但作为已披露之代理人，仍然受到消费合同中仲裁条款的拘束，应强制参与针对他的仲裁）。

不谈公约的意思自治原则、统一性原则、可预见性原则、确定性原则以及透明度性原则，是否会更好地促进跨国商务，是否能完全消除公约的模糊含混之处？实务工作者、法院、仲裁员以及商人们是否更倾向于完全排除任何对公约的修改，即使该修改的目的在于对仲裁第三人问题作出明确规定，以使其与公约统一性发展更契合？如果答案是否定的话，美国判例法的观点在多大程度上可以代表绝大多数缔约国？毫无疑问，这些问题的复杂性都是难以名状的，更不用说对其进行解答，即使皓首穷经的话恐怕也是关山重重，无法厘清。但对这些问题的有限追问也的确暗示着这样的可能性：尽管困难重重，但似乎可以通过实际努力以尽量消灭公约的模糊之处，促进公约所着力体现的原则。

二 执行管辖权

《纽约公约》的成功体现在多个方面。142个签字国毫无疑问反映出了公约的普遍接受程度，这也是衡量公约成功的标尺之一。公约成功的另一个标志则在于相当大程度上促进了国际商事仲裁的普遍合法性与公信力。反过来说，国际商事仲裁的这一地位也抵销了传统中盛行的对仲裁的司法怀疑与排斥，使国际商事仲裁具备了代替跨国民事诉讼的规范基础，直至这种有权裁判跨国民事争议的法院成为可见现实为止。《纽约公约》在国际商事领域的这种令人称羡的贡献无论在理论上还是实践上都可以"巨大"来形容。然而，《纽约公约》的成功并不必然意味着各签字国都能秉持善意与最大努力依照公约第5条所规定的条件承认与执行外国仲裁裁决。

美国国会通过《联邦仲裁法》第2章（第201—208条）之规定对《纽约公约》予以实施。其中，《联邦仲裁法》第203条规定："《纽约公约》项下的诉讼应视为因美国缔结之条约与制定之法律而提起的诉讼。美国的联邦地方法院（包括第28编第460条所列举之法院）对此诉讼具有一审管辖权，无论争讼所涉金额大小。"值得注意的是，我们在联邦仲裁法中找不到将对裁决被申请人实施属人管辖作为承认与执行合法仲裁裁决前提的规定。同样，在公约第5条，或其他条文中，对"仲裁败诉者"实施管辖也并非承认与执行仲裁裁决的先决条件。

但美国判例法的发展均要求对"仲裁败诉者"实施管辖，这引发了一些可能导致违反宪法的严重问题，因为此举可能与公约所体现的仲裁裁决普遍执行性的政策并不一致。如果这些合宪性担心的确与绝大多数签字国所遵从的公约裁决执行政策不一致的话，为促进仲裁裁决在公约当事国间的承认与执行，并且减轻甚至消除其他国家对美国胜诉者在根据公约申请承认与执行裁决时的不友好对待，美国司法界与立法界应对这些理论发展进行哪些改造呢？

虽然现在对所谓"仲裁败诉者"实施属人管辖的美国法院判例资料相当丰富，但第九巡回上诉法院在 Glrncore Grain Rotterdam B. v. Harnarain Co. 案①中的观点仍属另类。案情如下：本案涉及一家主营业所在鹿特丹的荷兰公司——Green 公司与一家主营业所在新德里的稻米生产与出口商——印度 Shivanth Rai 公司之间的 11 个国际货物买卖合同。② 合同约定 Shivanth Rai 公司向 Glrncore Grain 公司提供大约 300 吨稻米，印度根德拉港交货。每份合同均约定了仲裁条款。③

针对交货事项引起的争议，Glrncore Grain 公司向伦敦谷物协会（LRBA）提起仲裁，该仲裁机构作出了有利于申请人的裁决，裁决该公司应获得约 650 万美元的赔偿，加上利息，总计赔偿超过 700 万美元。Shivanth Rai 公司未能撤销这样的裁决，而且"在英国，如果 Shivanth Rai 公司不付款的话，裁决发生终局效力并具有强制执行力"。④ Glrncore Grain 公司先向印度新德里该等法院申请执行该裁决，但印度法院认为该仲裁裁决效力未定。于是，荷兰公司又向美国加州西区联邦法院申请根据公约承认与执行仲裁裁决。⑤ 但被申请人否决申请人所提出的 6 个（包括属人管辖在内）执行裁决理由的动议接踵而至。⑥

联邦地方法院否决了荷兰公司寻求确认裁决效力的申请。第九巡回法院基于 7 个理由维持了联邦地方法院的判决，这些理由都值得认真考量。

第一，荷兰公司认为从公约和联邦仲裁法规定中可以看出：（1）无论公

---

① Glrncore Grain Rotterdam B. v. Harnarain Co., 284 F. 3d 1114 (9th Cir. 2002).

② 同上。

③ 该仲裁条款规定："任何由本合同所引起之争议提交伦敦谷物协会两名仲裁员及一名首席仲裁员组成仲裁庭仲裁解决。一方当事人有权指定一名仲裁员……仲裁当事人有权在裁决作出 30 日内就裁决上诉（法律问题除外）至伦敦谷物协会，协会的裁决是终局的。从上诉日期起算 30 日内，由裁决产生的任何支付应予完成。"同上。

④ Rotterdam, 284 F. 3d at 1118.

⑤ June 10, 1958, 21 U. S. T. 2517, TIAS 6997, 330 UNTS 38, reprinted following 9 U. S. C. A. 201 (west 1999).

⑥ Rotterdam, 284 F. 3d at 1119.

约还是美国实施公约的立法都未明确要求对裁决执行被申请人实施属人管辖；（2）执行国对被申请人缺乏属人管辖并不在公约拒绝承认与执行外国仲裁裁决的七个理由当中。① 荷兰公司的观点被法院完全否定。尤其值得注意的是，当法院援引"制定法不能违反宪法去实施为宪法所禁止的属人管辖"这一观点时，② 其意在阐明宪法第3条第2款第1项归纳出了联邦司法管辖权范围内争议的性质，而低层级联邦法院有赖于国会通过规范管辖权规范进行授权。③ 法院发现在有关此事的法律救济上，管辖权的规范基础在于宪法第3条，因此进一步声称属人管辖乃是正当程序条款的产物，并且作为一种个人权利问题而非主权事项，它是对司法权力的限制。④ 从这一前提出发，并连同International Shoe Co. v. Washiongton案⑤及其后一系列案所归纳出的普遍属人管辖与特殊属人管辖规则，第九巡回法院认为："因而，至少来说，实施公约的立法对当事人进行属人管辖的规定虽然缺失，但这并非至关重要。"也正是在此理性分析的基础上，法院继续分析道："公约与实施公约的国内立法均不能剥夺联邦地方法院为确认裁决效力而对被申请人实施的管辖权。"⑥

第二，意识到其主张如此地出人意料，⑦ 而这或许会成为法院对该问题缺乏权威的缘由，于是第九巡回法院着重从1987年《对外关系法（第三次）重述》第487条为其观点寻求司法支持与佐证。法院借用了重述的规定："仲裁裁决通常为法院判决所确认执行……而就执行判决而言……执行外国仲裁裁决的诉讼要求对裁决债务人或其财产进行管辖。"⑧ 由于重述所作的

---

① Rotterdam, 284 F. 3d at 1121. (citing to Convention, art. v, 21 U. S. T. 2517). 第九巡回法院用了一个三个词的句子作为对此分析的过渡："we do not"（我们没有）。这一表述的含义在于（第九巡回法院）并不认为申请人的观点有任何意义。

② Citing Gilson v. Republic of Ir., 682 F. 2d. 1022, 1028 (D. C. Cir. 1982).

③ 同上。

④ Rotterdam, 284 F. 3d at 1121.

⑤ International Shoe Co. v. Washiongton, 326 U. S. 310 (1945).

⑥ 同上。

⑦ 同上。

⑧ 同上。第九巡回法院将重述定性为"权威"，似乎显得不甚妥当，尤其是在涉及美国司法系统与141个缔约国司法系统的关系时。虽然重述是非常好的材料来源，但很难说其具有拘束力。而且，它的"权威"在性质上不过是有说服力或说明性罢了，终究是来源于学术著作，故名为"重述"。简单来说，重述的目的在于根据学者的学术研究情况，对特定领域特定事项的案例法进行探索以重述法律。该理论的目的就在于通过重述案例法的模糊之处，提炼案例中的规定、理由以及观点和法理。对于法院判决来说，重述只具有参考作用，重述的规范性并不强，甚至仅起到说明性的作用。

分析与发现并未置入公约当事国对公约的普遍实践背景之中，所以它的分析显然非常局限且缺乏说服力。而且，对公约与联邦仲裁法的分析均相当必要。

第三，第九巡回法院试图从联邦地方法院有关主张实施公约需对被申请人实施管辖权为前提的案例中获取其他分析资源。这里，巡回法院特别提到 Translantic Bulk Shipping Ltd. V. Saudi Chatering S. A.[①] 案中的观点，甚至联邦地方法院认为联邦仲裁法虽赋予其初审管辖权，但这并不足以使得某些"裁决败诉人"完全成为属人管辖的对象，因为其不能与美国建立诸如住所、行为、意愿、财产以及其他与执行管辖权有关的事实联系。然而，联邦地方法院并未考虑到渗透于公约各处的立法精神与普遍政策，更重要的是，也没有关注到各缔约国对于裁决承认与执行的实践，尤其是美国裁决在外国承认与执行时面临的互惠问题。而且，第九巡回法院与联邦地方法院的行为如出一辙，均对公约机制与所谓正当程序之间的龃龉不闻不问，放任自流。

第四，第九巡回法院又采纳了 Italtrade Int'l U. S. A., LLC v. Sri Lanka Cement Co.,[②] Dardana Ltd. V. Yuganskneftegaz[③]，以及 CME Media Enters. B. V. v. Zelezny[④] 三个案件的分析与观点。尤其值得注意的是，第九巡回法院未作任何分析，即全盘接受了 Italtrade Int'l U. S. A, LLC v. Sri Lanka Cement Co. 案的分析，但对 Zelezny 案只在注释中援引了部分分析，称该案"如果不是逐字逐句的，也是在内在精神上遵从了 Bulk Shipping 案"。[⑤] 而就第九巡回法院的理解来说，审判 Zelezny 案的联邦地方法院确认了仲裁裁决的效力，并没有对"仲裁败诉者"实施属人管辖，而是对被执行的财产实施了对物管辖。[⑥] 因此，我们很难从第九巡回法院的判决推断出对"仲裁败诉者实施属人管辖系确认、承认与执行据《纽约公约》合法有效的仲裁裁决的前提条件"。虽然不是很明确采纳，但第九巡回法院也援引了第

---

① Transatlantic Bulk Shipping Ltd v. Saudi Chatering S. A., 622 F. Supp. 25 (S. D. N. Y. 1985).

② Italtrade Int'l U. S. A., LLC v. Sri Lanka Cement Corp., 2002 w. l. 59399, at 2 2002 U. S. Dist. LEXIS 16078, at 4 (E. D. La. 2002).

③ Dardana Ltd. v. Yuganskneftegaz, No. 00 Civ. 4633, 2001 W. L. 1131987, at 1 2001 (S. D. N. Y. 2001).

④ CME Media Enters. B. V. v. Zelezny, No. 01 Civ. 1733, 2001 W. L. 1035138, 2001 U. S. Dist. LEXIS 13888 (S. D. N. Y. 2001).

⑤ Rottemdam, 284 F. 3d at 1122.

⑥ 同上（citing 2001 U. S. Dist. LEXIS 13888, at 8）.

二巡回法院在 Dardana 案中一些令人不安的观点。在 Dardana 案中，第二巡回法院曾明确地宣称："申请人在申请执行外国仲裁裁决时是否需以对被申请人设立属人管辖或对其财产设置对物管辖为前提，本院并未作出裁断……在像 Dardana 这样的案件中，由于已经宣示出了几种替代性管辖权理论，对以上这个难题作出回答可能并非必要。"① 作为技术性事项，根据第二巡回法院的观点，Dardana 案也可以用作支持对裁决败诉者行使属地管辖是认可公约项下仲裁裁决效力的前提条件。②

第五，尽管不过是个注脚，但 CSEE Transport Wiking Trader v. Navimpex Centrala Navala 案③似乎仍然是第九巡回法院所依据作出判决的案例之一。当然，CSEE Transport 案与 Dardana 案一样，均未被第九巡回法院所详细分析引证，而是仅作简单援引，以说明第二巡回法院没有明确采取 BuLK Shipping 案的立场。④

第六，第九巡回法院观点中最为值得注意的大概就是联邦仲裁法与宪法中正当程序的紧张关系了，因为前者将否定对仲裁败诉者实施属人管辖系确认外国裁决效力的前提条件。在此情形下，法院认为有必要尽量"避免那些可能产生宪法上疑问的做法"。⑤ 在审查属人管辖对于满足正当程序要求的开创性意义后，无论特定属人管辖还是一般属人管辖在 Shivath Rai 案中被认为均属必要。⑥ 因而，无论是 Shivath Rai 公司与法院之间的一系列体制内与仲裁程序及裁决执行程序无关的定量活动，还是导致该公司败诉的实体法律与事实之间的定性联系，均不足以符合正当程序的基本要求。这一问题当然会引

---

① Dardana at 206—207.

② 为学术诚实与完整之目的，此处必须提及法院在 Dardana 案中对 Base Metal Trading, Ltd. v. OJSC Novokuznetsky Aluminum Factory, 283 F. 2d 208, 212—13 (4th Cir) 案进行了定性（要求申请者建立属人管辖，而且仅有财产的存在不能支持管辖权），cert. Debied, 537 U. s. 822, 123 S. Ct. 101, 154 L. Ed. 30 (2002)，同时可 See Bulk Shipping 和 Zelezny 案。Dardana at 206。

③ CSEE Transport Wiking Trader v. Navimpex Centrala Navala, 989 F. 2d 572, 580 (2D Cir. 1993)。

④ Rottemdam, 284 F. 3d at 1121, fn4.

⑤ 同上书，第 1121 页〔citing United states v. Buckland, 277 F. 3d 1173, 1179 (9th Cir. 2002) (en banc)〕。

⑥ 法院细致地对以下案件作了分析：Milliken v. Meyer, 311 U. S. 457, 463,, (1940); International Shoe Co. v. Washington, 326 U. S. 310 (1945); Hanson v. Denckla, 357 U. S. 235, 251 (1958); 以及 Helicoters Nacionales de Colombia, S. a. V. Hall, 466 U. S. 408, 415 n. 9 (1984)。我们对此着重分析是因为，如后文所论，公约第 5 条规定与以及到底是应修改公约还是追求案例法理论发展的决定之间存在紧张关系，这一问题的解决有赖于美国正当程序理论的普遍接受性。这为分析正当程序适用于对非居民或外国被申请人的情形提供了丰富的土壤。

起更大的关注与讨论，但在第九巡回法院所发表的观点中却被完全略去。

作为支持联邦地方法院判决的最后一个观点，第九巡回法院采用了所谓"合理性"的标准，这也是属人管辖分析的核心。其中，有 7 个特别因素归纳如下：[①]

(1) 被申请人的国际化程度与其自身介入外国事务的程度；

(2) 如果被迫在外国法院应诉，被申请人所面临的诉讼负担考虑；

(3) 实施属人管辖是否会与被申请人本国的主权相冲突；

(4) 对外国处理相关纠纷所拥有利益大小的考虑；

(5) 对如何最有效率解决争议的考虑；

(6) 法院满足原告寻求司法救济的方便与有效程度；

(7) 有充足的可替代法院的存在。[②]

我们返回到问题的开始。虽然公约第 5 条没有任何规定显示对裁决败诉者的属人管辖是执行裁决的前提条件，或者反过来说，缺乏属人管辖的情况下，仲裁裁决的执行法院将无法执行裁决，对此，第九巡回法院以正当程序要求为重点的特殊管辖与一般管辖分析值得特别对待。虽然巡回法院维持联邦地方法院的 7 个推论中，有 5 个在性质上存在技术争议，但大都是一些解释层面的问题，如果法院不对其据以作出判决的理由形成实际规范的话，正当程序及与其联系最为密切的"合理性"标准也必将难水乳交融。

当然，公约不可能匍匐于不同法律体系的特殊要求之下，即使这些特殊情况享有宪法地位。对仲裁败诉者实施属人管辖是仲裁裁决寻求法院执行的前提条件，这并非普遍接受的"相对论"。恰恰相反，消除对缔约国不必要的限制才是被普遍接受的理论，它具有优先性。

正当程序，这颗镶嵌于美国宪法第五与第十四修正案的宝石，也很难成为宪法教条中的特质。第九巡回法院推导一般属人管辖与特殊属人管辖所依凭的权力借助于精致的定性与定量联系框架以体现正当程序概念中的"基本公正"，而这些联系却不能从公平、关注以及当事人期待这些理念中获取支持。这些理念虽然也为联邦判例所探寻，但终究为文明世界所共享。虽然这些文化的、历史的以及地域的局限对于准确定义"基本公正"这样的理念多

[①] 该标准由美国最高法院在 Burger King Corp. v. Rudzewicz 案中加以阐述，471 U. S. 462 (1985)。

[②] Rottermdam, 284 F. 3d at 1125. 除第 1 款外，"合理性标准"在某种程度上与杰克逊法官 Gulf Oil v. Gilbert 案中所进行的不方便法院分析较为接近，330 U. S. 501, 67 S. Ct. 839, 91 L. Ed. 1055 (1947)。"合理性标准"与"不方便法院原则"的相似性尤其表现在不方便法院的公共因素构成上。

有掣肘，但如果模糊来看，它还是能形成所有文化所共知的一个概念，虽然有关从该理念衍生出来的管辖权方面或许有些实质差别，但正当程序的概念却不会如此。《纽约公约》所着力宣扬的政策是寻求裁决承认与执行的统一性，但此政策却也不能简单地或者盲目地凌驾于同样被普遍接受的正当程序原则之上。

而且，对于主张执行国法院必须对作为仲裁被申请人的"裁决败诉者"实施属人管辖的观点，同样符合被普遍遵循的"管辖权"根据，而"管辖权"这个词的拉丁意义则意味着"宣示法律的能力"。除非那些普遍性的民事诉讼规则以一种前所未有的方式被重构，否则有关管辖权的基本要求不可能为人所忽视。尽管不同国家法院行使管辖权的巨大差异是由于大陆法系与普通法系法律界的不同理解所导致，但两大法系对于属人管辖必为裁判相关案件基本条件之一这一事项上发出了相同的声音。

与其秉持这样一种普遍的相对论，即使公约屈从于各个不同法律体系立法与司法判例，甚至在宪法层面上的特性，还不如将体现于美国最高法院为满足美国第四、第五修正案的要求而对非美国居民被告所实施的属人管辖中的正当程序概念，补充《纽约公约》的框架，这也可以赋予正当程序概念以合法性与规范性基础。因此，对公约第5条进行修订，使其符合法院正当程序所衍生的管辖权要求，应该是最有利于商业、缔约国、潜在缔约国利益以及实现公约当前与未来目标的最好方式。

三 不方便法院：不确定性的噩梦？

美国法院在《纽约公约》第5条之外另寻到的拒绝执行外国仲裁裁决的理由并非仅限于对"仲裁败诉人"缺乏属人管辖权这一个。至少曾有一个美国法院以"不方便法院"为由试图去否决一个由外法域作出的完全符合执行条件的裁决执行申请。[1] 这一判决与 Glencore Grain Rotterdam B. V. v. Sh-

---

[1] 哥伦比亚联邦地方法院在 TermoRio S. A. E. S. P. v. Elextricadora Del Atlatntico S. A. E. S. P.，〔421 F. Supp. 2d 87（D. D. C. 2006）〕案中拒绝承认一个在裁决地已被撤销的仲裁裁决的部分理由为：该法院为不方便法院。然而，在此案的上诉审中，哥伦比亚特区上诉法院虽然维持了原判决，但其认为"原判决应该是基于《纽约公约》第5条之规定拒绝承认该裁决，而没有必要判断该法院是否为方便法院，《纽约公约》第5条是拒绝承认该裁决的依据"。TermoRio S. A. E. S. P. v. Elextranta . S. P.，421 F. Supp. 487 F. 3d 928，933（C. A. D. C.，2007）。

vnath Rai Harnarain Co. 案所体现出来的正当程序原则形成强烈反差。我们认为这里适用"不方便法院"理论并无任何的法理基础，因为该理论并不能上升到美国宪法特质层面，以至于公约规定也需对其俯首称臣，适用该理论的结果只能是扰乱公约第 5 条对仲裁裁决执行所确立的可预见性价值，从而制造执行外国裁决的不确定性。

在 Monegasque de Reassurances (Monde Re) 与 Nak Naftogaz of Urkrarine and State Urkaine 仲裁案中，① 一个营业所在摩纳哥的保险公司（Monde）作为一家俄罗斯保险公司（Sogaz）的再保险人，在美国佛罗里达州南区联邦地方法院提起诉讼，申请承认与执行以乌克兰以及一家乌克兰公司（Naftogaz，由乌克兰石油天然气公司与其他几家乌克兰公司合并而成的公司）为被申请人的外国裁决，该仲裁裁决在位于莫斯科的国际商事仲裁院（ICCA）作出，裁决金额达 88374401.49 美元。Naftogaz 未能成功撤销该仲裁裁决。②

而作为被申请人的乌克兰与 Naftogaz 公司则试图以包括不方便法院原则在内的几个理由否定申请人的申请。在认识到《外国国家豁免法》并不影响"联邦司法有权拒绝管辖对美国法院来说复杂、不方便，所适用法律只能为外国法，而且与美国利益没有关系的案件后"，联邦地方法院支持了乌克兰的动议。随后，Naftogaz 公司的动议也得到了支持。

显然，联邦地方法院试图从公约第 3 条寻找拒绝执行仲裁裁决的正当性法理。③ 而且，公约第 3 条的附属条款获得更多关注：缔约国承认仲裁裁决应"依照裁决需其承认与执行地的程序规则予以执行"。④ 因而，联邦地方法院继续推理道："由于不方便法院原则在性质上与其说是实体规则，不如说是程序规则，因此公约不能被解读为影响法院基于司法经济、方便性与公平性受限而拒绝实施自由裁量的管辖权。"⑤

联邦地方法院对公约第 3 条的附属条款进行了断章取义，没有对公约进行整体性、严肃的分析，其观点不可避免地陷入片面。整个第 3 条并非如法

---

① Monegasque de Reassurances (Monde Re) and Nak Naftogaz of Urkrarine and State Urkaine, 158 F. Supp. 2d 377 (S. D. Fla, 2001).
② Monegasque, 158 F. Suup. 2d at 379—380.
③ 《纽约公约》第 3 条规定：在以下各条所规定的条件下，各缔约国应承认仲裁裁决具有拘束力，并依照裁决需其承认与执行地的程序规则予以执行。对承认与执行本公约所适用的仲裁裁决，不应该比对承认或执行本国的仲裁裁决规定实际上更苛刻的条件或更高的费用。
④ 同上。
⑤ 同上。

院所援引的那样支离破碎，而是完整规定如下：

"在以下各条所规定的条件下，各缔约国应承认仲裁裁决具有拘束力，并依照裁决需其承认与执行地的程序规则予以执行。对承认与执行本公约所适用的仲裁裁决，不应该比对承认或执行本国的仲裁裁决规定实际上更苛刻的条件或更高的费用。"

可见，第3条以非常浅白的语言表达该条款应与公约其他相关条款，如与第5条一起解读，而不可将其随意割裂。然而，在公约第5条中并没有任一处提到有关执行地国的程序规则。实际上，"程序"一语，或者该词的任何同义语，也仅在第5条中出现过一次而已，[1] 而且是从仲裁行为的程序正当性应符合当事人之间的仲裁协议这一角度提及。简单来说，如果将公约第3条与第5条作为整体考察，这两条并没有任何因不方便法院原则是程序性规则，而非实体性规则，从而支持在仲裁裁决的承认与执行中可适用该理论的内容。

联邦地方法院同时援引了三个所谓的"根据本公约本身规定，以不方便法院原则可拒绝承认与执行外国裁决"的案例，[2] 这三个案例分别是：Jain v. de Mere案[3]、CAN Reinsurance v. Trustmark Ins Co. 案[4]以及 Oil Basins Ltd. v. Broken Hill Proprietary Co. Ltd. 案[5]。但实际上，这三个案例均不能支持联邦地方法院的判决，也不能反映联邦地方法院援引该案例的意图。

联邦地方法院援引的这三个案例如同 Monegaque 案一样，都没有以不方便法院原则拒绝承认与执行外国仲裁裁决的内容。以 Jain v. de Mere 为例来说，不方便法院原则只是用以讨论在其他管辖权背景下，法院可适用该理论以否定自己的管辖权从而使仲裁得以在该法院地以外的地方进行。尤其值得注意的是，在 Jain v. de Mere 案中，法院认为被申请人 de Mere 并没有以不方便法院为由进行抗辩。[6] 而且，不方便法院原则在裁判案件基本问题时也绝无适用空间。这一所谓案件基本问题

---

[1] 《纽约公约》第5条第1款第4项规定："仲裁庭的组成或仲裁程序同当事人间的协议不符，或者当事人间未订此种协议时，而又与仲裁地国的法律不符。"

[2] Monegaque, 158 F. Supp. 2d at 383.

[3] Jain v. de Mere, 51 F. 3d 686 (7th Cir. 1995).

[4] CAN Reinsurance v. Trustmark Ins Co., 2001 WL 648948 (N. D. 111. 2001).

[5] Oil Basins Ltd. v. Broken Hill Proprietary Co. Ltd., 613 F. Supp. 483 (S. D. N. Y. 1985).

[6] Jain, 51 F. 3d at 692.

可被阐述如下：

"该案首先呈现的问题是：联邦法院是否有权强制执行两个外国国民间没有明确约定仲裁地及仲裁员选任方法的仲裁协议。我们认为联邦法院有此权力，因而推翻联邦地方法院的判决。"①

毫无疑问，佛罗里达州联邦地方法院并未对 Jain v. de Mere 案的事实情况与基本问题或者案件秉持的立场进行合理分析，便推断出第七巡回法院为不方便法院原则在美国法院拒绝外国仲裁裁决承认与执行的诉讼中得以适用开辟了道路。然而恰恰相反，该问题从未在案件中予以讨论。

联邦地方法院提及 CAN Reinsurance v. Trustmark Ins Co. 案也颇令人困惑。在该案中，申请人申请法院根据《联邦仲裁法》第 4 条强制执行仲裁地在伊利诺伊州北区的仲裁协议；被申请人则反诉应强制在伦敦仲裁，并基于包括不方便法院原则在内的几个理由否决申请人的动议。可见，该案不方便法院原则的提出只是力图使仲裁以某地为仲裁地，从而否决另一个仲裁地，它并非被用作拒绝承认与执行外国仲裁裁决的理由。事实上，当事人"显然只是提出在他们倾向的仲裁地强制进行仲裁的动议，他们在有关争议都受仲裁条款支配这一点上是一致的"。② 与 Jain v. de Mere 案一样，这一观点丝毫不能为 Monegaque 案中所作的判决提供任何理据上的支持。我们在此重申，Monegaque 案对有关事项所作的判决与联邦地方法院在 CAN Reinsurance v. Trustmark Ins Co. 案中所作的判决没有任何理论联系。

这一分析与纽约南联邦地方法院在 Oil Basins Ltd. v. Broken Hill Proprietary Co. Ltd. 案中所持观点没有任何区别。在该案中，"双方当事人也都认识到法院面临的问题并不超出仲裁条款支配的范围，唯一有争议的不过是仲裁地位于何地"。③ 不方便法院原则所触及不过是仲裁程序应在何地进行更为适当，而并不牵涉外国仲裁裁决在纽约南区承认与执行的问题，甚至在该案的推理中这一问题根本没有被提到过。所以，无论是有关公约所产生的问题，还是因适用《联邦仲裁法》所导致的结果，我们主要的分析结论可归纳为：不方便法院原则作为一种程序性事项无法适用于外国仲裁裁决的承

---

① Jain, 51 F. 3d at 688.
② CAN Reinsurance, at 6.
③ Oil Basins, 613 F. Supp. at 486.

认与执行中。

不方便法院原则是普通法系所独有的一种规则,在其他任何一种法律体系与法学理论中均无相对应的程序规则。不方便法院原则与正当程序不同,后者不管在其他地方所用名称为何,均已普遍成为各国学术界所关注的一个重要问题,且不论在仲裁还是诉讼中均用以衡量程序的正当性,而前者却缺乏普遍性的认同,实际上,英国在应用不方便法院原则时就曾遭遇欧盟司法体系的大量抵触。然而,就正当程序而言,正如不少论者指出,它已嵌入公约的基本框架之中,以公约第5条第1款第2项为例,在当事人被剥夺出庭权的时候,仲裁裁决的承认与执行可能被拒绝,这即反映出正当程序乃是拒绝承认与执行仲裁裁决的核心要素。

将不方便法院原则嫁接入公约第5条仲裁裁决拒绝承认与执行条件中的可能性微乎其微,它缺乏理论基础与现实正当性。另外,不方便法院原则的独特性与非普遍性,若将其与公约第5条所规定的有限之拒绝承认与执行仲裁裁决的条件一般适用,其害处也将不言自明,更何况适用该理论将使公约第5条所规定之条件的不可预见性与不统一性剧增。

四 已撤销的裁决与克罗摩洛案、贝克海运公司案和特莫里奥公司案三部曲

自 Parimateria 案将仲裁程序与司法程序之间的关系理顺后,美国仲裁法理论的发展便促使支持仲裁的做法成为一项全国性的政策,从而最大限度消除了人们长期以来对仲裁的历史偏见,这种偏见曾经滋生出司法界与学界对仲裁程序的总体怀疑。然而,仲裁裁决的承认制度又激起了以下两种政策之间的紧张状态。首先,支持承认外国仲裁裁决的国家政策天然即为国际商事仲裁所力图促进与加强的那些原则的前提,这些原则包括国际商务的统一和谐原则、标准透明原则、可预见性原则以及意思自治原则等。第二项政策考量则与前项可等量齐观,即执行国尊重这样一项权力:原仲裁裁决作出地国有合格管辖权的法院可因裁决违反该国实体法为由撤销仲裁裁决。这两项政策之间的抵牾在某种程度上也体现在《纽约公约》第5条与第7条表述中。尤其值得注意的是,《纽约公约》第5条第1款第5项规定:被请求承认或执行裁决的主管机关只有在作为裁决执行对象的当事人提供有关下列情况的证明时,才可以根据该当事人的请求,拒绝

承认和执行该项裁决:

（五）裁决对当事人尚未发生拘束力，或者裁决已经由裁决作出地国或裁决所依据法律的国家的主管机关撤销或停止执行。

讨论的笔墨恐怕更多在于使用"may"这一限制性较弱的用语是否可理解为公约是授权裁决执行国拒绝承认与执行有管辖权的外国法院所撤销或停止执行的仲裁裁决。问题看来简单。也就是说，《纽约公约》是否试图使执行国法院凌驾于原裁决作出国法院判决之上，以决定原裁决作出国法院适用该国实体法撤销或暂停执行裁决是否适当，或者说，仲裁庭适用的法律是否应以契合执行国实体法为准？这一注释性规范基础是否应认真对待，如果需认真对待的话，怎样才算认真对待？执行国法院是否为最适格法院去裁断原裁决作出国撤销裁决的法律分析？如果赋予执行国法院裁判原裁决作出国撤销裁决是否有效的权力的话，这会不会鼓励一方当事人到多个缔约国去申请本已撤销的仲裁裁决？

显然，必须制定一项规则以使寻求承认已由裁决作出国撤销的裁决的缔约国行事时遵从最起码的国际礼让，承认裁决国的司法权力。对以上这些疑问的答案也须与《纽约公约》第7条第1款的规定相一致，该款规定："本公约的规定不影响缔约国订立的有关承认与执行仲裁裁决的多边或双边协定，也不剥夺任何利害关系人在被请求承认或执行裁决之国家的法律或条约所许可的方式和范围内，援用该仲裁裁决的任何权力。"

当然，如果法院不能将公约第5条第1款第5项所采用的不具有强制性的"may"与第7条第1款的强制性规定在概念上相协调的话，有关仲裁意思自治、统一性、透明标准以及可预见性这些原则都将被严重削弱。因此，有关此类事项的法理当然偏向于执行国应尊重裁决作出国对裁决的撤销行为。虽然有关此问题的三个主要学说均作出了很好的推理与分析，但他们还是没能建构起一个普遍接受的理论，从而给那些忧心裁决作出国可能对裁决有稀奇古怪的司法审查标准的仲裁员、当事人、法院以及工厂老板以确定性的指引，指导他们在执行国寻求对仲裁裁决的承认与执行。然而，即使公约关注当事人在裁决国法院（第5条第1款第5项）撤销仲裁裁决的权利，裁决国法院撤销仲裁裁决的根据也较其余国家撤销仲裁裁决的理由要充分许多，这便当然会导致人们将目光从对意思自治原则的诟病转向司法对仲裁这种终极性解决争议的程序的干预宽泛程度，而这种司法干预也只会在最狭小的范围内得到上诉，或许这都是基于司法对仲裁强烈支持为前提所导致的结果。

哥伦比亚联邦地方法院阐述了裁决国适合法院撤销仲裁裁决的决定是否应被推翻的理由。由于该案缺乏先例，哥伦比亚联邦地方法院正好借此机会开创"先河"。① 法院认识到："尽管公约第5条设置了授权性标准，但第7条要求'公约的条款不得……剥夺有关当事人在请求承认或执行某一裁决国家的法律或条约所许可的方式和范围内，可能具有的利用该仲裁裁决的任何权利'。也就是说，依公约规定，（申请人）拥有执行仲裁裁决的所有权利，尽管该项权利公约并未明文规定。"② 案件实为法院的推理与分析提供更多可供观察的视角。

申请人克罗摩洛航空服务公司（Chromlloy）与埃及共和国政府及埃及空军（下文统称埃及）订立了提供、保养与修理埃及空军直升机的合同。在执行合同大约两年半后，埃及通知克罗摩洛公司取消合同。③ 然而，克罗摩洛公司告知埃及"拒绝取消合同"，并根据合同第7条及附件6中的仲裁条款提起仲裁。有记录显示，埃及政府曾向克罗摩洛公司签署了高达11475968英镑的保函。

经过旷日持久的仲裁程序，仲裁庭最终裁决埃及政府向克罗摩洛公司支付272900英镑及5%的利息和16940958英镑及5%的利息。另外，仲裁庭也裁决克罗摩洛公司应支付给埃及政府606920英镑及5%的利息。④ 克罗摩洛公司向联邦地方法院申请执行该仲裁裁决，然而在两周后，埃及政府向埃及上诉法院提起诉讼，请求撤销仲裁裁决。埃及政府同时也向联邦地方法院发出了中止克罗摩洛公司执行程序的动议。

结果，埃及上诉法院"暂停了仲裁裁决的效力"，因此埃及政府向联邦地方法院提起诉讼撤销克罗摩洛公司的裁决执行申请。最终，埃及开罗上诉法院作出了撤销仲裁裁决的裁判。⑤⑥ 前文已经注意到，根据《美国法典》

---

① Chromlloy Aero Services v. the Arab Republic of Egypt, 939 F. Supp. 907, 908 (D.D.C, 1996). 正如早在该案中，法院曾阐述道："这是史无前例的案子。美国司法史上尚未有这样的案例记录：法院面临的情况是执行已被撤销或终止效力的仲裁裁决。"同上书，第911页。
② 同上书，第910页。
③ 同上书，第908页。
④ 同上。
⑤ 同上。
⑥ 同上。

第 1330 条①之规定，姑且不论法院推理中所着重讨论的禁止反言问题，还有三个前提对于确认仲裁裁决具有重要意义。仲裁庭拒绝了埃及政府有关该合同事项受埃及行政法所支配的抗辩，而是主张"本案与所适用什么实体法，无论是民法还是行政法，并无多大关联"。因而，联邦地方法院认为"法律适用错误"这一理由当然无法成为撤销仲裁裁决的依据。带着这个结论，联邦地方法院认为埃及法院根据埃及法撤销仲裁裁决不过是一种仲裁怀

---

① 《美国法典》第 28 编第 1330 条。对外国国家提起的诉讼：(1) 如果该诉讼不是人身侵害民事诉讼，则无论争议标的额大小，均由联邦地方法院一审管辖；对本法本章第 1603 条第 1 款所定义的由个人提出的任何诉讼救济请求，外国国家均根据本章第 1605—1607 条或者应适用的国际协定免除豁免权。(2) 向根据前款规定具有管辖权的法院提起之任何诉讼请求，若满足本章第 1608 条之要求，则对外国国家的属人管辖得以存在。(3) 为实现前款之目的，外国法院出庭并不意味着接受针对其诉讼的属人管辖，如果该诉讼并非由本章第 1605—1607 条所规定之交易所引起。《美国法典》第 28 编第 1605 条规定了国家豁免的 7 种例外情况，这种做法也即著名的"限制豁免论"。主要内容可归纳如下：1. "外国国家在以下情况下不能主张在合众国及各州在任何案件中享有豁免权"：(1) 当外国国家以明示或默示方式放弃豁免权时，除非放弃声明有相反意思表示，外国国家作出的放弃一旦生效不得撤回；(2) 当外国国家在美国的行为为商业行为，或者美国所为行为与美国之外的商业行为有关；或者该行为在美国之外所为并与美国之外的商业活动有关，但该行为对美国产生直接影响（第 1605 条第 1 款第 2 项）；(3) 外国国家所主张的财产与权利违反国际法，同时此财产或者交换此财产的财产位于美国境内，并与外国国家在美国境内所为的商业活动有关；或者财产及交换此财产的财产由在美国从事商业活动的外国国家的机构或组织所有或支配（第 1605 条第 1 款第 3 项）；(4) 外国国家通过在美国境内的继承或赠与获得的财产与权利，或者位于美国的不动产衍生出的权利（第 1605 条第 1 款第 4 项）；(5) 除另有规定外，不为上述第 2 款所包括之诉讼，由外国国家及其官员、雇员履行其职务时的不当作为或不作为在美国造成的人身侵害或财产损失引起的金钱求偿（第 1605 条第 1 款第 5 项）：①任何履行职权的作为或不作为所引起的诉讼，无论该职权的来源为何；②或者由恶意起诉、滥用诉权、诽谤、诬蔑、虚假陈述、欺诈以及干预合同权利所引起的诉讼；(6) 私人主体为实现合同利益，执行与外国国家之间的仲裁协议而引起的诉讼，或者根据美国法律可以仲裁的事项，无论其与合同争议与否，私人主体与外国国家间订有仲裁协议，由此法律关系引起的当事人是否具有仲裁能力的争议或可能引起的争议，或者确认根据此类仲裁协议作出的仲裁裁决的诉讼，除另有规定外，如果①仲裁地为美国或者仲裁地将为美国，②仲裁协议或仲裁裁决受要求美国承认与执行仲裁裁决的国际条约或其他有效国际协定的支配，③有关执行仲裁协议的诉讼可以由美国法院根据本条或第 1607 条进行管辖（第 1605 条第 1 款第 6 项）；(7) 除法院根据本款拒绝受理的诉讼请求外，不为上述第 2 款所包括之诉讼，由外国国家或其官员、雇员以及代理人在履行起职务或代理行为时在美国境内实施的酷刑、司法外杀害、劫机、破坏、劫持人质，或者为此类行为提供物质帮助而引起的人身侵害金钱求偿诉讼（第 1605 条第 1 款第 7 项）。

这 7 种例外情况受制于两个条款，根据这两个条款，法院对外国国家不具有管辖权：如果 (1) 行为发生时，该外国根据 1979 年《出口管理法》第 6 条第 10 款与 1961 年《对外协助法》第 620 条第 1 款之规定，不被视为国家恐怖主义行为人，除非后来由于该行为与美国哥伦比亚特区联邦地方法院所管辖之编号为 1：00CV3110（E.G.S）的案件有关而被视为恐怖主义行为；以及 (2) 即使该国家行为被视为恐怖主义，但若行为发生于该外国境内，同时该外国没有机会依据国际法进行仲裁，或者"当被起诉的行为发生时，起诉人与害者均不是美国公民"。有关海事诉讼中免除外国国家豁免的条件同样适用于第 7 条的相关条款。

疑论的反映，类似情况也在美国最高法院审理的三菱汽车公司案中发生过。联邦地方法院的观点强调如下：

"然而，在埃及，仲裁是一种例外性的争议解决方式，它要求排除法院的诉讼管辖，但需要法院的保障。埃及认为仲裁裁决根据埃及法律应为无效……因为它并非适当地适用埃及法，这反映了埃及法院对仲裁怀疑的观点，这也恰恰是埃及法院在审查仲裁裁决时所不会考虑的观点。"①

因而，美国法院在本案的司法重点在于支持仲裁的强烈政策倾向，力图将对仲裁的司法干预减少到最低限度。作为执行国而言，其拒绝执行仲裁裁决的理由只能是那些严重而又为各国所普遍认同的原因，而不能仅仅因为一些技术性的瑕疵便拒绝认可、承认与执行仲裁裁决。② 因此，问题就演变为这种强烈的政策取向作为数十年来理论发展的产物，是否可与其他的政策考虑，例如调整不同国家间司法关系的组织原则相匹敌。有两个推论似乎对于这些不同政策之间的协调一致颇为关键。一是相关政策不能忽视公约这一意图，即不能因迁就执行国认可、承认以及执行的权力而无视裁决国撤销仲裁裁决的权力，只要裁决国撤销仲裁裁决的理由限定于公约第 5 条所规定之范围内，此种情形下对裁决的司法干预应获得执行国的同意。二是尽管公约第 5 条第 1 款第 5 项以明确的语言规定，即使裁决国拒绝、暂停以及撤销仲裁裁决的效力，执行国也不可能在没有考察是否满足第 7 条的情况下，便将其作为不予认可、承认及执行该仲裁裁决的充分条件。

其次，虽然联邦地方法院明确地援引了谢尔科诉阿尔贝托—卡尔弗公司案，③ 但有关仲裁协议不过是法院高度关注的一种协议管辖条款的观点首先在美国最高法院的伯利蒙案中即有阐述与发展。美国最高法院在该案中认为："于特定仲裁庭仲裁的仲裁协议实际上不过系一类特殊的协议管辖条款……该条款的有效性……不仅不允许被申请人拒绝履行其严肃的合同承诺，而且反映出这样一种宗教信仰式的理念：所有的争议由当事人自己的法院与法律解决。"④ 对当事人将有关合同的所有事项在埃及提交仲裁决定的遵从是意思自治这一首要原则发挥作用的明证。实际上，法院将其角色仅定

---

① Chromlloy Aero Services v. the Arab Republic of Egypt, 939 F. Supp.，第 911 页。
② 克罗摩洛案中的法院十分有意识地避免使用了"裁决国"与"执行国"这样的概念。类似的，《纽约公约》也没有使用这两个概念。实际上，这两个概念都是法学理论发展的产物，并在 Termorio v. Eleranta 案中有重大发展〔487 F. 3d 928 (C. A. D. C. 2007)〕。
③ Chromlloy 939 F. Supp. at 911.
④ 同上。

位于执行或认可仲裁裁决的法院，除公约第 5 条所规定的极端情况外，为缔约国履行认可仲裁裁决的职能与国家政策。而且，根据法院的分析，公约第 5 条第 1 款第 5 项如果与第 7 条所蕴涵的意思整体解读的话，它也不能机械的、形式主义的被看做否决仲裁裁决效力的根本原由。简单来说，由于裁决国法院撤销了仲裁裁决，引起了可能导致裁决被拒绝的第 5 条第 1 项第 5 款的发生，但申请人有关认可、承认与执行仲裁裁决的申请并不能自动地被予以驳回。

最后，有关案件事实也某种程度上瓦解了埃及政府承认埃及法院撤销仲裁裁决既判力的意图。尤其值得注意的是，有事实表明埃及政府与克罗摩洛公司之间的仲裁协议明确排除了向埃及法院上诉的可能性。① 甚至虽然法院在既判力分析中没有着重强调仲裁协议中的这一重要条件，它也不失为说明埃及政府将仲裁裁决诉诸埃及司法的上诉程序，乃是直接地、明确地而且单方地违反仲裁协议实质性条款的证据。尽管原来的仲裁协议中明确排除司法管辖权的目的可能是埃及政府害怕埃及作为主权国家以及其主权国家的机关——空军可能作为被告介入到司法诉讼的情况。但这一事实本身可能也排除哥伦比亚区巡回上诉法院作出任何有关联邦地方法院对克罗摩洛案判决是否适当的声明之可能性。

相反，既判力的观点则"基于对有拘束力的仲裁协议进行司法执行这一强烈公共政策之上，对埃及法院撤销仲裁裁决这一判决的认可将清楚地违反该公共政策"。② 适用此公共政策的原因似乎不可简单理解为埃及政府将仲裁裁决上诉至埃及司法系统的行为明显且毫无争议地违反了仲裁协议。克罗摩洛案所体现出的更为重要，也是通常不为人所关注的考虑，则在于埃及法院的做法违反了公约总体所体现的这样一种意图：将"may"这一宽泛的法律概念植入第 5 条的规定中现实的考虑就是将裁决国撤销仲裁裁决的理由限定于支配合同的条款与条件中，这一标准与公约第 5 条所体现的较为限制性的裁决撤销标准也相当契合，而且并未剥夺裁决国基于实体法理由对其管辖范围内的裁决予以撤销的权力。

简单来讲，克罗摩洛案当然体现出埃及法院对当事人协议的强烈漠视。但公约第 5 条所赋予执行国法院漠视裁决国法院撤销裁决的权力则必须根据

---

① 合同的附件六明确地对"仲裁的仲裁地与仲裁准据法"进行了选择。该款规定："双方当事人均毫无异议地同意适用埃及法并以开罗为仲裁地。仲裁庭的裁决为终局性裁决，不得以任何形式上诉或诉诸法院。"同上书，第 912 页。

② 同上书，第 913 页。

客观且普遍接受的法律标准予以行使。克罗摩洛案所体现出的漠视埃及法院撤销裁决的规范基础并非一种单纯的政策，而是一类法律命题。

联邦地方法院在克罗摩洛案中的观点几乎为人所遵从有3年之久，而后第二巡回法院在贝克海运（尼日利亚）有限责任公司诉切夫伦尼日利亚公司案（简称贝克海运案）[①]中维持了联邦地方法院因外国裁决国已撤销而驳回申请人执行此外国裁决的申请。这里我们有必要对此案的法律程序与事实审议作一近距离考察。贝克海运案是一起合同争议，其中贝克海运公司与Danos&Curole Marine公司（下简称丹诺斯）和切夫伦公司作为合同的各当事方，其中贝克海运公司向切夫伦公司的驳船提供当地补给，而丹诺斯则向切夫伦公司提供技术设备和管理服务。[②] 执行合同中订立了仲裁条款，以尼日利亚为仲裁地，尼日利亚实体法为准据法。另外，当事人约定对裁决的任何司法审查都由对此事项具有管辖权的法院管辖。[③] 贝克海运公司认为丹诺斯和切夫伦公司均违反合同，于是根据仲裁条款在尼日利亚的拉各斯提起仲裁。这两个仲裁均裁决贝克海运公司胜诉，其中一个裁决丹诺斯向其赔偿223万英镑的损失，而另一个仲裁庭则裁决切夫伦公司赔偿75万英镑。[④] 贝克海运公司立即向尼日利亚联邦高等法院提起执行这两个裁决的申请。被申请人丹诺斯和切夫伦公司则基于几项理由向该法院申请撤销仲裁裁决。法院撤销了这两个仲裁裁决，撤销的理由并不复杂，主要阐述为四个方面。首先，法院认为仲裁员错误地裁决了惩罚性赔偿。其次，仲裁庭超出仲裁协议范围裁决。再次，仲裁庭采信了虚假证据。最后，法院认为两个裁决之间存在抵牾。[⑤]

贝克海运公司于是又向纽约北区联邦地方法院申请根据联邦仲裁法实施《纽约公约》的规定认可裁决的效力。法院基于国际礼让原则与公约规定驳

---

① Baker Marine v. Cheveron Nigeria Ltd. 191 F. 3d 194 (2nd Cir. 1999).
② 同上书，第195页。
③ 该合同中的仲裁条款规定："合同中的任何争议，包括违反合同、终止合同以及合同效力所引起的争议，都根据联合国贸易发展委员会仲裁规则由仲裁作终局性解决。"合同的其他条款也规定，仲裁"程序"（不被联合国贸发会仲裁规则支配的部分）应由尼日利亚联邦共和国实体法支配，合同条款应根据尼日利亚法律进行解释。另外，合同还规定："对仲裁员作出的仲裁裁决的司法审查应由任何具有管辖权的法院管辖"，同时有关本合同的仲裁协议与仲裁裁决应受1958年《纽约公约》支配。尼日利亚是《纽约公约》的缔约国。
④ 同上书，第195—196页。
⑤ 同上书，第196页。第二巡回法院认为这些理由"与其他事项"一起，构成了撤销仲裁裁决的充分条件。例如，有关丹诺斯败诉的仲裁裁决便"没有证据支持"。

回了申请。尤其值得注意的是，联邦地方法院提到："根据《纽约公约》规定，执行已被尼日利亚法院撤销的外国仲裁裁决并不适当。"①

与克罗摩洛案类似，贝克海运公司首先把考虑的重点放在公约第7条，要求第二巡回法院再次考察克罗摩洛案中联邦地方法院已经阐述过的公约第5条第1款第5项与第7条之间的紧张关系。法院因此也不得不花些笔墨与克罗摩洛案作些区分。由于贝克海运公司主张"联邦地方法院的判决没有体现出公约第7条应有的效力"，而该条恰好规定公约"不剥夺任何利害关系人在被请求承认或执行裁决之国家的法律或条约所许可的方式和范围内，援用该仲裁裁决的任何权力"。对此，第二巡回法院只是简单回应道："该条不过足以说明在尼日利亚订约的当事人将其之间的争议提交仲裁时的准据法为尼日利亚法律。"②

第二巡回法院的核心观点主要归结为两点。首先，"仲裁协议本身没有提及任何的美国法律"。其次，"没有任何证据显示当事人意图以美国仲裁法支配其争议"。③ 至于贝克海运公司认为公约的第5条第1款第5项同样使用了"may"这一宽泛用语，第二巡回法院则认为将该案与克罗摩洛案予以区分十分必要。法院十分精确地点明了克罗摩洛案中认可、承认与执行已被撤销的仲裁裁决的原因。法院的强调尽管是在脚注中作出，但仍能昭示其态度："在仲裁员作出有利于美国一方当事人的裁决后，美国公司向美国法院申请认可裁决的效力，埃及政府则诉诸其自己的法院，法院撤销仲裁裁决的行为说明了埃及政府不过是在试图撤销其遵守裁决结果的承诺，因此承认埃及法院判决的效力将与美国支持仲裁的公共政策相违背。"④

在这些论述中，第二巡回法院的遣字用词不可忽视，尤其是埃及政府"诉诸其自己的法院"这一事实不能低估。埃及政府不仅违背了仲裁协议的实质性条款，而且恰恰是从事仲裁条款所意图排除的活动。这一区别也就决定了案件与克罗摩洛案不同的结果。同时，法院在对两者案情进行区分时，也反复强调"贝克海运公司并非美国公司，它也并没有首先在美国提起执行

---

① Baker Marine v. Cheveron Nigeria Ltd. 191 F. 3d 194 (2nd Cir. 1999).
② 同上书，第196—197页。
③ 同上。法院认识到："作为一个事实，对公约项下的外国仲裁裁决机械适用国内仲裁法将严重削弱裁决的终局效力并产生相互冲突的判决。如果在裁决地被撤销后，一方当事人能自动在其他国家根据该国国内法执行该裁决的话，败诉方将非常可能遭遇一个又一个国家的执行诉讼，直到有国家准允这一执行。"〔引自 Albert Jan Van Den Berg, The New Arbitration Convention of 1958: Towards a Uniform Judicial Interpretation 355 (1981)〕
④ 同上 (Baker Marine v. Cheveron Nigeria Ltd. 191 F. 3d at 912, 913).

申请。而且，丹诺斯与切夫伦公司也没有任何不在尼日利亚撤销仲裁裁决的承诺，自然就在此点上谈不上违反仲裁协议。因此，本案中承认尼日利亚法院判决的效力与美国公共政策没有冲突"。① 相应的，对该法院撤销裁决效力的认可被视为：（1）符合国际礼让的考虑；（2）符合公约第5条与第7条的意旨；（3）符合美国公共政策；（4）符合克罗摩洛案所秉持的观点，虽然表面结果却为相反。

论述中所使用的"在本案中"与"美国公共秩序"的表述也值得重视。尽管第二巡回法院驳回了认可仲裁裁决效力的申请，但其字斟句酌的表示其主张仅"在本案中"是适当的，因此暗示了公约第5条与第7条在有关认可已被裁决国撤销的仲裁裁决时恐怕不能敷衍了事般地机械适用。本案的特殊性使得法院作出了不同的分析，实际上，克罗摩洛案与贝克海运案中法院的观点内容完全是一致的，均适用了相同的理论原则：其一，克罗摩洛案并不代表执行国法院有义务认可已被裁决国撤销的仲裁裁决的效力；其二，贝克海运案也不意味着执行国法院必须驳回执行已被裁决国撤销的仲裁裁决。事实情况为，执行国法院在分析裁决国撤销仲裁裁决的效力时，着力关注的问题在于裁决国对仲裁裁决的司法干预是否违背了当事人的意思自治。

意思自治这一术语似乎无论在克罗摩洛案还是在贝克海运案的分析推理中均无使用的痕迹。如同前文所述，两案结论上的差异已是不争的事实。但相同点亦显而易见，两案法院分析案情时均未质疑裁决国法院适用法院地实体法的做法，而是在意其在应用其本国实体法与法理时是否存在违反仲裁协议规定的情事，例如，当事人的意愿，或者为理论分析之便而归结的"意思自治原则"。

究竟这两个法院组织其观点分析的实际法律原则为何，情况似乎并不明朗，他们没有使用意思自治一语，而是采用了更为简洁，但却帐幕重重的"理性"一语，以该语词说明在克罗摩洛案中裁决国法院违反了美国公共秩序，而在贝克海运案中尼日利亚法院对裁决的撤销并不与美国公共秩序相抵触。因而，虽然两个判决均未对"公共秩序"的概念进行界定，但却转化为一种概念化的全能性条款，将这一短语作为判断裁决国法院在适用实体法撤销裁决时是否漠视当事人意思自治及违反仲裁协议规定的理据。两案中所称的"公共政策"并非公约第5条第2款第2项所指的"公共政策"。② 因而虽

---

① Baker Marine v. Cheveron Nigeria Ltd. 191 F. 3d 194 (2nd Cir. 1999).
② 实际上，这两个案件中的分析与推理均未涉及公约第5条第2款第2项的任何部分。

未完全明确,从深入分析中,我们不难感知"公共政策"实际上构成了美国法院判断执行国法院撤销仲裁裁决是否违反仲裁协议实质性条款的标准。[1]

有关执行国法院究竟应否,或者在多大程度上,应拒绝认可、承认与执行已被撤销的外国仲裁裁决,最重要的理论发展体现于 2007 年由华盛顿地区巡回法院的判决中。在特莫里奥公司诉爱特兰提科电气化公司案(TermRio S. A. v. Eletrana S. P.,简称特莫里奥公司案)[2] 中,上诉方特莫里奥公司与 Eletrana 公司(一家国有电力公司)订立了一项电力买卖合同,后者为买方。由于买方违反合同义务引起争议,申请人特莫里奥公司根据电力买卖合同中的仲裁条款提起仲裁。仲裁庭裁决申请人胜诉,要求被申请人赔偿超过 6000 万英镑的损失。[3] 对此,Eletrana 公司则向一家哥伦比亚法院申请域外命令以撤销仲裁裁决。哥伦比亚的最高行政法院于是"基于当事人合同中的仲裁条款违反了哥伦比亚法"为由,撤销了仲裁裁决。[4]

特莫里奥公司于是向联邦地方法院起诉 Eletrana 公司与哥伦比亚政府要求执行仲裁裁决。联邦地方法院出于几个考虑驳回了申请人的执行申请,其中最为关键的因素在于没有任何证据证明哥伦比亚最高法院审判该案的程序不当以及判决失真,联邦地方法院有义务尊重该判决。[5] 巡回法院维持了

---

[1] 为完整起见,在 Hilmarton v. Omnium de Traitenent et de Valorrision-OTV 案中,20 Y. B. Com' Arb. 663 (1994)。法国法院认为公约第 7 条赋予当事人在可利用国内法较公约第 5 条更为优惠的条件寻求执行外国仲裁裁决。当事人达成了由国际商会在日内瓦的仲裁协议,瑞士法为仲裁准据法。争议产生后,仲裁员否定了一方当事人认为合同违反了瑞士公法的仲裁请求。一家瑞士法院撤销了仲裁裁决,理由是仲裁员行为违反了瑞士的公共秩序。尽管裁决已被撤销,OTV 公司仍然根据《纽约公约》在法国申请执行裁决。Hilmarton 公司则抗辩裁决已在瑞士撤销。法国法院则否决了 Hilmarton 公司的抗辩,其认为根据法国民事诉讼法第 1502 条之规定,裁决被撤销并非被拒绝承认与执行的理由。因此法院判决根据法国国内法支持 OTV 公司执行已被撤销的仲裁裁决的申请。为解决这些问题,一位知名的专家曾经建议《纽约公约》应予以修改,消灭裁决国撤销裁决的权力。See Kenneth R. Davis, Unconventional Wisdom: A New Look at Article V and Ⅶ of the Convention on Recognition and Enforcement of Foreign Arbitral Awards, 37 Tx. Int'l L. J. 43, 85—87 (2002)。根据该专家的观点,仲裁准据法所属国是唯一有权撤销仲裁裁决的国家。但这一解决办法不能解释执行国依照其国内法执行仲裁裁决的权力,这一权力与公约所要实现的统一性恰恰相反,而且导致裁决撤销国与执行国之间的矛盾判决,因此,他的建议不能为解决这些冲突提供任何的指导。

[2] TermRio S. A. v. Eletrana S. P 487 F. 3rd 928 (C. A. D. C. 2007).

[3] 同上书,第 929 页。

[4] 同上。

[5] 该仲裁条款规定:"有关当事人执行、解释、履行与解除合同所引起的任何争议均在不超过 3 周时间内通过协商机制友好解决。如果不能达成协议,任一方当事人均可提交仲裁庭依国际商会调解与仲裁规则予以仲裁解决。仲裁庭由国际商会指定的 3 人仲裁员组成,仲裁地为哥伦比亚的巴兰基利亚市。裁决对双方当事人具有拘束力,必须在最长 3 个月期限内作出。"同上。

联邦地方法院的判决:"由于被裁决国依法撤销,上诉人在美国根据联邦仲裁法或《纽约公约》没有理由执行该裁决。"①

这一观点不仅是综合性的,而且令人印象深刻,因为其为11个根本前提分析的产物,而不再是7点政策考虑的结果。首要原因则在于对支持仲裁这种方兴未艾的替代性争议解决机制政策的重新审视。对于此点的考虑,法院的重点不得不在于使得裁决具有全球执行力,从而使其在国际私法领域与经济全球化中具有私人争议解决的终局效力。即使没有明确使用这些语句,法院对意思自治这一理念对优化跨国商务争议解决所作的贡献也不少。其次,法院认识到:"国际贸易最近几十年来飞速扩展,在贸易过程中使用仲裁解决争议的频率也是如此。《纽约公约》的目的在于鼓励国际合同中的仲裁协议的相互承认与执行,并统一缔约国间执行仲裁裁决的标准。"而且,法院进一步注意到:"《纽约公约》促进国际商事仲裁效力的发挥取决于各国法院在正常状况下审判均以此想法指导审判的意愿。"② 最后,法院也非常巧妙地考察了公约如何应对不同情形下执行国法院撤销裁决做法与执行国法院处理执行裁决的申请。③ 虽然这些认识均可为公约第5条第1款第1项(表面上裁决国撤销其仲裁裁决的理由都是其实体法所特有的)与执行国认可、承认与执行仲裁裁决所应遵循的公约第5条所佐证,但这些分析大多也只是模糊地为执行国法院执行已被撤销的仲裁裁决提供了一种一致的并可预见的标准与方法。为裁决国与执行国对仲裁裁决的司法审查采取双重标准的做法有助于对此事进行总体性的考察与鉴别。然而,法院的分析却令人失望地缺乏这样一种概念上的区分:执行国到底是对仲裁地国违反仲裁协议而撤销的仲裁裁决予以认可,还是对仲裁地国因违反裁决地国实体法而撤销的仲裁裁决予以承认与执行。

---

① TermRio S. A. v. Eletrana S. P 487 F. 3rd (C. A. D. C. 2007) 933. 巡回法院阐述道:他不会去判断不方便法院原则是否可由联邦地方法院适用为驳回认可、承认与执行仲裁裁决的理由。另外,法院也拒绝判断是《美国法典》第302条,还是其他与《纽约公约》相关的条文将公约纳入美国法。法院解释《巴拿马公约》与《纽约公约》在本案所涉事项上实质上相同,因此双方当事人均未质疑法院的分析。法院因此根据《纽约公约》的条文解决了问题。

② 同上书,第933—934页(citing Scherk v. Alberto-Culver Co. and Misubishi)。

③ 巡回法院阐述道:"公约对仲裁裁决设置了十分不同的司法审查机制:(1)裁决国或者仲裁依据以作出的准据法所属国法院的司法审查;(2)仲裁裁决的承认与执行国家法院的司法审查。公约特别强调裁决国或者仲裁依据以作出的准据法所属国法院可根据其国内仲裁法或一整套明示或默示的司法救济原因撤销或修改仲裁裁决。然而,公约规定得很明确,执行国拒绝执行外国仲裁裁决则只能根据公约第5条所列举的理由进行。"同上书,第935页。

对公约中有关已撤销的仲裁裁决进行司法审查的情形作出这两类区分还是相当准确的，这也为法院的论证所证实。毫无疑问，裁决国根据其实体法撤销仲裁裁决具有更大的空间，而执行国根据公约第 5 条规定拒绝承认与执行外国仲裁裁决的理由则限制较为严格。如果说法院的观点尚有缺憾的话，恐怕就在于缺少对克罗摩洛案、贝克海运案与特莫里奥公司案三者案情事实的综合性分析与探索。法院的分析总体上来看还较为单薄。为了不损害当事人在裁决国仲裁的权利，也就是说，出于尊重裁决国对其管辖范围内的裁决进行司法审查与撤销权的目的，执行国法院应被赋予一个规范性基础，明确指示执行国何谓违反仲裁协议条款而撤销仲裁裁决。实际上，这一区分不仅简洁、必要而且便于识别，它可以调和执行国法院与裁决国法院有关裁决的撤销与认可间的紧张关系。另外，这一区分也有利于弥合公约第 5 条所包含的"may"这一宽泛性用语与第 7 条有关执行权之间的表面不一致。尽管克罗摩洛案与贝克海运案就是基于此进行区分，但上诉法院还是犹豫于设定一项"法律规则"作为促进国际商事仲裁一致性、可预见性、确定性、意思自治性、透明性的可适用标准。

通过法院的分析可以看到，对裁决国的定性相较于对仲裁地的确定更为复杂，而裁决国通常也就定义出裁决作出国与有权管辖国。定义裁决国的标准通常包括：

（1）当事人的国籍的确定；

（2）履行地；

（3）仲裁地；

（4）交易发生地；

（5）对情况的综合考虑，包括当事人的期望。[①]

另外，就执行国而言，上诉法院认为贝克海运案中对公共政策的推理非常清晰，第二巡回法院同样认识到遵循贝克海运案的观点的话，同样得不到期望的结果，但在实际当中，如果将国内仲裁裁决的做法机械应用于公约项下的外国仲裁裁决的话，将严重影响裁决的终局性，并会导致相互冲突的法院判决。作为一个事实，对公约项下的外国仲裁裁决机械适用国内仲裁法将严重削弱裁决的终局效力并产生相互冲突的判决。如果在裁决地被撤销后，一方当事人能自动在其他国家根据该国国内法执行该裁决的话，败诉方将非

---

① TermRio S. A. v. Eletrana S. P 487 F. 3rd 935.

常可能遭遇一个又一个国家的执行诉讼，直到有国家准允这一执行。① 相应的，上诉法院认为如果采纳申请人的观点，则将削弱公约所珍视并且促进的原则："如裁决被裁决国合法撤销的话，一个不存在的裁决将在其他缔约国予以承认与执行。这一原则支配本案的处理。"②

再次重申，这一非常重要的政策考量当然值得我们高度重视与强调，但不能提升至有拘束力的法律规范以支配司法行为的高度。所谓政策，准确来说就是一种观点或推论，它所产生的结果并不拘泥于某一个案，因而无论特定争议事实如何，在任何司法程序中均应予以考虑。然而，这些政策却难以在案件处理中被视为在性质上超越其他问题，得以优先考虑。另外，政策相对法律规则而言还显粗糙，因而与其将其在残酷现实中直接加以适用，不如将其视为由法律原则跨越事实的理性推理之舟。

有关该政策下所潜藏的公约第 5 条第 1 款第 5 项与公约第 7 条之间的冲突也被简要阐述。法院本身觉察到将政策考虑阐述为司法性质的规范所蕴涵的特殊风险。在对克罗摩洛案③的情形进行区分时，法院注意到："申请人暗示公约背后的政策有利于裁决的承认与执行，它应涵盖公约第 5 条第 1 款第 5 项的指令，但这种看法简单来说犯了错误。法院是否承认与执行一个未被裁决国撤销的仲裁裁决的判决与是否漠视其他执行国的执行判决是颇为不同的。"④

通过巡回法院的分析可以看出，争议的问题最终并不在对裁决国法院撤销或修改仲裁裁决的漠视上。相反，更为重要的考量则着眼于有必要认识到执行国法院，或者更具体来说就是美国法院，既没有直接对抗裁决国撤销仲裁裁决的权力，从而认可已被撤销裁决的效力，也没有在"不存在特殊情形"⑤的情况下，直接对裁决效力进行判定的权利。因此，要判断已经由裁

---

① TermRio S. A. v. Eletrana S. P 487 F. 3rd 936〔quoting Albert Jan Van Den Berg, The New Arbitration Convention of 1958: Towards a Uniform Judicial Interpretation 355 (1981)〕.

② 同上。

③ 对于此点，法院注意到："我们不必去判断克罗摩洛案中的观点是否正确。因为正如被申请人所指出：'本案与克罗摩洛案是不同的，在后者中，当事人明示的合同条款由于裁决上诉被撤销而被违反。而在这里，Eletrana 是基于仲裁庭组成不适当或者未获法律授权而在哥伦比亚法院申请撤销仲裁裁决，从而获得法院的支持，法院判决也完全基于此点立法进行'。"同上书，第 937 页。

④ 同上书，第 937 页；see also Yusuf Ahmed Alghanim & Sons v. Toys R Us, Inc., 126 F. 3d 15, 23 (2d Cir. 1997)（该案认为："公约特别强调裁决国或者仲裁据以作出的准据法所属国法院可根据其国内仲裁法或一整套明示或默示的司法救济原因撤销或修改仲裁裁决"）。

⑤ TermRio S. A. v. Eletrana S. P 487 F. 3rd 938.

决国撤销的仲裁裁决能否被承认与执行的关键就在于寻找到所谓的"特殊情形",但该"特殊情形"在本案中并未被发现。

然而,法院的推理分析与考虑并未局限于执行国法院对裁决的执行上。可以相信的是,上诉法院的阐述已经涉及公约第 5 条第 2 款第 2 项有关的"公共政策"的边界问题。在此方面,法院懂得"这不仅仅是执行国在申请人向其申请执行仲裁裁决时,否决该项申请的标准……因为公约已经强调不同国家可有不同的理由以否决仲裁裁决的效力"。[1] 因而,上诉法院得出结论:"法院将认可已撤销仲裁裁决效力的情形限定于外国撤销裁决的判决违反公共政策的理由范围内,也就并不令人讶异。"[2]

上诉法院确认撤销仲裁裁决效力之判决的第八个理由在于公约的历史,强调当事人可有权在裁决国根据该国法律撤销或修改仲裁裁决。根据法院分析,"公约的语言表述与立法历史清晰地表明了当事人撤销仲裁裁决的动议受裁决国国内法支配"。[3]

第九点,也就是最后一点,在界定哥伦比亚为"裁决国"时,有不少于六方面的要素值得注意:

(1) 相关事项被视为"一个特定的哥伦比亚事项",因为其牵涉哥伦比亚主体;

(2) 合同为以哥伦比亚为履行地的服务合同;

(3) 合同引起仲裁地在哥伦比亚的仲裁;

(4) 哥伦比亚仲裁裁决引起在哥伦比亚的诉讼;

(5) 当事人协议适用哥伦比亚法律;

(6) 哥伦比亚最高法院是适用哥伦比亚法律的最高司法机关。

一方面将这些因素整体考虑,同时又没有任何违反仲裁协议的情势存在,上诉法院找到它确认联邦地方法院判决的有力支持。

当然,特莫里奥公司案显示出这样一种理论发展,其表面看来赞成赋予裁决国有管辖权的法院广泛的、几乎完全免除司法审查的权力去适用裁决国

---

[1] TermRio S. A. v. Eletrana S. P 487 F. 3rd 938.

[2] 公共政策作为决定是否认可已被撤销之仲裁裁决效力的标准已经成为法院广泛评论的主题之一。上诉法院对此曾发表过非常有见地的评论:"一个撤销仲裁裁决的判决如果违背执行国的公共政策,以至于与执行国的善良风俗与正义等基本价值理念相违背的话,那么该判决的效力将不可执行。这一标准不仅较高,而且经常变化。正如一个法院曾经写道:如果一个判决清楚地会损害公共利益,削弱公众对法治的信心,或者减损个人自由权、财产权,那么它就是违背公共政策的。"

[3] TermRio S. A. v. Eletrana S. P 487 F. 3rd 939.

实体法律决定其管辖范围内的仲裁裁决的效力，除非其行为有极端不当之情事存在。这一推论的必然结果则是执行国只能在极其特殊、严格受限的情况下认可已被裁决国撤销的仲裁裁决的效力。然而，这种变化趋势显得更为深层次，更为复杂。

值得注意的是，克罗摩洛案与贝克海运案仍然是有拘束力的判例。而且上诉法院在特莫里奥公司案中没有推翻，甚至没有批评克罗摩洛案。该案涉及克罗摩洛案的部分不过是将其与其他类似案件予以区分。同样的，涉及贝克海运案的有关推理，其效力也并不高于克罗摩洛案的观点。上诉法院的判断清晰得当，贝克海运案无论在法律程序上，还是在事实上，均与特莫里奥公司案更为接近，它们同为克罗摩洛案的司法进展。上诉法院支持了联邦地方法院的判决，认为联邦地方法院在驳回申请人执行仲裁裁决时并无不当，[1] 它的分析也为我们更为精深的分析提供了肥沃的土壤。

尽管公约对于裁决国与执行国对仲裁裁决的司法审查采取了不同的体制，但无论是公约的条文规定，还是上诉法院在特莫里奥公司案中的分析都没有为执行国法院认可已被裁决国撤销的仲裁裁决的效力设置明确标准。由于并未推翻与批评克罗摩洛案，上诉法院虽然通过克罗摩洛案的论述似乎对执行国法院审查裁决国撤销仲裁裁决的判决有隐含标准，这不可能是明示的，因为执行国法院裁判外国法院对其本国实体法的解释与适用，不仅显得尴尬，而且难具说服力，毕竟，外国实体法对于执行国而言毕竟是陌生的外国法。

判断标准并非繁复。在撤销国撤销仲裁裁决是出于漠视仲裁协议条款的情形下，申请人向执行国申请执行已被撤销之仲裁裁决的权利不容剥夺，执行国也有权认可裁决的效力。当然，这一标准远非无懈可击，但其具有简洁、易适用的特点，不至于强使执行国法院实际居于审查裁决国适用其本国实体法对错与否的地位。而且，即使不能在实际中完全消灭当事人在不同国家重复申请承认与执行已被裁决国撤销的仲裁裁决的情形，但通过明确推翻裁决国撤销裁决效力判决的标准，使得当事人实现希望的路径有迹可寻，多国申请执行的可能性也将大为降低。

当然，究竟何谓仲裁协议的实质性条款，这些问题仍存疑惑。类似的，"无损害错误"的概念有时也可能导致裁决国对执行仲裁协议时撤销仲裁裁决。有些人认为这也可能导致执行国法院认可因此而被撤销的裁决的效力，

---

[1] TermRio S. A. v. Eletrana S. P 487 F. 3rd 933.

但有人却认为这种限制并不适当。根据此种观点，对公约的一切修订以及判例的一切发展都可能违反国际法，因为这些行为可能被理解为一国通过司法对别国主权行使的不正当干涉。这一问题难以马上找到正式的解决办法。

裁决国在行使适用其本国实体法撤销仲裁裁决时，其权力并非肆无忌惮，不受约束，如果裁决国以漠视或违反仲裁协议的实质性条款作为其撤销裁决的正当性筹码的话，其责任也不能免除。回归基本理论对该事项的分析非常重要。即使我们认识到，无论对于国内仲裁也好，国际商事仲裁也罢，完全摆脱司法干预的仲裁似乎并不存在，但保持仲裁作为一项完整的争议解决机制而尽量弱化司法干预却非常关键。当然弱化司法干预，还是使得司法介入本身在仲裁程序中充当程序加速器的作用，它从属于仲裁。仲裁受意思自治理念支配，仲裁管辖完全是当事人的合意的产物，仲裁只不过是当事人间解决其争议的一种手段，而不是通过国家社会政策所产生的制定法、案例法解决争议的司法机关，假使赋予裁决国无限的司法干预权，这将当然违反仲裁作为替代性争议解决机制的最重要原则。因而，这里的"弱化"不能量化，由于法院与仲裁程序的关系不断变化，以至于法院促进仲裁程序的努力常常被限制于相互敌视的境地。所以，这里的"弱化"并非单纯的是对司法干预的"减少"。

上诉法院在特莫里奥公司案中的观点从根本上看是积极的，因为它得出了正确的结论。当然，依赖公共政策的做法可能引发人们对规范性价值的担心。但如果将研究重点置于对执行国执行被裁决国撤销的仲裁裁决的标准进行概念化的分类，相信法律界将会更好地担当指路标的角色。最后，法院试图调和公约第5条规定（赋予法院决绝承认与执行裁决的权力）与第7条（赋予当事人利用其所拥有的一切权利执行仲裁裁决的权利）之间在表面上的紧张关系，但显得力不从心。事实上，这一问题与有关适用于裁决国法院与执行国法院间关系的法律原则在理论上缺少进展相互交织而不可分割。

不管如何分析，克罗摩洛案、贝克海运公司案与特莫里奥公司案这三个案件都必须被理解为迈向界定法院不同角色的综合性体制发展的第一大步：

（1）裁决国审查仲裁裁决；

（2）司法干预仲裁程序的性质；

（3）裁决国法院与执行国法院得出相反结论；

（4）意思自治、统一性、可预见性与透明性标准这些基本理念被进一步深化。

理性分析克罗摩洛案、贝克海运公司案与特莫里奥公司案这三个案例，虽然还难说相关法理分析已经上升到很高层次,但它们的确至少初步回答了本部分所讨论的这四个问题。首先,公约是否将判断裁决国法院是否正确适用其实体法撤销或暂停裁决效力的权力移交给执行国法院,仲裁庭的裁决是否应预先符合执行国的实体法?其次,是否存在这样的需认真对待的规范基础,如果存在的话,如何去认真对待?再次,执行国法院是否需要对裁决在裁决国撤销的法律原由进行追究?最后,是否应赋予执行国审查裁决国撤销裁决程序的能力以鼓励一方当事人在不同缔约国执行已被裁决国撤销的仲裁裁决?

那么悬而未决的就不是这些问题的答案了,而是一种方法论,经由此种方法论,我们可以一种与仲裁的形成与发展相契合的方式得出最为恰当的答案。

结　论

祛除对仲裁的偏见与敌意是一个渐进的理论发展过程,它也是美国最高法院在三菱汽车公司案中的一个重要成果。司法界、学界、工业界与贸易实务界普遍接受仲裁作为国内领域与国际领域中的一种新的替代性争议解决机制是仲裁成为现代经济全球化浪潮中一种流行的争议解决方式的主因。而且,仲裁使得以前跨国民事诉讼所无法解决的国际间私人商务争议的解决成为触手可及的现实。然而,这一成功面对国际商事仲裁中所涉及的不同法系的交融与来自不同法律文化背景且企图在仲裁这种替代性争议解决机制中获取满足的当事人时,将滋生一些亟待解决的新问题。例如,一些诸如在国际商事仲裁领域所涉及的美国普通法中的证据开释制度的根本变革便迫使法官、实务人士、评论家与仲裁员抛弃对仲裁的老偏见,考虑建立一种新的范式去消解那些传统的观念,使之与现代发展相契合。这些变化发展,当然远非问题的解决,若要使之与符合国际商事仲裁的气质及其背后潜藏的政策期待,则仍须持续性的理论分析进展。同样的,有关显然漠视法律、仲裁中的伪证以及司法与仲裁程序之间的互动关系,等等,这所有的问题都在过去的25年中获得极大进展,但还需要以更为精细与综合的模式以促进国际商事仲裁的统一性、意思自治性、确定性、可预的见性价值与透明度标准。如果期待仲裁继续在将来填补诉讼在跨国民商事争议解决方面的空白的话,还需保持仲裁的方便、快捷。

美国国际商事仲裁理论的进步与《纽约公约》的规定及其所体现出的政策之间的交流与对话同样也经历了重大的发展。我们可重温以下两个例子。对仲裁败诉方的管辖权问题，乃系执行仲裁裁决的前提，但前文已论，其并不能从《纽约公约》的文本中找到任何规定。但此类管辖要求从根本上说均以"正当程序"为前提。但这一理念并没有因其宪法地位而绝对的教条化。相应的，各缔约国均将管辖权问题作为其执行外国仲裁裁决的一个普遍接受的前提，这大概的确是对公约的一种修正。另外一个鲜明的例子就是不方便法院原则。该原则既非宪法原则，亦非实体规则，而是普通法系的一类独特的程序性学说，若其带上所谓"为世人普遍接受的护身符"的话，当然也就被神话为宪法教条了。虽然法学理论的发展走向不是，也不能以"全民公决"来决定之，但对某一司法行为的普遍接受仍是在特定模式内任何涉及在国际间自由认可、承认与执行仲裁裁决时适用该理论所要认真考虑的根本因素。所以说，不具有普遍接受性的不方便法院原则，连同它的其他一些特性，不可能对公约构成任何修订。对这些问题的定性与持续性的理论分析，都不过是促进国际商事仲裁与各国司法机关之间紧密、和谐的建设性关系的一步，尽管是非常谨慎的一步。

这些新的模式对于国际商事仲裁的发展是有益的，他们暗藏的特性虽然尖锐，但却不乏效用。国际商事仲裁仍处于变动之中，以至于其目前所具有的特性相对将来的配置与功用面临一定风险。变革与稳定天然是对矛盾体。然而，他们的紧张关系能否很好调和与妥协颇为令人生疑。为免某天噩梦醒来后，发现在全球化的浪潮中，仲裁竟已然演变为抗拒相互承认的替代性争议解决方式，佛朗兹·卡夫卡的《变形记》童话当然可以给我们一些启示。对于普通法潜移默化但却实实在在发生的转变，我们的严格分析势在必行。这些已经发生的变革以及潜在的变革也并不一定会产生一种破坏国际商事仲裁基本架构、宗旨与精神的新模式。

变革正在发生。然而，以我们的分析来看，这些变革不值得发生吗？

附录一

《木棍决斗》

附录二

案例选编

案例选编列表（按照年份和法院来排列）

1. 威尔科诉斯旺，346 U.S. 427 (1953)
2. 普莱马涂料公司诉弗拉德—康克林制造公司，388 U.S. 395 (1967)
3. 伯利蒙诉扎巴塔离岸公司，407 U.S. 1 (1972)
4. 谢尔科诉阿尔贝托—卡尔弗公司，417 U.S. 506 (1974)
5. 寇恩纪念医院诉墨丘利建筑公司，460 U.S. 1 (1983)
6. 绍斯兰德公司诉科廷，465 U.S. 1 (1984)
7. 三菱汽车公司诉索勒·克莱斯勒—普利茅斯公司，473 U.S. 614 (1985)
8. 罗吉圭兹·奎杰斯等诉希尔松/美国快递公司，490 U.S. 477 (1989)
9. 英特尔股份有限公司诉超微半导体有限公司，542 U.S. 241 (2004)
10. 布克耶结算有限公司诉约翰·卡德格纳等人，546 U.S. 440 (2006)
11. 汤姆逊公司诉美国仲裁协会，64 F.3d 773 (2d Cir. 1995)
12. 贝克海运（尼日利亚）有限责任公司诉切夫伦尼日利亚公司，191 F.3d 194 (2d Cir. 1998)
13. 杜弗科国际钢铁贸易公司诉凯伦船务公司，333 F.3d 383 (2d Cir. 2002)
14. 帕其希鸥·克勒里茨案，481 F.3d 1324 (11th Cir. 2007)
15. 特莫里奥公司诉爱特兰提科电气化公司，487 F.3d 928 (D.C. Cir. 2007)
16. 克罗摩洛航空服务公司诉埃及阿拉伯共和国，939 F. Supp. 907 (D.D.C. 1996)

威尔科诉斯旺

美国联邦最高法院

346 U. S. 427

1953年10月21日口头辩论
1953年12月7日判决

瑞德（Reed）法官：

申请人（petitioner）威尔科（Wilko）是一名证券投资者，答辩人（respondents）斯旺（Swan）是海登斯通公司（Hayden, Stone and Company）的证券经纪人和合伙人，申请人是答辩人的客户，申请人根据1933年《证券法》第12条第2款在美国纽约南区联邦地方法院对斯旺等人提起损害赔偿之诉。申请人声称，海登斯通公司虚假陈述，认为永新公司将与博格华纳公司合并因而永新公司的股票将比市场价溢价每股6美元，值得买入，因此，申请人在1951年1月17日左右受海登斯通公司的诱导而购买了1600股永新公司的股票。此外，海登斯通公司并没有将永新公司董事海文·B·佩吉（Haven B. Page，联邦地方法院诉讼的被告之一，但在本院的审查中并不涉及）正在卖出永新公司股票的行为告诉申请人。在申请人购买股票两个星期后，申请人亏损出局。为此，申请人认为他的损失是由于海登斯通公司的虚假陈述以及没有披露佩吉先生的相关信息而导致的，所以寻求损害赔偿。

对于申请人的起诉，答辩人并没有答辩，而是依据《联邦仲裁法》第3条的规定要求在依据双方所签订的保证金合同条款仲裁前中止诉讼。答辩人指出，双方的关系受保证金合同条款的控制，在答辩人愿意仲裁时申请人却不寻求也不推进用仲裁来解决争议。

在发现当事人合同中所规定的应利用仲裁来解决未来所有争议后，联邦地方法院认定仲裁协议剥夺了《证券法》所赋予的申请人寻求法院救济的权利，因而拒绝中止诉讼。对此，上诉法院认为《证券法》并不禁止将未来可能发生的争议提交仲裁,从而撤销了联邦地方法院的判决。

问题是将未来争议提交仲裁的协议是否是《证券法》第14条所规定的"任何责令证券投资者放弃遵守本节或证券交易委员会的规章制度的规定的条件、约定或规定无效"。我们发布调卷令来审查这个影响《证券法》以及《联邦仲裁法》的重要而又崭新的联邦问题(比较 Frost & Co. v. Coeur D'Alene Mines Corp., 312 U.S. 38, 40)。

正如双方当事人的合同所证明的,根据《证券法》,本案适用《联邦仲裁法》是没有问题的〔9 U.S.C.(Supp. V, 1952)§ 2. Cf. Tejas Development Co. v. McGough Bros., 165 F.2d 276, 278, with Agostini Bros. Bldg. Corp. v. United States, 142 F.2d 854. See Sturges and Murphy, Some Confusing Matters Relating to Arbitration, 17 Law & Contemp. Prob. 580〕。

针对总统所提出的要求在传统的买者自慎之规则(caveat emptor)外增加"让出卖人注意"的原则,国会通过了1933年的《证券法》。为了保护投资者,《证券法》要求发行人、包销人、经纪人对证券交易的品质作完全、公平的披露以避免欺诈。为了让这个政策有效,《证券法》第12条第2款创设了针对虚假陈述的特别权利,这与普通法上诉讼的实质区别在于卖者承担证明没有故意的责任。《证券法》所规定的特别权利在任何具有适合管辖权的联邦或州法院都是可以执行的。如果诉讼在联邦法院提起,购买人可以选择审判地,不适用于异籍案件(diversity cases)对送达与标的超过3000美元的要求。

《联邦仲裁法》确立了将仲裁代替诉讼的愿望。参议院和众议院的报告都强调需要避免诉讼的迟延和费用,而该法所创立的利用仲裁来解决争议为这燃起了希望。然而,立法机关与法院对仲裁的友好态度并不能解决本案中当事人所签订的仲裁协议的有效性问题。

申请人认为,《证券法》第14条表明国会的目的是确保出卖人不能削弱投资者根据《证券法》取得赔偿的能力,因而利用仲裁来执行自己的权利缺乏《证券法》上所规定的诉讼的确定性。他认为,双方所签订的仲裁条款是一个放弃遵守《证券法》授予管辖权和特别权利的条款。

答辩人认为,仲裁仅仅是用来执行法律的一种审判形式,与《证券法》和《联邦仲裁法》的语言、立法目的并不冲突,它们在各自的范围内发挥作用,《证券法》保护投资者,《联邦仲裁法》简化证券交易中违法行为的索赔程序。

答辩人同意上诉法院所认定的仲裁协议并不免除《证券法》对出卖人责任或者举证责任的规定。我们同意仲裁中的裁决会受到成文法或普通法而非公平考虑的影响，《证券法》的相关规定应予适用。即使仲裁协议没有要求仲裁员遵守法律，也是如此。当事人就《证券法》效果的协议也包括接受免除答辩人的所有"关于就答辩人或其员工或代理人针对投资者的任何财产的买卖的建议、陈述"的责任的条款的无效。

《证券法》第14条将放弃遵守《证券法》任何规定的"规定"宣布无效。当事人提交仲裁的安排也是一个"规定"，我们认为选择司法场所的权利是根据《证券法》第14条所规定的不能放弃的规定。得出如此结论的理由是基于申请人要求本院进行司法审查的声明。证券交易的买卖双方在某些情形下可以详细地处理公平的条件，但显然《证券法》的起草注意到了投资者所面临的不利。证券发行人和经纪人比投资者有更好的机会来调查评估影响证券的潜在的收益与营业计划。因此，国会将证券投资者与其他购买商区别开来，将前者涵盖在《证券法》中。

在任何违反《证券法》的情形发生前，证券投资者放弃在法院起诉的权利将比其他商业交易的参与者放弃更多的权利。证券投资者对法院和审判地具有广泛的选择权。因此在更难以判断《证券法》对他的对手施加的不利条件之重要性时，放弃了司法诉讼权就是放弃了《证券法》所赋予他的优势。

与司法程序相比，即使在仲裁中适用有利于证券投资者的《证券法》规定，其效力也削弱了。本案涉及的问题不是依据合同确定商品质量或者到期应付款项，而是要求对所主张的违反《证券法》的人的目的和知识的主观认定。仲裁员对此作出认定，既没有司法指示，又可以在裁决书中不说明理由，不提供完整的程序记录，因而法院并不能审查仲裁员关于诸如"举证责任"、"合理注意"、"重要事实"等成文法所要求的法律上含义的理解。

撤销仲裁裁决的权力受到限制。虽然可能如上诉法院所认为的那样，仲裁员未根据《证券法》的规定作出裁决构成了根据《联邦仲裁法》第10条规定的撤销仲裁裁决的理由，但是这种违法必须是明确地显现出来。因此，仲裁员对法律的解释，不同于对法律的不予适用，不会因解释错误而受到联邦法院的司法审查。与英国法不同，《联邦仲裁法》并没有规定对法律问题认定的司法审查。既然《证券法》的保护性条款要求司法机关公平地确保《证券法》的效力，我们认为国会肯定希望《证券法》第14条适用于对司法审判和审查的放弃。

这与 Boyd v. Grand Trunk Western R. Co 案（338 U. S. 263）一致。

在该案中，我们认定，对于雇员根据《联邦雇主责任法》而在诉讼中选择审判地予以限制的条款是无效的。《联邦雇主责任法》第 6 条允许在多个地点选择诉讼，而且第 5 条禁止承运人免责，制定第 5 条的目的是避免放弃雇主责任的合同。需要注意的是，立法用语禁止的是对于责任的豁免。我们认为，在责任产生后选择审判场所的权利是"重要的实体权利"，本案所涉及的仲裁协议限制了这种选择权，与立法的目的相抵触。在本案中，我们没必要也并没有走的那么远。就仲裁协议的条款而言，申请人的选择权在争议产生前就被限制了。《证券法》并没有要求申请人起诉，而争议前预先弃权则没有理由。

在本案中涉及两项不易调和的政策。一方面，国会通过立法权赋予交易参与人利用仲裁来快捷、经济、充分地解决争议的机会，只要当事人愿意接受法律上的判断的确定性更少的情形。另一方面，国会通过了《证券法》来保护投资者权利并且禁止放弃这些权利中的任何一项。认识到当事人之间的仲裁协议为商事争议解决提供的便利，我们认为，裁定当事人仲裁协议无效的话，国会关于证券交易的立法意图可以得到更好地贯彻执行。

因此，撤销上诉法院的判决，维持联邦地方法院的判决。

普莱马涂料公司诉弗拉德—康克林制造公司

美国联邦最高法院

388 U. S. 395

1967 年 3 月 16 日口头辩论
1967 年 6 月 12 日判决

福塔斯（Fortas）法官：

本案提出了联邦法院或者仲裁员对于受 1925 年《联邦仲裁法》支配的合同而产生的"欺诈引诱"请求是否能解决的问题，而且没有证据表明缔约当事人意图拒绝将该问题提交仲裁。

该问题起源于如下事实。答辩人弗拉德—康克林制造公司是一家新泽西公司，申请人普莱马涂料公司是一家马里兰公司。1964 年 10 月 7 日，答辩人与申请人签订了一份"咨询协议"。协议签署不到 3 周，申请人购买了答辩人的涂料业务。协议规定，在今后 6 年内由答辩人向申请人提供有关涂料的生产、制造、销售及服务等方面的咨询，而且这些服务由答辩人的总裁杰罗姆·K. 杰林（Jerome K. Jelin）亲自提供，除非杰林死亡或者无能力。同时，答辩人承诺在合同有效期内不在现存的销售区域或向目前客户销售涂料或涂料产品。在咨询协议的附件中列明了答辩人的客户，将由申请人接管。为此，申请人同意向答辩人支付不超过 22.5 万美元的对价。咨询协议考虑到申请人可能遇到包括破产在内的财务困难，但没有提到答辩人可能遇到的财务问题。该协议声明"本协议体现了当事人对标的的整体理解"。最后，该协议中的仲裁条款规定："由于本协议或与本协议有关的或违约引起的一切争议或索赔，在纽约按美国仲裁协会仲裁规则解决。"

根据咨询协议，申请人应在 1965 年 9 月 1 日向答辩人支付第一笔款项。然而，申请人并没有支付任何款项。17 天后，申请人的确支付了大部分约定的款项，但是附了条件。申请人还通知答辩人的律师，认为答辩人已经违反了咨询协议以及更早的购买协议。申请人的主要理由是答辩人欺诈性地陈述自己有履行合同义务的能力，而事实上答辩人濒于破产而且打算在执行咨询协议后立刻根据《破产法》第 11 章申请破产 (52 Stat. 905, 11 U. S. C. § 701 et seq)。申请人注意到，答辩人是签订协议后的 1 周即 1964 年 10 月 14 日提出破产申请。答辩人在 10 月 25 日的回应是对提交仲裁的通知。11 月 12 日，即回复答辩人通知的截止日期的 3 天前，申请人在美国纽约南区联邦地方法院提起诉讼，以欺诈引诱为由要求宣告咨询协议无效。申请人主张联邦法院具有异籍管辖权 (diversity jurisdiction)。

在提起诉讼的同时，申请人向联邦地方法院申请要求禁止答辩人开始仲裁程序。对此，答辩人提出要求中止法院诉讼。答辩人指出，本案中所提出的咨询协议中是否存在欺诈的问题应由仲裁员而非法院来认定。答辩人提出了事实依据，而申请人则是反复地重述起诉状中的指控。答辩人认为申请人的欺诈指控缺乏依据，并且否认在协商中作出过虚假陈述，还声称申请人仅仅依赖于目录的移交、竞业禁止的承诺以及 Jelin 先生。答辩人指出，申请人将这些作为近一年内不主张"欺诈"的对价，而且既然参与了 1965 年 2 月的破产程序，则不能主张不知破产程序。此外，答辩人还指出申请人用自己的资产在 1965 年 3 月对答辩人进行了再投资。

联邦地方法院支持答辩人要求中止诉讼程序的动议，认定指控含有仲裁条款的合同存在欺诈的问题应由仲裁员而非法院来判断。对此，法院援引了罗伯特·劳伦斯公司诉戴文学织物公司案〔Robert Lawrence Co. v. Devonshire Fabrics, Inc., 271 F. 2d 402 (C. A. 2d Cir. 1959), cert. granted, 362 U. S. 909, dismissed under Rule 60, 364 U. S. 801 (1960)〕。第二巡回上诉法院撤销了申请人的上诉，认定争议中的合同涉及州际贸易交易，根据罗伯特·劳伦斯公司诉戴文学织物公司案，与主张仲裁条款本身存在欺诈相反，主张合同缔结存在欺诈应由仲裁员而非法院认定，这个规则是"全国的实体法"之一，优于相反的州规则。我们同意并维持上诉法院的判决，当然理由有些不同。

1925 年《联邦仲裁法》的关键条款是第 2 条、第 3 条和第 4 条。第 2 条规定，"在任何海事或商事契约中，当事人订立的，自愿将由合同引起的或者由于拒绝履行合同而引起的争议提交仲裁的书面条款；以及在上述争议发生后，当事人达成的将争议事项提交仲裁的书面协议，都是有效的，不可撤销的和可执行的。但是依照法律或衡平法的规定，属无效协议的情况除外。"第 3 条要求，受理诉讼的联邦法院在认定仲裁协议上的问题是可仲裁的，应"根据提交仲裁的书面协议"中止法院的诉讼，等待仲裁。第 4 条对

"受到书面仲裁协议另一方当事人拒绝仲裁"的当事人提供了救济,指示联邦法院在认定仲裁协议成立却没被尊重时命令当事人提交仲裁。

在本哈德案〔Bernhardt v. Polygraphic Co., 350 U.S. 198 (1956)〕中,本院认定答辩人在本案中援引的第3条仅仅适用于第1条和第2条规定的两种合同,即海事或者商事交易。那么,我们的第一个问题就是当事人之间的咨询协议是否是这样的合同。我们同意上诉法院的观点,认为答案是肯定的。申请人获得了新泽西的涂料业务,至少可以在各州为175名批发商提供服务,而且得到答辩人在安排从新泽西到马里兰转移涂料制造、销售方面的协助。该咨询协议无疑是与州际转移、制造和批发业务不可分割的。这是一个证明州际商事交易合同再明显不过的案件了。

在认定争议的合同受《联邦仲裁法》的调整后,我们转到本案中的关键问题,即主张整个合同中存在欺诈是否由联邦法院或者仲裁员来认定。各个上诉法院对此问题有不同的看法。第二巡回上诉法院的观点是除非当事人另有约定,仲裁条款作为联邦法律事项与所在的合同是可分的,如果仲裁条款本身不存在欺诈,则仲裁条款将被认定为包括对合同主张存在欺诈情形的请求进行仲裁。另一方面,第一巡回上诉法院认为仲裁条款的可分性问题是州法律涉及的问题,如果所涉的州认定仲裁条款与整个合同不可分,则法院必须遵守州的规定〔Lummus Co. v. Commonwealth Oil Ref. Co., 280 F. 2d 915, 923—924 (C. A. 1st Cir.), cert. denied, 364 U.S. 911 (1960)〕。

就在联邦法院提起的涉及海事或者商事交易合同的诉讼而言,我们认为国会已经有了明确答案。答案在《联邦仲裁法》第4条中可以找到,它对当事人要求强制遵守仲裁协议规定了救济。根据第4条,对于存在仲裁条款的,如果"仲裁协议的签订或者没有遵守仲裁协议没有争议",联邦法院必须命令仲裁继续推进。相应的,如果欺诈是指向仲裁条款本身的,则联邦法院就继续审理当事人的诉讼。但是立法并没有允许联邦法院一般性地考虑合同欺诈的请求。第4条并没有明确涉及如本案这样的情形,即要求联邦法院中止诉讼以便于可能推进的仲裁。然而,认为国会对于哪一方当事人首先援引联邦法院的协助的规则进行区分是难以想象的。因此,我们认定在考虑适用第3条中止诉讼时,联邦法院唯一要考虑的问题是仲裁协议的签订与履行。这样认定,我们不但尊重了立法的直白含义,而且尊重了国会对于合同当事人选择的仲裁程序开始后仲裁程序应快速、不因法院阻碍而迟延的明示目的。

还存在一个问题就是这样一个规则是否合宪。无论本案合同的性质如何，本案在联邦法院诉讼仅仅是因为存在不同州的当事人，自从伊利案〔Erie R. Co. v. Tompkins, 304 U.S. 64 (1938)〕后，联邦法院在异籍案件中必须适用州的实体而非程序裁判规则〔Guaranty Trust Co. v. York, 326 U.S. 99 (1945)〕。然而，本案中的问题不是国会是否制定联邦实体规则来调整产生于简单的异籍案件中的问题（See Bernhardt v. Polygraphic Co., supra, at 202，以及并存意见，at 208），而是国会是否会规定联邦法院如何处理国会显然有权立法的事项。答案是肯定的。很明显，联邦仲裁立法无疑是建立在"控制州际贸易和海事"的联邦基石上的〔H. R. Rep. No. 96, 68th Cong., 1st Sess., 1 (1924); S. Rep. No. 536, 68th Cong., 1st Sess., 3 (1924)〕。

在本案中，申请人并没有就答辩人欺诈引诱缔结仲裁协议仲裁"由于本协议或与本协议有关的或违约引起的一切争议或索赔"提出任何请求。仲裁协议本身已经足够宽泛，涵盖了申请人所提出的咨询协议本身存在欺诈的请求。确实，没有请求表明申请人打算将与合同相关的法律问题排除在仲裁之外或者申请人完全不能如此自由地规定。就本案涉及的国会有立法权的商业合同事项，联邦法院必须适用国会制定的相应规则。申请人提出的诉讼不符合国会对《联邦仲裁法》第3条的中止诉讼的立法目的。因此，维持上诉法院驳回申请人的上诉的判决。

伯利蒙诉扎巴塔离岸公司

美国联邦最高法院

407 U. S. 1

1972 年 3 月 21 日口头辩论
1972 年 6 月 12 日判决

首席大法官伯格（Burger）：

对于第五巡回上诉法院拒绝执行支配产生于安特外瑟公司（Unterweser）和答辩人扎巴塔离岸公司（Zapata Off-Shore Co.，以下简称扎巴塔公司）之间的拖船合同争议的法院选择条款的判决，我们发布调卷令来进行审查。各个巡回法院对此类条款有不同的看法。鉴于如下原因，我们撤销第五巡回上诉法院的判决。

答辩人扎巴塔公司是一家总部位于休斯敦的美国公司，申请人安特外瑟公司是一家德国公司。1967 年 11 月，答辩人与安特外瑟公司签订合同，由安特外瑟公司将答辩人的钻塔查帕拉号（Chaparral）从路易斯安那拖到意大利的拉文纳港，答辩人已经同意在该地钻探。

扎巴塔公司对拖船进行了招标，包括安特外瑟公司在内的数家公司做了回应。安特外瑟公司报价较低，并按扎巴塔公司的要求提交了一份合同。该合同包括如下一项条款，"因本合同产生的任何争议必须在伦敦法院审理"，这也是本案争议的条款。此外，该合同还包括免除申请人安特外瑟公司对所拖的船造成损害时的赔偿责任的条款。

扎巴塔公司的副总审查了该合同并作了几处修改，但没有更改其中的法院选择条款和免责条款，之后就签署了该合同并交给安特外瑟公司，而安特外瑟公司收到合同后接受了这些修改，合同生效了。

1968 年 1 月 5 日，安特外瑟公司的深海拖轮伯利蒙（Bremen）号拖着查帕拉号组成小船队离开路易斯安那，驶向意大利。1 月 9 日，小船队在墨西哥湾的国际水域遇到一场大风暴。为了航行一直升起的查帕拉号的升降舵杆脱落掉进海中,严重地损害了查帕拉号。在此危急时刻,扎巴塔公司指令伯利蒙号将其已损坏的钻塔拖到最近的佛罗里达西部的坦帕港。

1月12日,扎巴塔公司无视合同中约定的在英国法院提起诉讼解决任何相关争议的承诺,在美国以过失拖船和违反合同为由提起海事诉讼,分别指向安特外瑟公司的对人诉讼和对伯利蒙号的对物诉讼,要求赔偿350万美元。安特外瑟公司援引合同中的法院选择条款要求以没有管辖权或者不方便法院原则为由撤销诉讼,或者中止诉讼而将争议提交伦敦法院解决。2月,在美国联邦地方法院裁定中止或者撤销诉讼的动议前,安特外瑟公司以扎巴塔公司违反拖船合同为由在伦敦高等法院提起损害赔偿之诉。对此,扎巴塔公司出庭抗辩管辖权,但遭到英国法院的拒绝,英国法院认定合同的法院选择条款授予了英国法院的管辖权。

同时,安特外瑟公司在美国的诉讼处于进退两难的境地,其向扎巴塔公司以及其他潜在的请求权人提起主张责任限制之诉的6个月期间即将到期,但是美国联邦地方法院对于安特外瑟公司要求撤销或者中止扎巴塔公司在美国的诉讼的动议还没有裁决结果。1968年7月2日,安特外瑟公司在坦帕的联邦地方法院提起诉讼要求限制自己的责任。对此,当地法院颁发了禁令,而且扎巴塔公司在责任限制的诉讼中再次登记了自己的请求。

7月29日,在提起责任限制诉讼的6个月期限到期后,联邦地方法院拒绝了安特外瑟公司于1月份提出的要求撤销或者中止扎巴塔公司初始诉讼的动议。对此,联邦地方法院依据上诉法院之前的卡本布莱克案的判决〔Carbon Black Export, Inc. v. The Monrosa, 254 F. 2d 297 (CA5 1958), cert. dismissed, 359 U. S. 180 (1959)〕。在该案中,上诉法院认定法院选择条款是不能执行的,重申了美国法院传统的观点,即"争议产生前以协议排除法院的管辖权违反了公共政策,不能被执行"(254 F. 2d, at 300－301)。显然,联邦地方法院认定要受卡本布莱克案的约束,对法院选择条款没有给予考虑。相反,联邦地方法院援引吉尔伯特案〔Gulf Oil Corp. v. Gilbert, 330 U. S. 501 (1947)〕,认为如果没有法院选择条款,根据正常的不方便法院原则,是允许撤销诉讼的。根据不方便法院原则,"除非经过平衡后强烈倾向于被告,否则原告对法院的选择是很少被否定的"〔Gulf Oil Corp. v. Gilbert, 330 U. S. 501, 508 (1947)〕。联邦地方法院的结论是"本案中对于方便因素的平衡并不强烈倾向于安特外瑟公司,而扎巴塔公司对于法院的选择不应被否定。"

1969年1月21日,联邦地方法院拒绝了安特外瑟公司要求在伦敦高等法院的判决前中止责任限制诉讼的动议，授予扎巴塔公司要求限制安特外瑟公司在伦敦法院诉讼的动议。联邦地方法院法官裁定，在取得了责任限制诉讼的管辖权后，他有权管辖与争议相关的所有事项，裁定安特外瑟公司必须阻止在伦敦法院的诉讼，不仅是因为他之前已经声明拒绝了安特外瑟公司要求中止扎巴塔公司的诉讼的动议，而且也因为安特外瑟公司已经援引了美国法院的管辖权来获得《限制法》（The Limitation Act）的利益。

该案上诉后，上诉法院内部存在分歧，上诉法院全体法官出庭重审后维持了联邦地方法院的判决，但是 14 名法官中有 6 名法官表示反对。正如联邦地方法院一样，上诉法院的多数意见依据卡本布莱克案的判决，认定法院选择条款"不能被执行，除非所选择的国家能比诉讼提起的国家提供更方便的法院"。从这个前提出发，上诉法院继续得出如下结论，即除了法院选择条款外，联邦地方法院对于拒绝以不方便法院原则为由而拒绝管辖的裁定并没有滥用自由裁量权。上诉法院指出：(1) 小船队从来没有"在第五巡回法院的领域之外，而且损害事故发生在与联邦地方法院非常接近的地带"；(2) 包括扎巴塔公司船员在内的许多证人居住在海湾海岸区域；(3) 航程的准备、检查和维修工作都在海湾区域进行；(4) 伯利蒙号船员的证言可以通过书面证词获得；(5) 除了法院选择条款之外，英国与本案争议没有联系、没有利害关系。上诉法院的多数意见进一步指出，扎巴塔公司是美国人，因而"联邦地方法院将案件交给一个外国法院审理的自由裁量权受到了限制"，尤其是看似英国法院很可能执行其中的免责条款。在上诉法院看来，执行这样的条款违反了之前的判例〔Bisso v. Inland Waterways Corp., 349 U.S. 85（1955），and Dixilyn Drilling Corp. v. Crescent Towing & Salvage Co., 372 U.S. 697（1963）〕所确定的公共政策。因此，"联邦地方法院有权将扎巴塔公司交给与争议没有实际联系的外国法院可能阻碍美国公民的索赔作为考虑因素"。

我们与上诉法院 6 名持反对意见的法官一样，认为在解决争议的过程中对于法院选择条款的考虑太少。在过去的 20 多年间，我们见证了美国商业机构在海外商业活动的扩张，曾经限制业务的空间距离不再成为障碍。在本案中，我们看到一家具有专业技能的美国公司与一家外国公司签订合同将一套复杂的机器拖到几千公里外。如果我们不管严肃的合同而坚持所有争议必须在我们国家的法院根据我们的法律来解决的狭隘观点，美国工商业的扩张难以受到鼓励。上诉法院在传统的意义上认定美国法院是方便法院是有说服力的，但是在一个世界商业贸易扩张的时代，绝对适用卡本布莱克案确立的原则没有什么空间，而且对于未来美国人的国际商事交易的发展是沉重的负担。在世界市场和国际水域上排他性地根据我们自己的条件进行商业贸易，在我们国家法院诉讼，适用我们国家的法律，这是难以想象的。

　　法院选择条款历史上一直没有得到美国法院的支持。许多法院，不论是联邦法院还是州法院，都拒绝执行这样的条款，理由是它们"违反了公共政策"，或者"剥夺了法院的管辖权"。这种观点仍然得到相当多的法院认同，但有一些法院对于法院选择条款正趋向于更友善的态度。在上诉法院判决的反对意见中提出的具有说服力的理由是此类条款表面上是有效的而且应该得到执行，除非有证据表明在某些情形下执行这样的条款显得不合理。我们认为这个正确的原则应得到联邦地方法院的遵循。这仅仅是本院在国有设备租赁公司案〔National Equipment Rental, Ltd. v. Szukhent, 375 U.S. 311 (1964)〕的立场的另一面，在该案中，我们认定对于一个不能通过指定接受送达的代理人而被送达的地区的当事人而言，可以合法地同意在该地被诉。当时的法院指出："合同当事人可以事先同意接受一个特定法院的管辖权，允许对方当事人进行送达，甚至放弃送达的通知。"（Id., at 315－316）

　　这种方法实质上得到包括英格兰在内的其他普通法国家的遵守。这种观点是由许多著名学者提出的，而且得到《（第二次）冲突法重述》的采纳。这与传统的合同自由观念是相符的，而且反映了对于在世界各地寻求业务的美国缔约人的欣赏与尊重。不奇怪的是，如我们一样，外国商人愿意在他们自己国家的法院解决争议，但是如果这样的选择不可能获得，那么也愿意在一个具有专业水准的中立法院解决争议。显然，在海事诉讼中，英国法院符合中立和经验丰富的标准。选择英国法院是由精明干练、经验老到的商人所确定的，没有其他更有说服力的理由，这样的选择应该得到当事人的尊重并且为法院所执行。

　　至于以这样的条款剥夺法院的管辖权为由主张这样的条款不合适的观点只不过是不成熟的臆想。在这样一个所有法院积案重重、工商业在世界市场运作的时代，延续传统的思维方式才是不合适的。这说明对其他裁判机构的公正性的偏见态度。在本案中，没有人认真地抗辩法院选择条款剥夺了联邦地方法院对扎巴塔公司的诉讼的管辖权。起初的问题是法院是否应该通过执行法院选择条款来行使管辖权，从而尊重当事人在自由约定的协议中表明的正当期望。

　　有很多理由来说明为何诸如本案这样的没有受到欺诈、不正当影响、缔约能力不平等阻碍的自由约定的国际私人协议应该得到完全的执行。在本案中，我们关注两家不同国籍的公司将昂贵的设备从路易斯安那经墨西哥湾运送到大西洋、穿过地中海至最终目的地亚得里亚海的商业行为。在航程中，需要穿越多个法域。查帕拉号可能在航程中的任何一点受损，也可能有无数的避难港。意外事故发生在墨西哥湾而且在危急关头将小船队拖到坦帕港纯粹是偶然。这不能怀疑当事人试图就拖船合同中产生的争议寻找中立的法院来解决。如果诉讼可以在任何一个发生事故的法域或者伯利蒙号或安特外瑟公司可能被发现的法域进行，那么显然会给当事人带来许多不确定性以及造成极大的不方便。通过事先约定一个双方当事人均能接受的法院地而消除这样的不确定性是国际商业贸易和合同中必需的。有明显的证据表明法院选择条款是当事人协议的关键部分，认为当事人不能在协商中确定诸如付款条件和法院选择条款的后果是不现实的。在这样的情形下，正如伦敦高等法院的卡明斯基（Karminski）法官在论证对扎巴塔公司的管辖权时所说，"于我而言，当事人自由约定的在本国提起诉讼的协议的效力是非常强的"。

因此，考虑到目前商业关系以及国际贸易扩张的现实，我们认为法院选择条款应得到承认，除非有强有力的证据表明该条款应予撤销。从联邦地方法院和上诉法院的意见中可以合理地推出，它们是让安特外瑟公司承担证明伦敦是比坦帕更方便的法院的举证责任，尽管合同中已经明确地解决了这个问题。正确的方法是执行法院选择条款，除非扎巴塔公司能明确证明执行该条款是不合理、不正当的，或者该条款因存在欺诈等事由而无效。因此，本案必须发回重审。

然而，我们注意到目前并没有任何记录支持拒绝执行法院选择条款。上诉法院认为法院选择条款违反了比索案〔Bisso v. Inland Waterways Corp., 349 U.S. 85 (1955)〕所确立的法院地的公共政策，因为英国法院将执行拖船合同中旨在免除安特外瑟公司对查帕拉号的损害责任的条款。如果执行法院选择条款将违反诉讼地的基本公共政策，不论这种公共政策是制定法还是司法判例所确立，那么就应认定该条款不能执行〔See, e.g., Boyd v. Grand Trunk W. R. Co., 338 U.S. 263 (1949)〕。然而，显然不论比索案所表达的政策的合适范围是什么，这都不适用于本案。比索案是出于美国水域内的拖船业务的考虑，这些考虑因素在国际商务协议中不具有说服力。正如代表上诉法院中持反对意见的维兹德姆（Wisdom）法官所指出的："我们应小心，不过于强调比索案的政策……否定免责协议的两点关切是它们可能是由缔约强势方提出的以及不能充分地阻碍过失行为……在此处争议的外国当事人的行为是发生在外法域的国际水域中。没有证据表明合同中存在一方过分强势。而且正如我们所知道的，跨海洋拖石油钻塔这样一个新领域的不确定性和危险如此巨大以至于拖船人不愿意对风险承担财务责任，因而当事人分配了从航程到拖船中的责任，很可能合同价格已经将此因素考虑进去了。所以，我认为我们不能宣告法院选择条款无效，除非我们确信我们这样做会鼓励美国领域内的过失行为。"（428 F. 2d, at 907—908）

有的法院也曾经认定，如果所选择的法院对于案件的审判是非常不方便的话，法院选择条款即使是自由协商而达成并且不违反法院地的重要公共政策也仍然是"不合理"且不能执行的。当然，国际商务合同的当事人在自由协商签订合同时已经预计到可能造成的不便，因此以不方便为由要求认定法院选择条款不能执行是很难的。我们在此处理的不是两个美国人在一个遥远的外国法院解决实质上是美国当地的争议的问题，在这样的案件中，所选择的法院对当事人一方或者双方带来的严重不方便可能在认定法院选择条款是否合理具有更大的权重。法院地的遥远可能表明协议是附合（adhesive）协议，或者当事人在缔结协议时并没有想到特定的争议，甚至提出请求的当事人应承担更重的举证责任。类似的，选择一个遥远的法院地适用不同的外国法来解决实质上属于美国的争议可能违反了美国的重要公共政策。例如，只要比索案约束美国水域内的拖船业务，那么允许美国拖船人通过选择外国法院来解决其与美国当事人的争议来规避法院地的公共政策就很可能是不合适的。

然而，本案涉及的是一家德国公司和美国公司自由协商达成的将船从墨西哥湾拖至亚得里亚海的国际商务交易。正如我们所注意到的，选择伦敦的法院显然是给此交易带来关键的确定性的合理努力，因为有一个在海事诉讼具有丰富经验而且能解决海事争议的中立法院。在签订合同时，不论扎巴塔公司在所选择的法院进行诉讼会遇到什么不方便，显然是可以预见的。在这样的情形下，当事人想规避合同就有义务证明在该法院的诉讼的困难和不方便如此严重以至于会剥夺他的诉讼权利。如若不然，就没有依据认定合同缔结的不公平、不正当、不合理。

在对安特外瑟公司提出的要求中止在坦帕的诉讼的第二项动议作出裁定时，联邦地方法院确实认定经过权衡在坦帕诉讼更方便。然而，正如前面所指出的，在作出该认定时法院错误地要求安特外瑟公司承担举证责任证明对方便的权衡会支持安特外瑟公司。此外，法院的认定没有证明如果让扎巴塔公司在伦敦诉讼会剥夺其诉讼权利。确实，将证人运到伦敦的费用很大，但是在国际海事案件中重要争点以书面证词的方式提供是很寻常的。联邦地法院和上诉法院认为通过对距离遥远的证人使用书面证词的方式可以使安特外瑟公司在坦帕接受公平的审理，那么就没有任何理由认定如果扎巴塔公司在伦敦诉讼就不能使用书面证词的方式获取同样的优势。然而，给扎巴塔公司一个机会举证证明不但对于方便的权衡强制倾向于在坦帕审判（即扎巴塔公司在伦敦诉讼比安特外瑟公司在坦帕诉讼不方便得多），而且在伦敦的审判会对扎巴塔公司造成如此明显而又严重的不方便以至于实质上剥夺了其在法院的诉讼权利，我们将案件发回。

扎巴塔公司的其他抗辩理由并不需要另外对待。就扎巴塔公司而言，明显安特外瑟公司在联邦地方法院提出的限制责任诉讼的诉状只是作为扎巴塔公司违反合同中的法院选择条款的回应的防御性措施。当提出责任限制诉讼的 6 个月时效快到而联邦地方法院对于安特外瑟公司根据法院选择条款提出的要求中止或撤销扎巴塔公司诉讼的动议没有裁决结果时，安特外瑟公司没有任何其他选择只能通过提起限制责任的诉讼来保护自己，这样做是扎巴塔公司不遵守拖船合同中的法院选择条款的直接后果。对此，不存在得出安特外瑟公司纯粹必要的防御性诉讼已经排除了自己所协商确定的法院选择条款的结论的依据。在本案一开始，扎巴塔公司向本院建议，不应将法院选择条款解释为是规定排他性的法院或者包括对物诉讼。然而，该条款的用语明显是强制性的、包括一切的，而卡本布莱克案中的情形与此差别很大。

综上所述，撤销上诉法院的判决，将案件发回，在与本院判决一致的前提下，继续进一步的程序。

谢尔科诉阿尔贝托—卡尔弗公司

美国联邦最高法院

417 U. S. 506

1974 年 4 月 29 日口头辩论
1974 年 6 月 17 日判决

斯图尔德（Stewart）法官：

答辩人阿尔贝托—卡尔弗公司（Alberto-Culver Co.）是一家在特拉华州设立的、主营业地位于伊利诺伊州的美国公司，在美国以及其他国家生产和销售化妆品与毛发制品。申请人谢尔科（Fritz Scherk）是一个诉讼进行时住在瑞士的德国人，他是依据德国法和列支敦士登法设立的三个相互关联的从事化妆品制造以及此类化妆品的商标许可的商业实体的所有人。在 20 世纪 60 年代，阿尔贝托—卡尔弗决定扩大其海外业务，为此与谢尔科接触。1967 年 6 月，阿尔贝托—卡尔弗在德国的一名代表与谢尔科进行了初步联系，随后在 1967 年至 1968 年间分别在欧洲和美国进行了进一步的协商。1969 年 2 月，双方在奥地利的维也纳签订了合同，规定谢尔科将其拥有的企业和这些企业拥有的所有有关化妆产品的商标权转让给阿尔贝托—卡尔弗。此外，合同包含了一个仲裁条款，规定"因本合同产生或与本合同相关或违反本合同的任何争议或请求"应提交法国巴黎的国际商会仲裁，"合同及对合同的解释和履行适用美国伊利诺伊州法"。

1969 年 6 月，双方在瑞士的日内瓦完成了最后的交易。大约 1 年后，阿尔贝托—卡尔弗声称发现其购买的合同下商标权存在第三方的权利请求，限制或者排除了阿尔贝托—卡尔弗的使用以及对其他人的许可。阿尔贝托—卡尔弗通知谢尔科，要求撤销合同，但遭到了谢尔科的拒绝。一接到谢尔科的拒绝通知，阿尔贝托—卡尔弗在伊利诺伊州的联邦地方法院提起诉讼，认为谢尔科关于商标权的欺诈性陈述违反了 1934 年《证券交易法》第 10（b）条〔The Securities Exchange Act of 1934，48 Stat. 891，15 U. S. C. §

78j（b）〕和证券交易委员会据此发布的第10b－5规则（17 CFR § 240.10b－5），要求损害赔偿和其他救济。

在答辩中，谢尔科要求撤销诉讼，理由是不存在对人和事项管辖权以及不方便法院，或者根据当事人双方的协议中止诉讼而提交巴黎的仲裁。对此，阿尔贝托—卡尔弗提出反对，并寻求一项初步禁令限制开始仲裁程序。1971年12月2日，联邦地方法院拒绝了谢尔科要求撤销诉讼的动议，并于1972年1月14日发布一项初步命令，禁止谢尔科推进仲裁。在采取这些措施时，法院完全依据本院对威尔科诉斯旺案的判决（Wilko v. Swan, 346 U. S. 427），该案认为，考虑到1933年《证券法》第14条所规定的"任何责令证券投资者放弃遵守本节或证券交易委员会的规章制度的规定的条件、约定或规定无效"，仲裁协议不能排除证券投资者根据1933年《证券法》寻求司法救济（48 Stat. 84, 15 U. S. C. § 77n）。第七巡回上诉法院依据威尔科案维持了联邦地方法院的判决，但有一名法官持反对意见（484 F.2d 611）。鉴于所涉问题的重要性，本院向谢尔科发布调卷令（414 U. S. 1156）。

《联邦仲裁法》（9 U. S. C. § 1 et seq）结束了几百年来对仲裁协议的司法敌视态度，允许当事人避免"昂贵而费时的诉讼"，而且赋予仲裁协议"与其他合同一样的资格"……〔H. R. Rep. No. 96, 68th Cong., 1st Sess., 1, 2 (1924); see also S. Rep. No. 536, 68th Cong., 1st Sess. (1924)〕因此，该法第2条规定，"在任何海事或商事契约中，当事人订立的，自愿将由合同引起的或者由于拒绝履行合同而引起的争议提交仲裁的书面条款；以及在上述争议发生后，当事人达成的将争议事项提交仲裁的书面协议，都是有效的，不可撤销的和可执行的。但是依照法律或衡平法的规定，属无效协议的情况除外。"第3条要求，任何争议事项，如果已经有提交仲裁的书面协议，而向美国联邦法院提起诉讼的，法院……在查明争议属于依照协议应提交仲裁的事项后……应当作出中止诉讼审理并依照协议的规定进行仲裁的决定。第4条对"受到书面仲裁协议另一方当事人拒绝仲裁"的当事人提供了救济，指示联邦法院在认定仲裁协议成立却没被尊重时命令当事人提交仲裁。

在威尔科诉斯旺案中，本院承认《联邦仲裁法》反映了立法上对"仲裁作为诉讼的替代的期望"的承认（346 U. S., at 431），但仍然拒绝适用该法的规定。该案涉及威尔科与海登斯通公司的合同，根据合同威尔科同意购买一家公司的普通股。之后，威尔科声称他购买股票的行为源于被告关于该股票的价值的虚假陈述所误导,据此根据1933年《证券法》第12条第2款(15 U.S.C. § 77l)提起损害赔偿之诉。被告答辩称威尔科已经同意将所有产生于投资中的争议提交仲裁,而且仲裁协议是包含在当事人之间所签订的书面保证金合同中的,应根据《联邦仲裁法》得到完全的承认。

法院认定,"在本案中涉及两项不易调和的政策(346 U.S., at 438)"。一方面,国会通过立法权赋予交易参与人利用仲裁来快捷、经济、充分地解决争议的机会,只要当事人愿意接受法律上的判断的确定性更少的情形。另一方面,国会通过了《证券法》来保护投资者权利并且禁止放弃这些权利中的任何一项(346 U.S., at 431)。法院特别注意到《证券法》第14条(15 U.S.C. § 77n)所规定的"任何责令证券投资者放弃遵守本节或证券交易委员会的规章制度的规定的条件、约定或规定无效"。

法院认定当事人提交仲裁的安排也是一个"规定",而且选择司法场所的权利是根据《证券法》第14条所规定的不能放弃的规定(346 U.S., at 434—435)。因此,根据《证券法》第14条,威尔科的事先同意利用仲裁来解决保证金合同产生的一切争议的仲裁协议是不能执行的。

阿尔贝托—卡尔弗依据这个先例,主张联邦地方法院和上诉法院在认定其与谢尔科之间约定的产生于合同的争议提交仲裁的仲裁协议不能执行是正确的,因为类似的是谢尔科的行为违反了1934年《证券交易法》第10(b)条〔The Securities Exchange Act of 1934, 48 Stat. 891, 15 U.S.C. § 78j(b)〕和证券交易委员会据此发布的规则。基于如下理由,我们驳回这种主张,而且认定《联邦仲裁法》的规定在本案中不能被忽略。

首先,威尔科案的判决意见在本案不适用。威尔科案是根据1933年《证券法》第12条第2款提起的诉讼,该款规定被欺诈的投资者具有寻求民事责任救济的"特别权利"(346 U.S., at 431)。在1934年《证券交易法》中不存在类似对应的条款,《证券交易法》第10(b)条和第10b—5规则都没有提到给予此处所声称的违法行为的私人救济。虽然联邦判例法确定了第10(b)条和第10b—5规则创设了默示的私人诉因〔see 6 L. Loss, Securities Regulation 3869—3873 (1969) and cases cited therein; cf. J.I. Case Co. v. Borak, 377 U.S. 426〕,但是《证券交易法》本身并没有确立威尔科案中那样意义重大的"特别权利"。此外,虽然1933年《证券法》和1934年《证券交易法》包括了禁止放弃遵守立法的"规定",但是在威尔科案中,1933年《证券法》的某些规定被法院认定不能通过仲裁协议放弃,而在1934年《证券交易法》中没有对应规定。特别要注意的是,在威尔科案中,法院认定1933年《证券法》的管辖权条款（15 U. S. C. § 77v）允许原告在"任何具有适格管辖权的联邦或者州法院"提起诉讼（346 U.S., at 431）。相反，1934年《证券交易法》中的类似条款只规定联邦地方法院具有"专属管辖权"（15 U. S. C. § 78aa），因而极大地限制了原告对法院的选择。

然而，接受威尔科案中所依据的1933年《证券法》的关键部分也包括在1934年《证券交易法》中这个前提，答辩人在本案中依赖威尔科案忽略了该案与本案中当事人所签订的协议的关键区别。阿尔贝托—卡尔弗购买属于谢尔科的商业机构的合同是一个真正的国际协议。阿尔贝托—卡尔弗是一家在美国设立并且主要在美国营业的公司，而谢尔科是德国公民，他的公司是根据德国法和列支敦士登法设立的。导致在奥地利签订合同并在瑞士履行完毕的协商发生在美国、英国和德国，而且涉及与来自这些所有国家以及列支敦士登的法律和商标专家的磋商与咨询。最后而且最重要的是，根据欧洲国家的法律设立并且主要在欧洲营业的商业机构的合同标的如果不是完全那也主要是面向欧洲市场的。

这样一个合同涉及的因素与政策与威尔科案中存在巨大不同。在威尔科案，除了仲裁条款外，美国法尤其是联邦证券立法适用于产生于股票购买协议的争议毫无问题。合同的当事人、协商与标的全部位于美国境内，没有产生任何国际冲突法问题。相反，在本案中，如没有仲裁条款，在缔结合同时会存在许多不确定性，而且关于因合同而产生的争议的准据法的不确定也仍然存在。

在涉及具有各自实体法和冲突法规则的两个或者更多的国家的合同中，这样的不确定性几乎不可避免地存在着。因此，事先用合同条款的方式规定争议解决地以及所要适用的法律是实现对于任何国际商业交易都至关重要的秩序与可预见性的必要前提。此外，这样一个条款消除了可能将争议提交给一个敌视一方当事人利益或者对所涉问题不熟悉的法院的危险。

一国法院狭隘地拒绝执行国际仲裁协议不但将使这些目的落空，而且会引发当事人技巧性地利用诉讼优势的破坏性后果。例如，在本案中，如果谢尔科曾经预计到阿尔贝托—卡尔弗会在美国拒绝仲裁，则可能会在法国或者其他国家寻求命令，禁止阿尔贝托—卡尔弗在美国提起诉讼。不论美国法院最终对外国法院的命令授予什么样的承认，这样一个冒险性的环境无疑会损害国际商业和贸易的构造，而且危害商人缔结国际商务协议的意愿与能力。

威尔科案中确立的原则适用于本案是不合适的。在威尔科案中，法院指出,"在任何违反《证券法》的情形发生前,证券投资者放弃在法院起诉的权利将比其他商业交易的参与者放弃更多的权利。证券投资者对法院和审判地具有广泛的选择权。因此在更难以判断《证券法》对他的对手施加的不利条件之重要性时,放弃了司法诉讼权就是放弃了《证券法》所赋予他的优势……"(346 U.S., at 435) 然而,在国际合同背景中,这些优势成了空想,正如前面所述,反对方当事人可以通过诉讼外国法院阻碍对方当事人在美国法院诉讼。

在伯利蒙诉扎巴塔离岸公司案(The Bremen v. Zapata Off-Shore Co., 407 U.S. 1)中,我们废弃了在美国提起的诉讼中不尊重当事人自愿达成的合同中的法院选择条款的原则,"除非所选择的国家能比诉讼提起的国家提供更方便的法院"(Id., at 7),我们认定"法院选择条款应得到承认,除非有强有力的证据表明该条款应予撤销"(Id., at 15)。我们指出,"如果诉讼可以在任何一个发生事故的法域或者可以确立对人或对物管辖权的法域进行,那么显然会给当事人带来许多不确定性以及造成极大的不方便。通过事先约定一个双方当事人均能接受的法院地而消除这样的不确定性是国际商业贸易和合同中必需的。"(Id., at 13—14)

同意在一个特定的裁判庭仲裁实际上是一种特殊的法院选择条款,不但确立了诉讼地,而且确立了在争议解决中所适用的程序。宣布本案中这样的协议无效不但允许答辩人废弃其庄严的承诺,而且也反映了这样一种狭隘观念,即"所有争议必须在我们国家法院诉讼、适用我们国家的法律……我们不能在世界市场和国际水域上排他性地根据我们自己的条件进行商业贸易、在我们国家的法院适用我们的法律解决争议"。(Id., at 9)

由于所有这些原因,我们认定本案中当事人协议将产生于其国际商事交易中的所有争议提交仲裁的意思应得到联邦法院的尊重与执行,以与《联邦仲裁法》的明示规定相符合。

所以,推翻上诉法院的判决,将案件发回,指示上诉法院将案件发回联邦地方法院,在与本院判决一致的前提下,继续进一步的程序。

寇恩纪念医院诉墨丘利建筑公司

美国联邦最高法院

460 U. S. 1

1982 年 11 月 2 日口头辩论

1983 年 2 月 23 日判决

布伦南（Brennan）法官：

本案是对根据 1925 年《联邦仲裁法》第 4 条（9 U. S. C. § 4）而强制仲裁的命令的申请，提出的问题是，根据《联邦仲裁法》的政策以及我们在科罗拉多河水保护区诉美国政府案〔Colorado River Water Conservation District v. United States，424 U. S. 800 (1976)〕和威尔诉卡尔弗特火灾保险公司案〔Will v. Calvert Fire Insurance Co.，437 U. S. 655 (1978)〕的判决，北卡罗来纳中区联邦地方法院在并存的州法院诉讼解决前中止异籍诉讼是否合适。第四巡回上诉法院推翻了联邦地方法院的判决〔656 F. 2d 933, rehearing denied，664 F. 2d 936 (1981)〕。我们发布调卷令〔455 U. S. 937 (1982)〕。

I

申请人莫斯 H. 寇恩纪念医院（Moses H. Cone Memorial Hospital，以下简称医院）位于美国北卡罗来纳州中北部城市格林斯博罗，答辩人墨丘利建筑公司（Mercury Construction Corp.，以下简称墨丘利）是一家主营业地在亚拉巴马州的建筑承包商。1975 年 7 月，墨丘利与医院签订了一份建筑医院附加楼宇的合同。该合同是由医院的代表起草的，内含争议解决条款，规定涉及合同的解释或者建筑工作履行过程中发生的所有争议应立即提交医院所雇用的一家设计、监督该建筑工程的独立建筑企业皮斯社（J. N. Pease Associates））除了一些已经声明的例外，皮斯社裁判的任何争议（或者没有在一定期限内作出裁判）可以由受仲裁条款约束的任何一方当事人提交仲裁，该仲裁条款规定："因本合同产生或相关或违反的所有请求、争议和其他事项……均应根据《美国仲裁协会建筑业仲裁规则》进行仲裁，除非当事人双方另有相反的协议。根据目前仲裁法律，仲裁协议应是可执行的。仲裁员作出的仲裁裁决是最终的，在任何具有管辖权的法院根据可适用的法律都是可以执行的。"合同也列明了提出仲裁要求的时间限制。

该建筑工程从 1975 年 7 月开始，应在 1979 年 10 月前完成，事实上是在 1979 年 2 月完成，并于 6 月进行了最后的检验。在 1977 年召开了一次会议，墨丘利、医院和皮斯社的代表出席了会议，应皮斯社的要求，墨丘利同意保留延迟以及影响费用的请求（即因医院延迟而要求医院增加管理费用和建筑成本）直到工程实质完成。在这份记录上，医院虽然声称皮斯社无权同意在合同工作完成后提出延迟的请求，但并不否认这个协议的存在。

1980 年 1 月，墨丘利向皮斯社提出延迟和影响费用的请求。为此，墨丘利和皮斯社就该请求讨论了几个月，实质性地减少了请求的数额。根据医院的说法，医院是在 1980 年 4 月才得知墨丘利的请求，并让律师积极参与 5 月份的请求程序。对于之后事件的定性，当事人发生了分歧，即到底是否是"持续的协商"抑或仅仅是医院的"调查"。无论如何，从记录上显示医院的律师要求更多关于墨丘利请求的信息。结果，在 1980 年 8 月 12 日由墨丘利的代表及其律师、医院的代表及其律师以及皮斯社的代表出席的会议上，墨丘利提出了详细的请求。墨丘利同意将其文件的副本发给医院聘请的专家，当事人并同意于 10 月 13 日再次会面。

10 月 6 日，墨丘利的律师致电医院的律师，要求确认预定的会面是否继续。医院的律师说他第二天会回电话。当他回电话时，他通知墨丘利的律师说医院不会向墨丘利支付一分钱，并说医院打算在北卡罗来纳州法院提起宣告判决之诉。

10 月 8 日上午，医院在北卡罗来纳州的圭尔福特郡法院（Superior Court of Guilford County, N. C.）提起诉讼，将墨丘利和皮斯社列为被告。诉状中声称墨丘利的请求没有法律和事实依据并且为时效法规所阻却，根据合同由于弃权、迟误（laches）、禁止反言（estoppel）以及没有及时提出仲裁请求，墨丘利已经丧失了仲裁的权利。诉状中还提出皮斯社存在各种失职行为。至于救济，医院寻求宣告判决，要求宣告无权仲裁、中止仲裁、医院对墨丘利不承担任何责任、如果医院被认定要对墨丘利承担责任那也有权向皮斯社追偿。10 月 9 日，诉状送达到墨丘利。同一天，墨丘利的律师邮寄了仲裁请求。

10月15日,医院没有通知墨丘利就从州法院拿到了单方禁令(ex parte injunction),禁止墨丘利采取任何旨在仲裁的措施。墨丘利提出反对,中止仲裁的命令在10月27日解除了。之后,墨丘利在联邦地方法院提起诉讼,要求根据《联邦仲裁法》第4条发布强制仲裁的命令。管辖依据是涉及不同州的当事人。根据医院的动议,联邦地方法院中止了墨丘利在联邦法院的诉讼,等待州法院的判决,因为两起诉讼涉及的都是墨丘利请求的可仲裁性这同一问题(App. to Pet. for Cert. A—38)。

墨丘利提出上诉要求,要求审查联邦地方法院的中止令。第五巡回上诉法院的一个合议庭开庭审理了案件,但在作出任何裁判前,法院通知当事人将全院庭审案件。在庭审了当事人的重新辩论后,法院认定根据《美国法典》第1291条(28 U. S. C. § 1291)具有上诉管辖权,推翻了联邦地方法院的中止令并将案件发回联邦地方法院,要求提交仲裁。

II

在阐述联邦地方法院的中止令的性质前,我们首先必须决定该命令是否能根据《美国法典》第1291条上诉到上诉法院。

墨丘利通过根据《美国法典》第1291条的上诉通知和根据《一切令状法》(All Writs Act, 28 U. S. C. § 1651)要求发布令状书(mandamus)的方式寻求上诉审查。墨丘利明确表示其上诉仅仅根据《美国法典》第1291条而非第1292条(与中间上诉相关)。医院提出抗辩,认为中止令不是《美国法典》第1291条所规定的"最终判决"。对此,我们不同意医院的主张,认定就上诉管辖权的目的而言中止令是最终的。

爱多韦尔德酒精公司诉爱泼斯坦案〔Idlewild Liquor Corp. v. Epstein, 370 U. S. 713 (1962)〕在这方面具有指导性。在该案中,原告在联邦法院提起诉讼,挑战一部州立法的合宪性。联邦地方法院法官拒绝召集3名法官组成法庭并且根据普尔曼原则(Pullman abstention doctrine)中止了联邦诉讼,我们认定联邦地方法院的行为是最终的,因而可以受上诉法院的审查:"上诉法院指出上诉人实际上被排除在法院之外,从而恰当地否定了那种认为联邦地方法院的命令不是最终的不能根据《美国法典》第1291条和第1292条进行上诉的主张。"(370 U. S., at 715, n. 2.)

在此,主张联邦地方法院的命令的最终性更加明显。联邦地方法院根据普尔曼原则的中止令发布时就预计万一原告不能根据州法在州法院获得救济时就继续联邦诉讼。相反,联邦地方法院预计其中止令的结论是联邦和州诉讼涉及的是"墨丘利针对医院的请求的可仲裁性的同一问题"(App. to Pet. for Cert. A—38)。这个可仲裁性问题是该联邦诉讼中唯一的实体问题。因此,中止联邦诉讼意味着在联邦裁判机构没有进一步的诉讼,而州法院对该问题的判决就具有既判力。因此,比爱多韦尔德案更加确定,墨丘利"实际上被排除在法院之外"。所以,正如上诉法院所认定的,联邦地方法院的中止令等于撤销该诉讼。

无论如何,就可上诉性问题而言,根据科恩案〔Cohen v. Beneficial Loan Corp., 337 U.S. 541 (1949)〕确立的最终性规则的例外,联邦地方法院的命令不是最终的,而是可以上诉的。根据该例外,证明最终性的因素可以概括为:"要满足科恩案的最终判决规则例外,该命令必须最后地认定所争议的问题、解决与诉讼是非曲直完全相独立的重要问题、不能被上诉后审查。"〔Coopers & Lybrand v. Livesay, 437 U.S. 463, 468 (1978)〕

联邦地方法院的这个命令毫无争议满足这些标准的第二和第三项。等同于拒绝裁判是非曲直问题的命令显然提出了一个独立于是非曲直的重要问题。基于同样的理由,如果不是现在上诉,该中止令也将完全是不能审查的。一旦州法院就可仲裁性问题作出了判决,联邦法院必须将该判决作为具有既判力的判决而尊重。

医院抗辩说联邦地方法院的中止令没有满足第一项标准,即"最后地认定所争议的问题"。但这只是在技术意义上是对的,根据联邦地方法院法官的自由裁量权,没有最终效力的每一个命令都可以重新考虑。然而,在本案中,没有依据来假设联邦地方法院法官会重新考虑其遵从州法院诉讼的判决。他作出该判决就是因为预期州法院会充分地解决所有相关问题(参见后面第Ⅳ-E部分的论述)。不清楚的是为什么该法官选择中止诉讼而非撤销诉讼,除了医院的动议外,没有其他的记录。然而,不论是什么原因,该命令的实际效果是一样的,可以上诉的。

Ⅲ

现在我们转向要讨论的主要问题,即联邦地方法院中止联邦诉讼以遵从在州法院提起的平行诉讼的判决的性质。科罗拉多河水保护区诉美国政府案〔Colorado River Water Conservation District v. United States, 424 U.S.

800 (1976),以下简称科罗拉多河案〕对此问题提供了具有说服力的指引。

A

科罗拉多河案涉及麦卡兰修正案（McCarran Amendment，66 Stat. 560，43 U. S. C. § 666）的效力问题，即联邦法院裁判联邦水权的管辖权的存在与行使（28 U. S. C. § 1345）。该修正案放弃了政府的主权豁免，允许对涉及美国在州法院的水权的诉讼进行合并。然而，在科罗拉多河案，美国政府在联邦地方法院对大约1000名非联邦水域使用人提起诉讼，要求宣告一些联邦机构和印第安部落的水权。不久后，一名被告参加美国在州法院的诉讼。联邦地方法院以避让原则（abstention doctrine）为由撤销了联邦诉讼，认定应遵从州法院诉讼。第十巡回上诉法院推翻了该判决，认定避让原则不适用，而美国的诉讼属于《美国法典》第1345条规定的联邦地方法院管辖。我们推翻了上诉法院的判决，维持了联邦地方法院撤销起诉的判决。

我们通过审查避让原则的形式展开我们的分析："不行使联邦管辖权是例外，不是规则。对于联邦地方法院裁判所受理的争议的义务而言，联邦地方法院据以拒绝行使或推迟行使管辖权的避让原则是非常特别的例外。根据避让原则而拒绝裁判案件仅仅发生在极其例外的情形下，即让当事人诉诸州法院显然可以为重要的利益服务。"

在详细讨论了避让原则的3个种类后，我们认为没有一个可以适用的（424 U. S.，at 813-817）。然而，我们认定联邦地方法院的判决合适是基于其他理由，即不是考虑州与联邦的礼让或避免宪法判决，而是考虑保护司法资源的司法管理。我们指出，"在州法院的未决诉讼不是具有管辖权的联邦法院审理同一事项的障碍，"联邦法院"事实上有义务……行使被赋予的管辖权"。接着，我们指出，"鉴于这个义务，在不存在对宪法裁判和联邦与州的关系的更重要考虑时，因存在并存的州诉讼而撤销联邦诉讼的情形比适合避让的情形更有限。前者虽然极其例外，但毕竟还存在着。"（Id.，at 818）

我们拒绝就撤销此类案件规定一个硬性规则，而是描述了一些与判决相关的因素。"例如，一直以来都认定对财产首先行使管辖权的法院可以用该管辖权来排除其他法院……在评估并存管辖权的撤销是否合适时，联邦法院也可以考虑诸如联邦法院地的不方便性、避免粉碎性诉讼（piecemeal litigation）的愿望、并存法院地行使管辖权的秩序这样的因素。任何一个因素都不是决定性的，认真考虑的判决会将行使管辖权的义务与不行使的因素结合考虑。只有撤销诉讼的正当性最明显时才能撤销。"(Id., at 818—819)

正如这里所表明的，在存在平行的州法院诉讼时是否撤销联邦诉讼并不取决于机械的清单，而是对各个重要因素的谨慎平衡。各个案件对于任何一个因素的权重的考虑是不同的，取决于案件的特殊背景。科罗拉多河案本身表明了该原则。在该案中我们批准撤销诉讼的最重要因素是"避免在河流制度中对水权裁判的碎片化的……联邦政策"(Id., at 819)。我们承认麦克兰修正案表明，对水权这样一个特殊领域，国会判断由在州行政官员根据州法院的指示而协助的具有丰富经验和专业的法院来特别对待比较合适(Id., at 819—820)。此外，我们注意到该案中的其他因素也支持撤销诉讼，包括联邦诉讼没有任何实质性进展、诉讼中的很多权利都受州法支配、联邦法院在地理上的不方便、政府之前在州法院提起类似诉讼的意愿(Id., at 820)。

B

在讨论科罗拉多河案的例外情形测试（exceptional-circumstances test）适用前，我们必须阐述医院提出的该测试被后来的威尔诉卡尔弗特火灾保险公司案〔Will v. Calvert Fire Insurance Co., 437 U.S. 655 (1978)，以下简称卡尔弗特案〕的破坏的主张。我们认为这个主张没有价值，至少有两个理由。

医院依据代表法院宣布判决的伦奎斯特（Rehnquist）法官的意见。医院主张，伦奎斯特法官的意见如果没有明确推翻科罗拉多河案，至少也在实质上作了修正。但是明显卡尔弗特案中的多数意见确认了科罗拉多河案。伦奎斯特法官的意见只有4票赞成。4名法官在反对意见中指出卡尔弗特案中的联邦地方法院的中止根据科罗拉多河案是不允许的(437 U.S., at 668—669, 672—674, 布伦南、伯格、马歇尔和鲍威尔等4名法官的反对意见)。布莱克曼（Blackmun）法官虽然同意该判决，但提出了并存意见，同意持反对意见的法官所提出的科罗拉多河岸的例外情形测试是优先的，他赞成将案件发回，允许联邦地方法院首先适用科罗拉多河案的测试(437 U.S., at 667—668)。一发回，上诉法院就正确地承认4名持反对意见的法官和布莱克曼法官成了多数意见，要求适用科罗拉多河案的测试〔Calvert Fire Insurance Co. v. Will, 586 F.2d 12 (CA7 1978)〕。

然而，即使在伦奎斯特法官的意见基础上，卡尔弗特案与本案也存在显著不同。卡尔弗特案的关键是根据《美国法典》第1651条发布令状书令状的标准。正如伦奎斯特法官所强调的，这样特殊的令状用来协助上诉管辖权仅仅限于合法行使权力的下级法院或强迫其履行自己的义务行使权力。莫凡特（movant）必须表明他对该令状的权利是明确的、无可争议的（437 U.S., at 661－662，664，665－666，伦奎斯特法官的意见）。伦奎斯特法官认定在卡尔弗特案中莫凡特并没有满足这个标准。同时，他指出莫凡特本来可能在合适的上诉中胜利的（Id., at 665）。在本案中，我们已经认定上诉法院具有上诉管辖权、认定根据科罗拉多河案联邦地方法院的中止令不被允许是恰当地行使了该上诉管辖权。

医院进一步主张，卡尔弗特案要求推翻本案，因为伦奎斯特法官和布莱克曼法官要求的意见要求更遵从联邦地方法院的自由裁量权。当然，根据卡尔弗特案和科罗拉多河案，是否遵从联邦地方法院的判决必须首先留给联邦地方法院的自由裁量权。说联邦地方法院具有自由裁量权并不是说其判决是不能审查的；这样的自由裁量权必须根据本院规定的相关标准来行使。在本案中，相关的标准就是科罗拉多河案确立的例外情形测试。正如我们所解释的，我们同意上诉法院对于联邦地方法院在授予中止令时滥用自由裁量权的判决。

Ⅳ

将科罗拉多河案确立的因素适用于本案，显然不存在证明联邦地方法院中止令正当性的例外情形。

联邦地方法院主张科罗拉多河案提到的第一、第二个因素在本案中不存在。对任何物或财产具有管辖权的法院既没有假定也没有反驳主张联邦法院比州法院对当事人更不方便的抗辩。避免粉碎诉讼和并存法院地行使管辖权的秩序这两个剩下的因素也不支持而是反对该中止令。

A

在这里，没有科罗拉多河案中极为重要的对粉碎诉讼的危险的考虑。

医院指出，在此处有个实体争议，一个是关于墨丘利的延迟和影响费用的请求，一个是医院提出的如果要向墨丘利承担任何责任则向皮斯社追偿的请求。在没有皮斯社的同意下，后面这个争议是不能提交仲裁的，因为医院与皮斯社之间不存在任何仲裁协议。所以，如果墨丘利对自己的争议获得仲裁的命令，医院就被迫在不同的法院地解决这些相关的争议。然而，这个不幸不是在联邦法院和州法院之间选择的结果，是因为相关的联邦法律要求给予仲裁协议有效所需的粉碎解决。根据《联邦仲裁法》，仲裁协议必须被执行，不管其他不是仲裁协议的当事人的出现。如果墨丘利和医院之间的争议根据《联邦仲裁法》是可以仲裁的，那么医院的两个争议将会分别得到解决，一个通过仲裁，另一个通过州法院诉讼。相反，如果墨丘利和医院之间的争议是不能仲裁的，那么两个争议都将在州法院解决。但是没有任何一个结果取决于哪一个法院来判决可仲裁性问题。因此，允许联邦法院而非州法院判决该问题并不会导致粉碎解决当事人的争议。虽然医院将不得不在联邦法院而非州法院起诉可仲裁性问题，但是该争议与其他争议的实体问题是容易区分的。

B

在本案中，两个并存的裁判机构具有并且行使管辖权并不支持而是反对联邦地方法院的中止令。医院主张中止令是合适的，因为州法院的诉讼比联邦诉讼大约提前19天开始。首先，这个主张漠视了医院在提起诉讼优先（priority）时的原因。墨丘利根据《联邦仲裁法》第4条提起的仲裁令的诉因的要件是医院拒绝仲裁，而拒绝仲裁直到医院在州法院提起诉讼前一天才发生。因此，墨丘利没有任何合理的机会来首先提出第4条的诉讼。还有，医院成功地从州法院获取了禁令禁止墨丘利为开始仲裁而采取任何措施，在该禁令失效的当天，墨丘利在联邦法院提起了诉讼。

医院的主张是对科罗拉多河案确立的"优先"要件的机械理解。与科罗拉多河案确立的其他因素一样，这个因素在适用时是动态的、弹性的，必须考虑到手头案件的现实。因此，优先性不能仅仅通过哪一个诉状首先提出而是根据两个诉讼的进展来判断。科罗拉多河案揭示了这一点。在该案中，联邦诉讼实际上是先提起的。然而，我们指出，作为支持撤销诉讼的因素，"除了提交诉状在联邦地方法院没有任何表面程序"（424 U.S., at 820）。在这里则相反，正是州法院诉讼在判决中止时没有任何实质性的程序（除了一个暂时禁令）。相反，在联邦诉讼中，当事人已经采取了大多数必要的措施来解决可仲裁性问题。在联邦地方法院判决拒绝裁判案件前，联邦诉讼进展顺利。

根据国会在《联邦仲裁法》的明确意图，拒绝尽可能快地让当事人脱离法院利用仲裁解决争议是错误的。《联邦仲裁法》规定了两种执行仲裁协议的措施：中止可提交仲裁的任何诉讼（9 U.S.C. § 3）、参与仲裁的确定性命令（an affirmative order）（9 U. S. C. §4）。这些规定要求快速及时地听审，对于案件事实只能进行有限的审查。假设州法院根据《联邦仲裁法》授予墨丘利救济，由于联邦地方法院的中止也必然会导致延迟。因此，中止令使仲裁协议的快速、无障碍地执行的立法目的落空了。

C

除了科罗拉多河案明确讨论了的四个因素外，卡尔弗特案产生了另一因素，即联邦法规定了案件是非曲直的裁判规则。在科罗拉多河案中，州法与联邦法的相关性因素是不清晰的。然而，在卡尔弗特案中，持反对意见的4名法官和持并存意见的布莱克曼法官指出了该案涉及联邦法的问题（437 U. S., at 667，布莱克曼法官的并存意见；Id., at 668—677；See also Colorado River, 424 U. S., at 815, n. 21）。同样，本案中也涉及联邦问题。

在墨丘利提起的联邦诉讼中出现的基本问题是其与医院之间争议的可仲裁性。不论在州法院还是联邦法院，支配该问题的《联邦仲裁法》是联邦法律。第2条是其中的主要实体规定，宣布"在任何海事或商事契约中，当事人订立的，自愿将由合同引起的或者由于拒绝履行合同而引起的争议提交仲裁的书面条款；以及在上述争议发生后，当事人达成的将争议事项提交仲裁的书面协议，都是有效的、不可撤销的和可执行的。但是依照法律或衡平法的规定，属无效协议的情况除外"（9 U. S. C. §2）。第2条是国会对支持仲裁协议的联邦政策的宣布，尽管任何州的实体或程序政策可能与此相反。第2条的效果是创设了一部可仲裁性的联邦实体法，适用于该法范围内的任何仲裁协议。例如，在普莱马公司案〔Prima Paint Corp. v. Flood & Conklin Mfg. Corp., 388 U. S. 395（1967）〕中，当事人签订了一份含有仲裁条款的合同，但其中的一方当事人声称整个合同中存在欺诈（虽然所声称的欺诈并不特别地涉及仲裁条款）。我们面临的问题是认定合同缔结中的欺诈问题本身是否是可仲裁的争议。我们认定《联邦仲裁法》的用词和政策表明欺诈问题是可以仲裁的（Id., at 402—404）。虽然我们在普莱马公司案中的判决仅仅延伸至所提出的特定问题，但是此后各个上诉法院一直都认为讨论可仲裁性问题必须注意支持仲裁的联邦政策。对此，我们表示赞同。作为联邦法律，《联邦仲裁法》确定解决任何关于可仲裁性问题的怀疑时应支持仲裁，不论所处理的问题是合同用语本身的解释，还是对可仲裁性进行怀疑的弃权、延迟或类似抗辩。

可以确定的是，既然联邦法院执行《联邦仲裁法》的管辖权与州法院是并存的，那么与卡尔弗特案相比，法律渊源因素在本案中的意义更小。但是我们强调我们在诸如本案这样的案件中的任务不是发现联邦地方法院行使联邦管辖权的实体依据，而是确定是否存在"例外情形"、"最明显的正当性"而证明根据科罗拉多河案放弃管辖权是充分的。虽然在一些极端情形下存在州法问题可能倾向于支持放弃管辖权，但是在反对放弃时存在联邦问题必须一直是一个重要的考虑。

D

最后，在本案中反对允许中止诉讼的一个重要原因是州法院在保护墨丘利上可能存在的不足。对此，不应理解为我们质疑北卡罗来纳法院的能力或程序。另外，州法院和联邦法院都必须根据《联邦仲裁法》第3条的规定中止诉讼。然而，不那么明确的是根据第4条的强制仲裁的命令是否也是如此。在此，我们没必要解决该问题，至少可以说有合理的空间怀疑墨丘利是否能从州法院获得强制医院去仲裁的命令。在很多案件中，第3条的中止诉讼无疑足以保护仲裁的权利，但是在诸如本案这样的案件中，反对仲裁的一方当事人是被要求付款或者履行义务的，只有中止诉讼是不够的。这会使顽抗的当事人原地不动，既不诉讼也不仲裁。如果州法院中止诉讼而拒绝强制医院仲裁，除了返回联邦法院获得第4条规定的命令外，墨丘利将没有可靠的方法来推进其请求，而这纯粹是没有任何意义的负担。

E

医院主张科罗拉多河案的测试不能适用，因为在本案中联邦地方法院仅仅是中止联邦诉讼，而不是如在科罗拉多河案一样直接撤销诉讼。医院指出，如果墨丘利能证明州诉讼没有裁判其权利，那么仍能重起联邦诉讼，而中止比撤销更不繁重。就本案的目的而言，我们已经否定了在讨论上诉管辖权时的这个区别。出于同样的原因，我们在此也作出同样的否定。

当联邦地方法院恰当地认定科罗拉多河案支持遵从平行的州诉讼时，我们在本案中没有必要认定撤销或中止是否应是更好的诉讼进程。然而，我们可以说中止与撤销一样都是拒绝行使联邦管辖权。当联邦地方法院决定根据科罗拉多河案而撤销或者中止诉讼时，就推定它认定平行的州诉讼将是完全、快速解决当事人之间争议的充分手段。如果对此有任何实质性的怀疑，那它决定中止或撤销诉讼就是滥用自由裁量权〔See Part IV-D, supra; McNeese v. Board of Education, 373 U.S. 668, 674—676 (1963)〕。

因此，不管是中止还是撤销诉讼，援引科罗拉多河案的判决必须考虑到联邦法院将不能采取任何进一步的措施来解决本案的任何实体争议〔See 17 C. Wright, A. Miller, & E. Cooper, Federal Practice and Procedure § 4247, pp. 517—519 (1978)〕。

此外，医院的主张没有证明中止和撤销诉讼之间存在任何真正的不同。如果联邦地方法院已经撤销了案件，墨丘利是可以在证明有必要时返回联邦法院。如果原告的诉讼在州法院被撤销，而后来却发现该州法院存在不足，对此联邦法院不能向该原告开放，则本院在科罗拉多河案（或者任何其他的避让案）是否会允许撤销联邦诉讼就是值得打个问号的。

V

除了撤销联邦地方法院的中止令外，上诉法院认定根据《联邦仲裁法》和当事人的仲裁协议，墨丘利与医院之间的争议是可以仲裁的。上诉法院推翻了联邦地方法院的判决，并将案件发回，要求符合上诉法院此处的指示(656 F. 2d, at 946)，而上诉法院指示联邦地方法院作出第4条规定的提交仲裁的命令。

在本院，医院并没有从实体上抗辩上诉法院对可仲裁性的判决，却提出了几点程序上的反对。医院特别指出真正上诉到上诉法院的唯一问题是联邦地方法院中止令的性质。通常而言，我们不希望上诉法院审查联邦地方法院判决中没有认定的问题。然而，在本案中，考虑到所涉及的特殊利益以及不存在对当事人的任何偏见，我们并不妨碍法院处理案件的自由裁量权。《美国法典》第2106条赋予上诉发言在特定情形下实现正义的一些自由裁量权。《联邦仲裁法》要求快速及时地处理执行仲裁条款的动议或申请。上诉法院拥有来自双方当事人的全部书面材料，而且认定不存在要求陪审团审判才能发布的命令的事实争议。在这些情形下，法院在自己权限内决定所提出的法律问题，是为了便利国会所期望的快速仲裁。

所以，维持上诉法院的判决。

绍斯兰德公司诉科廷

美国联邦最高法院

465 U.S. 1

1983 年 10 月 4 日口头辩论

1984 年 1 月 23 日判决

首席大法官伯格（Burger）：

本案提出的问题是：(1)《加利福尼亚州特许投资法》（以下简称《特许投资法》）将《联邦仲裁法》所涵盖的一些仲裁协议宣布无效是否违反了"最高条款"（Supremacy Clause）；(2) 当州法院进行集团诉讼时，《联邦仲裁法》上的仲裁是否受到损害。

I

上诉人绍斯兰德公司（Southland Corp.）是 7—11 方便百货店的所有人和特许权人。绍斯兰德公司的标准特许协议向每一特许经营人提供授权，允许特许经营人使用绍斯兰德公司所拥有的登记的商标、租赁方便百货店，绍斯兰德公司在广告和销售规划上提供协助，特许经营人经营百货店、提供账簿数据并向绍斯兰德公司支付一定比例的毛利润。该特许协议也包含了如下要求仲裁的规定："因本协议产生或与本协议相关或违反本协议的任何争议或请求应根据美国仲裁协会的仲裁规则通过仲裁来解决……仲裁员作出的任何裁决可以在任何具有管辖权的法院执行。"

被上诉人是 7—11 的特许经营人。在 1975 年 9 月至 1977 年 1 月期间，数名特许经营人分别在加利福尼亚州高等法院对绍斯兰德公司提起诉讼，声称绍斯兰德公司欺诈、口头误述、违反合同、违反信托义务、违反《特许投资法》〔Cal. Corp. Code Ann. § 31000 et seq.（West 1977）〕所要求的信息披露义务。除了其中的一起诉讼外，绍斯兰德公司的答辩包括没有提交仲裁的积极抗辩。

1977年5月,被上诉人科廷(Keating)代表大约800名加利福尼亚特许经营人对绍斯兰德公司提起集团诉讼。科廷的主要请求与所声称的其他特许经营人实质上是一样的。在各种诉讼被合并后,绍斯兰德公司在所有的案件中都申请强制仲裁这些请求,而被上诉人要求允许集团诉讼。

除了那些基于《特许投资法》的请求外,加利福尼亚州高等法院同意绍斯兰德公司要求将所有请求强制仲裁的动议,没有同意特许经营人提出的发布集团诉讼令状的动议。绍斯兰德公司以法院的令状将基于《特许投资法》的请求排除在仲裁外而提起上诉,而被上诉人向加利福尼亚州上诉法院申请发布令状书令状或禁止令,主张仲裁应作为集团诉讼而推进。

加利福尼亚州上诉法院根据《特许投资法》推翻了下级法院拒绝强制仲裁的判决〔Keating v. Superior Court, Alameda County, 167 Cal. Rptr. 481 (1980)〕,将仲裁条款解释为要求根据《特许投资法》对所有的请求进行仲裁,而且认为《特许投资法》并没有认定这样的仲裁协议无效。作为选择,上诉法院认定如果《特许投资法》使仲裁协议不能执行,就与《联邦仲裁法》第2条相冲突,因而根据"最高条款",《特许投资法》是无效的(167 Cal. Rptr., at 493—494)。上诉法院也认定不存在"不可克服的障碍"来在集团的基础上进行仲裁,并发布令状,指示高等法院开始管理集团仲裁程序(Id., at 492)。

加利福尼亚州最高法院以4:2的结果推翻了上诉法院的判决〔Keating v. Superior Court of Alameda County, 31 Cal. 3d 584, 645 P. 2d 1192 (1982)〕。加利福尼亚州最高法院将《特许投资法》解释为要求对根据该法提起的请求进行司法考虑,并认定加利福尼亚州的成文法并不与联邦法相抵触(Id., at 604, 645 P. 2d, 1203—1204)。加利福尼亚州最高法院也将案件发回高等法院考虑被上诉人要求的集团仲裁。

在口头辩论前,我们推迟考虑管辖权问题〔459 U. S. 1101 (1983)〕。我们部分推翻、部分撤销加利福尼亚州最高法院的判决。

Ⅱ

A

本院的管辖依据是《美国法典》第1257(2)条〔28 U. S. C. § 1257 (2)〕,该条规定对州的最高法院认定被挑战的州成文法不与联邦法相冲突时的判决提起上诉。这里，绍斯兰德公司挑战将根据《联邦仲裁法》缔结的仲裁协议宣告无效的《特许投资法》。被上诉人主张，加利福尼亚州最高法院对此请求的诉讼不是第1257（2）条含义上的"最终判决或命令"。

根据考克斯广播电视公司诉科恩案〔Cox Broadcasting Corp. v. Cohn, 420 U.S. 469, 482—483 (1975), 以下简称考克斯案〕，如果"寻求审查的当事人因非联邦的原因可能在州法院胜诉，因而使得本院没有必要审查联邦问题而且推翻州法院对联邦问题的判决会排除在相关的诉因基础上的任何更多的诉讼……"那么最终认定联邦问题的州法院的判决是可以上诉的。在这些情形中，"如果拒绝立即审查州法院的判决会侵害联邦的政策"，我们已经解决了该联邦问题（Id., at 483）。

根据考克斯案，加利福尼亚州最高法院对此请求的判决是可以审查的。在本院没有审查加利福尼亚州的判决前，可能没有机会认定联邦问题以及"加利福尼亚州的成文法并不与《联邦仲裁法》相冲突"的"州最高法院的判决也仍然没被审查"（Id., at 485）。另一方面，在此背景下推翻州法院的判决将终结此争议的实体诉讼。

最后，不立即审查加利福尼亚州最高法院的判决可能"严重侵害联邦的政策"。加利福尼亚州法院的判决的效果显然是将当事人同意的把所有合同争议提交仲裁的合同宣告无效。《联邦仲裁法》允许"可以仲裁的争议的当事人离开法院而尽可能快地提交仲裁"〔Moses H. Cone Memorial Hospital v. Mercury Construction Corp., 460 U.S. 1, 22 (1983)〕。

通过允许一方当事人漠视仲裁合同并诉诸法院来避免仲裁合同是不行的。这样的话会导致冗长的诉讼，而这原本是约定仲裁的当事人所竭力避免的。在伯利蒙号案〔The Bremen v. Zapata Off-Shore Co., 407 U.S. 1, 12 (1972)〕中，我们指出，将解决所有争议的法院地固定的合同"由精明干练、经验老到的商人所确定的，没有其他更有说服力的理由，这样的选择应该得到当事人的尊重并且为法院所执行"。我们也指出，"有强烈的证据表明法院选择条款是当事人协议的关键部分，认为当事人不能在协商中确定诸如付款条件和法院选择条款的后果是不现实的。"（Id., at 14）

对我们而言，推迟审查州法院拒绝执行仲裁协议的判决直到州诉讼已经进行了将使仲裁协议的核心目的落空。我们认定本院具有审判《联邦仲裁法》是否优于《特许投资法》第31512条的管辖权。

B

对基于仲裁协议的集团诉讼程序的性质的相关问题的上诉引发了其他问

题。绍斯兰德公司并没有在加利福尼亚州的法院主张集团诉讼程序的州法是否抵触联邦法,该法院也没有作出认定。当加利福尼亚州上诉法院指示绍斯兰德公司阐述州法还是联邦法控制集团诉讼问题时,绍斯兰德公司指出,州法并不允许集团仲裁、《联邦民事程序规则》不能适用、要求集团仲裁"可能违反了联邦对程序性正当程序的宪法保护"。绍斯兰德公司在上诉法院并没有主张如果州法要求集团诉讼程序会与《联邦仲裁法》相冲突因而违反了"最高条款"。

在加利福尼亚州最高法院,绍斯兰德公司主张适用加利福尼亚州的法律,但是仲裁协议以及州法都没有授权集团仲裁程序。绍斯兰德公司也主张联邦的规则不能适用于州的程序。绍斯兰德公司指出,虽然加利福尼亚州的法律为集团诉讼程序提供了基础,但是加利福尼亚州司法理事会(Judicial Council of California)承认"集团诉讼与仲裁不相融"。在加利福尼亚州最高法院,绍斯兰德公司看似并不反对在联邦基础上的集团程序。记录也没有表明加利福尼亚州最高法院确定了基于合同仲裁的集团诉讼程序是否违反了联邦法律。既然绍斯兰德公司看似并没有肯定地在联邦基础上质疑州成文法的合法性,根据《美国法典》第 1257(2)条,本院对于解决此问题没有管辖权〔See Bailey v. Anderson, 326 U.S. 203, 207 (1945)〕。

Ⅲ

《特许投资法》规定:"任何旨在约束任何取得任何特许经营的人放弃遵守本法的任何规定或任何据此制定的规则、命令的条件、条款或规定都是无效的。"〔Cal. Corp. Code Ann. § 31512 (West 1977)〕

加利福尼亚州最高法院将该法解释为要求对根据该法提起的请求进行司法考虑,因而拒绝执行当事人达成的将此类争议提交仲裁的仲裁协议。这样的解释直接与《联邦仲裁法》第 2 条相冲突,违反了"最高条款"。

在通过《联邦仲裁法》第 2 条时,国会宣告了支持仲裁的国家政策,撤销了各州在当事人同意通过仲裁解决争议时而要求用司法解决争议的权力。《联邦仲裁法》第 2 条规定:"在任何海事或商事契约中,当事人订立的,自愿将由合同引起的或者由于拒绝履行合同而引起的争议提交仲裁的书面条款;以及在上述争议发生后,当事人达成的将争议事项提交仲裁的书面协议,都是有效的,不可撤销的和可执行的。但是依照法律或衡平法的规定,属无效协议的情况除外。"因此,国会要求执行仲裁协议。

我们认识到对《联邦仲裁法》上的仲裁条款的限制只有两个：仲裁条款必须是书面海事合同或证明涉及商事交易的合同的一部分，除非法律或衡平规则规定会使任何合同均无效的那些情况出现而撤销这样的条款。此外，我们没有看到《联邦仲裁法》中确立的可执行原则要受到州法上的任何更多的限制。

《联邦仲裁法》依靠的是国会根据"商业条款"（Commerce Clause）制定实体规则的权力。在普莱马公司案〔Prima Paint Corp. v. Flood & Conklin Mfg. Co., 388 U.S. 395 (1967)〕中，法院审查了该法的立法史，认定该法"是建立在……无可争议的控制州际贸易和海事的联邦基础之上的"〔Id., at 405 (quoting H. R. Rep. No. 96, 68th Cong., 1st Sess., 1 (1924))〕。与本案一样，在普莱马公司案中也存在仲裁条款。该案的一方当事人声称另一方当事人在缔结合同时存在欺诈行为，要求在联邦法院裁判该欺诈请求。法院认定，不管相反的州规则如何，考虑合同缔结过程中的欺诈请求"应由仲裁员而非法院解决"（388 U.S., at 400）。本院依靠该判决认定的国会根据"商业条款"制定实体规则的宽泛权力。

至少从1824年开始，国会根据"商业条款"的权力一直被认为是绝对的〔Gibbons v. Ogden, 9 Wheat. 1, 196 (1824)〕。用首席大法官马歇尔的话说，国会的权力是"规制的权力，即规定贸易所要适用的规则"（Ibid）。本院在普莱马公司案中对《联邦仲裁法》是行使"商业条款"权力的声明表明该法的实体规则是适用于州法院以及联邦法院的。正如布莱克法官在反对意见中所说的，当国会根据"商业条款"行使其制定联邦实体法的权力时，国会通常创设了可以在州法院和联邦法院执行的规则（Prima Paint, supra, at 420）。

在莫斯 H. 寇恩案（Moses H. Cone Memorial Hospital v. Mercury Construction Corp., 460 U.S., at 1, 25, and n. 32）中，我们确认了《联邦仲裁法》"创设联邦实体法"的观点，并且明确声明普莱马公司案所暗含的观点，即《联邦仲裁法》所创设的实体法是适用于州法院和联邦法院的。莫斯 H. 寇恩案源于当事人申请强制仲裁的命令。的确法院中止了诉讼，等待并存的州法院诉讼。在认定联邦地方法院滥用自由裁量权时，我们没有发现存在任何证明该中止是正当的例外情形，并且承认《联邦仲裁法》上的"联邦法律问题的出现"是"放弃联邦管辖权的重要考虑因素"（460 U.S., at 26）。因而我们将可仲裁性问题解读为是一个实体的联邦法律问题："联邦法律以《联邦仲裁法》的形式在州法院或联邦法院支配该问题。"（Id., at 24）

虽然立法史并不是毫无模糊之处，但是有很强的证据表明国会已经比让仲裁协议仅仅在联邦法院执行考虑得更多。国会的报告清楚地揭示了更加综合性的目标："本法案的目的是让包含在涉及州际贸易的合同、海事合同或可能是联邦法院诉讼的客体的合同之内的仲裁协议有效并可执行。"〔H. R. Rep. No. 96, 68th Cong., 1st Sess., 1 (1924)〕

这个更加宽泛的目的也可以从国会不大可能解决一个影响限于联邦法院而非在贸易领域有巨大影响和意义的问题的现实中推出。《联邦仲裁法》寻求的是"超越不会特别执行任何仲裁协议的衡平规则"〔Hearing on S. 4213 and S. 4214 before a Subcommittee of the Senate Committee on the Judiciary, 67th Cong., 4th Sess., 6 (1923) (Senate Hearing) (remarks of Sen. Walsh)〕。国会的报告指出："需要该法源于……英国法院支持自己管辖权的热衷……这种热衷盛行很久以至于坚定地深入英国普通法之中，而且被美国法院所采纳。法院已经觉得这个先例是如此顽强以至于没有立法就不可能推翻。"（H. R. Rep. No. 96, supra, at 1—2）

这的确清楚地说明国会的报告已经考虑到该法的宽泛范围，不受州法律的限制。正如在麦区工业涂料公司案〔Metro Industrial Painting Corp. v. Terminal Construction Co., 287 F. 2d 382, 387 (CA2 1961) (Lumbard, C. J., concurring)〕中所声明的，"该法的目的是确保那些希望仲裁而且其与州际贸易相关的合同的人的期望不会被联邦法官或者……州法院或立法机关所破坏。"国会也表明其已知悉各州法院广泛存在不愿执行仲裁协议的情形（e. g., Senate Hearing, at 8），而且这些州法院受州法律的约束，而州法律并没有充分地规定"如果同意根据成文法规定的方式仲裁，那么仲裁协议不能被认定无效"（Ibid.）。

因此，国会所面临的问题是双面的：古老的普通法敌视仲裁，各州没有执行仲裁协议的成文法。所以，将《联邦仲裁法》的范围限于寻求在联邦法院得到执行的仲裁将使我们所认为的国会意图制定宽泛的立法来解决众多的问题的目的落空。

奥康纳（O'Connor）法官主张，国会将《联邦仲裁法》认定为"是一部程序性立法，仅仅在联邦法院才能适用"（Post, at 25.）。如果国会寻求的仅仅是创设在联邦法院适用的程序救济，那么就不能解释《联邦仲裁法》中的明示限制是涉及贸易的合同（9 U. S. C. § 2）。例如，当国会授权本院规定联邦地方法院、上诉法院和破产法院的程序规则时，并没有将法院的权力限制在规定的规则仅仅适用于涉及贸易的诉因〔See, e. g., 28 U. S.

C. §§ 2072，2075，2076 (1976 ed. and Supp. V)〕。如果国会制定《联邦仲裁法》是创设仅仅适用于联邦法院的程序规则，那么国会就不会将该法限于涉及贸易的交易。另一方面，如果国会意图该法在州法院适用，那么就要援引"商业条款"，而同时其范围将限于涉及州际贸易的交易。所以，我们认为第2条所要求的"涉及贸易"并不是对联邦法院的权力无法说明的限制，而是对该法适用于州法院和联邦法院的必要限制。

按照奥康纳法官对《联邦仲裁法》的解释，根据《特许投资法》提出的请求在州法院提起时就是不可仲裁的。毫无疑问，如果该诉讼在联邦地方法院提起，仲裁条件将是可执行的。这样，加利福尼亚州最高法院对《联邦仲裁法》的解释将鼓励挑选法院。我们不愿意将国会在利用"商业条款"的综合性权力时所创设的执行仲裁协议的权利的意图归结为使该权利取决于其到底是在哪一个特定的法院主张。既然本国绝大多数民事诉讼是在州法院，我们认为国会的意图不是将《联邦仲裁法》仅仅限于联邦法院管辖权所涉及的争议，否则将使国会"仲裁协议……与其他合同一样"的意图落空〔H. R. Rep. No. 96, 68th Cong., 1st Sess., 1 (1924)〕。

在创设可同时适用于州法院和联邦法院的实体规则时，国会是要取消州破坏仲裁协议可执行性的立法尝试。我们认定《特许投资法》第31512条违反了"最高条款"。

IV

所以，推翻加利福尼亚州最高法院拒绝执行仲裁协议的判决；至于《联邦仲裁法》是否排除了集团仲裁以及其他没有在加利福尼亚州的法院提出的问题，本院此时作出任何判决都不合适，而是将案件发回，在与本院判决一致的前提下，继续进一步的程序。

三菱汽车公司诉索勒·克莱斯勒—普利茅斯公司

美国联邦最高法院

473 U. S. 614

1985 年 3 月 18 日口头辩论

1985 年 7 月 2 日判决

布莱克曼（Blackmun）法官：

本案提出的主要问题是根据《联邦仲裁法》、《纽约公约》〔（1970）21 U. S. T. 2517, T. I. A. S. No. 6997〕的规定，《谢尔曼法》（*The Sherman Act*, 15 U. S. C. § 1 et seq.）下所产生的并包含在国际商事合同中有效仲裁条款内的请求是否具有可仲裁性。

I

申请人——交叉答辩人（Petitioner-cross-respondent）三菱汽车公司（Mitsubishi Motors Corporation）是一家制造汽车的日本公司，其主要营业地在日本东京。它是一家由克莱斯勒公司（Chrysler Corporation，以下简称 Chrysler）拥有的瑞士克莱斯勒国际公司（Chrysler International, S. A.，以下简称 CISA）与一家日本公司三菱重工公司（Mitsubishi Heavy Industries, Inc.）组建的合资企业。合资企业的目的是通过克莱斯勒公司在美国大陆外的经销商销售三菱汽车公司制造并贴上克莱斯勒公司和三菱汽车公司商标的汽车。答辩人——交叉申请人（Respondent-cross-petitioner）索勒·克莱斯勒—普利茅斯公司（Soler Chrysler-Plymouth, Inc.，以下简称索勒公司）是一家波多黎各公司，主要营业地在普韦布洛（Pueblo Viejo）、波多黎各。

1979年10月31日，索勒公司与CISA达成一份供销协议，由索勒公司在指定地区销售三菱汽车公司制造的汽车。同一天，CISA、索勒公司和三菱汽车公司又签订了一份销售程序协议（Sales Procedure Agreement），规定三菱汽车公司直接售货给索勒公司，并且约定了销售价格和条件。销售协议的第6条"某些事项的仲裁"约定："（三菱汽车公司与索勒公司之间）因本协议第1条B款至第5条所引起的或与之有关的，或因违反这些条款所引起的所有争端、争议或分歧，均应按照日本商事仲裁协会的规则与规定在日本通过仲裁最终解决。"

起初，索勒公司为销售三菱汽车公司制造的汽车做了一个计划。鉴于该计划的优秀，经过三菱汽车公司和CISA确定并且得到索勒公司同意的最低销售量在1981年要有实质性的提高。然而，1981年初，新车市场萎缩了。索勒公司在完成预期销售量上遇到了很大困难，在1981年春被迫要求三菱汽车公司推迟或取消装运一些订货。同时，索勒公司试图安排转运一些汽车在美国大陆和拉美销售。然而，三菱汽车公司和CISA援引了各种各样的理由拒绝这样的更改，而且没有转运任何汽车。三菱汽车公司最终取消了1981年5月至7月预订的966辆汽车的装运，而索勒公司在1982年2月拒绝承担责任。

接下来的几个月，三菱汽车公司根据《联邦仲裁法》和《纽约公约》在美国波多黎各区联邦地方法院对索勒公司提起诉讼，要求法院按照《销售程序协议》第6条的规定发布强制仲裁的命令。在提交诉状后，三菱汽车公司向日本商事仲裁协会申请仲裁，要求索勒公司就其违反当事各方之间的销售协议进行损害赔偿。索勒公司否认了以上主张，并根据《谢尔曼法》、波多黎各竞争立法〔P.R. Laws Ann., Tit. 10, § 257 et seq. (1976)〕和《波多黎各经销商合同法》〔The Puerto Rico Dealers' Contracts Act, P.R. Laws Ann., Tit. 10, § 278 et seq. (1976 and Supp. 1983)〕在联邦地方法院对三菱汽车公司和CISA提出反诉，称三菱汽车公司和CISA共谋瓜分市场，限制贸易。按照索勒公司所说，三菱汽车公司不允许索勒公司将从三菱汽车公司购买的汽车向北、中或南美的购买人转卖；三菱汽车公司拒绝装运预订的汽车或发热器和除雾器这样的零件，而这是索勒公司在波多黎各之外销售汽车所必需的；三菱汽车公司强迫更换索勒公司和其他具有整个专卖区的波多黎各经销商。

在听取当事人的口头辩论后，联邦地方法院命令三菱汽车公司和索勒公司将各自在诉状和反诉中提出的问题提交仲裁。至于反托拉斯问题，联邦地方法院承认遵从美国安全设备公司案〔American Safety Equipment Corp. v. J. P. Maguire & Co., 391 F. 2d 821 (CA2 1968)〕的各上诉法院一致认定反托拉斯法授予的权利是"不适合通过仲裁来执行的"〔App. to Pet. for Cert. in No. 83—1569, p. B9, quoting Wilko v. Swan, 201 F. 2d 439, 444 (CA2 1953), rev'd, 346 U. S. 427 (1953)〕。然而,联邦地方法院认定三菱汽车公司—索勒公司的协议的国际性要求即使是反托拉斯请求也要执行仲裁协议。联邦地方法院依据的是谢尔科案〔Scherk v. Alberto-Culver Co., 417 U. S. 506, 515—520 (1974)〕。在该案中,本院根据包含在一份国际协议的仲裁条款命令将因1934年《证券交易法》产生的请求提交仲裁。

美国第一巡回上诉法院部分维持部分推翻了联邦地方法院的判决〔723 F. 2d 155 (1983)〕。索勒公司主张,波多黎各法律排除了要求当地经销商在波多黎各之外的争议进行的仲裁协议的执行,对此遭到上诉法院的否定。上诉法院也否定了索勒公司提出的其本来没有打算将仲裁协议中没有提到的成文法请求提交仲裁的主张。在逐一审查的基础上,上诉法院将仲裁条款解读为几乎涵盖所有根据各种成文法所产生的请求,包括根据《谢尔曼法》所产生的请求。

最后,在采纳美国安全设备公司案确认的原则后,上诉法院认定谢尔科案的判决和《纽约公约》都没有要求在面对国际交易时废除该原则（723 F. 2d, at 164—168）。因此,上诉法院推翻了联邦地方法院要求索勒公司将反托拉斯请求提交仲裁的判决。在维持了联邦地方法院判决的其他部分后,上诉法院指示联邦地方法院考虑如何推进平行的司法和仲裁程序。

我们发布调卷令主要是考虑在仲裁协议产生于国际交易时美国法院是否应执行通过仲裁解决反托拉斯请求的仲裁协议〔469 U. S. 916 (1984)〕。

II

首先,我们讨论索勒公司在交叉请求中提出的所争议的仲裁条款不应解读为涵盖成文法上的反请求的主张。索勒公司在主张中并没有质疑上诉法院将《销售程序协议》第6条作为标准合同解释问题适用于此处所涉及的争议。相反,索勒公司主张作为法律问题,法院不能将仲裁协议解释为涵盖所有产生于用来保护抵制仲裁的当事人的成文法的请求,除非该当事人明确同意将这些请求提交仲裁（see Pet. for Cert. in No. 83—1733, pp. 8, i）,这样索勒公司的意思是该仲裁条款必须特别地提到寻求仲裁的一方当事人因该成文法所产生的请求（See 723 F. 2d, at 159）。索勒公司指出，由于它属于从联邦和地方反托拉斯法和其他成文法获益的阶层，但是所争议的仲裁条款并没有提到这些成文法，所以不能将该仲裁条款解读为考虑过用仲裁来解决这些成文法请求。

我们对此表示反对，因为我们没有发现《联邦仲裁法》中存在推定反对用仲裁解决成文法请求的规定。《联邦仲裁法》的核心条款使"在任何海事或商事契约中，当事人订立的，自愿将由合同引起的或者由于拒绝履行合同而引起的争议提交仲裁的书面条款；以及在上述争议发生后，当事人达成的将争议事项提交仲裁的书面协议，都是有效的、不可撤销的和可执行的。但是依照法律或衡平法的规定，属无效协议的情况除外。"（9 U. S. C. § 2）莫斯 H. 寇恩案〔Moses H. Cone Memorial Hospital v. Mercury Construction Corp., 460 U.S. 1, 24 (1983)〕认定该条和《联邦仲裁法》整体宣布了"支持仲裁协议的联邦政策"，这是保证执行私人合同安排的底线：《联邦仲裁法》"创设了确立并规制尊重仲裁协议义务的联邦实体法"（Id. at 25, n. 32）。正如本院最近所表明的，"国会在通过《联邦仲裁法》时的首要关注是执行当事人缔结的私人协议"，这要求"我们积极地执行仲裁协议"〔Dean Witter Reynolds Inc. v. Byrd, 470 U. S. 213, 221 (1985)〕。

所以，要求法院强制命令仲裁的首要任务是认定当事人是否同意用仲裁来解决该争议。法院通过适用"可以适用于《联邦仲裁法》范围内的仲裁协议的关于可仲裁性的联邦实体法"来认定此问题〔Moses H. Cone Memorial Hospital, 460 U. S., at 24. See Prima Paint Corp. v. Flood & Conklin Mfg. Co., 388 U. S. 395, 400－404 (1967); Southland Corp. v. Keating, 465 U. S. 1, 12 (1984)〕。这要求"讨论可仲裁性问题必须注意支持仲裁的联邦政策……作为联邦法律，《联邦仲裁法》确定解决任何关于可仲裁性问题的怀疑时应支持仲裁，不论所处理的问题是合同用语本身的解释、还是对可仲裁性进行怀疑的弃权、延迟或类似抗辩。"〔Moses H. Cone Memorial Hospital, 460 U. S., at 24－25. See, e. g., Steelworkers v. Warrior & Gulf Navigation Co., 363 U. S. 574, 582－583 (1960)〕所以，与任何其他合同一样，在仲裁协议中当事人的意思居于控制地位，但是这一般都解释为可仲裁性问题。

在受仲裁协议约束的当事人基于这些成文法权利提出的请求上，没有理由偏离这些指导。此前本院表达了"《联邦仲裁法》所创立的利用仲裁来解决争议的希望"〔Wilko v. Swan, 346 U. S. 427, 432 (1953); see Merrill

Lynch, Pierce, Fenner & Smith, Inc. v. Ware, 414 U. S. 117, 135, n. 15 (1973)〕，而且当司法机关对仲裁的愿望和仲裁庭能力有所怀疑时，我们已经落后于时代了。在之前，我们认定《联邦仲裁法》第 2 条宣告了同时适用于州法院和联邦法院的国家政策，我们将仲裁条款解释为涵盖所争议的问题（465 U. S., at 15, and n. 7）。当然，对于仲裁协议本身存在欺诈而可能"撤销任何合同"的事由时，法院必须注意这些有根据的请求〔9 U. S. C. § 2; see Southland Co., 465 U. S., at 16, n. 11; The Bremen v. Zapata Off-Shore Co., 407 U. S. 1, 15 (1972)〕。但是，在不存在这样的考虑因素时，《联邦仲裁法》本身并没有为否定仲裁协议提供其他依据。

这不是说所有涉及成文法请求的争议都适合仲裁。然而，没有理由为了找出哪些争议不适合仲裁而歪曲合同的解释。国会在《联邦仲裁法》中宣布了要求法院自由地解释该法所涵盖的仲裁协议的范围的政策，法院必须依靠在其他成文法中所表明的国会意图来确定规定任何种类的请求的仲裁协议是否不可执行〔See Wilko v. Swan, 346 U. S., at 434—435; Southland Co., 465 U. S., at 16, n. 11; Dean Witter Reynolds Inc., 470 U. S., at 224—225（并存意见）〕。由于这个原因，针对索勒公司所提出的对成文法所保护的阶层的关切，没有理由对该仲裁条款按照其所说的那样解释。即使同意对一个成文法请求进行仲裁，一方当事人并不放弃该成文法所赋予的实体权利；当事人仅仅是将争议提交仲裁庭而非司法机关。我们必须假定如果国会打算由一特定成文法所赋予的实体保护包括对放弃司法法院的权利的保护，那么这将从立法文本或立法史中推论出来。(See Wilko v. Swan, supra) 在确定合同要仲裁时，当事人应提交仲裁，除非国会禁止放弃对所争议的成文法权利进行司法救济。同时，没有什么妨碍当事人将成文法请求排除在仲裁协议范围之外（See Prima Paint Co., 388 U. S., at 406）。

总之，上诉法院正确地进行了两步分析，首先决定当事人的仲裁协议是否涉及成文法问题；如果是，就考虑对当事人协议的法律限制是否禁止对这些请求进行仲裁。我们赞同上诉法院否定索勒公司提出的仲裁条款解释规则。

Ⅲ

我们现在转向考虑索勒公司的反托拉斯请求是否不可仲裁。在认定不能仲裁时，上诉法院遵循美国安全设备公司案〔American Safety Equipment

Corp. v. J. P. Maguire & Co., 391 F. 2d 821 (1968)〕的判决。不管《谢尔曼法》还是《联邦仲裁法》都没有明确支持这样一个例外,第二巡回法院就认定"在执行反托拉斯法中的公共利益、在此类案件中请求的性质使……反托拉斯请求……不适宜于仲裁。"(Id., at 827-828) 我们认为,没有必要评估美国安全设备案所确立的原则适用于产生于国内交易的仲裁协议的合法性。正如在谢尔科案〔Scherk v. Alberto-Culver Co., 417 U.S. 506 (1974)〕中所总结的,"出于国际礼让的考虑、对外国和跨国仲裁庭能力的尊重以及国际商事体制对争议解决的可预见性的需要,要求我们执行当事人之间的仲裁协议,即使会出现一个与国内相反的结果"。

即使在谢尔科案之前,本院已经承认国际交易中的法院选择条款的效力。在伯利蒙案中,一家美国石油公司试图规避合同中选择英国法院继而默示选择英国法的条款,在美国联邦地方法院就对德国公司提起海事诉讼。尽管存在英国法院执行而美国法院拒绝执行拖船合同中的免责条款的可能性,本院还是认定了该法院选择条款的效力。本院指出:"如果我们不管严肃的合同而坚持认为所有争议必须在我们国家的法院根据我们的法律来解决的狭隘观点,美国工商业的扩张难以受到鼓励……在世界市场和国际水域上排他性地根据我们自己的条件进行商业贸易、在我们国家法院诉讼、适用我们国家的法律,这是难以想象的。"(407 U.S., at 9)

承认了"提前同意当事人均可接受的法院地是国际商业贸易和合同中必不可少的要件"(id., at 13-14),伯利蒙案的判决明确否决了热心于国内法院管辖权的狭隘。

同样的考虑也支配了本院在谢尔科案的判决,认定"同意在一个特定的裁判庭仲裁实际上是一种特殊的法院选择条款,不但确立了诉讼地,而且确立了在争议解决中所适用的程序"(417 U.S., at 519)。在谢尔科案中,阿尔贝托—卡尔弗公司(Alberto-Culver Co.)是一家美国公司,从谢尔科手中购买了依据德国法和列支敦士登法设立的3个相互关联的从事化妆品制造以及此类化妆品的商标许可的商业实体,而谢尔科是一个诉讼进行时住在瑞士的德国人。合同包含了一个仲裁条款,规定"因本合同产生或与本合同相关或违反本合同的任何争议或请求"应提交法国巴黎的国际商会仲裁,"合同及对合同的解释和履行适用美国伊利诺伊州法"。然而,阿尔贝托—卡尔弗在伊利诺伊州的联邦地方法院提起诉讼,认为谢尔科关于商标权的欺诈性陈述违反了1934年《证券交易法》第10(b)条和证券交易委员会据此发布的第10b-5规则(17 CFR § 240.10b-5),要求损害赔偿和其他救济。联邦地方法院拒绝了谢尔科要求撤销诉讼的动议，并发布一项初步命令，禁止谢尔科推进仲裁。第七巡回上诉法院依据威尔科案〔Wilko v. Swan, 346 U. S. 427 (1953)〕维持了联邦地方法院的判决，认为产生于《证券法》的争议不能进行仲裁。本院推翻了上诉法院的判决，认定仲裁协议可以执行。本院强调："事先用合同条款的方式规定争议解决地以及所要适用的法律是实现对于任何国际商业交易都至关重要的秩序与可预见性的必要前提。""一国法院狭隘地拒绝执行国际仲裁协议不但将使这些目的落空，而且会引发当事人技巧性地利用诉讼优势的破坏性后果……不论美国法院最终对外国法院的命令授予什么样的承认，这样一个冒险性的环境无疑会损害国际商业和贸易的构造，而且危害商人缔结国际商务协议的意愿与能力。"(417 U. S., at 516—517) 所以，本院认定阿尔贝托—卡尔弗要遵守承诺，将争议提交仲裁。

伯利蒙案和谢尔科案确立了支持执行自由约定的合同法院选择条款。本案与谢尔科案一样，支持利用仲裁解决争议的联邦政策要加强。至少从美国1970年加入《纽约公约》以及同年通过修改《联邦仲裁法》而执行《纽约公约》后，联邦政策在国际商事领域具有特别的效力。所以，我们必须权衡美国安全设备公司案与解决国际商事争议的仲裁程序、承诺执行自由约定的法院选择条款。

开始，我们承认对美国安全设备公司案确立的原则表示一定的怀疑。该原则是由第一巡回法院确立的 (723 F. 2d, at 162)，由4个要件构成。第一，私人当事人通过私人诉讼在协助政府执行反托拉斯法上发挥关键作用。第二，"产生反托拉斯争议的合同很可能是排除自动认定法院的附合合同。"第三，反托拉斯争议很复杂，需要精密的法律和经济分析，而仲裁程序的"快捷、简单、诉诸于常识和简单的衡平这样的优点"起不了作用。第四，正如"战争、和平问题如此重要以至于不能通常交给将军决定……对商业的反托拉斯规制的判断如此重要以至于不能交给从商业共同体尤其是对我们的法律和价值观不熟的外国商业共同体中选出来的仲裁员处理"(See American Safety, 391 F. 2d, at 826—827)。

首先，我们认为第二个关切是不正当的。反托拉斯争议的出现并不意味着要宣告所选择的法院无效，而且假定仲裁条款有问题是没有根据的。抵制仲裁的当事人可以直接攻击仲裁协议的合法性〔See Prima Paint Corp. v. Flood & Conklin Mfg. Co., 388 U. S. 395 (1967)〕。此外，该当事人可以证明法院选择条款或仲裁协议"存在欺诈或不当影响"以至于"其执行是不合理、不正当的"或者"所选择的法院对于当事人而言严重地不方便以至于实际上剥夺了诉诸法院的权利"(The Bremen, 407 U.S., at 12, 15, 18), 要求予以撤销。但是当事人没有如此证明，假定法院救济的不充分或当事人的选择不公平是没有根据的。

其次，潜在的复杂性不足以排除仲裁。我们有理由怀疑遵循美国安全设备公司案的法院赞成反托拉斯事项天然地不宜通过仲裁解决的观点，因为这些法院已经同意在争议发生后对反托拉斯请求进行仲裁〔See, e. g., Coenen v. R. W. Pressprich & Co., 453 F. 2d 1209, 1215 (CA2), cert. denied, 406 U. S. 949 (1972); Cobb v. Lewis, 488 F. 2d 41, 48 (CA5 1974). See also, in the present cases, 723 F. 2d, at 168, n. 12〕。仲裁协议所涵盖的反托拉斯请求并不总是与反托拉斯诉讼一样棘手。无论如何，灵活和专业是仲裁的特点。在选任仲裁员时，会考虑到争议的事项，而且仲裁规则一般都规定了当事人聘请或仲裁庭指定的专家的参与。此外，流水线程序和快速的结果最能满足当事人同意仲裁的需求；希望控制解决争议所需要的投入和费用促使当事人放弃寻求司法救济。总之，单独的潜在的复杂性因素并不能说服我们仲裁庭不能恰当地处理反托拉斯事项。

出于类似的理由，我们也否定仲裁庭会敌视反托拉斯法对商业的限制的主张。国际仲裁员通常都是从法律以及商业团体中选择；在争议存在重要的法律因素时，可以期待当事人和同意协助解决争议的仲裁机构会选择相应的仲裁员。我们不承认那种认为仲裁机构无能力或不愿意选择有能力的、有良心的、无私的仲裁员的观点。

我们现在面临的是美国安全设备公司案确立的原则的核心，即对反托拉斯法制度的美国民主资本主义极端重要〔See, e. g., United States v. Topco Associates, Inc., 405 U. S. 596, 610 (1972); Northern Pacific R. Co. v. United States, 356 U. S. 1, 4 (1958)〕。毫无疑问，私人诉因在执行反托拉斯法制度中发挥着关键作用〔See, e. g., Hawaii v. Standard Oil Co., 405 U. S. 251, 262 (1972)〕。正如上诉法院所指出的："根据反托拉斯法提出的请求不仅仅是私人事项。《谢尔曼法》是用来促进竞争经济中的国家利益，因此，根据该法主张权利的原告一直以来都类似于保护公共利益的私人司法部长。"(723 F. 2d, at 168, quoting American Safety, 391 F. 2d, at 826)该法的三倍赔偿条款是执行反托拉斯制度的主要工具，对潜在的违法者具有关键的威慑作用〔See, e. g., Perma Life Mufflers, Inc. v. International Parts Corp., 392 U. S. 134, 138—139 (1968)〕。

然而，私人损害赔偿救济的重要性并不能得出其不能在美国法院外寻求救济的结论。《克莱顿法》（*Clayton Act*）第 4 条授予私人当事人三倍赔偿的诉因，这是索勒公司此处通过其反请求所追求的，尽管它附带性地具有重要的政策功能，但是其主要是使受害竞争者获得赔偿。"第 4 条……本质上是个救济条款。它规定'因反托拉斯法所禁止的任何行为造成的商业或财产损害的任何人……可以获得三倍赔偿……'当然，三倍赔偿也在惩罚不法行为人、威慑不法行为上发挥重要作用……然而，三倍赔偿条款仅仅是受害当事人才能获得，通过所证明的损害裁决的措施主要是作为一种救济。"〔Brunswick Corp. v. Pueblo Bowl-O-Mat, Inc., 429 U.S. 477, 485－486 (1977)，以下简称布朗斯维克案〕

在布朗斯维克案中，在审查了各自的立法史后，法院承认 1890 年作为《谢尔曼》第 7 条的三倍赔偿条款"主要是作为美国个人的一种救济"〔429 U.S., at 486, n. 10, quoting 21 Cong. Rec. 1767－1768 (1890) (remarks of Sen. George)〕；在 1914 年作为《克莱顿法》第 4 条重新制定后，它仍然"主要是为每一个人打开正义之门，不管他何时被违反反托拉斯法的人所损害，受害当事人都能因此获得巨额赔偿"〔429 U.S., at 486, n. 10, quoting 51 Cong. Rec. 9073 (1914) (remarks of Rep. Webb)〕。当然，反托拉斯诉因一直是在个人诉讼者控制之下；任何公民都没有义务提起反托拉斯诉讼〔See Illinois Brick Co. v. Illinois, 431 U.S. 720, 746 (1977)〕，而且私人反托拉斯原告在和解前不需要任何行政部门或司法部门的批准。这说明，至少在交易的国际性会增加争议解决的不确定性时，潜在的诉讼者可以提前共同达成能寻求反托拉斯赔偿以及解决其他争议的程序。

没有理由在争议的一开始就假定国际仲裁不会提供充分的机制。可以确定的是，国际仲裁庭并不预先忠于特定国家的法律规范，因此，它对自己国家的成文规定不负直接的义务。然而，仲裁庭有义务完成当事人的愿望。在当事人已经同意由仲裁机构来裁判一系列包括产生于美国反托拉斯法的适用的争议时，仲裁庭有义务根据该请求所产生的国内法来裁判该争议（Cf. Wilko v. Swan, 346 U.S., at 433－434），只要潜在的诉讼者在仲裁庭有效地维护了其成文法诉因，该成文法将继续为其救济和威慑功能服务。

已经允许推进仲裁，美国法院将有机会在裁决执行阶段确保反托拉斯法执行中的利益得到维护。《纽约公约》保留了每一缔约国在"承认或执行该裁决将违反该国公共政策时"拒绝执行仲裁裁决的权利〔Art. V (2) (b), 21 U.S.T., at 2520; see Scherk, 417 U.S., at 519, n. 14〕。仲裁程序的功效要求在裁决执行阶段的实体审查是最低限度的,但并不否定为了保证仲裁庭审理并裁判了反托拉斯请求而进行的调查。

近几十年来,国际贸易得到了蓬勃发展,通过国际仲裁来解决国际贸易中发生的争议也得到了蓬勃发展。要求国际仲裁机构解决的争议的多样性和复杂性都在增加。这些机构高效地解决商事争议的潜力并没有受到挑战。如果国际仲裁机构在国际法律秩序中处于中心地位,那么国内法院必须"抛却对仲裁的传统司法敌意"〔Kulukundis Shipping Co. v. Amtorg Trading Corp., 126 F. 2d 978, 985 (CA2 1942)〕以及因为有关在国内法下引起的争议的管辖权将让位于外国或国际仲裁庭而产生的一贯的和可以理解的不情愿态度。至少从这个意义上讲,国内法院关于可仲裁性的国内观念必须服从于支持商事仲裁的国际政策。所以,我们"要求美国商业共同体的代表尊重其契约"〔Alberto-Culver Co. v. Scherk, 484 F. 2d 611, 620 (CA7 1973) (Stevens, J., dissenting)〕,认定该仲裁协议根据《联邦仲裁法》是可以执行的 (Scherk, 417 U.S., at 520)。

因此,部分维持、部分推翻上述法院的判决,将案件发回,在与本院判决一致的前提下,继续进一步的程序。

罗吉圭兹·奎杰斯等诉希尔松/美国快递公司

美国联邦最高法院

490 U. S. 477

1989年3月27日口头辩论
1989年5月15日判决

肯尼迪（Kennedy）法官：

本案的问题是争议前约定将根据1933年《证券法》产生的请求提交仲裁的仲裁协议是否不可执行。

I

申请人是一些投资了大约40万美元股票的个人投资者。他们与经纪人签订了一份标准客户协议，其中包括一个声明当事人同意通过具有约束力的、遵守特定程序的仲裁来解决任何与账号相关的争议的条款。该协议第13条规定，该仲裁协议是无条件的，除非根据联邦或者州法律被认定不可执行。投资黄了，而申请人最终对答辩人及其负责该账号的经纪人代理提起诉讼，声称他们的资金在未经授权和欺诈的交易中损失了。在诉状中，他们声称存在违反联邦法和州的情形，包括根据1933年《证券法》第12（2）条和1934年《证券交易法》提出的请求。

联邦地方法院命令除了根据《证券法》第12（2）条提出的请求之外的所有请求都应提交仲裁。对于前者，联邦地方法院根据威尔科案〔Wilko v. Swan, 346 U. S. 427（1953）〕要求必须在法院继续进行诉讼。在重新考虑后，联邦地方法院确认了其裁定，并且对该经纪人作出缺席判决。上诉法院推翻了该判决，认定仲裁协议是可执行的，因为联邦最高法院后来将威尔科案的判决降格为"荒废"(obsolescence)〔Rodriguez de Quijas v. Shearson/Lehman Bros., Inc., 845 F. 2d 1296, 1299 (CA5 1988)〕。我们发布调卷令〔488 U.S. 954 (1988)〕。

Ⅱ

1953 年判决的威尔科案要求法院认定将未来争议提交仲裁的协议是否构成了"放弃遵守《证券法》任何规定"而应被宣告无效。法院考虑了《证券法》的语言、目的和立法史,根据第 14 条认定该仲裁协议无效。但是从体现在《联邦仲裁法》中的强烈支持执行仲裁协议与其他立法政策"不易调和"的角度来看,该判决是个困难的判决(346 U.S., at 438)。

已经公认威尔科案并不一定是正确的,因为"禁止放弃'任何遵守本法的规定'的语言可以轻易地解读为指的是该法的实体规定,而不包括救济规定"〔Alberto-Culver Co. v. Scherk, 484 F. 2d 611, 618, n. 7 (CA7 1973) (Stevens, J., dissenting), rev'd, 417 U.S. 506 (1974)〕。然而,在威尔科案中,法院出于下面两点原因而没有如此解读。第一,法院否定了"仲裁仅仅是用来代替审判的一种审判形式"的主张(346 U.S., at 433)。法院认定第 14 条并不允许放弃"选择司法法院的权利"而支持仲裁 (Id., at 435),因为"利用仲裁来执行自己的权利缺乏《证券法》上所规定的诉讼的确定性"(Id., at 432)。第二,法院认定《证券法》是要通过提供"更广泛的选择法院和审判地"来保护证券投资购买人,他们常常不能与出卖人达成平等的条件,这使得"选择司法法院的权利"成了《证券法》的特别有价值的特点 (Id., at 435)。

我们认为,这些理由不能证明将第 14 条解释成禁止将与证券买卖相关的未来争议提交仲裁的协议是正当的。法院在威尔科案中对仲裁程序的定性被弗兰克(Jerome Frank)法官称为"传统对仲裁的司法敌视"〔Kulukundis Shipping Co. v. Amtorg Trading Corp., 126 F. 2d 978, 985 (CA2 1942)〕。随着时间的推移,下级法院开始侵蚀这种观点〔See Scherk, supra, at 616 (Stevens, J., dissenting) (citing cases)〕。在我们最近认定支持产生于 1934 年《证券交易法》的联邦请求的仲裁协议的判决中,这种侵蚀强化了〔See Shearson/American Express Inc. v. McMahon, 482 U.S. 220 (1987),《联邦反对欺诈及腐败组织法》上的判决,see ibid.,反托拉斯法上的判决,see Mitsubishi Motors Corp. v. Soler Chrysler-Plymouth, Inc.,

473 U. S. 614（1985）. See also Dean Witter Reynolds Inc. v. Byrd，470 U. S. 213，221（1985）（联邦仲裁立法"要求我们积极执行仲裁协议"）; Moses H. Cone Memorial Hospital v. Mercury Construction Corp.，460 U. S. 1，24（1983）（"讨论可仲裁性问题必须顾及支持仲裁的联邦政策"）〕。法院对仲裁的观点偏离威尔科案的判决在三菱汽车公司案中有了明确的表现："通过同意对一个成文法请求进行仲裁，一方当事人并不放弃该成文法所赋予的实体权利；当事人仅仅是将争议提交仲裁庭而非司法机关。"（473 U. S.，at 628）就威尔科案怀疑仲裁会削弱实体法对潜在的诉讼人提供的保护而言，已经不符合当前支持仲裁的取向了。

　　一旦这些反对仲裁程序的过时推定消失，选择司法法院以及更宽泛的选择法院的权利显然不是《证券法》第 14 条所解释的禁止放弃任何这些规定的核心了，也不再是放弃《证券法》意图保护的证券投资买卖双方平等交易条件的规定的关键了。威尔科案确立了《证券法》中将推进这个目标的两种不同的规定，一些是实体的，例如在买方声称欺诈时让卖方承担证明不存在故意的举证责任〔See 346 U. S.，at 431，citing 15 U. S. C. § 771（2）〕; 一些是程序的。威尔科案突出的具体程序改善是该法赋予广泛的审判地选择；在联邦法院存在全国范围内的送达；对适用于在联邦法院根据异籍管辖权提起的欺诈诉讼的争议金额不作要求，而是作为一种联邦诉因；允许在州和联邦法院的并存管辖权而不存在移送的可能性〔See 346 U. S.，at 431，citing 15 U. S. C. § 77v（a）〕。

　　将《证券法》第 14 条禁止放弃遵守相关规定的条款解释为适用于这些程序性规定是没有任何正当依据的。虽然前三项措施方便了证券购买人的诉讼，但是允许并存管辖权构成了授权原告通过在州法院起诉而不移送给联邦法院则放弃了这些保护性规定。此外，这些措施在其他联邦立法中也出现了，但并没有被解释成禁止执行争议发生前约定仲裁的仲裁协议〔See Shearson/American Express Inc. v. McMahon，supra（解释了 1934 年《证券交易法》；see 15 U. S. C. § 78aa），以下简称麦克马洪案；ibid.（解释了《联邦反对欺诈及腐败组织法》；see 18 U. S. C. § 1965）; Mitsubishi Motors Corp. v. Soler Chrysler-Plymouth, Inc.，supra（解释了反托拉斯法；see 15 U. S. C. § 15）〕。

　　在麦克马洪案中，法院拒绝将与《证券法》第 14 条各方面都相同的 1934 年《证券交易法》第 29（a）条解读为禁止执行争议发生前约定仲裁的仲裁协议。《证券法》和《证券交易法》在这点上唯一的区别是前者允许对诉因进行联邦和州的并存管辖权,后者规定了联邦专属管辖权。但是即使这个区别也根本没有任何意义,仲裁协议"在效果上是一种特殊的法院选择条款"〔Scherk v. Alberto-Culver Co. , 417 U.S. 506, 519 (1974)〕,不应根据《证券法》而予以禁止,因为它们像并存管辖权的规定一样,有助于推进允许证券购买人选择不管是通过司法途径还是其他途径解决争议的场所的权利的目标。在麦克马洪案中,特别考虑了最近证券交易委员会监管这些仲裁程序的权利的扩张,我们详细地解释了我们为什么否定了威尔科案反对利用仲裁来解决证券交易争议的判决 (482 U.S. , at 231—234)。在此,我们无须赘述。

最后,在麦克马洪案中,我们强调了《联邦仲裁法》中宣布作为联邦法律问题的仲裁协议"应当是有效、不可撤销和可执行的,除非法律或衡平规则规定会使任何合同均无效的那些情况出现"的规定。根据该法,抵制仲裁的当事人必须承担证明国会意图在一部单独的立法中排除放弃司法救济或这样的放弃司法救济本身与其他立法的目的相冲突的举证责任 (482 U.S. , at 226—227)。但是正如弗兰克福特法官在威尔科案中的反对意见中所说,"没有任何记录、也没有任何我们可以司法认知的事实表明仲裁制度⋯⋯不会赋予原告有权享有的权利" (346 U.S. , at 439),本案也是如此。申请人并没有证明根据《证券法》仲裁协议是不可执行的。

《联邦仲裁法》第 2 条也允许法院在抵制仲裁的当事人提出的"仲裁协议源于欺诈或任何其他可以撤销合同的事由"是有根据的时给予救济 (Mitsubishi, 473 U.S. , at 627)。这种救济途径是符合《证券法》通过消除"证券购买人在与出卖人交易时遇到的不利"而保护证券购买人的关切的。虽然申请人声称此处的仲裁协议是附合性的,但是没有任何事实足以证明这一点。

Ⅲ

我们并不是说上诉法院应根据自身的权力采取措施废除威尔科案。如果本院确立的先例在一个案件中直接适用,却依据其他判决中已经否定了的理由,上诉法院应遵循直接控制的案件,留待本院来推翻本院自己的判决。现在,我们得出威尔科案不符合目前对支配商业交易背景中的仲裁协议的联邦立法的通行解释的结论。虽然我们通常不愿意推翻自己先前解释立法的判决,但是我们这样做是为了实现对类似立法的统一解释〔Commissioner v.

Estate of Church, 335 U. S. 632, 649—650 (1949)〕,并且纠正严重的错误解释,否则会损害在其他立法中所表达的国会政策〔See, e. g., Boys Markets, Inc. v. Retail Clerks, 398 U. S. 235, 240—241 (1970) (推翻 Sinclair Refining Co. v. Atkinson, 370 U. S. 195 (1962))〕。通过推翻威尔科案,这两个目的在这里都可以实现。

威尔科案和麦克马洪案的判决同时继续存在也不是令人期望的。它们的不一致与《证券法》和《证券交易法》应协调解释的原则相冲突,因为这两部立法"构成了联邦规制证券交易的框架的相互关联的组成部分"〔Ernst & Ernst v. Hochfelder, 425 U. S. 185, 206 (1976)〕。例如,在本案中,申请人根据《证券交易法》提出的请求允许仲裁,而根据《证券法》提出的请求却不允许仲裁而要在法院解决。这样的结果对于类似事实的类似请求没有什么意义。此外,威尔科案与麦克马洪案的不一致破坏了对这两部立法进行协调解释的关键基础,会导致当事人通过援引不同的法律来提出请求而操控自己的请求。所以,鉴于所有的这些理由,我们推翻威尔科案的判决。

申请人最后主张如果本院推翻威尔科案,那不能溯及本案事实。对此,我们不赞同。一般的规则是本院判决中宣布的法律控制正在处理的案件〔See, e. g., Saint Francis College v. AlKhazraji, 481 U. S. 604, 608 (1987); United States v. Schooner Peggy, 1 Cranch 103, 109 (1801)〕。在有些民事案件中,仅仅在存在特殊情形时,本院才将其判决限于未来适用〔Chevron Oil v. Huson, 404 U. S. 97, 106—107 (1971)〕。因此,溯及适用的习惯规则在此是合适的。虽然我们推翻威尔科案的判决确立了《证券法》上仲裁协议的新原则,本判决促进了《联邦仲裁法》的目的与效果,但并不损害《证券法》的目的与效果。此外,今天的判决并不引起"实质性的不公平结果"(404 U. S., at 107),因为申请人并没有主张他们依据威尔科案而在缔结合同时同意将投资合同相关的未来争议提交仲裁。我们的结论通过对仲裁程序的评估而强化了,因为我们认为仲裁程序并不天然地损害《证券法》所授予申请人的任何实体权利。

因此,维持上诉法院的判决。

英特尔股份有限公司诉超微半导体有限公司

美国联邦最高法院

542 U. S. 241

2004 年 4 月 20 日口头辩论

2004 年 6 月 21 日判决

金斯伯格（Ginsburg）法官：

　　本案关注的是联邦地方法院在协助外国或国际裁判庭取证上的权力。答辩人超微半导体有限公司（Advanced Micro Devices, Inc.，以下简称 AMD）向欧共体委员会（欧洲委员会）竞争总署（the Directorate-General for Competition of the Commission of the European Communities，以下简称竞争总署）对申请人英特尔股份有限公司（Intel Corporation，以下简称英特尔）提起反托拉斯诉讼。为此，AMD 援引《美国法典》第 1782（a）条向美国加利福尼亚区联邦地方法院申请要求命令英特尔提交潜在的相关文件。第 1782（a）条规定，联邦地方法院"……在应任何利害关系人申请时""可以命令""居住在"或"被发现在"该区的人提供证言或提交文件"以在外国或国际裁判庭的程序中使用"。

　　联邦地方法院认定第 1782（a）条并没有授权所要求的证据开示（discovery），拒绝了 AMD 的申请。第九巡回上诉法院推翻了该判决，将案件发回，指示联邦地方法院对 AMD 的申请的是非曲直作出裁定。与上诉法院一样，我们认定联邦地方法院有第 1782（a）条上的同意 AMD 证据开示要求的权利。我们认为，该法并不禁止 AMD 寻求的协助：(1) 如 AMD 这样在竞争总署的起诉人符合第 1782（a）条涵盖的"利害关系人"；(2) 竞争总署在作为判决作出者时是第 1782（a）条上的"裁判庭"；(3) 根据第 1782（a）条所寻求的证据开示的程序必须在合理考虑中，不必是"待决的"

或"迫近的"(imminent);(4)第1782(a)条没有要求从联邦地方法院寻求的证据必须根据支配该外国程序的法律是可以开示的。然而,我们要提醒的是第1782(a)条授权但并不命令联邦地方法院向外国或国际裁判庭或在国外程序中的"利害关系人"提供司法协助。在本案中这样的协助是否合适是一个尚未解决的问题。为了指导联邦地方法院,我们提出了处理该问题的一些相关考虑因素。

I

A

第1782条是过去150年来国会努力为收集在外国裁判庭使用的证据提供联邦法院协助的产物。1855年,国会首先规定联邦法院向外国裁判庭提供协助,要求通过外交途径以请求书(letters rogatory)进行〔See Act of Mar. 2, 1855, ch 140, § 2, 10 Stat 630(在接到外国法院的请求书后,巡回法院可以委任"一名指定的美国特派员……询问证人");Act of Mar. 3, 1863, ch 95, § 1, 12 Stat 769(授权联邦地方法院通过强制证人提供在外国"追回金钱或财产的诉讼"中使用的证言来对请求书作出回应)〕。1948年,国会实质性地扩大了联邦法院可以向外国程序提供的协助的范围。该立法被编纂为第1782条,取消了之前的要求国外政府是程序的当事人或具有利害关系的要求。这允许联邦地方法院指定人员来主持提取"将用在任何与美国处于和平状态的外国任何法院未决的民事诉讼中的"证言〔Act of June 25, 1948, ch 646, § 1782, 62 Stat 949〕。1949年,国会删除了第1782条中的"民事诉讼"并插入"司法程序"一词〔Act of May 24, 1949, ch 139, § 93, 63 Stat 103. See generally, Jones, International Judicial Assistance: Procedural Chaos and a Program for Reform, 62 Yale L. J. 515 (1953)〕。

1958年,随着国际贸易增加的推动,国会设立了一个国际司法程序规则委员会(Commission on International Rules of Judicial Procedure,以下简称规则委员会)来"调查研究美国与外国现存的司法协助与合作实践以进一步改善"〔Act of Sept. 2, Pub L 85-906, § 2, 72 Stat 1743; S. Rep. No. 2392, 85th Cong., 2d Sess., p 3 (1958); Smit, International Litigation under the United States Code, 65 Colum. L. Rev. 1015-1016 (1965) (hereinafter Smit, International Litigation)〕。6年后的1964年,国会一致通过了规则委员会提出的法案,该法包括对第1782条的修改〔See Act of

Oct. 3, Pub L 88-619, § 9, 78 Stat 997; Smit, International Litigation 1026-1035]。

在 1964 年重新修正后，第 1782 条规定了在获取书面和其他有形证据以及证言上提供协助。值得注意的是，国会删除了"任何在外国任何法院未决的司法程序"的规定，代之以"外国或国际裁判庭的程序中"（Brief for United States as Amicus Curiae 6, 4a-5a）。所附的参议院报告并没有细致地说明为什么删掉"未决的"一词，但是解释了国会使用"裁判庭"一词来确保"协助不限于传统的法院程序"，而是扩及"行政和准司法程序"[S. Rep. No. 1580, 88th Cong., 2d Sess., p 7 (1964); see H. R. Rep. No. 1052, 88th Cong., 1st Sess., p 9 (1963)]。国会在 1996 年进一步修改了第 1782（a）条，在提到"外国或国际裁判庭"后加上了"包括正式指控前的刑事调查"一词[National Defense Authorization Act for Fiscal Year 1996, Pub L 104-106, § 1342 (b), 110 Stat 486]。当前，第 1782（a）条的文本是："某人居住或被发现的地区所在的联邦地方法院可以命令他提交证言或声明或提供文件或其他物件以在包括正式指控前的刑事调查的外国或国际裁判庭程序中使用。该命令必须根据外国或国际裁判庭发布的请求书或要求或应任何利害关系人的申请而作出……该命令可以规定在提取证言或声明或提供文件或其他物件……的实践与程序……这种实践与程序可以是外国裁判庭或国际裁判庭的实践和程序的整体或部分。""不能违反任何法律上可适用的特权而强迫个人提交证言或声明或提供文件或其他物件。"

B

AMD 和英特尔"在微处理器产业上是世界范围内的竞争者"〔292 F. 3d 664, 665 (CA9 2002)〕。2000 年 10 月，AMD 向竞争总署提起反托拉斯诉讼〔Ibid.; App. 41. "The European Commission is the executive and administrative organ of the European Communities." Brief for Commission of European Communities as Amicus Curiae 1 (hereinafter European Commission Amicus Curiae)〕。欧洲委员会对欧盟的条约所涵盖的广泛领域承担责任，这些领域包括规制竞争的条约条款以及据此指定的条例〔See ibid.; Consolidated Versions of Treaty on European Union and Treaty Establishing European Community, Arts. 81 and 82, 2002 O. J. (C 325) 33, 64-65, 67 (hereinafter EC Treaty)〕。在欧洲委员会下运作的竞争总署是欧盟的主要反

托拉斯法执行者（European Commission Amicus Curiae 2）。反竞争协议和滥用市场支配地位（Ibid.；EC Treaty 64—65）是竞争总署的主管领域。

AMD在诉状中声称，英特尔违反了欧洲竞争法，通过回扣、与制造商和零售商的独家采购协议、价格歧视和标准设定卡特尔（standard-setting cartels）等手段滥用市场支配地位（App. 40—43；Brief for Petitioner 13）。AMD向竞争总署提议，要求开示英特尔在一起名为因特格拉夫公司诉英特尔的私人反托拉斯诉讼〔Intergraph Corp. v Intel Corp., 3 F. Supp. 2d 1255 (ND Ala. 1998), vacated 195 F. 3d 1346 (CA Fed. 1999), remanded, 88 F. Supp. 2d 1288 (ND Ala. 2000), aff'd 253 F. 3d 695 (CA Fed. 2001); App. 111; App. to Pet. for Cert〕中提交的文件。在竞争总署拒绝寻求美国的司法协助后，AMD根据第1782（a）条向美国加利福尼亚区联邦地方法院申请，要求命令英特尔开示在联邦法院存档的因特格拉夫公司诉英特尔案中的文件（App. to Pet. for Cert. 13a—14a）。AMD声称它寻求的材料与它在竞争总署提起的诉讼有关（Ibid.）。

联邦地方法院以没有权限为由拒绝了AMD的申请（Id., at 15a）。第九巡回法院推翻了该判决，将案件发回，要求处理案件的是非曲直（292 F. 3d, at 669）。上诉法院提出了其判决的两点重要原因：第1782（a）条包括提交到"准司法或行政性质的机构"的事项〔Id., at 667 (quoting In re Letters Rogatory from Tokyo District, 539 F. 2d 1216, 1218—1219 (CA9 1976))〕；自从1964年后，该法的文本包括"不要求程序是'未决的'"〔Ibid. (quoting United States v. Sealed 1, Letter of Request for Legal Assistance, 235 F. 3d 1200, 1204 (CA9 2000))〕。上诉法院指出，程序上的司法性类似于欧洲委员会的调查的结局："欧洲委员会是一个有权执行欧洲的条约、作出可以通过罚款和刑事处罚来执行的具有约束的判决的机构。欧洲委员会的判决可以上诉到欧洲初审法院和欧洲法院。所以，寻求开示的程序至少是一个准司法程序。"（292 F. 3d at 667, 159 L. Ed. 2d, at 371）

上诉法院否定了英特尔提出的第1782（a）条要求先证明AMD在联邦法院所寻求的文件在欧盟内也允许开示的主张（292 F. 3d, at 668）。承认其他上诉法院将第1782（a）条解释为包括"外国可开示性"（foreign-discoverability）规则，第九巡回法院认定第1782条的直白语言或者立法史及其1964年和1996年的修正案都没有要求寻求开示的当事人首先证明该开示在外国程序中也是可开示的（Id., at 669）。第九巡回法院指出，"外国可开示性"前提将危害第1782（a）条"向国际诉讼的参与人提供有效的协助和通过实例鼓励外国向我国法院提供类似的协助"的双重目的。

在案件发回后，一名司法官（Magistrate Judge）认定 AMD 的申请太过宽泛，建议 AMD 提交更具体的、限于直接与欧洲委员会的调查相关的文件的请求（App. to Brief in Opposition 1a－6a；Brief for Petitioner 15, n 9）。联邦地方法院中止了进一步的程序，以待英特尔申请调卷令〔Ibid.；see Order Vacating Hearing Date, No. C 01－7033 MISC JW（ND Cal, Nov. 30, 2003）（声明"英特尔可以在最高法院发布判决后要求重新审查司法官的判决"）〕。

考虑到各个巡回上诉法院在对第1782（a）条是否包括"外国可开示性"前提上存在分歧，我们发布调卷令〔540 U.S. 1003, 540 U.S. 1003, 157 L. Ed. 2d 408, 124 S. Ct. 531（2003）〕。我们现在认定第1782（a）条并没有施加这样的要求。我们也发布调卷令审查另外两个问题。第一，第1782（a）条使 AMD 这样的没有私人"诉讼当事人"身份并且不是主权代理人的申请人可以获得开示吗〔See Pet. for Cert. (i)〕？第二，对援引第1782（a）条的申请人而言，外国裁判庭前的程序必须是"未决的"或至少是"迫近的"吗〔比较 In re Letter of Request From Crown Prosecution Service, 870 F. 2d 686, 691, 276 U. S. App. D. C. 272（CADC 1989）（程序必须"正在合理考虑中"）和 In re Ishihari Chemical Co., 251 F. 3d 120, 125（CA2 2001）（程序必须"迫近的——很可能要发生并且即刻要发生"）；In re International Judicial Assistance（Letter Rogatory）for Federative Republic of Brazil, 936 F. 2d 702, 706（CA2 1991）〕？对第一个问题的回答是肯定的，对第二个问题的回答是否定的，我们维持第九巡回上诉法院的判决。

Ⅱ

在本案的背景下，我们必须简要地概述欧洲委员会如何通过竞争总署执行欧盟的竞争法律和规定。竞争总署"最重要的责任"是对声称违反欧盟竞争规定的行为进行调查（See European Commission Amicus Curiae 6）。竞争总署主动或者在接到投诉后开始初步调查。在调查中，竞争总署"可以考虑投诉人提供的信息，并且可以直接从投诉的对象中寻求信息"。最后，竞争总署的初步调查形成是否继续进行调查的正式书面决定。如果竞争总署拒绝继续接受投诉，该判决受欧洲初审法院的司法审查，而且最后可以诉诸欧洲法院〔Id., at 7; App. 50; see, e. g., case T-241/97, Stork Amsterdam BV v Commission, 2000 E. C. R. II-309, (2000) 5 C. M. L. R. 31 (Ct. 1st Instance 2000)（撤销欧洲委员会否定投诉的决定）〕。

如果竞争总署决定继续进行调查，则通常向调查对象送达正式的"反对声明"并且向被调查人表明其欲认定被调查人违反欧洲竞争法的意图（European Commission Amicus Curiae 7）。被调查人有权在一名向竞争总署提供报告的独立的官员前听证（Ibid.；App. 18-27）。一旦竞争总署作出建议，欧洲委员会可以"撤销该投诉或发布认定侵权并施加处罚的决定"（European Commission Amicus Curiae 7）。欧洲委员会撤销该投诉或认定被投诉人承担责任的最终行为受欧洲初审法院和欧洲法院的审查（Ibid.；App. 52-53, 89-90）。

虽然欧洲委员会程序中没有正式的当事人或诉讼当事人身份，但是投诉人具有重要的程序权利。最显著的是，投诉人可以向竞争总署提交信息以支持自己的主张，并且可以对欧洲委员会的处分寻求司法审查〔See European Commission Amicus Curiae 7-8, and n 5; Stork Amsterdam, (2000) E. C. R. II, at 328-329, pp. 51-53〕。

Ⅲ

"在所有的成文法解释案件中，我们从该法的语言上开始。"〔Barnhart v. Sigmon Coal Co., 534 U. S. 438, 450, 151 L. Ed. 2d 908, 122 S. Ct. 941 (2002)〕我们对第1782（a）条的语言审查后得出如下结论：该法授权但不要求联邦地方法院向在欧洲委员会程序中的投诉人提供协助，该程序会引起处分性裁定，即是对投诉人回应而且也可以在法院被审查的行政行为。所以，我们否定英特尔提出的对该法范围的限制的主张。

A

我们首先评估英特尔提出的抗辩，英特尔认为，有权根据第1782（a）条申请司法协助的"利害关系人"仅仅包括"诉讼当事人、外国主权者及其所指定的代理人"，不包括AMD这样仅仅具有"有限权利"的投诉人（Brief for Petitioner 10-11, 24, 26-27）。突出第1782条"对外国和国际裁判庭以及在此类裁判庭前的诉讼当事人的协助"的标题，英特尔认为"任何利害关系人"相应地应解读为仅仅指"诉讼参与人"（Id.，at 24）。

本院曾经警告说，一部立法的标题"不能打开或限制该法的文本"〔Trainmen v. Baltimore & Ohio R. Co., 331 U.S. 519, 529, 91 L. Ed. 1646, 67 S. Ct. 1387 (1947)〕。第1782（a）条的文本，"应任何利害关系人的申请"直白地超越了指定的"诉讼当事人"。诉讼当事人无疑是包括在援引第1782条的"利害关系人"，而且可能是"利害关系人"最通常的例子；我们将第1782条的标题解读为并没有表达更多的意思〔See, e. g., Whitman v. American Trucking Assns., Inc., 531 U.S. 457, 482－483, 149 L. Ed. 2d 1, 121 S. Ct. 903 (2001)（拒绝在标题的基础上对第7511（a）条的狭隘解读）〕。

引发欧洲委员会调查的投诉人在该程序中具有重要的作用。正如更早的时候所论述的（See 159 L. Ed. 2d, at 371），除了促进调查，投诉人有权提交信息以供竞争总署考虑，而且如果欧洲委员会不再调查或撤销投诉，那么投诉人可以向法院上诉（App. 52－53）。鉴于这些参与权，投诉人"在获取司法协助中拥有合理利益"，因而在对"利害关系人"一词公平解释时投诉人是"利害关系人"〔See Smit, International Litigation 1027（"任何利害关系人"本意是"不但包括外国或国际裁判前的诉讼当事人，而且包括外国和国际官员以及任何其他被外国法或国际公约指定的或仅仅在获取协助上拥有合理利益的人"）〕。

B

接下来，我们考虑"利害关系人"此处所寻求的获取文件的协助是否满足"在外国或国际裁判庭使用"这一要求。毫无疑问，欧洲初审法院和欧洲法院作为审查机关是合格的裁判庭。但是这些法院并不取证，它们的审查限于欧洲委员会的记录（See Tr. of Oral Arg. 17）。因此，AMD仅仅通过在调查阶段将证据提交给欧洲委员会而在欧洲初审法院和欧洲法院使用证据。

此外，在1958年设立规则委员会时（See 159 L. Ed. 2d, at 367），国会就指示规则委员会推荐"对外国法院和准司法机关进行协助"的程序规则（§ 2, 72 Stat 1743）。第1782条以前指的是"任何司法程序"，而国会所采用的规则委员会的草案则是使用"外国或国际裁判庭的程序"来代替（See 159 L. Ed. 2d, at 368）。国会将该更改理解为"有了向国外的行政和准司法程序提供司法协助的可能性"〔S. Rep. No. 1580, at 7—8; see Smit, International Litigation 1026—1027, and nn 71, 73 ("'裁判庭'一词……包括调查官、行政裁判庭、仲裁庭、准司法机关以及传统的民事、商事、刑事和行政法院";除了在欧洲法院审理的案件提供协助外,1964 年修订的第1782 条"允许在欧洲委员会行使准司法权重的程序中提供合适的协助")。See also European Commission Amicus Curiae 9 ("欧洲委员会根据竞争总署的推荐意见行动时……调查的功能就成了作出裁判")〕。在欧洲委员会作为裁判作出人行为时,我们无权将其排除在第 1782(a)条的范围外(See 292 F. 3d at 667)。

C

英特尔也主张 AMD 的投诉并没有什么进展,因此目前没有裁判行为在欧洲委员会的议程上(Brief for Petitioner 27—29)。

第 1782(a)条并没有将司法协助的规定限于"未决的"裁判程序。1964 年,国会取消了程序是"司法的"要求,同时也删除了程序是"未决的"要求(See 159 L. Ed. 2d, at 368)。"当国会修订成文法时,我们推定国会意图要其修订具有真正的、实质性的效果。"〔Stone v. INS, 514 U. S. 386, 397, 131 L. Ed. 2d 465, 115 S. Ct. 1537(1995)〕1964 年修订的立法史正是如此,它反映了国会对"不管外国或国际的程序或调查是否是刑事的、民事的、行政的或任何其他性质的"都可以获得司法协助的承认(S. Rep. No. 1580, at 9)。

1996 年,国会修订第 1782(a)条以便澄清该法涵盖了"正式指控前的刑事调查"〔See § 1342(b), 110 Stat 486; 159 L. Ed. 2d, at 368〕。没有任何情形表明这个修订不是通过确认而是控制 1964 年所授权的开示的范围〔See S. Rep. No. 1580, at 7("在外国的调查程序处于未决状态时,联邦地方法院在是否给予协助上具有自由裁量权")〕。

简而言之,我们否定了之前所表达的只有在裁判程序是"未决的"或"迫近的"时第 1782 条才发挥作用的观点〔See 251 F. 3d, at 125(程序必须是"迫近的"——很可能要发生而且立刻要发生)〕。相反,我们认定第1782(a)条只要求欧洲的法院可以审查的欧洲委员会的处分性裁决在合理考虑之中〔See Crown Prosecution Service, 870 F. 2d at 691; In re Request for Assistance from Ministry of Legal Affairs, 848 F. 2d 1151, 1155, and n 9(CA11 1988); Smit, International Litigation 1026("在寻求证据时没必要要

求程序是未决的，只要该证据最终将在此程序中使用")〕。

D

接下来，我们讨论下级各个法院之间存在分歧的外国可开示性规则：当外国裁判庭或利害关系人不能获取位于外国的文件时，第1782（a）条禁止联邦地方法院发布提交文件的命令吗（See 159 L. Ed. 2d, at 369－370, and n 7)？

我们认为，第1782（a）条明确排除享有特权的资料："不能违反任何法律上可适用的特权而强迫个人提交证言或声明或提供文件或其他物件。"(See S. Rep. No. 1580, at 9）然而，除此之外第1782条并不限制联邦地方法院命令提交可以开示的、位于外国的资料的权力。"如果国会意图对联邦地方法院的自由裁量权作出如此限制，那么在修订该法的当时就会加上达到此效果的立法语言。"〔In Re：Application of Gianoli Aldunate, 3 F. 3d 54, 59 (CA2 1993); accord Four Pillars Enters. Co. v. Avery Dennison Corp., 308 F. 3d 1075, 1080 (CA9 2002); 292 F. 3d, at 669 (case below); In re Bayer AG, 146 F. 3d 188, 193－194 (CA3 1998)〕

第1782（a）条的立法史也表明国会并没想过对第1782（a）条上的协助规定施加外国可开示性规则。参议院的报告指出，第1782（a）条"发布合适的命令的自由裁量权授予法院，这样法院在合适的案件中可以拒绝发布命令或附加其认为可行的条件"（S. Rep. No. 1580, at 7）。

英特尔提出两个政策关切来支持对第1782（a）条协助的施加外国可开示性限制——避免冒犯外国政府并且维持诉讼当事人之间的平等〔Brief for Petitioner 23－24; Reply Brief 5, 13－14; see In Re：Application of Asta Medica, S. A., 981 F. 2d 1, 6 (CA1 1992)（"国会并不是要将其自身置于与选择了最适合自己诉讼观念的外国裁判庭和立法机关的冲突中"）〕。虽然礼让和公正关切对联邦地方法院在特定案件中行使自由裁量权非常重要，但是它们并不允许我们将通常的外国可开示性规则插入第1782（a）条的文本中。

我们怀疑外国政府是否事实上会被一个国内的允许性而非命令性规定的司法协助所冒犯。外国可以因其法律实践、文化或传统的原因而在其管辖范围内限制开示，但是这些原因并不必然意味着反对来自美国联邦法院的协助〔See Bayer, 146 F. 3d, at 194（"因为一国并不采取特殊的证据开示程序，就假定该国会受到证据开示程序的冒犯是没有理由的"）; Smit, Recent Developments in International Litigation, 35 S. Tex. L. Rev. 215, 235—236 (1994) (hereinafter Smit, Recent Developments) (same)〕。类似的，外国裁判庭不愿意命令提交在美国境内的资料并不表示抵制接受根据第 1782 (a) 条收集的证据〔See South Carolina Ins. Co. v Assurantie Maatschappij "De Zeven Provincien" N. V., (1987) 1 App. Cas. 24 (参议院裁定英国法中的不可开示性并不妨碍英国诉讼中的当事人根据第 1782 条在美国寻求协助)〕。当外国裁判庭乐于接受在美国开示的相关信息时，适用外国可开示性规则是没什么意义的。在这样的情形下，该规则只会破坏第 1782 (a) 条协助外国裁判庭获取对其有用但又因国际礼让等原因而不能根据本国法律取得的相关信息的目标。

在诉讼中维持当事人之间的平等这样的关切并不为外国可开示性规则提供正当基础。当利害关系人寻求信息时，联邦地方法院可以对其交换信息施加互惠的条件〔See Euromepa, S. A. v. R. Esmerian, Inc., 51 F. 3d 1095, 1102 (CA2 1995); Smit, Recent Developments 237〕。此外，外国裁判庭可以在接受该信息时施加认为合适的条件以维护当事人之间的公平 (See Euromepa, 51 F. 3d, at 1101)。

我们也否定了英特尔提出的主张，英特尔主张第 1782 (a) 条上的申请人必须证明美国法允许类似于外国程序的国内诉讼中的证据开示〔Brief for Petitioner 19—20 ("如果 AMD 在美国寻求此事项，则美国法将不允许 AMD 获得对英特尔的文件的开示")〕。第 1782 条是一条对国外的裁判庭的协助的规定，并不指示美国法院进行比较分析来认定这里是否存在类似程序。进行比较是充满危险的。例如，在欧洲委员会制度中，AMD 不能在欧洲初审法院或欧洲法院诉讼而只能作为一个具有利害关系的投诉人参与欧洲委员会的程序，但美国不存在类似制度〔See L. Ritter, W. Braun, & F. Rawlinson, European Competition Law: A Practitioner's Guide 824—826 (2d ed. 2000)〕。

IV

正如先前所强调的 (see 159 L. Ed. 2d, at 375)，并不仅仅因为联邦地方法院有权同意第 1782 (a) 条的开示申请就要求其这么做〔See United Kingdom v. United States, 238 F. 3d 1312, 1319 (CA11 2001) ("联邦地方法院对第 1782 条申请的遵守并不是强制性的")〕。下面，我们列出在裁定第

1782（a）条上的申请时需要考虑的因素。

第一，被申请开示的人是外国程序中的参与人（如本案中的英特尔）时，要求第 1782（a）条的协助可能不如从非外国程序中的参与人那样明显。外国裁判庭对出庭的人具有管辖权，可以命令他们提交证据〔App. to Reply Brief 4a（"要提交证据的人是外国程序的当事人时，外国或国际裁判庭可以行使自己的管辖权来命令提交证据"（quoting Decl. of H. Smit in In Re：Application of Ishihara Chemical Co., Ltd., For order to take discovery of Shipley Company, L. L. C., Pursuant to 28 USC § 1782, Misc. 99－232（FB）(EDNY, May 18, 2000)）〕。相反，外国程序中的非参与人可能不在外国裁判庭的管辖范围内，因此，他们的证据虽然在美国，但是如果没有第1782（a）条的协助，则可能拿不到（See App. to Reply Brief 4a）。

第二，正如 1964 年参议院的报告所表明的，在接到第 1782（a）条上的申请时，法院可以考虑外国裁判庭的性质、外国程序的特征、外国政府或法院或机关对美国联邦法院的司法协助的互惠（See S. Rep. No. 1580, at 7）。此外，在个案中是否应发布开示命令，英特尔要求对第 1782（a）条的范围进行限制的理由也可能是相关的（See Brief for United States as Amicus Curiae 23）。特别的是，联邦地方法院可以考虑第 1782（a）条上的申请是否企图规避外国收集证据的限制或外国或美国的其他政策（See id., at 27）。另外，不当侵扰或累赘的申请可能被拒绝或削减〔See Bayer, 146 F. 3d at 196（发回联邦地方法院考虑"如果需要的话，恰当的措施来保护资料的保密性"）；Esses v. Hanania（In re Esses), 101 F. 3d 873, 876（CA2 1996)（确认有限制的开示既不是累赘的也不是重复的）〕。

英特尔认为，如果我们不接受它提出的要求限制的主张，那么我们至少应行使监督权来规定禁止此处中的第 1782（a）条的开示的规则〔Brief for Petitioner 34－36；cf. Thomas v. Arn, 474 U. S. 140, 146－147, 88 L. Ed. 2d 435, 106 S. Ct. 466（1985)（本院可以确立"正当的司法实践"的规则）〕。在此关头，我们拒绝规定监督规则。任何这样的努力至少应等到下级法院在处理第 1782（a）条上的申请的经验增加。欧洲委员会在其向本院提交的法庭之友意见书中声明并不需要或想要联邦地方法院的协助〔See European Commission Amicus Curiae 11－16；Brief for European Commission as Amicus Curiae in Support of Pet. for Cert. 4－8〕。然而，完全不清楚的是欧洲委员会自身援引第 1782（a）条的协助是否意味着对来自美国法院的司法协助说"从不"或"几乎不"。我们也不清楚欧洲委员会对第 1782（a）

条的使用的看法是否成了国际社会中具有类似的混合型的裁判和指控功能的机关的共识。

　　本案中的好几个方面都是没有进行探讨的。英特尔及其法庭之友意见书意见表达了这样的关切：如果允许 AMD 任何部分的申请可能会导致机密信息的外泄、鼓励"非法调查"（fishing expeditions）并且损害欧洲委员会的仁慈项目（Leniency Program）（See Brief for Petitioner 37；European Commission Amicus Curiae 11—16）。但是没有人证明第 1782（a）条对立法上可适用的特权的保留（see 159 L. Ed. 2d, at 374—375）、联邦地方法院对可以获得的证据开示的控制〔See, e. g., Fed. Rule Civ. Proc. 26（b）（2）and（c）〕会在阻止开示英特尔的商业秘密和其他机密信息上无效。

　　在认定第 1782（a）条授权但不强制证据开示协助后，我们将交由下面的法院来认定如果有协助的话，那么多少协助是合适的。

　　出于前面所说明的理由，本院维持第九巡回上诉法院的判决。

布克耶结算有限公司诉
约翰·卡德格纳等人

美国联邦最高法院

546 U. S. 440

2005 年 11 月 29 日口头辩论
2006 年 2 月 21 日判决

斯加利亚（Scalia）法官：

我们要决定法院或仲裁员是否应考虑含仲裁条款的合同因不合法而无效的请求。

I

答辩人约翰·卡德格纳（John Cardegna）和唐纳·瑞特（Donna Reuter）与申请人布克耶结算有限公司（Buckeye Check Cashing, Inc.，以下简称布克耶）达成了各种延期付款交易，答辩人在收到现金后用一定数量的现金加上收费换取个人支票。对于每一次单独的交易，他们都签订了一份"延期存款及披露协议"（以下简称协议），其中包含如下仲裁条款："1. 仲裁披露。通过签署本协议，你同意如果因本协议或你的申请或任何相关的文件产生任何种类的争议，那么你或我们或所涉及的第三人可以选择将该争议通过下面第 2 段规定的有约束力的仲裁条款来解决……2. 仲裁条款。任何产生于或与本协议相关的……或本仲裁条款或整个协议的合法性、可执行性或范围的请求、争议或纠纷，都应在你或我们或第三人选择通过有约束力的仲裁来解决……本仲裁协议是根据涉及州际贸易的交易来拟定的，而且应受《联邦仲裁法》支配。仲裁员应适用可适用的实体法以及时效法规而且应尊重法律所承认的特权请求……"

答辩人在佛罗里达州法院提起这个可推定的集团诉讼，声称布克耶收取极高的利率而且该协议违反了各种各样的佛罗里达州的借贷和消费者保护法律，使得其具有犯罪性。布克耶要求强制仲裁。一审法院拒绝了布克耶的动议，认定应由法院而非仲裁员来解决合同非法且自始无效的请求。佛罗里达州第四区上诉法院推翻了该判决，认定因为答辩人并不挑战仲裁条款本身而是请求整个合同无效，那么仲裁协议是可执行的，而且合同的合法性问题应交由仲裁员解决。

答辩人提起上诉，佛罗里达州最高法院又推翻了上诉法院的判决，认定执行受到合法性挑战的合同中的仲裁协议"不但违反州法，而且本质上也是犯罪……"〔894 So. 2d 860, 862（2005）(quoting Party Yards, Inc. v. Templeton, 751 So. 2d 121, 123（Fla. App. 2000)）〕。我们发布调卷令〔545 U.S. 1127, 125 S. Ct. 2937, 162 L. Ed. 2d 864（2005）〕

Ⅱ

A

为了克服对仲裁的司法抵制，国会通过了《联邦仲裁法》。第 2 条体现了支持仲裁并且将仲裁协议置于与其他合同一样的基础上的国家政策："涉及州际或外国商事海事合同中的书面仲裁协议……应当是有效、不可撤销和可执行的，除非法律或衡平规则规定会使任何合同均无效的那些情况出现。"

以"法律或衡平规则规定会使任何合同均无效的那些情况"为由挑战仲裁协议的合法性可以划分为两种类型。第一种是专门挑战仲裁协议的合法性〔See, e.g., Southland Corp. v. Keating, 465 U.S. 1, 4－5, 104 S. Ct. 852, 79 L. Ed. 2d 1（1984）（挑战涵盖了根据《加利福尼亚州特许投资法》提出的请求的仲裁协议）〕。第二种是挑战整个合同，要么以直接影响整个协议的事由（如欺诈），要么以合同中的某个条款的非法性导致整个合同非法的事由。答辩人的请求是第二种类型。答辩人起诉的核心是合同作为整体（包括其中的仲裁条款）因存在极高的收费而无效。

在普莱马公司案〔Prima Paint Corp. v. Flood & Conklin Mfg. Co., 388 U.S. 395, 87 S. Ct. 1801, 18 L. Ed. 2d 1270（1967）〕中，我们讨论了由法院还是仲裁员来解决这两种挑战的问题。该案中的问题是"对整个合同缔结中存在欺诈的请求是由联邦法院还是仲裁员来解决"〔Id., at 402, 87 S. Ct. 1801, 18 L. Ed. 2d 1270〕。在《联邦仲裁法》第 4 条的指导下，

我们认定"如果提出的是仲裁条款本身缔结中存在欺诈的请求,那么联邦法院可以继续审理。但是《联邦仲裁法》并不允许联邦法院考虑合同缔结中的欺诈请求"〔Id., at 403—404, 87 S. Ct. 1801, 18 L. Ed. 2d 1270〕。我们否定那种认为仲裁条款可分性问题是州法问题的观点,否则如果州法认定仲裁条款不可分,那么对整个合同的挑战就要由州法院来裁判了(See id., at 400, 402—403, 87 S. Ct. 1801, 18 L. Ed. 2d 1270)。

之后,在绍斯兰德公司案中,我们认定《联邦仲裁法》"创设了在州和联邦法院都适用的联邦实体法"(465 U.S., at 12, 104 S. Ct. 852, 79 L. Ed. 2d 1)。我们否定那种认为州法可以禁止执行《联邦仲裁法》第2条的观点,即使是在州法院提起州法的请求的背景下〔See Id., at 10—14, 104 S. Ct. 852, 79 L. Ed. 2d 1; see also Allied-Bruce Terminix Cos. v. Dobson, 513 U.S. 265, 270—273, 115 S. Ct. 834, 130 L. Ed. 2d 753 (1995)〕。

B

普莱马公司案和绍斯兰德公司案回到了此处提出的问题,确立了如下三点。第一,作为联邦实体法问题,仲裁条款与合同其他条款是可分的。第二,除非挑战的是仲裁条款本身,合同的合法性问题应首先由仲裁员来考虑。第三,《联邦仲裁法》适用于州和联邦法院。当事人没有要求,我们也没有承诺重新考虑这些意见。将它们适用于本案,我们认定因为答辩人挑战的是协议本身而非仲裁条款,那么仲裁条款与合同其他条款相独立,是可以执行的。因此,该挑战应由仲裁员而非法院来考虑。

在拒绝适用普莱马公司案中的可分性规则,佛罗里达州最高法院依据的是无效和可撤销合同的区别。该院认为,"佛罗里达州的公共政策和合同法"不允许"根据佛罗里达州法认定非法和无效的合同的任何部分是可分的"(894 So. 2d, at 864)。普莱马涂料公司使这个结论不相关。该案拒绝将州的可分性规则适用于仲裁协议,但是没有讨论所争议的挑战是使合同无效还是可撤销(See 388 U.S., at 400—404, 87 S. Ct. 1801, 18 L. Ed. 2d 1270)。确实,该判决意见明确主张没有必要认定可以获得什么样的州法救济〔Id., at 400, n. 3, 87 S. Ct. 1801, 18 L. Ed. 2d 1270,(虽然布莱克法官的反对意见声称州法使该合同无效, Id., at 407, 87 S. Ct. 1801, 18 L. Ed. 2d 1270)〕。类似的,在起源于州法院的绍斯兰德公司案中,我们并没有询问该案中的数个挑战——欺诈、误述、违反合同、违反信托义务、违反《加利福尼亚州特许投资法》——是否会导致该合同无效或可撤销。我们只是否定了那种认为仲裁协议的可执行性抵触了州立法机关关于法院执行州法诉因的主张（See 465 U.S., at 10, 104 S. Ct. 852, 79 L. Ed. 2d 1）。因此在这里，我们也不会接受佛罗里达州最高法院提出的仲裁协议的可执行性抵触了"佛罗里达州的公共政策和合同法"的结论（894 So. 2d, at 864）。

C

答辩人声称普莱马公司案的可分性规则并不适用于州法院。他们主张，普莱马涂料公司只解释了《联邦仲裁法》的第3条和第4条——《联邦仲裁法》中的两个程序性条款，看似只适用于联邦法院——而非第2条，该第2条是我们在州法院唯一适用的条款。这种主张并没有准确地描述普莱马公司案。虽然第4条特别地与普莱马涂料公司对可分性规则的理解有关（see 388 U.S., at 403—404, 87 S. Ct. 1801, 18 L. Ed. 2d 1270），但是该规则最终是产生于要求仲裁协议应与其他所有合同一样对待的第2条。可分性规则确立了如何保证执行书面仲裁条款。答辩人将普莱马公司案解读为仅仅确立了联邦法院的程序规则也与绍斯兰德公司案的理解相抵触。绍斯兰德公司案中在州法院适用第2条的基础之一就是普莱马公司案"依靠的是国会根据'商业条款'（Commerce Clause）制定实体规则的权力"〔465 U.S., at 11, 104 S. Ct. 852, 79 L. Ed. 2d 1; see also Prima Paint, supra, at 407, 87 S. Ct. 1801, 18 L. Ed. 2d 1270（Black, J., dissenting）（"本院这里认定《联邦仲裁法》是联邦实体法事项……"）〕。绍斯兰德公司案本身否定了"认为国会的意图是将《联邦仲裁法》仅仅限于联邦法院管辖权所涉及的争议"的观点（465 U.S., at 15, 104 S. Ct. 852, 79 L. Ed. 2d 1）。

答辩人指向第2条的语言。答辩人争辩说，既然第2条适用的仲裁协议是这些涉及"合同"的，而根据州法自始无效的协议不是"合同"，那么就没有第2条可以适用的"合同"中的书面条款或产生于合同的争议。这种观点与布莱克法官在普莱马公司案中的反对意见是一样的，"《联邦仲裁法》第2条和第3条假定存在一份合法有效的合同，只规定执行合法有效的合同"（388 U.S., at 412—413, 87 S. Ct. 1801, 18 L. Ed. 2d 1270）。我们并不如此狭隘地解读"合同"一词。该词在第2条中出现了4次。它最后出现在末段，允许"法律或衡平规则规定会使任何合同均无效的那些情况出现"时挑战仲裁条款。毫无疑问，这里使用的"合同"一词是包括后来被证明是无效的合同的。如若不然，撤销合同的情形将陷于使合同可撤销的情形——意味着仲裁协议可以被挑战为可撤销而非无效。因为该句最后对"合同"一词的使用如此明显地包括了推定的合同，我们不会将之前的同一词的含义作更狭义的理解。我们指出，普莱马公司案和绍斯兰德公司案都不支持答辩人的解读；正如我们已经讨论的，没有案件会证明所争议的挑战是否会使合同可撤销或无效。

正如答辩人所声称的一样，普莱马公司案确立的规则允许法院执行仲裁员后来认定该合同无效的合同中的仲裁协议。但是，根据答辩人的分析方法，则允许法院拒绝赋予法院后来认定该合同有效的合同中的仲裁协议可执行性。普莱马公司案解决了这个难题，而且支持单独执行仲裁条款。我们现在重申，不管是在联邦法院还是州法院提出挑战，对整个合同而非特别的指向仲裁条款的合法性的挑战必须交由仲裁员处理。

因此，推翻佛罗里达州最高法院的判决，将案件发回，在与本院判决一致的前提下，继续进一步的程序。

汤姆逊公司诉美国仲裁协会

美国第二巡回上诉法院

64 F. 3d 773

1995 年 4 月 18 日口头辩论
1995 年 8 月 24 日判决

阿尔提马里（Altimari）法官：

原告——上诉人汤姆逊公司（Thomson-CSF, S. A.）对于美国纽约南区联邦地方法院作出的判决提起上诉，该判决拒绝了其要求宣告性和禁令救济的动议，同意被告——被上诉人艾凡思 & 萨瑟兰电脑公司（Evans & Sutherland Computer Corporation，以下简称 ESCC）要求强制仲裁的交叉动议。汤姆逊公司声称，联邦地方法院根据 ESCC 与汤姆逊公司的子公司的仲裁协议强制仲裁是不对的，汤姆逊公司不是该仲裁协议的签字人。因为根据通常的合同和代理法原则，不能说汤姆逊公司自愿地将其与 ESCC 的争议提交仲裁，我们推翻联邦地方法院的判决，将案件发回，在与本判决一致的前提下进行进一步的程序。

背　　景

瑞迪福勋仿真有限责任公司（Rediffusion Simulation Limited，以下简称瑞迪福勋）是一家从事为飞行员培训建飞行仿真器的公司。1986 年，瑞迪福勋与位于犹他州盐湖城的汤姆逊公司签订了一份《工作协议》。根据该协议，瑞迪福勋同意只从 ESCC 购买电脑成像设备，而且尽力为包含 ESCC 设备的系统开拓市场；ESCC 同意只向瑞迪福勋提供成像设备。

在签订该协议后，瑞迪福勋被休斯飞机公司（Hughes Aircraft Company，以下简称休斯）收购。休斯修改并扩展了瑞迪福勋与 ESCC 之间的《工作协议》。1993 年 12 月 31 日，休斯将瑞迪福勋卖给汤姆逊公司，汤姆逊公司更名为汤姆逊培训仿真有限责任公司。在购买瑞迪福勋之前，汤姆逊公司设立了一从事建飞行仿真设备业务的分支机构，该分支机构开始与瑞迪福勋整合。

在汤姆逊公司开始公开地考虑收购瑞迪福勋时，ESCC 通知汤姆逊公司，如果汤姆逊公司收购瑞迪福勋，那么 ESCC 打算约束汤姆逊公司及其签订《工作协议》的分支机构。ESCC 特别告诉汤姆逊公司，在收购瑞迪福勋后，瑞迪福勋以及汤姆逊培训仿真系统分支机构都必须从 ESCC 购买所需要的电脑成像设备。作为回应，汤姆逊公司致函 ESCC，要求放弃 ESCC 认为约束汤姆逊公司的《工作协议》中的这些条款。然而，汤姆逊公司并没有承认要受瑞迪福勋的《工作协议》的约束。事实上，在汤姆逊公司收购瑞迪福勋之前，汤姆逊公司和 ESCC 显然没有达成任何协议，汤姆逊公司明确通知 ESCC，汤姆逊公司不采用该《工作协议》，而且不会考虑受瑞迪福勋的协议的约束，因为汤姆逊公司既没有协商也没有签字。

《工作协议》

《工作协议》第 6 条第 1 款规定，本协议当事人之间的所有争议都要提交仲裁。虽然该协议没有明确给"当事人"下定义，但是界定了 ESCC 和瑞迪福勋：

1.14 本协议中不管何处使用"ESCC"，都应包括 ESCC 的附属机构。本协议中不管何处使用"瑞迪福勋"，都应……意味着瑞迪福勋及其所有的附属机构。

1.6 此处当事人的附属机构应意味着任何个人、企业或公司，直接或间接，通过一个或更多的中间人控制或被控制或在这样的当事人通常控制之下。

尽管该协议中没有定义"当事人"，联邦地方法院认定"当事人"一词是意图意味着 ESCC 和瑞典福勋，而且也意图包括双方的所有附属机构。所以，该协议中的仲裁条款不但约束瑞迪福勋，而且也约束其附属机构，也就是汤姆逊公司（鉴于汤姆逊公司无可争议地控制着瑞迪福勋）。

禁令救济

隶属于汤姆逊所有后，瑞迪福勋对飞行仿真器市场的占有急剧下降。

1994年8月8日，尽管汤姆逊公司坚持认为其不受《工作协议》（以及其中所包含的仲裁条款）的约束，但是 ESCC 还是根据《工作协议》对瑞迪福勋及其母公司汤姆逊公司提起仲裁，声称被申请人违反了《工作协议》产生的义务。虽然瑞迪福勋并没有抗辩仲裁条款对其的可适用型，但是汤姆逊公司拒绝答辩。1994年8月29日，汤姆逊公司在纽约南区联邦地方法院提起本诉讼，要求（1）宣告汤姆逊公司不受《工作协议》中的仲裁条款的约束；（2）发布禁令，禁止根据《工作协议》对汤姆逊公司采取进一步的程序。ESCC 则向法院提出交叉动议，要求强制汤姆逊公司仲裁。

联邦地方法院同意了 ESCC 要求强制仲裁的交叉动议。在这样做时，联邦地方法院声明，虽然 ESCC 的请求并不符合传统上对仲裁条款约束非签字人的种类，但是汤姆逊公司仍然要受约束。在采用混合的方法来分析仲裁协议约束非签字人后，联邦地方法院接受了 ESCC 的主张，即"基于汤姆逊公司通过其行为自愿地成了……一个附属机构，根据汤姆逊公司对瑞迪福勋控制的程度以及这些问题的相关度，法院可以约束汤姆逊公司"。

讨 论

仲裁本质上是合同性的——"未经当事人同意提交仲裁，不能要求该当事人将任何争议提交仲裁"〔United Steelworkers of America v. Warrior & Gulf Navigation Co., 363 U.S. 574, 582, 4 L. Ed. 2d 1409, 80 S. Ct. 1347 (1960)〕。因此，虽然存在强烈的"支持仲裁协议的自由的联邦政策"〔Mitsubishi Motors Corp. v. Soler Chrysler-Plymouth, Inc., 473 U.S. 614, 625, 87 L. Ed. 2d 444, 105 S. Ct. 3346 (1985)〕，但此仲裁协议不能作如此宽泛的解释以至于包括原合同中没有意图的所有请求和当事人。然而，这并不推断出《联邦仲裁法》上提交仲裁的义务仅仅属于这些亲自签订书面仲裁条款的人〔Fisser v. International Bank, 282 F. 2d 231, 233 (2d Cir. 1960); see also Deloitte Noraudit A/S v. Deloitte Haskins & Sells, U.S., 9 F. 3d 1060, 1064 (2d Cir. 1993)〕。本院在麦柯里斯特案等处已经表明，如果"合同和代理的通常原则"作了规定，则非签字人要受仲裁协议的约束〔McAllister Bros., Inc. v. A & S Transp. Co., 621 F. 2d 519, 524 (2d Cir. 1980); see also A/S Custodia v. Lessin Int'l, Inc., 503 F. 2d 318, 320 (2d Cir. 1974)〕。

Ⅰ. 约束非签字人的传统基础

本院承认了非签字人要受其他人签订的仲裁协议的约束的许多理论。这些理论产生于合同法和代理法上的普通法原则。我们已经承认的5种理论是：(1) 通过援引并入（Incorporation by Reference）；(2) 行为推定接受（assumption）；(3) 代理；(4) 揭开面纱/另一个自我（veil-piercing/alter ego）；(5) 禁止反言。联邦地方法院恰当地拒绝了这些让汤姆逊公司受其子公司的仲裁协议约束的理论。

A. 通过援引并入

在仲裁协议的一方当事人与非签字人形成了一个单独的合同关系而且非签字人将现存仲裁条款并入时，非签字当事人可以强制仲裁协议的一方当事人仲裁〔See Import Export Steel Corp. v. Mississippi Valley Barge Line Co., 351 F. 2d 503, 505—506 (2d Cir. 1965)（与明确地"承担签字当事人的所有义务与特权"的非签字人的单独协议构成了非签字人执行仲裁条款的基础）; Matter of Arbitration Between Keystone Shipping Co. and Texport Oil Co., 782 F. Supp. 28, 31 (S.D.N.Y. 1992); Continental U.K. Ltd. v. Anagel Confidence Compania Naviera, S.A., 658 F. Supp. 809, 813 (S.D.N.Y. 1987)（如果一方当事人的仲裁条款明确地被并入提单，那么通过一般合同法或代理法原则与该提单相关的非签字人也要受约束）〕。正如联邦地方法院所论述的，ESCC 并没有证明《工作协议》被并入了汤姆逊同意了的任何文件。因此，不能以通过援引并入理论约束汤姆逊公司。

B. 行为推定接受

在没有签字时，如果当事人随后的行为表明其承担仲裁的义务，那么当事人要受仲裁条款的约束〔See Gvozdenovic v. United Air Lines, Inc., 933 F. 2d 1100, 1105 (2d Cir.)（通过委派代表参与仲裁程序表明参与人明显的仲裁意图）, cert. denied, 502 U.S. 910, 116 L. Ed. 2d 248, 112 S. Ct. 305 (1991); Keystone Shipping, 782 F. Supp. at 31; In re Transrol Navegacao S.A., 782 F. Supp. 848, 851 (S.D.N.Y. 1991)〕。虽然汤姆逊公司知道《工作协议》要将其作为瑞迪福勋的"附属机构"而约束，但是汤姆逊公司在任何时候都没有表达要受该协议约束的意图。事实上，汤姆逊公司明确地否认产生于《工作协议》的任何义务，而且提起诉讼，要求宣告不承担《工作协议》上的责任。所以，不能说汤姆逊公司承担了仲裁的义务。

C. 代理

传统的代理法原则可以约束仲裁协议的非签字人〔See Interbras Cayman Co. v. Orient Victory Shipping Co., S. A., 663 F. 2d 4, 6—7 (2d Cir. 1981); A/S Custodia, 503 F. 2d at 320; Fisser, 282 F. 2d at 233—38; Keystone Shipping, 782 F. Supp. at 31—32〕。因为《工作协议》是在汤姆逊公司收购瑞迪福勋前达成的,不能根据代理理论约束汤姆逊公司。

D. 揭开面纱/另一个自我

在有些情形下,母公司与其子公司的关系如此紧密以至于可以揭开公司面纱、认定公司要对另一家公司的行为承担责任。然而,一般而言,公司关系本身是不足以约束仲裁协议的非签字人的〔See Keystone Shipping, 782 F. Supp. at 30—31〕。不过,法院在下面两种情形下可以揭开公司面纱:防止欺诈或其他不法行为,或者母公司支配并控制着子公司〔Carte Blanche (Singapore) Pte., Ltd. v. Diners Club Int'l, Inc., 2 F. 3d 24, 26 (2d Cir. 1993); see also Wm. Passalacqua Builders, Inc. v. Resnick Developers S., Inc., 933 F. 2d 131, 138—39 (2d Cir. 1991) ("通过证明存在欺诈或支配地位的公司完全控制着另一家公司导致了对第三人的不法行为,那么责任就是可以预见的")〕。联邦地方法院指出,"ESCC 的诉讼代理人在口头辩论阶段也否认其主张可以归结为揭开公司面纱",但是 ESCC 现在声称汤姆逊公司与瑞迪福勋之间存在着另一个自我的关系。ESCC 承认其不能证明存在欺诈,但认为汤姆逊公司对瑞迪福勋的支配足以证明揭开公司面纱是正当的。

揭开公司面纱的认定需要特定事实,而且"随着个案的情形而不同"〔American Protein Corp. v. AB Volvo, 844 F. 2d 56, 60 (2d Cir.), cert. denied, 488 U. S. 852, 102 L. Ed. 2d 109, 109 S. Ct. 136 (1988)〕。本院已经认定,当母公司与子公司的行为表明两家公司事实上取消了独立性,那么它们就丧失了各自的公司身份〔See Carte Blanche, 2 F. 3d at 29 ("不存在银行账户、办公室、文具、交易或任何其他活动都是以子公司的名义进行"); Wm. Passalacqua, 933 F. 2d at 139 (在以下情形中揭开公司的面纱:母公司和子公司 (1) 共享办公室和员工;(2) 由共同的管理人员经营;(3) 混合资金;(4) 相互之间不认真对待;(5) 不是作为独立的盈利中心对待); see also Walter E. Heller & Co. v. Video Innovations, Inc., 730 F. 2d 50, 53 (2d Cir. 1984) (揭开公司面纱中不存在公司形式的相关因素)〕。"认定控制和支配问题的因素比'善意'更客观;它们与公司事实上如何运作有关。"(Carte Blanche, 2 F. 3d at 28—29)

ESCC 并没有证明汤姆逊公司对瑞迪福勋控制的程度足以揭开公司面纱。虽然联邦地方法院认定"汤姆逊公司与瑞迪福勋具有共同的所有权；汤姆逊公司实际上控制着瑞迪福勋；汤姆逊公司将瑞迪福勋并入自己的组织和决策框架"，联邦地方法院并没有认定二者取消了公司框架。ESCC 并没有证明不存在公司形式，也没有证明混合了财务和管理。相反，正如联邦地方法院所认定的，瑞迪福勋继续作为一个母公司现存框架内的独特的实体在运行。所以，考虑到所有这些情形，不能根据揭开面纱/另一个自我理论要求汤姆逊公司受瑞迪福勋的仲裁协议的约束。

E. 禁止反言

本院也根据禁止反言理论约束仲裁协议的非签字人。在德勤案〔Deloitte Noraudit A/S v. Deloitte Haskins & Sells, U. S., 9 F.3d 1060, 1064 (2d Cir. 1993)〕中，一家外国会计师事务所接到了一份关于在会计业务中使用"德勤"(Deloitte) 商标的协议。根据该含仲裁条款的协议，德勤国际 (Deloitte Haskins & Sells International) 的当地分支机构有权使用"德勤"商标，以作为遵守该协议的交换。一家挪威会计师事务所接到了该协议，没有对其中的条款作出任何反对，并且继续使用"德勤"商标。本院认定，通过有意地使用该协议，该会计师事务所应认定禁止反言，不能以从未签署该协议而避免仲裁〔See 9 F.3d at 1064 ("挪威当事人在接到该协议时没有提出反对……此外，还有意地接受该协议的好处……因此，禁止挪威当事人拒绝根据该 1990 年的协议进行仲裁")〕。

虽然联邦地方法院并没有根据禁止反言理论分析本案，但还是特别认定："汤姆逊公司在完全收购瑞迪福勋前注意到了《工作协议》，收购前 ESCC 希望汤姆逊公司也受到该协议的约束，汤姆逊公司将瑞迪福勋并入自己的组织和决策框架并从中获益。"

表面上，根据德勤案，这些事实认定看似足以让汤姆逊公司受子公司的仲裁条款约束。然而，进一步调查可以发现，联邦地方法院对汤姆逊公司从《工作协议》中直接获益的认定是错误的。

正如汤姆逊公司所指出的，《工作协议》规定瑞迪福勋只从 ESCC 购买电脑成像设备，作为回报，ESCC 只向瑞迪福勋提供其成像设备。ESCC 承认汤姆逊从未取得，也未寻求 ESCC 的成像设备。相反，ESCC 根据《工作协议》主张获益的理论实质上等同于违反反托拉斯法——按照 ESCC 所说，汤姆逊公司收购瑞迪福勋（它是汤姆逊公司在飞行仿真业中唯一重要的竞争者）而消除了瑞迪福勋的竞争；将瑞迪福勋并入自己的框架中，汤姆逊公司能消除市场上所有使用 ESCC 成像设备的仿真器；因为 ESCC 在合同上只能向瑞迪福勋提供成像设备，它事实上被完全挤出了市场；因此，ESCC 认为汤姆逊公司通过消除 ESCC 这样的竞争者而从《工作协议》中获益。

ESCC 所认为的这种间接获益不是本院禁止规避仲裁的非签字人反言的基础。如果汤姆逊公司通过寻求从 ESCC 处购买设备或执行该协议中的独家条款而直接从协议中获益，那么就禁止规避仲裁的反言。然而，ESCC 所主张的获益直接源于汤姆逊公司收购瑞迪福勋而非《工作协议》本身；汤姆逊公司从《工作协议》中根本没有任何获益。因此，根据德勤案，汤姆逊公司不受其子公司的仲裁协议约束。

有几个巡回上诉法院已经承认要求签字人和非签字人之间仲裁的替代禁止反言理论（alternative estoppel theory）〔See Sunkist Soft Drinks, Inc. v. Sunkist Growers, Inc., 10 F.3d 753, 757－758 (11th Cir. 1993), cert. denied, 115 S. Ct. 190 (1994); J. J. Ryan & Sons, Inc. v. Rhone Poulenc Textile, S. A., 863 F.2d 315, 320－321 (4th Cir. 1988); McBro Planning & Dev. Co. v. Triangle Elec. Constr. Co., 741 F.2d 342, 344 (7th Cir. 1984)〕。在这些案件中，在非签字人的坚持下，签字人有义务与非签字人仲裁，因为"所涉及的机构之间的紧密关系以及所声称的不当行为与合同中非签字人的义务之间的关系……和请求'紧密地交织在合同义务之中'的事实"〔Sunkist, 10 F.3d at 757 (quoting McBro Planning, 741 F.2d at 344)〕。显然，仲裁条款约束汤姆逊公司的子公司瑞迪福勋。联邦地方法院也认定瑞迪福勋与汤姆逊公司的管理紧密相关。此外，ESCC 主张，针对汤姆逊公司的请求"紧密地交织在"《工作协议》之中。尽管如此，根据这些案件不能认定汤姆逊公司有义务去仲裁。

正如这些案件所揭示的，在非签字人在仲裁中寻求解决的问题与被禁止反言的当事人签了了的协议交织在一起时，各个巡回法院已经愿意禁止签字人规避与非签字人的仲裁的反言。然而，正如联邦地方法院所指出的，"这里的情形相反，作为签字人，ESCC 要求强制非签字人汤姆逊公司仲裁"。虽然 ESCC 认为这没有区别，但是仲裁的性质使它很重要。仲裁是严格的合同事项，如果当事人没有同意仲裁，法院无权强制他们仲裁（See United Steelworkers, 363 U.S. at 582）。在前面所讨论的案件中，各个法院认定禁止当事人规避仲裁的反言，因为它们达成了书面仲裁协议，也就是与主张仲裁的这些当事人的附属机构而非这些当事人本身达成了仲裁协议。然而，不能禁止汤姆逊公司否认其是签字人的仲裁条款，因为不存在这样的条款。汤姆逊公司在任何一点上都没有表达与 ESCC 仲裁的打算。因此，联邦地方法院认定这些禁止反言案件不适用于本案并且不足以构成约束从来没有在协议上签字的汤姆逊公司是恰当的。

此外，这些禁止反言案件全部都涉及与含仲裁条款的合同相关的请求。在本案中，不能说存在同样情形。正如前面所讨论的，ESCC 针对汤姆逊公司的请求等同于声称汤姆逊公司收购瑞迪福勋是为了消除竞争。虽然可以以这些所称的掠夺性商业行为对汤姆逊公司主张诉因，但很难被识别为产生于或者与 ESCC 和瑞迪福勋之间的《工作协议》。因此，这些禁止反言案件不能适用。

Ⅱ. 联邦地方法院的混合方法

尽管 ESCC 的请求不符合约束非签字人的任何一种传统理论，但是联邦地方法院声明："ESCC 声称，'基于汤姆逊公司通过其行为自愿地成了……一个附属机构，根据汤姆逊公司对瑞迪福勋控制的程度以及这些问题的相关度，法院可以约束汤姆逊公司。'本院对此表示赞同。"这样一来，联邦地方法院不当地扩张了本巡回法院的法律，并且稀释了"合同和代理的通常原则"（McAllister, 621 F. 2d at 524）对非签字人提供的保护。除非根据已经接受的代理法或合同法理论，否则非签字人没有义务仲裁。

联邦地方法院的判决主要依据本院的两起判决，即麦柯里斯特案和德勤案。按照联邦地方法院所说，这些案件加起来为约束从未在《工作协议》上签字的汤姆逊公司提供了充分的支持。联邦地方法院认定，麦柯里斯特案和德勤案中的很多要件在本案中也存在：（1）汤姆逊公司对瑞迪福勋的所有权；（2）汤姆逊公司实际上对瑞迪福勋的控制；（3）汤姆逊公司在收购瑞迪福勋前注意到《工作协议》；（4）ESCC 明确打算让汤姆逊公司受《工作协议》的约束；（5）汤姆逊公司将瑞迪福勋并入自己的组织和决策框架；（6）汤姆逊公司从该并入中获益。在这些因素的基础上，联邦地方法院认定麦柯里斯特案和德勤案使汤姆逊公司受瑞迪福勋的仲裁条款的约束。

联邦地方法院依据麦柯里斯特案和德勤案是错误的。麦柯里斯特案和德勤案都符合约束仲裁协议非签字人的传统理论。在麦柯里斯特案中，考虑到签字人与非签字人之间的紧密关系，本院将案件发回联邦地方法院。然而，本院特别指示联邦地方法院适用"合同和代理的通常原则"，而且在指示联邦地方法院重新考虑其认定时明确地指向传统的代理理论和揭开公司面纱理论（621 F. 2d at 524）。联邦地方法院依据德勤案同样是错误的。正如在麦柯里斯特案中一样，本院在德勤案中声明联邦地方法院应适用"合同和代理的通常原则"（9 F. 3d at 1064）。本院再次指向了约束非签字人的传统理论，尤其是禁止反言和代理。麦柯里斯特案和德勤案都没有表明在不能根据合同法或代理法证明存在有说服力的理论时能让非签字人受仲裁协议的约束。

本院愿意执行针对非签字人的仲裁协议的理论是有限的，而联邦地方法院作了扩张。联邦地方法院的混合方法稀释了"合同和代理的通常原则"对非签字人提供的保障，而且在子公司签订仲裁协议时没有充分地保护母公司。任何没有完全证明存在合同法或代理法上的可接受的理论损害了众多的母公司。本院并没有打算麦柯里斯特案和德勤案中产生这样的结果，因此这里不采用这样的混合方法。

结　　论

所以，推翻联邦地方法院的判决，将案件发回，在与本院判决一致的前提下，继续进一步的程序。

贝克海运(尼日利亚)有限责任公司
诉切夫伦尼日利亚公司

美国第二巡回上诉法院

191 F. 3d 194

1998年9月23日口头辩论

1999年8月12日判决

列弗尔（Leval）法官：

上诉人贝克海运（尼日利亚）有限责任公司（Baker Marine (Nig.) Ltd.，以下简称贝克）对美国纽约北区联邦地方法院支持被上诉人切夫伦尼日利亚和切夫伦公司（Chevron-Nigeria and Chevron Corporation，以下简称切夫伦）、丹诺斯与库勒海运有限公司（Danos and Curole Marine Contractors, Inc.，以下简称丹诺斯）的判决提起上诉。

背　　景

贝克、丹诺斯和切夫伦是三家在尼日利亚从事石油业的公司。1992年9月，贝克和丹诺斯签订合同以竞标为切夫伦提供驳船服务。贝克同意提供当地支持，而丹诺斯同意提供管理和技术设备。贝克和丹诺斯的投标成功了，1992年10月，两家公司共同与切夫伦签订提供驳船服务的合同。

与切夫伦的合同包括用仲裁解决争议的条款，而且通过援引将贝克和丹诺斯之间的合同并入。这些条款规定："产生于本合同或其违反、终止、有效的任何争议、纠纷或请求，都应根据《联合国国际贸易法委员会仲裁规则》(Arbitration Rules of the United Nations Commission on International Trade Law，以下简称《贸法会规则》) 通过仲裁最终解决。"两个不同的条款进一步指明仲裁"规则（如不受《贸法会规则》支配……）应受尼日利亚联邦共和国的实体法支配",而且各合同"应根据尼日利亚联邦共和国的法律解释"。这些合同也规定,"任何拥有管辖权的法院都可以对仲裁员的裁决进行判决",而且该合同和仲裁裁决"应受 1958 年《纽约公约》支配"。美国和尼日利亚均加入了《纽约公约》。

贝克指控切夫伦和丹诺斯违反了合同。根据这些合同,当事人在尼日利亚的拉格斯提交仲裁。在 1996 年初的书面裁决中,一个仲裁庭裁决丹诺斯向贝克赔偿 22.3 万美元,第二个仲裁庭裁决切夫伦向贝克赔偿 75 万美元。

裁决作出后,贝克立即在尼日利亚联邦高等法院寻求执行这两个仲裁裁决,而丹诺斯和切夫伦向该院申请撤销仲裁裁决。通过 1996 年 11 月和 1997 年 5 月的书面判决,尼日利亚法院撤销了这两个仲裁裁决。在切夫伦的诉讼中,法院认定仲裁员不当地作出了惩罚性赔偿裁决、超越了仲裁申请的范围、错误地承认了口头证据、在其他事情间作出了不一致的裁决。法院认定针对丹诺斯的裁决没有证据支持。

1997 年 8 月,贝克在美国纽约北区联邦地方法院提起诉讼,要求根据美国执行《纽约公约》的法律、《联邦仲裁法》第 2 章确认这些仲裁裁决。

联邦地方法院拒绝了贝克要求执行仲裁裁决的申请,认定根据《纽约公约》和礼让原则,"在仲裁裁决被尼日利亚法院撤销时执行外国仲裁裁决是不合适的"。

本争议是《纽约公约》上的,因为贝克在裁决作出地国外的另一国寻求执行仲裁裁决。《纽约公约》第 1 条规定:"仲裁裁决,因自然人或法人间之争议而产生且在申请承认及执行地所在国以外之国家领土内作成者,其承认及执行适用本公约。"根据美国法,当一方当事人提起诉讼要求确认《纽约公约》上的仲裁裁决时,法院"应确认该裁决,除非法院发现存在《纽约公约》所规定的拒绝或推迟承认或执行裁决的事由"(9 U. S. C. § 207)。《纽约公约》第 5 条规定,只有在证明有公约规定情形时,法院可以拒绝执行仲裁裁决〔see also Yusuf Ahmed Alghanim & Sons v. Toys "R" Us, Inc., 126 F. 3d 15, 20 (2d Cir. 1997)(《纽约公约》第 5 条规定的撤销仲裁裁决的事由是排他性的), cert. denied, 522 U. S. 1111, 118 S. Ct. 1042, 140 L. Ed. 2d 107 (1998)〕。第 5 条第 1 款第 5 项规定,裁决对各造尚无拘束力,或业经裁决地所在国或裁决所依据法律之国家之主管机关撤销或停止执行者,法院可以拒绝执行仲裁裁决。贝克并没有抗辩尼日利亚高等法院是该国的主管机关以及裁决是依据尼日利亚法律在尼日利亚作出。联邦地方法院依据尼日利亚法院的判决和《纽约公约》第 5 条第 1 款第 5 项规定拒绝执行该裁决。

贝克认为，联邦地方法院的裁定没有尊重《纽约公约》第 7 条，该条规定："本公约之规定不影响缔约国间所订关于承认及执行仲裁裁决之多边或双边协定之效力，亦不剥夺任何利害关系人可依援引裁决地所在国之法律或条约所认许之方式，在其许可范围内，援用仲裁裁决之任何权利。"贝克声称，尼日利亚法院撤销仲裁裁决的理由不被美国法律所承认是撤销仲裁裁决的合法理由，而且根据《纽约公约》第 7 条，可以援引本国的仲裁法而不管尼日利亚法院的诉讼。

我们否定贝克的主张。当事人在尼日利亚约定其争议应根据尼日利亚法律来仲裁，一点都没有提到美国法律。没有任何事项表明当事人打算用美国国内仲裁法来支配其争议。《联邦仲裁法》的主要目的是"确保私人仲裁协议根据其条款得到执行"〔Volt Information Sciences, Inc. v. Board of Trustees, 489 U.S. 468, 479, 103 L. Ed. 2d 488, 109 S. Ct. 1248 (1989); see also Prima Paint Corp. v. Flood & Conklin Mfg. Co., 388 U.S. 395, 404 n. 12, 18 L. Ed. 2d 1270, 87 S. Ct. 1801 (1967)（《联邦仲裁法》的目的是"使仲裁协议与其他合同一样可以执行，此外别无要求"）〕。另外，贝克并没有主张尼日利亚法院违反了尼日利亚的法律〔See Yusuf, 126 F. 3d at 21（"仲裁所依据的法律的所在国法院适用国内仲裁法……来撤销或停止执行仲裁裁决"）〕。

贝克在《纽约公约》第 5 条第 1 款第 5 项规定的基础上提出了进一步的主张。该项规定，裁决对各造尚无拘束力，或业经裁决地所在国或裁决所依据法律之国家之主管机关撤销或停止执行者，法院可以拒绝执行仲裁裁决。贝克主张，使用许可性的"可以"一词而非强制性的用词表明法院可以不管尼日利亚撤销仲裁裁决的判决而执行该裁决。显然，贝克并没有提出充分的理由来证明应拒绝承认尼日利亚法院的判决。

贝克也主张，联邦地方法院因贝克没有在申请执行仲裁裁决时揭示裁决被尼日利亚法院撤销而不当地对其设定制裁。这样的主张是可争论的。

法院在口头辩论阶段是表达了打算根据《联邦民事程序规则》第 11 (b) 条设定制定的意图，要求贝克支付诉讼费用（不包括律师费）。然而，最终作出的判决仅仅要求书记员依法核定诉讼费，并没有提到任何制裁或费用。所以，我们没有理由考虑该院是否可能设定了制裁。

结　　论

维持联邦地方法院拒绝执行仲裁裁决的判决。拒绝要求制裁的申请。

杜弗科国际钢铁贸易公司诉凯伦船务公司

美国第二巡回上诉法院

333 F. 3d 383

2002 年 11 月 1 日口头辩论
2003 年 6 月 24 日判决

卡戴蒙（Cardamone）法官：

本上诉起源于杜弗科国际钢铁贸易公司（Duferco International Steel Trading Co.，以下简称杜弗科或上诉人）和凯伦船务公司（T. Klaveness Shipping A/S，以下简称凯伦）之间的运输合同产生的仲裁程序。2002 年 2 月 20 日，美国纽约南区联邦地方法院发布命令，拒绝杜弗科提出的要求部分撤销仲裁裁决的动议，同意凯伦要求确认仲裁裁决的交叉动议。对此，杜弗科不服，提起上诉。

在要求撤销仲裁裁决的动议中，杜弗科依据的是显然漠视法律原则。对我们而言，我们几乎不会以显然漠视法律为由撤销仲裁裁决，必须说服我们仲裁员明知但选择漠视明确的法律或可适用的法律原则。错误必须是如此明显以至于有资格作为仲裁员的一般人都能感知到。对在法律范围内的裁决的看似正确的解读都会维持下级法院的判决。这里，我们认为存在这样的解读。因此，我们维持下级法院的判决。

背　景

A. 事实

1993 年 11 月 30 日，杜弗科与凯伦签订合同，租船将一批钢板从意大利的塔兰托市运到路易斯安那的新奥尔良。杜弗科与凯伦的合同是以航次租船合同的形式达成的。航次租船合同规定，钢铁要在塔兰托的安全港/停泊点上装到凯伦的船上。

为了履行与杜弗科的合同，凯伦又从梦生运输有限责任公司（Lifedream Shipping Company, Ltd., 以下简称梦生公司）租了阿里斯提蒂斯号（M. V. ARISTIDIS）。1994年1月3日，凯伦通过定期租船合同租赁了阿里斯提蒂斯号。凯伦与梦生公司的定期租船合同允许凯伦根据自己的需要使用阿里斯提蒂斯号2—4个月，还可加减10天。另外，该定期租船合同包括了一个安全停泊条款，要求船舶经过"安全港、安全停泊、安全抛锚"。1994年1月和2月，阿里斯提蒂斯号停泊在塔兰托港，船员将钢板装上船，准备运往新奥尔良。由于塔兰托的季节性潮汐，阿里斯提蒂斯号的船员在装货时遇到很大困难，损害了停泊设施，并且为了采取措施稳定船舶而增加了额外费用。

B. 伦敦仲裁

由于在塔兰托遇到的困难，梦生公司在伦敦对凯伦申请仲裁，要求赔偿损失以及所引起的额外费用。伦敦仲裁员认定凯伦对这些损失承担责任，因为凯伦将阿里斯提蒂斯号停泊在不安全地带的行为违反了安全停泊条款。

凯伦要求通知杜弗科参与伦敦仲裁以获得补偿。告知通知（Vouching-in）是一项普通法上的程序机制，允许仲裁当事人加入被通知人（vouchee），即被要求补偿的非当事人，只要通知该非当事人未决的仲裁可能强制被通知人补偿被告〔See SCAC Transp. (USA), Inc. v. S. S. Danaos, 845 F. 2d 1157, 1161—1162 (2d Cir. 1988); see also Washington Gas Light Co. v. Dist. of Columbia, 161 U. S. 316, 329—330, 40 L. Ed. 712, 16 S. Ct. 564 (1896); Universal Am. Barge Corp. v. J-Chem, Inc., 946 F. 2d 1131, 1138 (5th Cir. 1991)〕。在因对人管辖权的瑕疵而使被通知人不能被起诉时可以使用告知通知。这个机制的目的是避免重复诉讼以及判决结果不一致〔SCAC Transp. (USA), Inc., 845 F. 2d at 1162〕。

一旦接到通知，被通知人有权选择加入仲裁来抗辩。如果被通知人拒绝加入，根据类似于既判力的原则，在之后的诉讼中受仲裁裁决结果的约束（Washington Gas Light, 161 U. S. at 329—330）。就受约束的被通知人而言，寻求加入被通知人的当事人必须能在仲裁中完全、公平地代表该当事人的利益（Universal, 946 F. 2d at 1139—1140）。

杜弗科拒绝被通知加入伦敦仲裁。1997年6月24日，仲裁庭认定凯伦承担在塔兰托港引起的所有费用和损害赔偿金，裁决的金额是13万美元的损害赔偿金加上37900.50美元的利息。

C. 纽约仲裁

此后，凯伦在纽约开始仲裁，要求杜弗科补偿伦敦仲裁裁决的金额，并支付凯伦在两起仲裁中的律师费和仲裁员的费用。在仲裁听证时，凯伦主张其与杜弗科的合同中所声明的在塔兰托的安全港/停泊点上装船与凯伦和梦生公司合同中的安全停泊条款类似，因此告知通知是合适的，而且在间接禁止反言原则（collateral estoppel principles）基础上杜弗科要受伦敦仲裁裁决的约束。

杜弗科并不挑战伦敦仲裁员的认定，但是认为间接禁止反言原则此处不适用，因为定期租船合同和航次租船合同存在显著区别，使得凯伦要根据其与梦生公司的合同承担的责任比杜弗科根据其与凯伦的合同承担的责任更大。关键的是，杜弗科声称凯伦与杜弗科之间的航次租船合同特别放弃了任何安全停泊保证。根据海商法上的原则，指定了特定港口的航次租船合同免除了承租人因该港口的条件产生的损害责任，只要这些条件是可以合理预见的〔See Tweedie Trading Co. v. N. Y. & B. Dyewood Co., 127 F. 278, 280—281 (2d Cir. 1903); see also 2A Benedict on Admiralty § 175, at 17—26 (7th ed. 2002)〕。既然所指定的塔兰托港存在可以预见的季节性潮汐条件，杜弗科坚持认为安全停泊保证被放弃了，因此其对所引起的损害毫无责任。

杜弗科进一步指出，它不应受伦敦仲裁员的认定的约束，因为其利益没有在伦敦仲裁中得到完全、公平的代表。杜弗科认为，既然凯伦没有像杜弗科本来可以的那样提出指定港抗辩来免责，那么凯伦就没有完全、公平地代表杜弗科在伦敦仲裁中的利益。

纽约仲裁庭在仲裁中认定支持凯伦，并于2001年4月18日作出裁决，但是有仲裁员持不同观点。多数意见认定凯伦没有通过同意杜弗科在塔兰托装船而放弃安全停泊保证，而且就告知通知而言，两份租船合同中的安全停泊保证足以是一样的。仲裁庭因而认定杜弗科要受伦敦仲裁结果的约束，尤其是其中的损害赔偿部分，命令杜弗科补偿凯伦支付给梦生公司的伦敦仲裁裁决确定的金额。

纽约仲裁庭继续裁定间接禁止反言原则阻止了凯伦向杜弗科主张伦敦仲裁中的律师费和仲裁员费用。多数意见指出："伦敦仲裁员并没有考虑航次租船合同中的安全停泊保证，因而不存在任何之前的认定，所以凯伦现在不能处于告知通知或者间接禁止反言的目的而利用伦敦裁决来针对杜弗科。"

纽约仲裁庭主动裁决凯伦支付 12 万美元作为律师费和纽约仲裁的费用。多数意见还就新奥尔良港相关的事项作出了数份裁定。对这些附加的裁定，任何一方当事人都没有提出反对，无论如何，它们与本上诉不相关。

D. 联邦地方法院程序

在接到纽约仲裁的裁决结果后，杜弗科向南区联邦地方法院申请撤销纽约仲裁裁决中要求其向凯伦补偿伦敦仲裁裁决确定的金额的部分裁决。联邦地方法院拒绝了杜弗科的申请，确认了该裁决〔See Duferco Int'l Steel Trading v. T. Klaveness Shipping A/S, 184 F. Supp. 2d 271, 272 (S. D. N. Y. 2002)〕。杜弗科不服，提起上诉。

讨　论

Ⅰ　审查的标准

我们审查联邦地方法院确认仲裁裁决的判决中的法律问题，而且也审查对事实认定存在明显错误的部分〔Westerbeke Corp. v. Daihatsu Motor Co., Ltd., 304 F. 3d 200, 208 (2d Cir. 2002)〕。

法院必须尊重仲裁庭的裁决是长久以来确定的规则。申请联邦法院撤销仲裁裁决的当事人承担繁重的举证责任，要证明该裁决是成文法和判例法所列举的非常狭隘的几种情形。《联邦仲裁法》对仲裁程序的联邦政策作了界定，只允许在四种特别列举的情形下撤销仲裁裁决：涉及仲裁员的贿赂、欺诈或其他一些不当行为。

除了成文法中规定的事由，我们允许以"显然漠视法律"为由撤销仲裁裁决〔See, e.g., Goldman v. Architectural Iron. Co., 306 F. 3d 1214, 1216 (2d Cir. 2002); Westerbeke, 304 F. 3d at 208〕。上诉人杜弗科并没有提出撤销纽约仲裁裁决的成文法事由，而是认为纽约仲裁员显然漠视法律。

Ⅱ　显然漠视法律

A. 概述

显然漠视法律起源于威尔科案的附带意见〔Wilko v. Swan, 346 U. S. 427, 98 L. Ed. 168, 74 S. Ct. 182 (1953), overruled on other grounds, Rodriguez de Quijas v. Shearson/Am. Express, Inc., 490 U. S. 477, 485, 104 L. Ed. 2d 526, 109 S. Ct. 1917 (1989)〕。联邦最高法院在该案中声明，

"与显然漠视法律相反,仲裁员对法律的解释不因解释错误而受法院的司法审查"(346 U.S. at 436—37)。从这个声明中我们推论出除了《联邦仲裁法》中规定的成文法事由,如果从仲裁记录中明显可以看出仲裁裁决显然漠视法律,那么其可以被撤销。

我们根据显然漠视法律原则进行审查是"非常有限的"〔Gov't of India v. Cargill Inc., 867 F. 2d 130, 133 (2d Cir. 1989)〕。尊重仲裁裁决是普遍的,而对仲裁员的显然漠视法律进行司法救济是罕见的。

我们首先在 1960 年提到了该标准〔Amicizia Societa Navegazione v. Chilean Nitrate & Iodine Sales Corp., 274 F. 2d 805, 808 (2d Cir.), cert. denied, 363 U.S. 843, 4 L. Ed. 2d 1727, 80 S. Ct. 1612 (1960)〕。而且自从 1960 年以后,我们在适用该标准时已经以显然漠视法律为由在下面的 4 起案件中撤销了仲裁裁决的部分或全部:哈利根案〔Halligan v. Piper Jaffray, Inc., 148 F. 3d 197, 204 (2d Cir. 1998),认定显然漠视法律、证据〕;纽约电话公司案〔New York Telephone Co. v. Communication Workers of America, 256 F. 3d 89, 92—93 (2d Cir. 2001) (per curiam),撤销裁决中要求付款的部分,认定其非法、违反了公共政策〕;沃特曼案〔Fahnestock & Co., Inc. v. Waltman, 935 F. 2d 512, 519 (2d Cir. 1991),撤销裁决中的惩罚性赔偿部分,因为违反了纽约州禁止仲裁员作出惩罚性赔偿命令的法律〕;博码线路公司案〔Perma-Line Corp. of America v. Sign Pictorial & Display Union, 639 F. 2d 890, 894—896 (2d Cir. 1981),以合同中的一个非法条款为由发回仲裁裁决,如果仲裁员能证明该非法条款为正当,则存在确认裁决的可能〕。

除了哈利根案,认定存在显然漠视法律的这所有 4 起案件都涉及仲裁裁决超越了仲裁员的权限。在这些案件中,显然漠视法律不必是撤销仲裁裁决的基础,因为根据《联邦仲裁法》也可以撤销这些裁决。这些年来,我们不愿意认定显然漠视法律反映了该原则是最后的诉求这一事实,对它的使用仅仅限于仲裁员的错误非常明显而《联邦仲裁法》所有条款都不适用的极端罕见的情形。应该注意的是仲裁员受当事人聘请来达到遵守产业规范和仲裁员自己对公平的理解的结果。干涉这个过程会使当事人的意图落空,并且损害仲裁的有用性,使得仲裁"成了诉讼的开端而非结束"〔Burchell v. Marsh, 58 U.S. (17 How.) 344, 349, 15 L. Ed. 96 (1854)〕。

B. 该原则的适用

可能因为我们很少认定显然漠视法律,虽然其大体的轮廓众所周知,但其准确的界限没有得到明确的界定〔See Merrill Lynch, Pierce, Fenner & Smith, Inc. v. Bobker, 808 F. 2d 930, 933 (2d Cir. 1986)〕。我们知道它不只是仲裁员的理解或适用上的简单错误,也不只是对法律的错误解释〔See Westerbeke, 304 F. 3d at 208; see also Folkways Music Publishers. , Inc. v. Weiss, 989 F. 2d 108, 111 (2d Cir. 1993)〕。申请撤销裁决的当事人承担举证责任,证明仲裁员完全知悉存在一个界定清楚的法律原则却拒绝予以适用〔Merrill Lynch, 808 F. 2d at 933; see also Greenberg v. Bear, Stearns & Co. , 220 F. 3d 22, 28 (2d Cir. 2000), cert. denied, 531 U. S. 1075, 148 L. Ed. 2d 669, 121 S. Ct. 770 (2001)〕。

上面的原则引导我们推断显然漠视法律的标准至少涉及三点询问。

第一,我们必须考虑所声称被忽视的法律是否明确,而且事实上可直接适用于仲裁员所面对的事项(See Westerbeke, 304 F. 3d at 209; Merrill Lynch, 808 F. 2d at 934)。对于不明确或不够明确的法律,显然不能说仲裁员漠视了该法。所以,错误地适用了模糊不清的法律并不构成显然漠视。

第二,一旦认定法律是明确而且直接可适用的,我们必须发现该法事实上被不当地适用了,导致了一个错误的结果。当然,如果正确地适用法律与错误地适用法律所导致的结果是一样的,我们也不会因仲裁裁决适用法律错误而撤销。同样的,在仲裁裁决包括不止一处的正确解读时,如果至少一处解读产生了法律上的正确结果,那么也不会认定显然漠视法律〔See Willemijn Houdstermaatschappij, BV v. Standard Microsystems Corp. , 103 F. 3d 9, 13 (2d Cir. 1997) (citing Matter of Andros Compania Maritima, S. A. of Kissavos, 579 F. 2d 691, 704 (2d Cir. 1978))〕。即使对裁决的说明存在不足或不作说明,如果该裁决的正当事由可以从案件的事实中推断出来,我们会确认该裁决〔Sobel v. Hertz, Warner & Co. , 469 F. 2d 1211, 1216 (2d Cir. 1972); see also Siegel v. Titan Indus. Corp. , 779 F. 2d 891, 893—895 (2d Cir. 1985) (per curiam)〕。

第三,一旦满足前面两点,我们就指向主观要件,即仲裁员事实上拥有的知识。为了故意地漠视法律,仲裁员必须知道该法的存在及其可适用于该案的问题(Merrill Lynch, 808 F. 2d at 933)。在认定仲裁员对法律的知悉时,我们仅仅诉诸仲裁当事人所确定的准据法的知识〔DiRussa v. Dean Witter Reynolds Inc. , 121 F. 3d 818, 823 (2d Cir. 1997), cert. denied, 522 U. S. 1049, 139 L. Ed. 2d 639, 118 S. Ct. 695 (1998)〕。如果这个不存在,只有在仲裁员所犯的错误如此明显以至于有资格作为仲裁员的一般人都能感知到时，我们将推断仲裁员的知识和主观意图（Merrill Lynch, 808 F. 2d at 933）。认识到这样一个现实，即选择的仲裁员常常不是因其对可适用的法律的了解而更常常是因为当事人觉得选择对所涉及的商业争议熟悉的、可信赖的仲裁员更重要，我们采取了如此宽大的主观认定标准（See Goldman, 306 F. 3d at 1216）。

Ⅱ 对本案中该原则的分析

A. 显然漠视测试上的法律的明确可适用性

关于显然漠视询问的第一点，我们认为与本案相关的重要法律原则是明确界定的，而且可以直接适用的。两方当事人都不否认被通知加入仲裁的当事人要受仲裁中作出的任何裁决约束，即使被通知人选择不参与、不抗辩〔See SCAC Transp. (USA), Inc., 845 F. 2d at 1162－1163；Universal, 946 F. 2d at 1136〕。允许没有参与的被通知人受仲裁约束的该原则与间接禁止反言原则类似。所以，支配法院程序中适用间接禁止反言的正当程序和公平的考虑因素也同样支配仲裁〔See Universal, 946 F. 2d at 1136〕。如果有关问题没有得到完全、公平的审理或最终解决，这意味着间接禁止反言原则不能用来冒犯性地针对该当事人〔Parklane Hosiery Co. v. Shore, 439 U. S. 322, 332－333, 58 L. Ed. 2d 552, 99 S. Ct. 645, (1979)；Blonder-Tongue Lab., Inc. v. University of Illinois Foundation, 402 U. S. 313, 329, 28 L. Ed. 2d 788, 91 S. Ct. 1434 (1971)〕。在我们的法律中，该原则一直得到承认而且从仲裁员的书目裁决来看，也是为上诉人和纽约仲裁员所知悉的。

在本案的背景中，冒犯性的间接禁止反言原则不能被凯伦用来针对杜弗科，除非纽约程序中所考虑的安全停泊保证问题与伦敦程序中的相应问题一样。伦敦仲裁员对安全停泊保证的结论也必须对其判断而言是必需的。此外，必须不存在使得排除该问题不合适或不公平的特别情形（Parklane Hosiery, 439 U. S. at 326－332；Universal, 946 F. 2d at 1136）。

这里可适用的法律规则是明确的而且得到仲裁员的承认这一事实并不终结了询问。我们也必须审查是否错误地适用了原则，产生了不合适的结果。这样做，我们认为即使一个似是而非的理由就会拯救仲裁裁决（See Willemijn Houdstermaatschappij, 103 F. 3d at 13）。

B. 纽约仲裁员适用的法律

我们难以确定纽约仲裁员所用的准确理由。仲裁庭多数意见首先认定告知通知程序是合适的，然后裁定定期租船合同和航次租船合同中的安全港/

安全停泊保证基本上是一样的，上诉人要受伦敦仲裁结果的约束。仲裁庭然后继续认定上诉人保证安全停泊而凯伦在同意塔兰托港时放弃了该保证。仲裁庭的意见继续重述了伦敦仲裁员对不安全停泊造成损害而且凯伦命令船舶的停泊违反了其与梦生公司的合同的认定。然后，纽约仲裁员声明，"杜弗科拒绝在原来的诉讼中进行抗辩，要受该裁决的约束，并且有责任补偿凯伦"。

但是之后，在讨论凯伦提出的法律费用时，纽约仲裁员的观点有所不同，认定伦敦仲裁员"并没有考虑航次租船合同中的安全停泊保证"而且对此没有作出任何认定，因此认为"不能允许凯伦出于告知通知或者间接禁止反言的目的而利用伦敦仲裁裁决来冒犯性地针对杜弗科"。

这样的推理看似与仲裁庭对损害赔偿问题的认定相矛盾。在该问题上，基于两份租船合同相关条款基本上一样，间接禁止反言原则阻碍了上诉人的主张。但是仲裁庭此后又拒绝将间接禁止反言原则适用于凯伦对律师费的主张，认为航次租船合同甚至没有在伦敦仲裁员面前提出，所以认定航次租船合同与定期租船合同不一样。提出反对意见的仲裁员依据其对告知通知程序不合适的分析，支持这样解读，因为他认为两份租船合同明显不同。

以这种方式解读仲裁裁决就会如杜弗科所说的那样错误地适用了法律，因为如果两份合同中的保证是一样的，间接禁止反言原则应同时适用于损害赔偿责任和律师费；如果不一样，那么间接禁止反言原则就都不适用，因为凯伦没有在这样一个案件中提出放弃安全停泊的抗辩，所以凯伦在伦敦仲裁中没有完全、公平地代表杜弗科的利益。另外，上诉人坚持认为仲裁员的分裂裁决表明仲裁员看似知法而错误地适用法律。

C. 对裁决的看似正确的解读

不管前面的解释，联邦地方法院提出了对纽约仲裁裁决的另外一种解读，对仲裁庭的意见也有意义。联邦地方法院认为仲裁员的意见不能解读为包括一项独立的认定，即认定两份租船合同在损害赔偿责任条款上如此实质性地一样以至于可以让杜弗科补偿凯伦。这也得到仲裁员"没有认定凯伦放弃了安全停泊保证"的声明的支持。一旦作出这个决定，纽约仲裁员可以恰当地使用间接禁止反言原则来引进伦敦仲裁员对与凯伦的责任的事实相关的认定，对事实的这些认定反过来可以适用于杜弗科的实质上一样的安全保证，纽约仲裁也是这样认定杜弗科要承担补偿责任的。

纽约仲裁员本来可以在支付律师费和仲裁员的费用上认定航次租船合同和定期租船合同不是实质性的一样，而且伦敦仲裁员没有这方面的认定可以用来支持纽约仲裁员的如此裁决。既然间接禁止反言原则是一个特殊问题，在同一个程序中认定其可以适用于一个问题而不适用于另外一个问题就是相互矛盾的。这种对裁决的看似正确的解读解决了裁决中的明显矛盾（See Willemijn Houdstermaatschappij, 103 F. 3d at 13）。

杜弗科反对前面这样的解读，认为这样没有反映被上诉人在仲裁庭前原来提出的主张。然而，被上诉人是否提出了联邦地方法院这样解读裁决的问题是不重要的。在解释仲裁裁决时，我们仅仅是指向看似正确的非很可能的解读。即使没有这样一个看似正确的解读，如果我们独立地认定确认仲裁裁决是有法律基础的，那么我们也会这么做。

最后，仲裁员的裁决不是如上诉人所说的那样是非理性的或无法说明的。虽然在遵守法律标准上有争议，但是纽约仲裁裁决说明了对于杜弗科决定命令阿里斯提蒂斯号进入不安全水域，仲裁员不愿使凯伦负上相应的义务。无论如何，我们不能以我们的判决代替当事人聘请的仲裁员的裁决，这是为什么我们撤销仲裁裁决的标准如此高的原因。我们仅仅审查仲裁庭明显故意违反法律的情形。这里我们没有发现存在这样的证据，所以必须确认该裁决。

结　　论

所以，在认定不存在显然漠视法律后，我们维持联邦地方法院确认该仲裁裁决的判决。

帕其希鸥·克勒里茨案

美国第十一巡回上诉法院

481 F. 3d 1324

2007年3月21日判决

胡尔（Hull）法官：

本案涉及联邦地方法院在协助提交在外国法院使用的证据上的权力——这里是对书面问题的誓词。上诉人帕其希鸥·克勒里茨（Patricio Clerici，以下简称克勒里茨）对联邦地方法院2006年1月27日作出的拒绝其要求撤销联邦地方法院2005年10月12日同意政府根据第1782条提出向外国裁判庭提供司法协助的申请的命令的动议的判决提起上诉。在2006年1月27日作出的命令中，联邦地方法院指定联邦助理检察官从克勒里茨处获取巴拿马法院请求书中提出的问题的誓词。在审查和口头辩论后，我们维持该判决。

Ⅰ．背景

A. 克勒里茨在巴拿马的诉讼

克勒里茨是一名巴拿马商人，居住在佛罗里达州的迈阿密。1998年，克勒里茨在巴拿马共和国科隆省第二巡回法院民事庭对诺奈姆公司（NoName Corporation）和其他人提起诉讼。作为这些程序的一部分，克勒里茨要求扣押诺奈姆公司的财产，巴拿马法院通过司法令同意了该要求。结果，诺奈姆公司的一些财产被扣押了。

之后，在1999年8月27日，诺奈姆公司提出动议，要求撤销克勒里茨在巴拿马的诉讼，声称克勒里茨没有开始其民事诉讼。2000年2月11日，巴拿马法院同意诺奈姆公司提出的撤销克勒里茨的诉讼的动议，而且对诺奈姆公司财产的扣押也被撤销了。2000年11月13日，巴拿马第一高等法院（Panama's First Superior Court of Justice）维持了一审判决。

B. 诺奈姆公司在巴拿马的程序

2001年4月27日，诺奈姆公司在巴拿马法院提起附带程序，对因克勒里茨的民事诉讼和扣押程序而产生的损害提出请求。诺奈姆公司特别提出它是一家在巴拿马营业并扩张中的企业，但是克勒里茨的诉讼"改变了该公司的商业形象"。诺奈姆公司提出，克勒里茨的诉讼对诺奈姆公司与各大银行的贷款以及在整个圈子内的形象造成了消极影响，导致了银行拒绝其提出的增加贷款的要求，而且营业额和利润都受损失。2002年9月27日，巴拿马法院作出第1166号司法令，要求克勒里茨向诺奈姆公司支付1996598.00元巴波亚币的损害赔偿金以及294589.70元的费用。因此，诺奈姆公司在巴拿马获得了针对克勒里茨的外国判决。

没有争议的是诺奈姆公司针对克勒里茨的外国判决没有内国化，而且目前在佛罗里达州不能执行。虽然诺奈姆公司提起一起内国化诉讼（a domestication action），但一直没进展。

2005年1月27日，诺奈姆公司在获得针对克勒里茨的外国判决的巴拿马同一法院提起判决后申请（post-judgment petition）。诺奈姆公司的申请被称为"涉及超过一定金额（附带发生的损害）的申请（补充执行）的通常程序"〔Ordinary Proceeding Involving More Than a Certain Amount (Incident of Damages) Petition (Complementary Execution)〕。

在申请中，诺奈姆公司要求巴拿马法院根据《巴拿马司法法典》第1049条和第1050条对其判决"开始补充执行的程序"。诺奈姆公司的申请确定了要克勒里茨回答的关于其在巴拿马共和国或世界上任何其他地方的资产和其他财务事项的下列问题：

1. 2001年4月27日，他在巴拿马共和国或世界上任何其他地方有什么财产（动产或不动产）、债权、维持生活的手段（sustenance means）或任何其他收入来源？

2. 2002年9月27日，他在巴拿马共和国或世界上任何其他地方有什么财产（动产或不动产）、债权、维持生活的手段（sustenance means）或任何其他收入来源？

3. 在2001年4月27日和2002年9月27日之后，他在巴拿马共和国或世界上任何其他地方转移、转让或捐赠什么呢？请对此说明原因。

4. 在本程序截止前，你的祖传财产是多少？

5. 你打算如何并通过什么手段来履行科隆第二巡回法院2002年9月27

日作出的第 1166 号的义务，据此你必须向诺奈姆公司支付 200 多万巴波亚元？

6. 你破产了吗？请解释原因。

7. 迄今为止，你有多少个国家的国籍或公民身份？

8. 你在哪个国家进行纳税登记？

9. 你在世界上有什么金融机构（银行、投资公司）或与什么金融机构有商业关系或作为代理人与什么金融机构有关系？

因为克勒里茨居住在美国，诺奈姆公司的申请建议巴拿马法院通过签发请求书的形式来获取这个证据。巴拿马法院同意了诺奈姆公司的申请，认定该申请是在《巴拿马司法法典》第 1049 条的规定的基础上的，当债务没有在一定期限内偿付时，讯问债务人或要求法官讯问，在宣誓后回答其财产、权利、债权、维持手段、收入来源。

因为克勒里茨居住在佛罗里达州，巴拿马法院向"迈阿密市司法机关"签发了一份请求书，要求获得协助，从而让克勒里茨在宣誓后回答诺奈姆公司的问题。巴拿马法院的请求书声称，所获取的证据"将会在本院的民事程序中使用"，而且巴拿马法院引用《美洲关于请求书的公约》（*Inter-American Convention Regarding Letters Rogatory*）作为依据。巴拿马法院的请求书中所列的问题在实质上与诺奈姆公司提出的类似。

C. 第 1782 条在联邦地方法院的适用

2005 年 10 月 11 日，美国政府根据《美国法典》第 1782 条（28 U.S.C. § 1782）在美国佛罗里达州南区联邦地方法院提出申请，要求发布命令指定一名美国联邦助理检察官为获取巴拿马法院在请求书中提出的证据的特派员。第 1782 条（a）规定，克勒里茨所在的联邦地方法院"可以命令其提交在外国裁判庭使用的证言或声明"。2005 年 10 月 12 日，联邦地方法院发布命令，同意政府提出的第 1782 条上的申请，并且指定了一名特派员"采取必要的措施"来获取符合请求书中的证据。然后，法院指定的特派员致函克勒里茨，要求其提交书面证言，回答巴拿马法院的问题。

2005 年 12 月 27 日，克勒里茨提交一份备忘录，反对政府的申请。联邦地方法院将克勒里茨的备忘录解读为一项要求法院撤销同意第 1782 条的申请并指定特派员的命令的动议。在该动议中，克勒里茨声称诺奈姆公司拿到的判决是无效的，在巴拿马正在受到挑战，而且无论如何在佛罗里达州都不能执行，因为该判决并没有内国化。克勒里茨主张应拒绝该申请，因为：（1）巴拿马法院的请求书没有包括《美洲关于请求书的公约》所要求的必要的文件；（2）第1782条不能根据一份请求书而用来执行外国判决。克勒里茨也指出，即使第1782条授权了所要求的协助，联邦地方法院应行使自由裁量权，拒绝同意司法协助，因为（1）该请求书是企图执行尚未内国化的外国判决，因此是不可执行的；（2）该申请是"不当的侵扰性的"。作为回应，政府主张不管巴拿马法院的请求书的内容是什么，根据第1782条其申请司法协助都是合适的。政府解释说，虽然该请求书声称是根据《美洲关于请求书的公约》发出的，但是"作为礼让以及对外国诉讼当事人的协助"，政府通常都是将这些请求协助的要求作为是根据第1782条提出的。政府也强调了巴拿马法院不是要求联邦地方法院执行外国判决，相反，巴拿马法院仅仅是在获取证据上寻求协助，这是符合第1782条的。

联邦地方法院拒绝了克勒里茨提出的动议。首先，联邦地方法院认定，"不管巴拿马法院的请求是用什么形式起草的"，根据第1782条申请司法协助并不一定要遵守《美洲关于请求书的公约》的要求。其次，联邦地方法院否定了克勒里茨提出的第1782条正在被通过请求书的方式用来执行外国判决的主张。相反，联邦地方法院认定第1782条的申请"明确表明巴拿马法院正在寻求协助以获取克勒里茨的誓词：巴拿马法院不是要求联邦地方法院执行诺奈姆公司获得的不利于克勒里茨的判决"。联邦地方法院得出结论，认为根据第1782条寻求取证的协助是合适的。最后，联邦地方法院不同意行使自由裁量权来拒绝所提出的协助要求，认定克勒里茨仍然"可以在佛罗里达州法院对巴拿马法院的判决的内国化进行抗辩并且在巴拿马对巴拿马法院的判决上诉"。

至于所请求的证据的范围，联邦地方法院认为，克勒里茨曾经指出请求是"不当的侵扰性的"，但是克勒里茨并没有确定请求书的范围中哪些请求过于宽泛以及应如何缩小请求的范围。因此，联邦地方法院否定了克勒里茨的这个主张，同时表示，如果克勒里茨希望寻求"不当的侵扰性的"这个主张，那么应在2006年2月6日或之前提出限制所请求的范围的动议。

克勒里茨并没有提出限制所请求的范围，而是在2006年2月9日提起上诉，同时申请中止取证，等待上诉法院的判决，联邦地方法院同意了该中止动议。

Ⅱ. 审查的标准

1948 年，根据第 1782 条，"国会实质性地扩大了联邦法院可以向外国程序提供协助的范围"〔Intel Corp. v. Advanced Micro Devices, Inc., 542 U.S. 241, 247–248, 124 S. Ct. 2466, 2473, 159 L. Ed. 2d 355 (2004) (详细地回顾了国会 150 年来努力对外国裁判庭提供司法协助的历史及其扩大第 1782 条的范围的修正案)〕。"第 1782 条的历史表明国会希望加强联邦地方法院回应国际协助的权力。"〔Lo Ka Chun v. Lo To, 858 F.2d 1564, 1565 (11th Cir. 1988)〕

因为"国会已经授予联邦地方法院在向外国提供司法协助上的广泛的自由裁量权，只有滥用自由裁量权，本院才会推翻联邦地方法院的判决"〔United Kingdom v. United States, 238 F.3d 1312, 1319 (11th Cir. 2001)〕。这种审查是"极其有限而且高度遵从性的"。此外，"这种遵从性标准与在审查联邦地方法院的普通证据开示裁定所用的标准是一样的"。然而，"在解释法律的基础上的联邦地方法院的判决，我们是重新审查的"（Id. at 1319 n.8）。因此，本院重新审查联邦地方法院对条约或第 1782 条这样的联邦成文法的解释〔n re Commissioner's Subpoenas, 325 F.3d 1287, 1292 (11th Cir. 2003)〕。

Ⅲ. 讨论

A. 第 1782 条

联邦地方法院有权同意要求司法协助的申请，如果满足第 1782（a）条的下列要求：（1）请求必须是"外国或国际裁判庭"或"任何利害关系人"提出的；（2）请求必须寻求证据，不管是否是个人的"证言或声明"或者提供"文件或其他物件"；（3）证据必须是"在外国或国际裁判庭的程序中使用"；（4）针对的对象必须是居住在或在裁定协助申请的联邦地方法院所在的地区。如果满足这些要求，则第 1782 条"授权但不强制联邦地方法院提供协助……"〔Intel, 542 U.S. at 255, 124 S. Ct. at 2478; see also United Kingdom, 238 F.3d at 1319（"联邦地方法院遵守第 1782 条的请求不是强制性的"）〕。

这里，克勒里茨并没有争议巴拿马法院是一个外国裁判庭以及他居住在佛罗里达州南区。所以，满足了第1782条的第一项和第四项要求。

至于第二项要求，克勒里茨认为巴拿马法院不是寻求证据，而是试图通过第1782条的请求执行其判决。我们对此表示反对，因为巴拿马法院所寻求的协助只是获取克勒里茨对其资产和其他财务事项的回答。联邦地方法院认识到这个关键的不同，而且恰当地认定协助的请求限于从克勒里茨处获取证据，因此，在第1782条上是合适的。与克勒里茨上诉摘要中引用的案件中的司法协助不同〔See, e.g., In re Letter Rogatory Issued by the Second Part of the III Civil Reg'l Court of Jabaquara/Saude, Sao Paulo, Braz., No. 01－M C－212, 2002 U.S. Dist. LEXIS 2702, 2002 WL 257822 (E.D.N.Y. Feb.6, 2002); Tacul, S.A. v. Hartford Nat'l Bank & Trust Co., 693 F. Supp. 1399, 1399－1400 (D. Conn. 1988)〕，巴拿马法院从未请求联邦地方法院扣押、控制或拍卖克勒里茨的资产或帮助执行诺奈姆公司获得的判决。巴拿马法院请求的仅仅是协助获取证据——克勒里茨在宣誓后对书面问题的回答——这是第1782条的主要目的。所以，满足第1782条上的第二项要求。

至于第三项要求，我们不同意克勒里茨提出的所请求的证据不是在巴拿马法院的程序中使用的观点。这里，目前在巴拿马法院存在一个未决的程序，允许诺奈姆公司或巴拿马法院讯问克勒里茨，让其在宣誓后回答，在法院判决确定义务时所拥有的财产、权利、债权和其他收入来源等问题。假如克勒里茨居住在巴拿马，那么诺奈姆公司或巴拿马法院可以直接用诺奈姆公司提出的问题讯问克勒里茨。然而，因为克勒里茨居住在佛罗里达州，巴拿马法院签发请求书，寻求国际协助以获取这方面的证据。巴拿马法院的请求书本身就声明，该证据"将在本院的民事程序中使用"。这样的请求明显是在第1782条授权的证据开示范围内，而且符合该法向外国裁判庭提供协助的目的。

鉴于巴拿马法院的未决程序，克勒里茨剩下的是主张"程序"一词意味着裁判性程序，而诺奈姆公司在判决作出后的申请不是该法意义上的"程序"。这种主张也是没有道理的。第一，第1782条仅仅要求证据必须是在"程序中使用"，并没有要求该程序是裁判性的。事实上，该法特别规定，通过第1782条获取的证据可以用于正式的指控前进行的刑事调查，即使这样的调查不是裁判性的程序。

第二，联邦最高法院已经承认第1782条授权的证据开示的广泛范围，并且认定第1782条并不限于未决的或迫近的程序〔Intel, 542 U.S. at 259,

124 S. Ct. at 2480; see also Hans Smit, American Assistance to Litigation in Foreign and International Tribunals: Section 1782 of Title 28 of the U. S. C. Revisited, 25 Syracuse J. Int'l L. & Com. 1, 9 (1998)〕。相反，只要求该程序"在合理考虑之中"（Intel, 542 U. S. at 259, 124 S. Ct. at 2480）。这里，该程序事实上已经在签发请求书之前提起了，所以满足第1782条上的第三项要求。

因为所有的四项要求都得到满足，根据第1782条，巴拿马法院请求协助获取克勒里茨的誓词以在巴拿马法院的程序中使用是合适的。所以，联邦地方法院有权同意第1782条的证据开示申请。

当然，"不能因为联邦地方法院有权同意第1782（a）条上的申请，法院就必须同意"〔Intel, 542 U. S. at 264, 124 S. Ct. at 2482－83（"联邦地方法院遵守第1782条的请求不是强制性的"（quoting United Kingdom, 238 F. 3d at 1319））〕。在满足了表面的要求后，最高法院在英特尔案中提出了根据第1782（a）条行使自由裁量权所要考虑的因素：（1）被申请开示的人是否是外国程序中的参与人，因为要求第1782（a）条的协助可能不如从非外国程序中的参与人那里获取证据开示那样明显；（2）外国裁判庭的性质、外国程序的特征、外国政府或法院或机关对美国联邦法院的司法协助的互惠；（3）第1782（a）条上的申请是否企图规避外国收集证据的限制或外国或美国的其他政策（Id. at 264－265, 124 S. Ct. at 2483）。另外，最高法院在英特尔案中还指出，不当侵扰或累赘的申请可能被拒绝或削减（Id. at 265, 124 S. Ct. at 2483）。

我们对英特尔案中的因素的回顾表明，没有任何因素支持克勒里茨，而且联邦地方法院在同意第1782条上的申请时并没有滥用自由裁量权。

至于英特尔案中的第一个因素，因为克勒里茨是外国程序的当事人，这个因素通常说明第1782条上的协助不是必要的，会支持克勒里茨〔See Intel, 542 U. S. at 264, 124 S. Ct. at 2483（"要提交证据的人是外国程序的当事人时，外国或国际裁判庭可以行使自己的管辖权来命令提交证据"）〕。然而，在本案中，第一个因素并不支持克勒里茨，因为克勒里茨已经离开巴拿马，而且当克勒里茨在美国时巴拿马法院不能对克勒里茨直接执行自己的命令，所以英特尔案中的第一个因素不支持克勒里茨。

至于英特尔案中的第二个和第三个因素，记录中没有任何事由能表明联邦地方法院应拒绝第1782条上的申请，从外国裁判庭的性质、在巴拿马的程序的特征中都看不出来，而且克勒里茨不能证明如果同意第1782条上的请求，巴拿马法院企图规避收集证据的限制。另外，联邦地方法院讨论了外国收集证据的限制。相反，考虑到这里的外国裁判庭是巴拿马法院，而且巴拿马法院本身因克勒里茨出现在美国而签发了请求书要求提供协助，这些因素全部支持联邦地方法院同意第1782条上的申请的判决。

最后，至于英特尔案中的第四个因素——第1782条的请求是否是不当的侵扰性的——联邦地方法院同意第1782条的申请的命令特别表明了如果克勒里茨希望寻求"不当的侵扰性的"这个主张，克勒里茨应提出限制证据开示的动议。克勒里茨从来没有这么做，而是选择对不管什么开示都提起上诉。正如在联邦地方法院一样，克勒里茨在上诉中也没有确定书面请求中哪些条款过于宽泛，也没有主张应如何使请求的范围变窄。因此，我们像联邦地方法院一样，没有机会讨论巴拿马法院提出的证据开示请求的范围。

总之，联邦地方法院有权同意第1782条上的申请，而且克勒里茨并没有证明联邦地方法院这样做是滥用自由裁量权。

B.《联邦民事程序规则》

克勒里茨声称，即使联邦地方法院有权根据第1782条同意证据开示的申请，《联邦民事程序规则》第69（a）条禁止本案中的任何第1782条上的证据开示。更具体地说，克勒里茨主张：(1) 任何证据的获取必须符合《联邦民事程序规则》；(2)《联邦民事程序规则》第69（a）条是可以适用的，因为巴拿马法院正寻求证据开示以协助诺奈姆公司执行判决；(3)《联邦民事程序规则》第69（a）条没有授权任何证据开示，除非诺奈姆公司在美国获得了一份有效的、内国化的判决。我们同意《联邦民事程序规则》中的证据开示规则适用于这里，但是认为第69（a）条不适用。我们下面解释原因。

联邦地方法院命令克勒里茨提交在"外国裁判庭程序中使用的"证言根源于第1782条。第1782（a）条规定，在发布同意第1782条的协助命令时，联邦地方法院"可以规定提交证言或声明或提供文件或其他物件……的实践与程序"。这种"实践与程序"可以是"外国裁判庭或国际裁判庭的实践与程序的整体或部分"。在联邦地方法院没有规定这种实践与程序时，第1782（a）条规定："应根据《联邦民事程序规则》提交证言或声明或提供文件或其他物件。"

这里，联邦地方法院的命令没有规定提取克勒里茨的证言的"实践与程序"。因此，根据第 1782 条，"应根据《联邦民事程序规则》提取该证言"。第 1782（a）条仅仅是在提取证言所要采用的程序或方式上提到了《联邦民事程序规则》，不是指向联邦地方法院是否能命令克勒里茨提交任何证言。

一旦根据第 1782 条授权证据开示，则联邦的证据开示规则，即《联邦民事程序规则》第 26 条至第 36 条，包括了提取证言或提供文件的相关实践与程序。例如，第 26（a）（5）条授权通过书面问题的方式提取书面证言，第 31 条规定了通过书面问题提取书面证言的具体实践与程序。

相反，第 69（a）条规定了判决债权人执行金钱判决的程序，并且授予判决后证据开示以协助执行该判决。第 69（a）条本身并没有规定收集证据的实践与程序，但是赋予判决债权人对联邦或州的证据开示规则的选择。第 69（a）条只是授权了判决后的执行，其中可能会有证据开示，没有规定提取证言或提交文件的具体方式或程序。因为第 1782（a）条仅仅是在获取证据所要采用的程序或方式上提到了《联邦民事程序规则》，而第 69（a）条并没有规定这样的程序或方式，所以第 69（a）条不适用于第 1782 条上的命令。

即使假设联邦地方法院发布第 1782 条上的授权证据开示命令必须遵守第 69（a）条，本案中克勒里茨的证言仍应被提出，只要对其的提取符合联邦的证据开示规则。第 69（a）条本身明确允许"判决债权人"获取证据开示以"协助判决的执行"，而且赋予判决债权人在进行判决后证据开示时对联邦或州的证据开示规则的选择〔Fed. R. Civ. P. 69（a）；see also F. D. I. C. v. LeGrand, 43 F. 3d 163, 171（5th Cir. 1995）（否定了判决债权人的"州的程序规则适用于对判决后证据开示问题的认定"的主张）〕。因此，与第 1782 条类似，第 69（a）条赋予判决债权人根据联邦证据开示规则而获取债务人的证言。第 69（a）条与第 1782 条一点都不冲突。无论如何，巴拿马法院此处提出的第 1782 条上的司法协助请求是在诺奈姆公司获得针对克勒里茨的判决之后。在最低限度上，第 69（a）条中没有任何规定要求在根据第 1782 条而允许开示在外国裁判庭程序中使用的证据前将外国判决内国化。

此外，要求联邦地方法院在同意外国法院提出的第 1782 条上的协助申请前首先必须将外国判决内国化将使第 1782 条在很多情形下变得没必要了。例如，在本案中，在关于克勒里茨位于巴拿马的资产的证言被提取后（如果他在巴拿马有资产），诺奈姆公司可以在巴拿马执行其判决，而且没有必要在美国将该判决内国化。

总之,并不仅仅因为诺奈姆公司的外国判决没有在美国内国化,第69(a)条就禁止本案中联邦地方法院根据第1782条发布的要求证据开示的命令。然而,我们的确同意直到诺奈姆公司的外国判决在美国内国化,诺奈姆公司不能扣押、控制或拍卖克勒里茨在美国的资产。此外,虽然我们维持联邦地方法院同意第1782条的申请的命令,克勒里茨仍然可以在诺奈姆公司寻求将巴拿马法院的判决在美国内国化时进行抗辩。

Ⅳ. 结论

出于所有这些理由,我们维持联邦地方法院2006年1月27日作出的判决,该判决拒绝克勒里茨提出的撤销联邦地方法院2005年10月12日同意政府提出的第1782条的申请的命令。

特莫里奥公司诉爱特兰提科电气化公司

美国哥伦比亚特区巡回上诉法院

487 F. 3d 928

2007 年 2 月 12 日辩论

2007 年 5 月 25 日判决

爱德华兹（Edwards）法官：

上诉人特莫里奥公司（TermoRio S. A. E. S. P.）和被上诉人爱特兰提科电气化公司（Electrificadora del Atlantico S. A. E. S. P.，一家国有企业，简称爱特公司）达成了一份《电力购买协议》。根据该协议，特莫里奥公司同意生产能源，而爱特公司则同意购买能源。当被上诉人声称没有根据协议履行义务时，当事人根据该协议将争议提交给哥伦比亚的一个仲裁庭。仲裁庭作出了一份支持特莫里奥公司的裁决，金额超过 6000 万美元。在仲裁庭作出裁决后，爱特公司在一家哥伦比亚法院提交了一份"特别命令"，要求推翻该裁决。在适当时，哥伦比亚最高行政法院以当事人的协议中所包括的仲裁条款违反了哥伦比亚法为由撤销了仲裁裁决。

在哥伦比亚最高行政法院作出判决后，特莫里奥公司和特莫里奥公司中的一名投资人里斯克集团（LeaseCo Group, LLC）在联邦地方法院对爱特公司和哥伦比亚共和国提出申请，要求执行仲裁庭的裁决。上诉人认为，根据《纽约公约》或《联邦仲裁法》，必须执行该裁决。联邦地方法院以没有诉讼主体资格为由拒绝将里斯克集团作为当事人，以没有提出可以救济的请求以及不方便法院原则为由撤销了上诉人要求执行裁决的诉讼〔TermoRio S. A. E. S. P. v. Electrificadora del Atlantico S. A. E. S. P., 421 F. Supp. 2d 87 (D. D. C. 2006)〕。

我们维持联邦地方法院的判决。该仲裁裁决是在哥伦比亚作出的，而且哥伦比亚最高行政法院是该国撤销该裁决的主管机关。因为这里的记录中没有任何证据可以表明最高行政法院的程序有瑕疵或者其判决是虚假的，因此联邦地方法院有义务对最高行政法院的判决予以尊重〔See Baker Marine (Nig.) Ltd. v. Chevron (Nig.) Ltd., 191 F. 3d 194 (2d Cir. 1999)〕。所以，我们认定，因为仲裁裁决是被裁决作出地国合法撤销的，上诉人在美国没有诉因来根据《联邦仲裁法》或《纽约公约》寻求执行该裁决。

Ⅰ. 背景

本案的事实在联邦地方法院公开的意见中有了详细的描述（See TermoRio, 421 F. Supp. 2d at 89–91）。因为与本上诉相关的事实不存在争议，我们将联邦地方法院的声明中重要的部分并入我们判决的背景部分。

被告哥伦比亚共和国是一个外国国家。被告爱特公司成立于1957年，在哥伦比亚的巴兰基亚及其周围提供电力，其中87%的股份属于哥伦比亚。因此，是《外国主权豁免法》意义上的哥伦比亚的机关。

在20世纪90年代中期，哥伦比亚的大西洋海岸经历了严重的电力短缺。1995年，里斯克集团与爱特公司商讨将爱特公司的设备现代化，并且在哥伦比亚建立一座新电站。一年后，里斯克集团与爱特公司先后组建了两家哥伦比亚企业，即Coenergia和特莫里奥公司。Coenergia拥有特莫里奥公司99.9%的股份。起初，里斯克集团和爱特公司在Coenergia中各占50%的股份。然而，在爱特公司2004年6月提出诉讼时，里斯克集团和爱特公司正将特莫里奥公司99.9%的股份转移给里斯克集团。

本诉讼的核心是特莫里奥公司与爱特公司1997年6月执行的协议。根据该协议，特莫里奥公司同意生产能源，而爱特公司则同意购买能源。为此，特莫里奥公司投资700多万元建了一座电厂。该协议也规定，当事人之间的任何争议应在哥伦比亚通过有约束力的仲裁解决。

然而，1998年3月，哥伦比亚宣布了一项计划，将其包括爱特公司在内的大西洋海岸的所有公用事业资产出售给私人和其他哥伦比亚公司。1998年4月16日，哥伦比亚开始通过设立一家新公司Electrocaribe来接收和持有爱特公司的资产和责任的方式来私有化。但是爱特公司并没有将其根据协议从特莫里奥公司购买电力的义务转移。这样，爱特公司有义务购买电力，但却没有资源来购买。结果，爱特公司没有从特莫里奥公司购买电力，违反了该协议。原告主张，违反该协议在美国具有直接的影响，影响了Electrocaribe在美国的资产的市场，影响了这些资产的价格，导致美国购买人在这些资产中获取实质性的利益，而且取消了Electrocaribe履行该协议的任何义务。

该协议的仲裁条款规定：当事人之间与本合同的执行、解释、履行或终止产生的任何争议或纠纷应在不超过三周的期限内通过调解、友好和解的方式解决。如果达不成一致，任何一方当事人可以将请求提交给仲裁庭，仲裁庭应受《国际商会调解与仲裁规则》（The Rules of Conciliation and Arbitration of the International Chamber of Commerce）支配。仲裁庭应由商会指定的3名仲裁员组成，而且在哥伦比亚的巴兰基亚市开庭。仲裁裁决必须在3个月之内作出，对当事人均有约束力。

根据该仲裁条款，在被告没有根据该协议履行义务后，当事人开始了仲裁。2000年12月21日，由3名仲裁员组成的仲裁庭适用国际商会的程序规则，认定爱特公司违反了该协议，裁决爱特公司向特莫里奥公司支付603万美元。

哥伦比亚共和国和爱特公司都没有遵守该仲裁裁决，而且都拒绝支付任何金钱。原告声称，哥伦比亚和爱特公司也已经试图在其他方面破坏该裁决。

2000年12月23日，在仲裁庭作出裁决后，爱特公司在巴兰基亚法院提交一份特别命令，要求撤销该裁决。作为回应，哥伦比亚最高行政法院撤销了该裁决，认为仲裁应根据哥伦比亚法进行，而哥伦比亚法实际上在该协议签订时并没有明确允许在仲裁中使用国际商会的程序规则。

在另外一起诉讼中，原告特莫里奥公司在哥伦比亚法院提出两项请求，要求废除爱特公司转移资产并让哥伦比亚对违反该协议的行为承担责任。哥伦比亚法院以程序事由撤销了第一项请求，而第二项请求在哥伦比亚法院系统内仍然是未决的（在2006年3月17日）。

在联邦地方法院，上诉人特莫里奥公司和里斯克集团提出一项修正后的诉状和申请，要求确认并执行该仲裁裁决和其他救济。上诉人起初主张四个诉因：欺诈转移、征收、执行仲裁裁决、违反合同。然而，前面两项请求后来撤回了，在联邦地方法院只留下执行仲裁裁决和违反合同这两项请求。被上诉人提出动议，要求撤销诉讼，在动议中提出了许多抗辩，包括该裁决已经被哥伦比亚法院撤销、因《外国主权豁免法》而导致联邦地方法院没有事项管辖权、时效法规禁止该诉讼、根据不方便法院原则应撤销该诉讼、作为美国公司的里斯克集团不是该协议的当事人没有诉讼主体资格来要求执行仲裁裁决。

联邦地方法院听取了口头辩论并且审查了当事人提交的书面文件，包括支持性的备忘录、宣誓书、发誓后的声明、哥伦比亚法院的判决,之后同意了被上诉人要求撤销诉讼的动议。联邦地方法院裁定如下:命令以没有诉讼主体资格为由撤销里斯克集团的诉讼。根据《外国主权豁免法》和可适用的时效法规,本院对原告提出的违反合同的请求没有事项管辖权。虽然本院对剩下的执行仲裁裁决的请求具有事项管辖权,但是因没有提出合格的请求而予以撤销;哥伦比亚法院已经撤销了该裁决。作为替代,命令以不方便法院原则为由撤销诉讼。因此,被告关于克制原则、撤销哥伦比亚作为当事人、对被告的送达等问题就不需要讨论了。

因为对于特莫里奥公司提起诉讼的主体资格是明确的而且没有争议的,我们就不需要讨论里斯克集团的诉讼主体资格了〔Military Toxics Project v. EPA, 331 U.S. App. D.C. 7, 146 F.3d 948, 954 (D.C. Cir. 1998) ("如果一方当事人在诉讼中具有主体资格,在其他当事人的主体资格对案件的是非曲直没有实质影响时,法院就不需要其他当事人的主体资格问题了") (Quoting Ry. Labor Executives' Ass'n v. United States, 300 U.S. App. D.C. 142, 987 F.2d 806, 810 (D.C. Cir. 1993))〕。此外,因为我们认定联邦地方法院恰当地根据《纽约公约》第5条第1款第5项而撤销了上诉人的执行之诉,我们认定没有必要来决定联邦地方法院提出的替代性基础,即是否可能以不方便法院原则为由撤销该案。类似的,我们认定没有必要来讨论上诉人提出的允许对哥伦比亚共和国提起诉讼的任何推定性的揭开公司面纱的请求,或者这样的请求是否被相关的时效法规所禁止。本院面临的唯一问题就是联邦地方法院在撤销上诉人要求执行该有争议的仲裁裁决的请求上是否有错。

Ⅱ. 分析

……

B. 可适用的国际协定

正如联邦地方法院所指出的,美国已经批准了允许一国法院执行在另一缔约国作出的仲裁裁决的两个公约,即《美洲国际商事仲裁公约》和《纽约公约》。哥伦比亚同时是这两个公约的缔约国。《纽约公约》规定,缔约国必须承认执行在另一缔约国作出的仲裁裁决。然而,如果仲裁裁决在裁决作出地国被主管机关撤销了,则可以拒绝执行该裁决(TermoRio, 421 F. Supp.

2d at 91 & n. 4)。我们不需要决定《美国法典》第 302 条是否将《纽约公约》并入,因为就本案的目的而言,《美洲国际商事仲裁公约》和《纽约公约》的相关条款实质上是一样的,而且当事人对联邦地方法院的分析都没有反对。因此,我们援引并使用《纽约公约》来解决此事项。

C. 撤销仲裁裁决的外国判决的合法性

联邦最高法院已经承认了"支持仲裁解决争议的联邦政策"〔Mitsubishi Motors Corp. v. Soler Chrysler-Plymouth, Inc., 473 U. S. 614, 631, 105 S. Ct. 3346, 87 L. Ed. 2d 444 (1985); see also Dean Witter Reynolds Inc. v. Byrd, 470 U. S. 213, 217, 105 S. Ct. 1238, 84 L. Ed. 2d 158 (1985)〕。"至少从美国 1970 年加入《纽约公约》以及同年通过修改《联邦仲裁法》而执行《纽约公约》后,联邦政策在国际贸易领域具有特别的效力(Mitsubishi, 473 U. S. at 631)。""近几十年来,国际贸易得到了蓬勃发展,通过国际仲裁来解决国际贸易中发生的争议也得到了蓬勃发展。"《纽约公约》的目的是"鼓励承认并执行国际合同中的商事仲裁协议,并且统一遵守仲裁协议、执行仲裁裁决的标准"〔Scherk v. Alberto-Culver Co., 417 U. S. 506, 520 n. 15, 94 S. Ct. 2449, 41 L. Ed. 2d 270 (1974)〕。而且正如联邦最高法院所指出的,"《纽约公约》在促进国际商事仲裁上的作用取决于各国国内法院将通常认为属于自己领域的事项交出来的意愿"(Mitsubishi, 473 U. S. at 639 n. 21)。

对《纽约公约》的基本理解是,"各缔约国应承认仲裁裁决具有拘束力,并依援引裁决地之程序规则及下列各条所载条件执行之。承认或执行适用本公约之仲裁裁决时,不得较承认或执行内国仲裁裁决附加过苛之条件或征收过多之费用。"根据《纽约公约》,"关键的问题是裁决作出地:如果该地在缔约国领域内,所以其他缔约国必须承认、执行该裁决,不管仲裁的当事人的国籍或住所"〔Creighton Ltd. v. Gov't of the State of Qatar, 337 U. S. App. D. C. 7, 181 F. 3d 118, 121 (D. C. Cir. 1999) (quoting Restatement (Third) of Foreign Relations Law § 487 cmt. b (1987))〕。

虽然其目的是鼓励承认并执行国际合同中的商事仲裁协议,《纽约公约》规定了法院可以拒绝承认与执行仲裁裁决的事由。《纽约公约》的这些条款已经被《联邦仲裁法》执行了〔See 9 U. S. C. § 207 ("法院应确认仲裁裁决,除非发现存在《纽约公约》规定的拒绝承认或执行裁决的事由")〕。

《纽约公约》规定了承认与执行国际仲裁裁决的详细框架。根据该公约，"只有对仲裁裁决具有主要管辖权的国家的法院才可以撤销该裁决"〔Karaha Bodas Co. v. Perusahaan Pertambangan Minyak Dan Gas Bumi Negara, 364 F. 3d 274, 287 (5th Cir. 2004) ("Karaha Bodas II")〕。正如第二巡回上诉法院所指出的："《纽约公约》规定了不同的审查仲裁裁决的制度：（1）裁决作出地国或根据该国法律作出的国家；（2）寻求承认及执行裁决的被申国。该公约特别考虑了裁决作出地国或根据该国法律作出的国家有权根据其本国仲裁法以及其他明示、默示的救济事由而撤销或更改仲裁裁决。然而，该公约同样明确的是，在外国提起执行裁决的诉讼时，该国只有基于该公约第4条规定的事由才能拒绝执行该裁决。"〔Yusuf Ahmed Alghanim & Sons v. Toys "R" Us, Inc., 126 F. 3d 15, 23 (2d Cir. 1997)〕。

在本案中，被上诉人指出，因为仲裁裁决是在哥伦比亚的仲裁庭作出的，根据哥伦比亚公司之间买卖电力的协议，哥伦比亚对该争议具有主要管辖权。被上诉人进一步声称，根据《纽约公约》，上诉人提起的要求执行仲裁裁决的诉讼没有诉因。为此，被上诉人指向《纽约公约》第5条第1款第5项，该项规定，裁决对各造尚无拘束力，或业经裁决地所在国或裁决所依据法律之国家之主管机关撤销或停止执行者，法院可以拒绝执行仲裁裁决。根据这个规定，被缔约国主管机关撤销的仲裁裁决一般是不能被执行的。因为哥伦比亚最高行政法院毫无疑问是哥伦比亚的主管机关，而且这里的记录中没有任何证据可以表明最高行政法院的程序有瑕疵或者其判决是虚假的，因此被上诉人认为，根据《联邦仲裁法》或《纽约公约》上诉人没有在哥伦比亚之外的其他缔约国要求执行该裁决的诉因。对此，我们表示赞同。

对此结论，我们一般依据第二巡回法院在贝克案的推理（Baker Marine, 191 F.3d 194）。在该案中，贝克与丹诺斯缔结了一份服务合同。该合同包括一个要求当事人将所有因该合同引起的争议或纠纷提交仲裁的仲裁条款。在发生争议后，当事人在尼日利亚提交仲裁。仲裁庭裁决贝克承担近300万的赔偿，但是该裁决后来被尼日利亚法院撤销。然后，贝克在美国纽约北区联邦地方法院寻求执行该裁决。法院援引《纽约公约》第5条第1款第5项和礼让原则而拒绝执行该裁决。在上诉中，贝克主张联邦地方法院拒绝执行该裁决是错误的，因为如果根据美国法，尼日利亚法院撤销该裁决的事由是不合法的。第二巡回上诉法院否定了这种主张，确认了一审法院不承认该裁决的判决，认为当事人在尼日利亚已经同意将争议根据尼日利亚法进行仲裁。法院也对如果采纳贝克的主张可能导致的后果进行了评论:"机械地将国内仲裁法适用于外国裁决会严重损害仲裁裁决的终局性,而且会导致相互冲突的判决。"如果裁决被撤销后当事人可以自动地根据其他国家的国内法执行该裁决,那么败诉当事人就有理由让对方当事人"面对从一个国家到另一个国家的执行之诉,直到执行了该判决"〔Id. at 197 n. 2 (quoting Albert Jan Van Den Berg, The New York Arbitration Convention of 1958: Towards A Uniform Judicial Interpretation 355 (1981))〕。同样的原则和关切适用于这里,上诉人要求执行已经被哥伦比亚最高行政法院撤销的仲裁裁决。对我们而言,如果同意上诉人的要求将严重地破坏《纽约公约》的主要原则:仲裁裁决如果被裁决作出地国主管机关合法撤销的,该裁决不存在被执行的问题。这个原则控制了本案的处理。

D. "公共政策"的考虑

上诉人声称,美国法院"根据《纽约公约》具有执行被另一国撤销的裁决自由裁量权"〔Karaha Bodas Co. v. Perusahaan Pertambangan Minyak Dan Gas, 335 F. 3d 357, 369 (5th Cir. 2003)〕,因为《纽约公约》第5条第1款第5项规定的是"业经裁决地所在国之主管机关撤销的,法院可以拒绝执行仲裁裁决"。更特别的是,上诉人声称"不能要求一国承认外国基于侵犯其根本利益的政策的司法程序"〔Appellants' Br. at 22 (quoting Laker Airways Ltd. v. Sabena, Belgian World Airlines, 235 U. S. App. D. C. 207, 731 F. 2d 909, 931 (D. C. Cir. 1984))〕。上诉人对准据法的定性是有问题的,因而是误导性的。

上诉人承认,贝克案在认定"不能仅因为外国法院撤销裁决的理由不被美国国内法所承认就执行该裁决"上不是不对的(Appellants' Br. at 24)。然而,上诉人要求联邦地方法院在本案中行使自由裁量权来执行仲裁裁决,因为"哥伦比亚最高行政法院的判决有违哥伦比亚国内法和国际法;承认该判决将使明确的国际政策和美国政策落空;撤销裁决的判决的程序表明哥伦比亚政府没有给予原告平等对待"。

在提出其请求时,上诉人主要依据克罗摩洛案〔In Re: Chromalloy Aeroservices, 939 F. Supp. 907 (D. D. C. 1996)〕。在该案中,联邦地方法院讨论了埃及空军与一家美国公司之间的约定败诉方不能要求审查仲裁裁决的仲裁协议。虽然美国公司要求执行裁决的申请在联邦地方法院还是未决的,埃及政府向埃及上诉法院提起上诉,要求撤销该裁决。联邦地方法院拒绝承认埃及法院撤销该裁决的判决，认定如果承认该判决将违反美国支持政策的公共政策，而且让埃及违反合同中约定的不对仲裁裁决提起上诉的协议获益。我们不需要决定克罗摩洛案中的判决是否正确，因为正如被上诉人所指出的，"本案明显不同于通过上诉而撤销该裁决以至于违反了明确的合同条款的克罗摩洛案"。这里，爱特公司认为仲裁庭不合适或者没有法律的授权，而且立即在哥伦比亚法院提起，并且接到了最高行政法院对此法律问题的认定。

此外，上诉人错误地认为，《纽约公约》支持执行仲裁裁决的政策优先于第5条第1款第5项。是否承认或执行没有被裁决作出地国撤销的仲裁裁决与是否不顾另一国的主管机关的法院诉讼完全不同。"该公约特别考虑了裁决作出地国或根据该国法律作出的国家有权根据其本国仲裁法以及其他明示、默示的救济事由而撤销或更改仲裁裁决。"（Yusuf Ahmed Alghanim & Sons, 126 F. 3d at 23; see also Karaha Bodas II, 364 F. 3d at 287—88）这意味着裁决作出地国或根据该国法律作出的国家可以以与其他缔约国不同的事由而撤销仲裁裁决。《纽约公约》并没有规定一个这样的制度，即允许被申请执行仲裁裁决的国家评论裁决作出地国或根据该国法律作出的国家合法的撤销了该裁决的判决。上诉人的主张走得太远了，这不是简单地以公共政策为由不管第5条第1款第5项的抗辩的问题。

贝克案中的判决指出，"承认外国法院的判决并不与美国的公共政策相冲突"（191 F. 3d at 197 n. 3），这至少为第5条第1款第5项提供了"公共政策"注解。然而，这并不是说在审查撤销仲裁裁决的外国法院的判决时，美国法院具有不受限制的裁量权来强加自己对公共政策的考虑。相反，正如被上诉人所指出的，贝克案与这样的观点是一致的，即"当外国主管法院撤销了一份外国仲裁裁决时，美国法院不应质疑该判决，除非在极其特别的情形下，而本案中不存在这样极其特别的情形"。

在适用第5条第1款第5项时，我们在认定是否应尊重撤销仲裁裁决的国家的法院的判决上必须非常小心地权衡"公共政策"。公共政策测试不能简单地以被申请执行的国家的法院在面临同样问题时是否会撤销该裁决为准。正如前面所说，《纽约公约》对不同的缔约国撤销仲裁裁决的事由有不同的考虑。因此，法院必须小心地限制这样的情形，即以公共政策为由忽视外国判决。

判决只有违反了"违反被申请国的最基本的道德和正义观念时"〔Tahan v. Hodgson, 213 U. S. App. D. C. 306, 662 F. 2d 862, 864 (D. C. Cir.

1981) (quoting Rest. 2d Conflict of Laws § 117, comment c (1971))〕，才能作为违反公共政策而被认定不可执行。这个标准是很高的，很少能满足。正如一法院所说，"只有在明白无误的案件中，才应支持被告"〔Tahan, 662 F. 2d at 866 n. 17 (citing von Mehren & Trautman, Recognition of Foreign Adjudications: A Survey and a Suggested Approach, 81 HARV. L. REV. 1601, 1670 (1968); Paulsen & Sovern, "Public Policy" in the Conflict of Laws, 56 COLUM. L. REV. 969, 980－981, 1015－1016 (1956))〕。在经典的公式中，明显有违公共利益、法律的公信力、个人人身自由或财产安全的判决是违反公共政策的〔Ackermann v. Levine, 788 F. 2d 830, 841 (2d Cir. 1986)〕。

与第5条第1款第5项不同，第5条第2款第2项明确规定了公共政策例外，"受裁决援用之一造未接获关于指派仲裁员或仲裁程序之适当通知，或因他故，致未能申辩者"。值得注意的是，法院在解释这个条款时必须非常小心而不扩大"公共政策"的范围。正如有的法院所指出的："根据《纽约公约》第5条第2款第2项，如果仲裁裁决违反了该国的公共政策，法院可以拒绝承认或执行该裁决。必须狭义地解释公共政策，将其仅仅适用于执行裁决将违反法院地国的最基本的道德和正义观念时。"（Karaha Bodas II, 364 F. 3d at 305－306）鉴于第5条第1款第5项并没有包括公共政策例外，承认第5条第1款第5项中含有比第5条第2款第2项明确的限制更宽泛的限制就比较奇怪。

接受这一点，即对第5条第1款第5项有狭义的公共政策注解以及"违反法院地国的最基本的道德和正义观念的外国判决是不能被执行的"，上诉人的请求仍然得不到支持。上诉人既没有主张也没有提供任何证据来表明当事人在哥伦比亚最高行政法院前的程序或该院的判决违反了我们的最基本的正义观念。

上诉人声称，最高行政法院的判决与哥伦比亚履行《纽约公约》的义务相冲突，但是仅仅提出这一点并没有为我们以公共政策为由不顾第5条第1款第5项提供基础。正如有的法院所指出的：根据《纽约公约》，裁决作出地国的法院的权力是最重要的。"《纽约公约》并没有……提供任何国际机制来确保裁决作出地的裁决的合法有效，这都留给当地的法律规定。《纽约公约》对仲裁地的法院并没有施加什么限制。"〔W. Laurence Craig, Some Trends and Developments in the Laws and Practice of International Commercial Arbitration, 30 TEX. INT'L L. J. 1, 11 (1995)〕另一位学者解释说：

"具有重要意义的是,《纽约公约》第5条第1款第5项没有规定裁决作出地国可以撤销或中止裁决的事由。《纽约公约》本来应通过界定撤销事由而对执行裁决提供更多的依赖,但是这样的诉讼会导致处理国内裁决的国内程序相混合,而这超越了当时大会的权限。"〔Leonard V. Quigley, Accession by the United States to the United Nations Convention on the Recognition and Enforcement of Foreign Arbitral Awards, 70 YALE L. J. 1049, 1070 (1961)〕

从《纽约公约》的直白语言和历史来看,当事人可以在裁决作出地国或根据该国法律作出裁决的国家申请撤销裁决。此外,《纽约公约》的语言和历史表明申请撤销裁决的动议受裁决作出地国的国内法支配(126 F. 3d at 22—23)。

联邦地方法院正确地指出,"此事项是特殊的哥伦比亚事务","涉及哥伦比亚当事人在哥伦比亚提供服务的合同的争议,导致了哥伦比亚的仲裁裁决和诉讼"(TermoRio, 421 F. Supp. 2d at 101, 103)。对此,我们加上一句,即当事人也同意受哥伦比亚法约束。哥伦比亚最高行政法院是哥伦比亚法的最终解释人,而且我们不能宣布该院的判决是错误的。

E. 联邦地方法院同意被上诉人撤销诉讼的动议

上诉人提出的最后一个问题需要我们的注意。联邦地方法院根据《联邦民事程序规则》第12(b)(6)条撤销上诉人的诉讼,该条规定,诉状中"没有提出可以救济的请求"的诉讼可以被撤销。通常而言,只有"显然在根据可以被证明为与所说的相符的任何事实后不能给予任何救济"时根据该条撤销诉讼才是合适的〔Broudy v. Mather, 373 U. S. App. D. C. 170, 460 F. 3d 106, 116—117 (D. C. Cir. 2006)〕。上诉人主张联邦地方法院在根据第12(b)(6)条同意撤销诉讼的动议上犯了错误,因为如果积极性的抗辩是在诉状的表面事实基础上确立的,该抗辩才支持撤销。上诉人主张,如果哥伦比亚对仲裁裁决的撤销完全挫败了上诉人的请求,该撤销是第12(b)(6)条的唯一事由。上诉人说,因为《纽约公约》第5条第1款第5项的适用并不是决定性的,《纽约公约》和美国法规定尽管裁决在作出地国被撤销了,该裁决是可以执行的。因此,根据上诉人所说,联邦地方法院仅仅基于外国对裁决的撤销就根据第12(b)(6)条撤销其诉讼是错误的。

对上诉人请求的简短回答就是它们援引第12(b)(6)条的要求是不对

的。《联邦仲裁法》第 2 章纳入《纽约公约》并将其法典化（9 U. S. C. § 201）。然而，该法明确规定，在《联邦仲裁法》第 1 章和第 2 章不冲突的范围内，第 1 章适用于根据第 2 章提起的诉讼和程序（Id. § 208）。反过来，第 1 章规定，"除非本章另有规定，向法院提交的申请应根据作出以及听取动议的法律规定的方式来作出"。因此，看上去要求执行仲裁裁决的动议应根据动议的实践来继续下去。确实，第 208 条的最明显例子是根据可适用于《纽约公约》上的程序的第 6 条来作出动议的实践。因此，《纽约公约》上的仲裁裁决可以通过提交要求确认该裁决的命令的申请来执行。对这样的申请的审理将采取联邦动议实践中简易程序的方式〔3 FED. PROC., L. ED. § 4：183（1999）〕。

根据上面的论述，显然联邦地方法院恰当地处理了上诉人要求执行仲裁裁决的申请。联邦地方法院审查了上诉人的申请以及被上诉人的答辩，审查了双方当事人支持各自立场的宣誓书，而且在该审查的基础上作出了判决。联邦地方法院的做法履行了《纽约公约》上的义务，而且联邦地方法院所采用的方法一直都是其他巡回法院所赞成的〔See, e. g., Productos Mercantiles E Industriales, S. A. v. Faberge USA, Inc., 23 F. 3d 41, 46 (2d Cir. 1994)（"既然上诉人以动议的形式寻求救济，法院就不需要遵守《联邦民事程序规则》第 2 条的规定"）; O. R. Sec., Inc. v. Prof'l Planning Assocs., 857 F. 2d 742, 745－746 (11th Cir. 1988)(same); Imperial Ethiopian Gov't v. Baruch-Foster Corp., 535 F. 2d 334, 335 & n. 2 (5th Cir. 1976)〕。

此外，我们认为，即使我们要评估联邦地方法院的诉讼，我们也没有发现任何错误。如这里一样，当时当事人都有充分的机会来提交证据，本院有权根据《联邦民事程序规则》第 56 条发布简易判决并且维持联邦地方法院的判决〔Ctr. for Auto Safety v. Nat'l Highway Traffic Safety Admin., 371 U. S. App. D. C. 422, 452 F. 3d 798, 805 (D. C. Cir. 2006)〕。在诉讼文书和记录"表明对于任何重要事实没有真正的争议时，提出申请的当事人有权获得作为法律问题的判决"时，第 56 条上的简易判决是恰当的〔Kingman Park Civic Ass'n v. Williams, 358 U. S. App. D. C. 295, 348 F. 3d 1033, 1041 (D. C. Cir. 2003) (quoting FED. R. CIV. P. 56 (c))〕。本案就是如此。

双方当事人有充分的时间来提交诉讼文书之外的文件，而且事实上的确提交了这样的证据。然而，正如联邦地方法院所指出的，上诉人并没有证明哥伦比亚的程序违反了美国的公共政策（TermoRio，421 F. Supp. 2d at 102）。而且在本院的口头辩论中，上诉人承认，联邦地方法院没有禁止其提交更多的证据或资料来支持挑战发生在哥伦比亚的程序的合法性。鉴于事实没有争议以及《纽约公约》第5条第1款第5项的规定，简易判决是合适的。我们必须尊重哥伦比亚法院撤销该有争议的仲裁裁决的判决，因为这里没有任何记录表明最高行政法院的程序是完全有问题的或者该院的判决是不真实的。

Ⅲ. 结论

出于以上理由，维持联邦地方法院撤销上诉人要求执行仲裁裁决的申请的判决。

克罗摩洛航空服务公司诉埃及阿拉伯共和国

美国哥伦比亚特区联邦地方法院

939 F. Supp. 907

1996 年 7 月 31 日判决

格林（June L. Green）法官：

Ⅰ. 概述

本案涉及的事项是克罗摩洛航空服务公司（Chromalloy Aeroservices, Inc.，以下简称 CAS）要求确认一份仲裁裁决，而仲裁中的被申请人埃及阿拉伯共和国（以下简称埃及）要求撤销该申请。本院同意 CAS 提出的承认及执行仲裁裁决的申请，拒绝埃及提出的要求撤销申请的动议，因为该仲裁裁决是合法有效的，而且因为埃及反对执行的理由不足以让本院妨碍该裁决。

Ⅱ. 背景

本案涉及美国的 CAS 与埃及空军的军事采购合同。

1988 年 6 月 16 日，CAS 与埃及达成了一份合同。根据该合同，CAS 同意向属于埃及空军的直升机提供零件、维护和修理服务。1991 年 12 月 2 日，埃及通过通知 CAS 在埃及的代表而终止了合同。1991 年 12 月 4 日，埃及通知得克萨斯州的 CAS 总部终止该合同。1991 年 12 月 15 日，CAS 通知埃及，CAS 拒绝取消合同"而且根据合同中的仲裁条款开始仲裁程序"。

1992 年 2 月 23 日，双方当事人开始指定仲裁员，不久后就开始了漫长的仲裁。1994 年 8 月 24 日，仲裁庭命令埃及向 CAS 支付 272900 美元和从 1991 年 7 月 15 日开始计算的 5％的利息（利息的计算直到付款日）以及 16940958 美元和从 1991 年 12 月 15 日开始计算的 5％的利息（利息的计算直到付款日）。仲裁庭也命令 CAS 向埃及支付 606920 英镑和从 1991 年 12 月 15 日开始计算的 5％的利息（利息的计算直到付款日）。

1994 年 10 月 28 日，CAS 向本院申请执行该裁决。1994 年 11 月 13 日，埃及政府在埃及上诉法院提起上诉，要求撤销该裁决。1995 年 3 月 1 日，埃及向本院提出要求暂停 CAS 的申请的动议。1995 年 4 月 4 日，埃及上诉法院中止了该裁决。1995 年 5 月 5 日，埃及向本院提出要求撤销 CAS 执行裁决的申请的动议。1995 年 12 月 5 日，埃及上诉法院发布命令，撤销该裁决。1995 年 12 月 12 日，本院开庭审理此案。

埃及主张，出于尊重埃及法院判决的考虑，本院应拒绝 CAS 提出的要求承认及执行仲裁裁决的申请。主张本院应确认该裁决，因为埃及"并没有提出任何严肃的论点来表明埃及法院撤销仲裁裁决的判决符合《纽约公约》或美国的仲裁法"。

Ⅲ. 讨论

A. 管辖权

本院根据《外国主权豁免法》拥有管辖权。《美国法典》第 1330（a）条相关部分规定："对于外国国家在《美国法典》第 1605 至第 1607 条上无权豁免的任何请求，不管针对外国国家的任何非陪审团审理的民事诉讼争议，联邦地方法院应具有初始管辖权。"埃及阿拉伯共和国与埃及空军都是《美国法典》第 1603（a）条和第 1603（b）条上的外国国家〔See Republic of Argentina v. Weltover, 504 U.S. 607, 612, n.1, 119 L. Ed. 2d 394, 112 S. Ct. 2160.（1992）〕。

(a) 外国国家在美国法院不应享受管辖豁免……

(6) 提起的诉讼要么是执行外国国家与私人之间的或者为了私人签订的将当事人界定的法律关系之间已经或可能产生的所有或任何争议提交仲裁的协议，不管是否是合同性的，只要根据美国法律该事项可以通过仲裁解决，要么是确认根据该协议而作出的裁决，如果

(B) 该协议或裁决……受在美国生效的、需要承认及执行仲裁裁决的条约或其他国际协定支配〔28 U.S.C. § 1605（a）&（a）(6) &（a）(6)

(B)〕。

CAS 提起诉讼是要求确认根据其与埃及之间的仲裁协议作出的仲裁裁决，该协议规定将合同中产生的任何争议提交仲裁，而且根据美国法律该事项可以通过仲裁解决（See 9 U.S.C. §§ 1—14）。《美国法典》第 202 条规定，执行该裁决属于《纽约公约》的范围。《美国法典》第 203 条规定，"不管争议的数额，美国联邦地方法院……对这样的诉讼或程序具有初始管辖权"。

B. CAS 要求执行的申请

要求执行外国仲裁裁决的当事人必须在裁决作出 3 年内申请到确认裁决的命令（9 U.S.C. § 207）。本案中的裁决是 1994 年 8 月 14 日作出的。CAS 向本院申请确认该裁决是在 1994 年 10 月 28 日，距仲裁庭作出裁决不足 3 个月。CAS 的申请包括《纽约公约》第 4 条第 1 款第 1 项所要求的裁决原件的"认证副本"，第 2 款要求的经过了宣誓后的翻译人员的译本以及第 4 条第 1 款第 2 项所要求的合同和仲裁条款的原件的认证副本。CAS 在本院提出的申请是合适的。

1.《纽约公约》上的标准

本院必须同意 CAS 提出的要求承认及执行仲裁裁决的申请，"除非认定存在《纽约公约》上规定的拒绝……承认或执行该裁决的事由"（9 U.S.C. § 207）。根据《纽约公约》第 5 条，如果埃及向本院提供证据证明"裁决……被裁决地所在国或裁决所依据法律之国家之主管机关撤销"。在本案中，裁决是根据埃及法律在埃及作出的，并且被埃及指定的审查仲裁裁决的法院撤销。因此，本院可以行使自由裁量权而拒绝执行该裁决。

虽然《纽约公约》第 5 条规定了一个撤销的标准，但是第 7 条要求，"本公约之规定不影响缔约国间所订关于承认及执行仲裁裁决之多边或双边协定之效力，亦不剥夺任何利害关系人可依援引裁决地所在国之法律或条约所认许之方式，在其许可范围内，援用仲裁裁决之任何权利"。换句话说，根据《纽约公约》，在没有该公约时，CAS 可以主张执行该仲裁裁决的所有权利。因此，本院认定，如果《纽约公约》不存在，《联邦仲裁法》将为 CAS 提供要求执行本仲裁裁决的合法请求（See 9 U.S.C. §§ 1—14）。根据《美国法典》第 1330 条和第 1605（a）（2）条，在这样的诉讼中对埃及的管辖权是可以获得的。第 1330 条规定，对于外国国家在《美国法典》第 1605 条至第 1607 条上无权豁免的任何请求，不管针对外国国家的任何非陪审团审理的民事诉讼争议，联邦地方法院应具有初始管辖权。第 1605（a）（2）条规定，对于外国国家在美国领域之外的、与商业行为有关的并且在美国国内造成了直接影响的行为，外国国家不能享受豁免（See Weltover, 504 U.S. at 607）。诉讼的审判地在于《美国法典》第 1391（f）条，该条将针对外国政府的民事案件的审判地授予美国哥伦比亚特区联邦地方法院。

2.《美国法典》第 10 条上对裁决的审查

根据美国的法律，仲裁裁决被推定具有约束力，而且仅仅在极其有限的情形下才被法院撤销：

（a）在任何下列案件中，应仲裁的任何一方当事人的申请，裁决作出地的美国联邦地方法院可以命令撤销该裁决：

（1）裁决是通过贿赂、欺诈或不正当手段获得的；

（2）所有仲裁员或任一仲裁员中存在明显的偏见或贿赂；

（3）仲裁员在拒绝推迟开庭或拒绝听取与争议相关的重要证据上存在不良行为；或者损害了任何一方当事人的权利的任何其他不良行为；

（4）仲裁员越权，或者裁决超越了当事人提交仲裁的事项的范围。

如果仲裁裁决显然漠视法律，该裁决也会被撤销〔First Options of Chicago v. Kaplan, 131 L. Ed. 2d 985, 115 S. Ct. 1920, 1923 (1995)〕。"如果仲裁员明知并且正确地认定了法律却继续漠视法律，则可以认定仲裁员显然漠视法律。"〔Kanuth v. Prescott, Ball, & Turben, Inc., 292 U.S. App. D.C. 319, 949 F.2d 1175, 1179 (D.C. Cir. 1991)〕

显然，这种撤销裁决的非成文法理论不能授权联邦地方法院像上诉法院审查下级法院的判决那样重新审查法律问题。确实，过去我们认定，显然漠视法律远不仅仅是关于法律的错误或误解〔Al-Harbi v. Citibank, 85 F.3d 680, 683 (D.C. Cir. 1996)〕。

在 Al-Harbi 案中，"仲裁员认定，仲裁协议授权仲裁员适用'美国纽约南区的程序法和实体法'"（Id. at 684）。仲裁员裁定，适用纽约的法律的法院会以不方便法院原则为由撤销案件。在上诉中，上诉人主张，仲裁员通过程序事由而处理了该案显然是漠视纽约州的实体法。法院最后否定了这种主张，认为："上诉人的主张依据是，如果仲裁庭认定程序因素是案件的关键，而没有继续考虑实体法问题，则仲裁庭的裁决不但是适用法律错误，而且是显然漠视法律。我们认定不存在撤销裁决的依据。"

在本案中，仲裁庭的仲裁裁决指出："本裁决认为不需要决定合同的法律性质。在解释合同和所提出的事实上，看上去当事人主要依据各自的请求和抗辩。此外，仲裁庭认定争议中的法律问题不受合同的性质的影响。"

像 Al-Harbi 案中的仲裁员一样，本案中的仲裁员作出了一个程序性的认定，导致了埃及声称存在错误适用实体法的情形。在考虑埃及提出的埃及行政法支配该合同的主张后，仲裁庭的多数意见认定适用民事的或行政的实体法无关紧要。往最坏的方面说，该裁决构成了法律错误，因此不受本院的审查（See Al-Harbi, 85 F. 3d at 684）。

在美国，"司法上对仲裁愿望和仲裁庭能力的怀疑阻碍了作为替代性争议解决手段的仲裁的发展"〔Mitsubishi Motors Corp. v. Soler Chrysler Plymouth, Inc., 473 U. S. 614, 626, 87 L. Ed. 2d 444, 105 S. Ct. 3346 (1985)〕。然而，在埃及，"仲裁是解决争议的例外手段，要求偏离法院面前的诉讼的通常手段以及法院所提供的保障"。埃及提出，"根据埃及的仲裁法，该仲裁裁决是无效的……因为它不是根据埃及法律作出的"，这反映了对仲裁的怀疑，而且这种机械主张是美国法院在审查仲裁裁决时不会接受的〔See Montana Power Company v. Federal Power Commission, 144 U. S. App. D. C. 263, 445 F. 2d 739, 755 (D. C. Cir. 1971) (cert. den. 400 U. S. 1013, 27 L. Ed. 2d 627, 91 S. Ct. 566 (1971)) (认定"仲裁不必给出理由") (citing United Steelworkers v. Enterprise Wheel & Car Co., 363 U. S. 593, 598, 4 L. Ed. 2d 1424, 80 S. Ct. 1358 (1960))〕。

本院现在分析该仲裁裁决，根据美国法，该裁决是合适的〔See Sanders v. Washington Metro, Area Transit Auth., 260 U. S. App. D. C. 359, 819 F. 2d 1151, 1157, (D. C. Cir. 1988) ("在当事人拥有完全且公平的机会来提交证据时，如果仲裁员没有滥用自由裁量权，那么仲裁员的裁决应被认为是最终的") (Citing the Restatement (Second) of Judgments § 84 (3) (1982), Greenblatt v. Drexel Burnham Lambert, Inc., 763 F. 2d 1352 (11th Cir. 1985))〕。本院现在考虑埃及法院的判决是否应被承认为合法有效的外国判决。

正如本院之前所说，本案是一个新问题。美国法院之前没有遇到这样一个问题，即外国国家的法院撤销了一个本来是合法有效的仲裁裁决。然而，这并不意味着本院在本案中没有任何指引。相反，20 多年前，在一起涉及执行仲裁条款的案件中，最高法院认定："同意在一个特定的裁判庭仲裁实际上是一种特殊的法院选择条款……宣布本案中这样的协议无效不但允许答辩人废弃其庄严的承诺，而且也反映了这样一种狭隘观念，即所有争议必须在我们国家法院诉讼、适用我们国家的法律……我们不能在世界市场和国际水域上排他性地根据我们自己的条件进行商业贸易、在我们国家的法院适用我们的法律解决争议。"〔Scherk v. Alberto-Culver Co., 417 U. S. 506, 518 (1974)〕

在谢尔科案中,最高法院强制一家美国公司将产生于国际合同中的争议提交仲裁。这样做的时候,最高法院依据《联邦仲裁法》,但是也评论了《纽约公约》的目的:"《纽约公约》的代表多次表达了这样的关切,即不应允许被申请执行仲裁协议的签字国在对仲裁的狭隘观念或将有损仲裁协议的性质的基础上拒绝执行仲裁协议……我们认为,本国对《纽约公约》的批准以及《联邦仲裁法》第2章的通过为我们今天作出的与国会政策一致的判决提供了具有强烈说服力的证据。(Id. at n. 15)"本院认为,最高法院的这个主张在本案中同样是有说服力的,这里埃及寻求废弃其遵守仲裁裁决的庄严承诺。

C. 埃及上诉法院的判决

1. 合同

"仲裁协议是一份合同,而且法院不会替当事人重写。"〔Williams V. E. F. Hutton & Co., Inc., 753 F. 2d 117, 119, 243 U. S. App. D. C. 299, (D. C. Cir. 1985) (citing Davis v. Chevy Chase Financial Ltd., 215 U. S. App. D. C. 117, 667 F. 2d 160, 167 (D. C. Cir. 1981))〕法院"从合同解释的经典原则开始:一份文件应解读为使所有条款有效并且互不矛盾"〔United States v. Insurance Co. of North America, 317 U. S. App. D. C. 459, 83 F. 3d 1507, 1511 (D. C. Cir. 1996) (quoting Mastrobuono v. Shearson Lehman Hutton, Inc., 514 U. S. 52, 131 L. Ed. 2d 76, 115 S. Ct. 1212, 1219 (1995))〕。该合同的第12条要求当事人将合同上产生的所有争议提交仲裁。合同的附件五界定了任何仲裁的条款构成合同不可分割的一部分。合同是统一的。附件五界定了"仲裁院的准据法",相关的条款规定:"双方当事人同意适用埃及的法律并且选择开罗作为仲裁院的地点。所说的仲裁院的裁决应是最终的,不从属于任何上诉或其他程序。"

本院不会假定当事人意图让这些句子相互矛盾,而且必须保存可能的含义〔Insurance Co., 317 U. S. App. D. C. 459, 83 F. 3d 1507, 1511 (D. C. Cir. 1996)〕。埃及主张,所引用的第一句应优于第二句,而且允许向埃及法院上诉。然而,这样的解释会损害第二句,而且忽视了合同表面的直白语言。本院认定,第一句界定了仲裁庭审理案件的法律选择和仲裁地。本院进一步认定，所引用的第二句表明，当事人将合同中产生的争议提交仲裁后不能向法院上诉。与埃及的解释不同，这样的解释保存了两个句子的含义，而且与合同的直白语言一致。第二句是第七也是最后一段，在签字之前，这说明这一句是对仲裁问题的最终结论。换句话说，当事人同意在仲裁中适用埃及法，但是更重要的是，当事人同意仲裁以仲裁庭的裁决作为结束。

2. 埃及上诉法院的判决

本院已经认定，该仲裁裁决在美国法上是合适的，而且埃及与 CAS 之间的仲裁协议排除了在埃及法院的上诉。然而，埃及法院以及埃及要求本院赋予埃及法院判决的既判力效力。

"执行外国判决的要求……是存在'正当程序'（如合法的送达）以及请求不违反美国的公共政策〔Tahan v. Hodgson, 213 U. S. App. D. C. 306, 662 F. 2d 862, 864 (D. C. Cir. 1981) (citing Hilton v. Guyot, 159 U. S. 113, 202, 40 L. Ed. 95, 16 S. Ct. 139 (1895))〕。"法院使用"公共政策"一词是建议性的，完全理解"法官无权在认定可适用的公共政策时强加自己对正义的观念"〔Northwest Airlines Inc. v. Airline Pilots Association, Int'l, 257 U. S. App. D. C. 181, 808 F. 2d 76, 78 (D. C. Cir. 1987)〕。准确地说，"公共政策仅仅来源于明确的成文法或判例法，而不是一般的对所谓的公共利益的考虑"〔Id. (quoting U. S. Postal Workers Union v. United States Postal Service, 252 U. S. App. D. C. 169, 789 F. 2d 1 (D. C. Cir. 1986))〕。

美国在支持商事争议仲裁的约束力和终局性上的公共政策是无误的，而且得到条约、成文法和判例法的支持。《联邦仲裁法》及其为执行《纽约公约》的修正案都表明，存在着"支持仲裁解决争议的联邦政策"，尤其是在"国际商事领域"〔Mitsubishi v. Soler Chrysler Plymouth, 473 U. S. 614, 631, 87 L. Ed. 2d 444, 105 S. Ct. 3346 (1985); cf. Revere Copper & Brass, Inc., v. Overseas Private Investment Corporation, 202 U. S. App. D. C. 81, 628 F. 2d 81, 82 (D. C. Cir. 1980) ("司法上执行有约束力的仲裁条款背后具有强烈的公共政策")〕。本院如果承认埃及法院的判决将违反美国的公共政策。

3. 国际礼让

"没有哪国有义务执行根本有害于本国的外国利益。"〔Laker Airways Ltd. v. Sabena, Belgian World Airlines, 235 U. S. App. D. C. 207, 731 F. 2d 909, 937 (D. C. Cir. 1984)〕"礼让从来不能约束一国法院忽视'本国

公民或者其他在本国法律保护下的人的权利'。"〔731 F. 2d at 942, (quoting Hilton v. Guyot, 159 U.S. 113, 164, 40 L. Ed. 95, 16 S. Ct. 139 (1895))〕埃及声称,"礼让是国际法的主要原则,要求美国法院尊重外国法院的判决"。然而,礼让并没有也不能使本院为埃及创设其所希望的结果。

最高法院在科帕奇科公司案〔W. S. Kirkpatrick & Co., Inc. v. Environmental Tectonics Co., Int'l, 493 U.S. 400, 408, 107 L. Ed. 2d 816, 110 S. Ct. 701 (1990)〕中界定了"国家行为理论"以及暗含的礼让的合适限制。科帕奇科公司案产生于两家美国公司对在尼日利亚的政府建设工程的争议。科帕奇科公司竞标失败后,对中标人 ETC 提起诉讼,声称 ETC 通过以违反美国法的方式贿赂尼日利亚官员而取得合同。ETC 主张,国家行为理论排除了美国法院审理本案,因为审理本案"将怀疑或质疑外国国家的动机",而且"导致外国主权者的尴尬,或者构成干涉美国的外交政策"。最高法院否定了这种主张:"美国法院有权而且通常有义务来审判提交到其跟前的案件和争议。国家行为理论并没有确立一个可能让外国政府尴尬的案件和争议的例外,而仅仅要求在审理的过程中,应认定外国主权者在自己管辖权内的行为是合法的。国家行为理论并不适用于本案,因为所争议的不是外国主权行为的合法性。"

类似的,在本案中,问题是本院是否应赋予埃及上诉法院的判决既判力,不是该院是否根据埃及法律合理地认定了该事项。既然"国家行为理论"并不要求美国法院在这些事实上遵从外国主权,而只是国家行为理论中众多政策之一的礼让就更不要求这样的遵从了。

4. 法律选择

埃及主张,通过选择埃及法以及将开罗作为仲裁地,CAS 放弃了其根据《纽约公约》和美国法所享有的权利。这种主张貌似有理。当 CAS 同意法律选择和仲裁地条款时,它放弃了在美国法院起诉埃及违反合同的权利,而支持根据《纽约公约》来利用具有约束力的和终局性的仲裁解决争议。在所选择的仲裁地,根据所选择的法律,CAS 胜诉了,才向本院申请承认及执行该裁决。《纽约公约》的创立正是为了该目的。认为 CAS 根据《纽约公约》通过选择仲裁而放弃了该公约所保障的权利,这是没道理的。

5.《纽约公约》与《联邦仲裁法》之间的冲突

埃及主张,CAS 使用第 7 条而援引《联邦仲裁法》与《纽约公约》的文本相抵触,而且通过取消《纽约公约》第 5 条的考虑因素会创设一个《美国法典》第 208 条所不允许的冲突〔See Vimar Seguros Y Reaseguros,

S. A. v. M/V Sky Reefer, 132 L. Ed. 2d 462, 115 S. Ct. 2322, 2325 (1995) (认定"当两部成文法可以共存时……在国会没有明确表示相反的意图时, 法院有义务认定每一部法律都是有效的")〕。然而, 正如本院所说明的, 第5条规定的是许可性标准, 根据该条本院可以拒绝执行仲裁裁决。另一方面, 第7条授权本院必须考虑CAS根据可适用的美国法律提出的请求。

《纽约公约》第3条规定: "各缔约国应承认仲裁裁决具有拘束力, 并依援引裁决地之程序规则及下列各条所载条件执行之。承认或执行适用本公约之仲裁裁决时, 不得较承认或执行内国仲裁裁决附加过苛之条件或征收过多之费用。"第3条并没有取消第5条的所有考虑因素; 只是要求本院保护CAS根据美国国内法而享有的任何权利。CAS使用第7条而援引《联邦仲裁法》与《纽约公约》的文本之间不存在任何冲突。

Ⅳ. 结论

本院的结论是仲裁庭的裁决在美国法上是合法有效的。本院进一步认定, 不必授予埃及上诉法院判决的既判力效力。所以, 本院同意CAS要求承认及执行该仲裁裁决的申请, 并且拒绝埃及要求撤销该申请的动议。

附录三

《纽约公约》、《美国联邦仲裁法》与《美国法典》第28编第1782条

承认与执行外国仲裁裁决公约（《纽约公约》）[*]

1958年6月10日缔结于纽约

第1条

一、仲裁裁决，因自然人或法人间之争议而产生且在申请承认及执行地所在国以外之国家领土内作成者，其承认及执行适用本公约。本公约对于仲裁裁决经申请承认及执行地所在国认为非内国裁决者，亦适用之。

二、"仲裁裁决"一词不仅指专案选派之仲裁员所作裁决，亦指当事人提请仲裁之常设仲裁机关所作裁决。

三、任何国家得于签署、批准或加入本公约时，或于本公约第10条通知推广适用时，本交互原则声明该国适用本公约，以承认及执行在另一缔约国领土内作成之裁决为限。任何国家亦得声明，该国唯于争议起于法律关系，不论其为契约性质与否，而依提出声明国家之国内法认为系属商事关系者，始适用本公约。

---

[*] 本公约译文采用1958年纽约《承认与执行外国仲裁裁决公约》中文本。

第 2 条

一、当事人以书面协定承允彼此间所发生或可能发生之一切或任何争议，如关涉可以仲裁解决事项之确定法律关系，不论为契约性质与否，应提交仲裁时，各缔约国应承认此项协定。

二、称"书面协定"者，谓当事人所签订或在互换函电中所载明之契约仲裁条款或仲裁协定。

三、当事人就诉讼事项订有本条所称之协定者，缔约国法院受理诉讼时应依当事人一造之请求，命当事人提交仲裁，但前述协定经法院认定无效、失效或不能实行者不在此限。

第 3 条

各缔约国应承认仲裁裁决具有拘束力，并依援引裁决地之程序规则及下列各条所载条件执行之。承认或执行适用本公约之仲裁裁决时，不得较承认或执行内国仲裁裁决附加过苛之条件或征收过多之费用。

第 4 条

一、申请承认及执行之一造，为取得前条所称之承认及执行，应于申请时提具：

（甲）原裁决之正本或其正式副本；

（乙）第 2 条所称协定之原本或其正式副本。

二、倘前述裁决或协定所用文字非为援引裁决地所在国之正式文字，申请承认及执行裁决之一造应备具各该文件之此项文字译本。译本应由公设或宣誓之翻译员或外交或领事人员认证之。

第 5 条

一、裁决唯有于受裁决援用之一造向申请承认及执行地之主管机关提具证据证明有下列情形之一时，始得依该造之请求，拒予承认及执行：

（甲）第 2 条所称协定之当事人依对其适用之法律有某种无行为能力情

形者,或该项协定依当事人作为协定准据之法律系属无效,或未指明以何法律为准时,依裁决地所在国法律系属无效者;

(乙)受裁决援用之一造未接获关于指派仲裁员或仲裁程序之适当通知,或因他故,致未能申辩者;

(丙)裁决所处理之争议非为交付仲裁之标的或不在其条款之列,或裁决载有关于交付仲裁范围以外事项之决定者,但交付仲裁事项之决定可与未交付仲裁之事项划分时,裁决中关于交付仲裁事项之决定部分得予承认及执行;

(丁)仲裁机关之组成或仲裁程序与各造间之协议不符,或无协议而与仲裁地所在国法律不符者;

(戊)裁决对各造尚无拘束力,或业经裁决地所在国或裁决所依据法律之国家之主管机关撤销或停止执行者。

二、倘申请承认及执行地所在国之主管机关认定有下列情形之一,亦得拒不承认及执行仲裁裁决:

(甲)依该国法律,争议事项系不能以仲裁解决者;

(乙)承认或执行裁决有违该国公共政策者。

第 6 条

倘裁决业经向第 5 条第一项(戊)款所称之主管机关申请撤销或停止执行,受理援引裁决案件之机关得于其认为适当时延缓关于执行裁决之决定,并得依请求执行一造之申请,命他造提供妥适之担保。

第 7 条

一、本公约之规定不影响缔约国间所订关于承认及执行仲裁裁决之多边或双边协定之效力,亦不剥夺任何利害关系人可依援引裁决地所在国之法律或条约所认许之方式,在其许可范围内,援用仲裁裁决之任何权利。

二、1923 年《日内瓦仲裁条款议定书》及 1927 年《日内瓦执行外国仲裁裁决公约》在缔约国间,于其受本公约拘束后,在其受拘束之范围内不再生效。

第 8 条

一、本公约在 1958 年 12 月 31 日以前听由任何联合国会员国及现为或嗣后成为任何联合国专门机关会员国或国际法院规约当事国之任何其他国家，或经联合国大会邀请之任何其他国家签署。

二、本公约应予批准。批准文件应送交联合国秘书长存放。

第 9 条

一、本公约听由第 8 条所称各国加入。

二、加入应以加入文件送交联合国秘书长存放为之。

第 10 条

一、任何国家得于签署、批准或加入时声明将本公约推广适用于由其负责国际关系之一切或任何领土。此项声明于本公约对关系国家生效时发生效力。

二、嗣后关于推广适用之声明应向联合国秘书长提出通知为之，自联合国秘书长收到此项通知之日后第 90 日起，或自本公约对关系国家生效之日起发生效力，此两日期以较迟者为准。

三、关于在签署、批准或加入时未经将本公约推广适用之领土，各关系国家应考虑可否采取必要步骤将本公约推广适用于此等领土，但因宪政关系确有必要时，自须征得此等领土政府之同意。

第 11 条

下列规定对联邦制或非单一制国家适用之：

（甲）关于本公约内属于联邦机关立法权限之条款，联邦政府之义务在此范围内与非联邦制缔约国之义务同；

（乙）关于本公约内属于组成联邦各州或各省立法权限之条款，如各州或各省依联邦宪法制度并无采取立法行动之义务，联邦政府应尽速将此等条款提请各州或各省主管机关注意，并附有利之建议；

（丙）参加本公约之联邦国家遇任何其他缔约国经由联合国秘书长转达请求时，应提供叙述联邦及其组成单位关于本公约特定规定之法律及惯例之情报，说明以立法或其他行动实施此项规定之程度。

第 12 条

一、本公约应自第三件批准或加入文件存放之日后第 90 日起发生效力。

二、对于第三件批准或加入文件存放后批准或加入本公约之国家，本公约应自各该国存放批准或加入文件后第 90 日起发生效力。

第 13 条

一、任何缔约国得以书面通知联合国秘书长宣告退出本公约。退约应于秘书长收到通知之日 1 年后发生效力。

二、依第 10 条规定提出声明或通知之国家，嗣后得随时通知联合国秘书长声明本公约自秘书长收到通知之日 1 年后停止适用于关系领土。

三、在退约生效前已进行承认或执行程序之仲裁裁决，应继续适用本公约。

第 14 条

缔约国除在本国负有适用本公约义务之范围外，无权对其他缔约国援用本公约。

第 15 条

联合国秘书长应将下列事项通知第 8 条所称各国：
（甲）依第 8 条所为之签署及批准；
（乙）依第 9 条所为之加入；
（丙）依第 1 条、第 10 条及第 11 条所为之声明及通知；
（丁）依第 12 条本公约发生效力之日期；
（戊）依第 13 条所为之退约及通知。

第 16 条

一、本公约应存放联合国档案库,其中文、英文、法文、俄文及西班牙文各本同一作准。

二、联合国秘书长应将本公约正式副本分送第 8 条所称各国。

美国联邦仲裁法[*]

第一章 总则

第1条（"海事"及"商事"的定义不适用本法的除外规定）本法所称的"海事"，是指租船合同，海运提单，关于提供码头设备、船舶、船舶修理的协议，船舶碰撞和其他属于海事法庭管辖范围内的对外贸易方面的争议事项。所称"商事"，是指各州之间的或者对外国的贸易，在合众国的属地或者哥伦比亚特区内的交易，或者任何属地之间或属地、特区与任何州或外国之间发生的交易。但海员、铁路员工和服务于对外贸易或各州之间贸易的各种工人的雇佣合同除外。

第2条〔仲裁协议的效力、不可撤销及其执行〕在任何海事或商事契约中，当事人订立的，自愿将由合同引起的或者由于拒绝履行合同而引起的争议提交仲裁的书面条款；以及在上述争议发生后，当事人达成的将争议事项提交仲裁的书面协议，都是有效的，不可撤销的和可执行的。但是依照法律或衡平法的规定，属无效协议的情况除外。

第3条〔中止诉讼程序〕任何争议事项，如果已经有提交仲裁的书面协议，而向美国联邦法院提起诉讼的，法院根据一方当事人的申请，在查明争议属于依照协议应提交仲裁的事项后，如果申请人不违反仲裁程序，应当作出中止诉讼审理并依照协议的规定进行仲裁的决定。

第4条〔请求联邦法院作出强制仲裁决定的程序〕双方当事人已签订书面仲裁协议，由于对方不履行、拖延或者拒绝仲裁而受侵害的一方，可以向依照民事诉讼规则或海事法规的规定而享有管辖权的任何联邦地方法院提出申请，请求法院作出强制仲裁的决定。申请应当用书面通知违背协议的一方，通知书应当依《联邦民事程序规则》规定的方式送达，并给予5日的期限。法院应当讯问双方当事人，如果对仲裁协议的签订或者违背协议没有异议，法院应当裁决双方当事人依照协议规定进行仲裁。如果对仲裁协议的签订或违背协议有异议，法院应当进行审理。上述讯问和其他程序须在提出申

---

[*] 《美国联邦仲裁法》译文主要参考宋连斌、林一飞编译《国际商事仲裁资料精选》，知识产权出版社2004年版，特此致谢。

请的地区进行。如被认为违背协议的一方不要求用陪审制审理，或者争议属于海事法庭管辖权范围内的，即由该法院审理并作出决定。如果争议不是海事案件，被认为违背协议的一方可以在通知书应当缴回之日或在此之前，提出用陪审制审理的要求。法院接到要求后，应当裁决依照法律规定用陪审制审理衡平法诉讼案件的方式，或者特别召集陪审团审理。如陪审团查明，确实没有书面仲裁协议和没有违背协议的情况，应当驳回申请；如有书面仲裁协议并且有违背协议的情况，法院应当命令双方当事人依照协议规定进行仲裁。

第5条〔指定仲裁员或首席仲裁员〕协议中如已约定指定仲裁员或首席仲裁员的办法，应当依照协议指定。如没有约定或者虽有约定而当事人不履行或者由于任何原因拖延指定或者拖延补充缺额的，联邦地方法院根据任何一方当事人的申请，可以根据需要指定仲裁员或首席仲裁员。由法院指定的仲裁员或者首席仲裁员处理案件时，依照协议指定的仲裁员有同样的权利和效力；除协议另有约定外，应当由仲裁员一人仲裁。

第6条〔仲裁申请的审理〕对当事人提出的仲裁申请，仲裁庭的受理和审理，都应根据法律的有关规定进行。但本法有其他规定的除外。

第7条〔证人的传唤，费用，强制措施〕经依照本法或协议指定的全体仲裁员或者过半的仲裁员的决定，可能用书面传唤证人出庭作证，并可以命令其提交被认为是案件实质性证据的簿册、记录、证件和文件。证人出庭的费用同联邦法院证人出庭的费用一样。传票应当以全体仲裁员或者过半数仲裁员的名义签发，并且应当送达被传唤人。传票的送达方式同法院传票的送达方式一样。被传唤作证的人如拒绝或者拖延出庭，所在地区的联邦法院根据全体仲裁员或过半数仲裁员的申请，可强制其出庭；或者按照法律关于保证证人出庭的规定或者比照联邦法院对拖延和拒绝出庭的证人所做的处罚规定，对藐视仲裁庭的证人予以处罚。

第8条〔原告向海事法庭提起诉讼及扣押船舶或财产〕根据诉讼管辖权可以由海事法庭审理的争议，不论本法有何相反的规定，自称受侵害的一方可依照海事法庭的一般诉讼程序用诉状提起诉讼，并请求法院扣押对方的船舶或者其他财产，法院以后有权命令当事人进行仲裁，并保留对仲裁裁决作出最终确认的权力。

第9条〔仲裁裁决，确认，管辖权，程序〕当事人如在协议中同意将仲裁裁决提交法院确认，并且指定了确认的法院，为此在仲裁裁决作出后的一年内，任何一方当事人都可以随时向指定的法院提出申请，请求确认仲裁裁决，除非该裁决依照本法第10条、第11条的规定应当被撤销或变更，否则法院必须作出确认裁决的命令。当事人如在协议中没有指定法院，可以向仲裁裁决地所属的联邦地方法院提出申请，申请应当通知对方当事人，法院因此对该当事人也享有管辖权。如果对方当事人居住在仲裁裁决地所属地区内，通知书应当依照法院送达诉讼申请通知书的方式送达；否则由对方当事人所在地区内的联邦法院的执行官依照法院的其他程序送达。

第10条〔撤销裁决的根据，重新审理〕

（a）有下列情形之一的，仲裁裁决地所属地区内的联邦法院可根据任何一方当事人的申请，撤销仲裁裁决：

（1）以贿赂、欺诈或者不正当方法取得裁决的；

（2）仲裁员全体或者任何一人显然有偏袒或者贪污情形的；

（3）仲裁员有拒绝合理的延期审理请求的错误行为，有拒绝审核适当的和实质性证据的错误行为或者有损害当事人权利的其他错误行为；

（4）仲裁员越权或者没有充分运用权利，以致对仲裁的事项没有作成共同的、终局的、确定的裁决；

（5）裁决虽经撤销，但是仲裁协议规定的裁决期限尚未终了，法院可以酌情指示仲裁员重新审理；

（b）仲裁的适用和仲裁裁决如明显不符合第5号法规第582条规定的情况，仲裁裁决地所属地区内的联邦法院根据受到不公正裁决的当事人的申请，可依照第5号法规第590条的规定，作出撤销仲裁裁决的裁判。

第11条〔变更裁决的根据，命令〕

有下列情形之一的，仲裁裁决地所属地区内的联邦法院可根据任何一方当事人的申请，更正仲裁裁决：

（a）裁决中显然有数字计算的错误，或者对任何有关的人、物或者财产的叙述有错误的。

（b）裁决了未提交仲裁的事项，但对裁决的实质性内容没有影响的。

（c）裁决的形式不完备，但并不影响争议实质的。

裁决可以用命令予以更正，以便贯彻裁决的意图，保证其公正性与合理性。

第12条〔申请撤销或变更裁决的通知书，送达，中止执行程序〕

撤销、更正仲裁裁决的申请，必须在仲裁裁决提交法院后的3个月内通知对方当事人或者他的代理人。对方当事人如居住在仲裁裁决地所属地区内，通知书应当按照法院送达诉讼申请通知书的方式送达；否则由对方当事人所在地区的联邦法院的执行官依照法院的其他程序送达。基于上述申请，有权中止本法院诉讼程序的法官可以裁定中止对方当事人的执行程序，裁定和通知书同日送达。

第 13 条〔文件与命令的文本一并提交，判决，存档，判决的效力与执行〕当事人请求法院对仲裁裁决进行审理时，应当将法院作出的确认或变更仲裁裁决的命令文本和下列文件一并提交书记员：

（a）仲裁协议；如有关于选任、追加仲裁员或者首席仲裁员的文件、延长裁决期限的文件，也应一并提交。

（b）仲裁裁决书。

（c）与申请确认、变更裁决有关的一切通知书、宣誓书或者其他文件，以及法院针对申请作出的每一项命令的副本。判决应当同诉讼案件中的判决一样作成判决书。上述判决在一切方面与诉讼判决具有同等的效力，也应服从有关诉讼判决的一切法律规定，并且可以强制执行。

第 14 条〔适用上的除外规定〕本法案不适用于 1926 年 1 月 1 日前签订的合同。

第 15 条〔州的法律主张不适用〕仲裁协议的执行、仲裁裁决的确认和根据确认裁决的命令所作的判决的执行，不得以州的立法主张予以拒绝。

第 16 条〔上诉〕

（a）有下列情形之一的，可提起上诉：

（1）命令：

①依照本法第 3 条的规定驳回中止诉讼程序的申请；

②依照本法第 4 条的规定驳回进行仲裁的申请；

③依照本法第 206 条的规定驳回强制仲裁的申请；

④确认或拒绝确认部分或全部仲裁裁决的命令；

⑤变更、撤销仲裁裁决的命令。

（2）有关同意或延期仲裁或有关变更不得依照本法进行仲裁的禁止令的中间性命令。

（3）依照本法进行仲裁的最终判决。

（b）除非依照第 28 号法规第 1292 条（b）款的规定，否则不得根据下列中间性的命令提出上诉：

（1）依照本法第 3 条的规定，准许中止诉讼的命令；

（2）依照本法第 4 条的规定，直接进行仲裁的命令；

（3）依照本法第 206 条的规定，强制进行仲裁的命令；

(4) 依照本法规定的原因，拒绝强制仲裁的命令。

第二章 承认和执行外国仲裁裁决的公约

第201条〔公约的实施〕

1958年6月10日签署的《承认和执行外国仲裁裁决的公约》，应当由联邦法院依照本章予以执行。

第202条〔公约的适用范围〕

因法律关系引起的争议，无论该法律关系是不是合同关系，只要具有商业性质，并属于本法第2条所述的贸易、契约或协议的范围之内，都适用本公约。提交仲裁的事项，若完全属于美国居民之间的，则不适用本公约。但该争议事项涉及国外的财产或其履行、执行将在国外进行的；或者与一个或多个外国有某种其他的合理联系的情况除外。根据本条款，一个公司如设在美国或者其主要营业地在美国，则该公司为美国法人。

第203条〔管辖权，争议金额〕适用公约的争议，必须是美国立法准许采用仲裁方式处理的事项。对于上述争议，无论其标的金额多少，美国联邦地方法院（包括第28号法规第460条列举的法院）享有一审管辖权。

第204条〔仲裁地〕

依照本法第203条的规定属于美国联邦地方法院管辖范围内的争议，除有仲裁外，可以向任何一个联邦地方法院提起，如仲裁协议指定的仲裁地点在美国，相关诉讼也可以向仲裁地所属地区的美国法院提起。

第205条〔移送案件〕

正在州法院进行诉讼的争议事项，如属于依照本法应提交仲裁的事项，被告可以在裁判前的任何时候请求法院将该诉讼移交到所属美国联邦地方法院。本条款规定的移送理由无须于诉状中写明，但须在移送申请中写出；除此之外，法律另有规定的理由应在诉状中写明。根据本法第一章的宗旨，本条款所指的任何移送案件，应视为已向被移送的联邦地方法院提起诉讼。

第206条〔强制仲裁令，指定仲裁员〕依照本章具有管辖权的法院可以命令在仲裁协议所约定的任何地点，不管该地点是否位于美国境内，依照该协议进行仲裁。该法院也可以依照协议约定指定仲裁员。

第207条〔仲裁裁决，确认，管辖权，程序〕一项仲裁裁决作出后3年之内，任何一方当事人都可以向依照本章规定享有管辖权的法院提出申请：请求确认该裁决的效力。除非法院发现有该公约中列举的拒绝或延期承认和执行裁决的理由之一的，否则应作出确认裁决的命令。

第208条〔适用第一章的其他规定〕第一章的其他规定适用于根据本章进行的诉讼，但以与本章或联邦承认的公约不抵触为限。

第三章 《美洲国家国际商事仲裁公约》

第301条〔公约的实施〕1975年1月30日签署的《美洲国家国际商事仲裁公约》，应当由联邦法院依照本章的规定予以执行。

第302条〔适用有关条款的规定〕本法第202、203、204、205和207条适用于本章。除有特殊规定外，本章所指的"公约"为《美洲国家国际商事仲裁公约》。

第303条〔强制仲裁令，指定仲裁员，仲裁地点〕

（a）根据本章规定享有管辖权的法院可以命令在仲裁协议所约定的任何地点，不论该地点是否位于美国境内，依照该协议进行仲裁。该法院也可以依照协议的约定指定仲裁员。

（b）若仲裁协议中没有约定仲裁地点和仲裁员，法院可以命令依照公约第3条的规定进行仲裁或指定仲裁员。

第304条〔承认和执行外国仲裁裁决，互惠原则〕外国所作的仲裁裁定或裁决，如果该国已批准和加入该公约，为此对该裁决或裁定应本着互惠原则，根据本章的规定予以承认和执行。

第305条〔《美洲国家国际商事仲裁公约》和1958年6月10日签署的《承认和执行外国仲裁裁决公约》的关系〕当《美洲国家国际商事仲裁公约》与《承认和执行外国仲裁裁决公约》发生适用上的冲突时，除非有明示的协议，否则应依据以下的规定作出适用哪一公约的决定：

（1）如果达成仲裁协议的当事人大多数属于已经批准或加入《美洲国家国际商事仲裁公约》的国家的公民或为美洲国家组织的成员国，应适用《美洲国家国际商事仲裁公约》；

（2）其他情况下适用1958年6月10日签署的《纽约公约》。

第306条〔美洲国家国际商事仲裁委员会的仲裁规则〕

（a）《美洲国家国际商事仲裁公约》第3条（b）款提到的《美洲国家国际商事仲裁规则》，于1988年7月1日由该委员会公布。

（b）美洲国家国际商事仲裁委员会的仲裁规则可依据该委员会修改规则的程序进行修改或补充。在与公约的目的和宗旨相一致的前提下，美国国务卿可赋予依照第 5 号法规第 553 条所作的修改和补充以法律的效力。

第 307 条〔适用第一章的其他规定〕第一章适用于根据本章进行的诉讼，但以与本章或联邦批准的《美洲国家国际商事仲裁公约》不相抵触为限。

《美国法典》第 28 编第 1782 条

第 1782 条　对外国、国际诉讼与仲裁程序的协助

（1）联邦地方法院对其辖区内的居民或出现的人有权发布命令，使其向外国、国际裁判庭或仲裁庭提交证人证言、陈述、文件或其他材料，包括正式刑事指控的调查材料。命令可根据外国、国际裁判庭或仲裁庭的调查委托书或申请书作出，也可以根据任何利害关系人的申请作出。法院可根据命令指派有关人员指导证人证言、陈述、文件或其他材料的提交。

（2）被法院指派的人员有权要求任何有必要的宣誓或者采集证人证言。命令可对取证行为与程序进行规定，该行为或程序可以是该外国、国际裁判庭或仲裁庭采集证人证言、陈述、文件或其他材料之行为与程序的全部或一部分。如果命令没有规定，证人证言、陈述、文件或其他材料的采集应依《联邦证据规则》进行。

任何人不得因违反法定权利而被强制提交证人证言、陈述、文件或其他材料。

本章规定（《美国法典》第 28 编第 1781 条以下）均不阻止美国境内的任何人向他所同意的任何人提交证人证言、陈述、文件或其他材料，以在外国、国际诉讼或仲裁程序中使用。

附录四

《美国法典》第 28 编第 1782 条的修正案

1949 年 5 月 24 日的修正案中，删除第 1 款中"证人"后的"居住"一词，并以"司法程序"代替"民事诉讼"一词。

1964 年 10 月 3 日的修正案中，将标题与相关条款修改为以下规定：

"为外国采用的证人证言。"

"如果某外国与美国非处于战争关系的话，则该国司法程序所需采用的证人证言可由联邦地方法院授权管理证人宣誓事项的相关人员向其辖区内居住的证人或在其辖区出现的证人采集。"

"采集上述证据的行为与程序一般应符合美国法院采集证据的行为与程序。"

1996 年 2 月 10 日的修正案中，在第 1 款中插入"包括正式刑事指控的调查材料"。

附录五

美国《联邦民事程序规则》选编[*]

第3条 诉讼开始

民事诉讼从原告向法院提交诉状时开始。

第26条 规范证据开示等程序的一般规定；出示义务

第1款 需要的出示；追加事项的开示方法：

（1）最初出示。除双方当事人另有约定或法院命令或地方法院规则另有规定外，一方当事人无须等待开示要求，应向对方当事人提供以下资料：

（A）每一个可能拥有与诉答文书中主张的特定争执事实有关的可供开示信息的人的姓名以及所知的该人的地址、电话号码，并应指出该信息的主题；

（B）在该当事人占有、保管或控制下的与诉答文书主张的特定的争执事实有关的所有文件、数据汇编资料以及有体物的复制品或分类和存放地点说明；

（C）出示一方当事人所请求的各种损害赔偿金计算书，包括受损害的性质及其程序的资料，作为对方当事人根据本规则第34条规定能够获得的该计算依据的文件及其他证据材料的调查和复制品，但不包括有保密特权的或免于出示的材料；

（D）为了使对方当事人根据本规则第34条的规定查阅和复制保险契约。依照保险契约，保险公司可能对诉讼中作出的判决的一部分或全部负有履行责任，或者为判决的履行支付款项作为补偿或偿还。

---

[*] 美国《联邦民事程序规则》的翻译采用由白绿铉、卞建林教授的经典译文《美国联邦民事诉讼证据规则》，中国法制出版社2000年版。

除非双方当事人有其他约定或法院有其他指示，上述出示应当在本条第 6 款规定的当事人会议之际或该会议后 10 日之内进行。当事人应当基于当时能合理获得的信息进行最初出示，并且即使对案件的调查未全面完成或该当事人对另一方当事人的出示的充分性持有异议或另一方当事人未进行出示，也并不由此免除其出示义务。

（2）出示专家证言：

（A）除依本款第（1）项所要求的出示外，当事人依据《联邦证据规则》第 702 条或第 705 条规定，应向对方当事人公开在法庭上可能被用来提供证据的任何人的身份。

（B）除非双方当事人有其他的约定或法院作出其他的指示，该种出示应当附有的案件中被聘请或专门雇佣的证人或者虽然是当事人的雇员但其业务通常包含着提供专家证言的证人所准备并签名的书面报告书。该报告书应当包括表达的所有观点、根据和理由；专家证人形成其观点所考虑的数据或其他信息；被用来作为观点、概要或用来证明观点的所有证物；专家证人的资格证明，包括在前 10 年内专家证人所有著作品清单；为该研究和作证所需支付的补偿；在前 4 年内该专家证人作为专家证人在法庭上或通过庭外证言为其他案件提供证言的清单。

（C）这些出示应当依照法院指定的时间和顺序作出。除非法院有其他指定或当事人有其他约定，这些出示应当在开庭审理日期或开庭准备就绪日期前至少 90 日内作出。如果一方当事人只对在本款第（2）项（B）中对方当事人特定的同一项的证据企图否定或反驳，则应在对方当事人出示后 30 日内出示。在本条第 5 款第（1）项所要求的情况下各当事人应当补充这些出示。

（3）审理前的出示。除上述条文中要求的出示外，一方当事人应当向另一方当事人提供可在法庭上出示的而非仅用于弹劾为目的的有关证据的下列信息。

（A）先前未提供的每一证人的姓名、地址和电话号码，分别列明哪些证人是当事人希望出庭作证的，哪些证人只是在需要时被当事人传唤的；

（B）指出预定以庭外证言的方式提供证据的证人，如果没有庭外证言的速记材料，则应提供庭外证言中有关部分的文字记录；

（C）对每份文件或其他证物包括其他证据摘要的合理确认的证据清单，并说明哪些是当事人希望提供的、哪些是需要时当事人可以提出的。

除非法院有其他指示，上述出示应在开庭审理前至少 30 日内作出。除法院规定不同的期间外，当事人在出示之后在 14 日内可送达并向法院提出说明下列异议清单：(i) 对于当事人在本项 (B) 中指出的要在法庭上使用的庭外证言，根据本规则第 32 条第 1 款规定提出各种异议；(ii) 对本项 (C) 确认的证据的可采性提出各种异议及其理由。除《联邦证据规则》第 402 条和第 403 条规定的异议之外，如果在这里没有提出异议，则应视为放弃，除非法院以正当的理由不予承认。

(4) 出示形式：提交法院。除法院命令或地方法院规则另有指示外，所有本款第 (1) 至 (3) 项的出示事项，均应用书面形式签名后送达，并迅速提交法院备案。

(5) 对追加事项的开示方法。当事人可通过下列一种或几种方法进行开示：口头询问或书面质问的庭外证言、用书面的质问书、提供文件和物证或者根据本规则第 34 条或第 45 条 1 款 (1) 项 (C) 的规定，为调查及其他的目的而进入土地或其他财产的许可、身体和精神状态的检查、要求自认。

第 2 款　开示的范围和限制。除法院以本规则作出限制外，开示的范围如下：

(1) 一般规定。当事人可以获得除保密特权外的任何有关事项的开示。这些开示与系属诉讼的事项相关，无论其是关系到要求开示诉讼请求或抗辩还是其他任何当事人的诉讼请求或抗辩，包括任何书籍、文件或其他有体物的存在、种类、性质、保管、状态和所存地方以及知悉任何开示事项的人的身份和住所。如果被要求开示的信息很可能在开庭审理中采纳为证据，不得以该信息在开庭审理中不被采纳为证据作为提出异议的理由。

(2) 限制。通过命令或者地方法院规则，法院可以改变这些规则中有关庭外证言和质问书的次数的限制，并且还可以根据本规则第 30 条限制庭外证言的次数以及本规则第 36 条限制请求自认的次数。除本规则或其他地方法院规则另有许可外，开示方法的使用频率和范围在下列情况下由法院决定加以限制：(i) 该开示是不合理的重复，或是通过一些更简便、更少累赘或更少花费的其他来源可以获得的；(ii) 请求开示的当事人已有充分的机会通过诉讼中的开示活动获得的所要求的信息；(iii) 提出开示的负担或花费超过他的可得利益，考虑到案件需要、争执金额、当事人的财力、诉讼所涉及的争点的重要性，法院在合理的通知后可依其裁量权或依据本条第 3 款的申请采取措施。

(3) 开庭审理准备：资料。除本条第 2 款第 (4) 项规定的情况外，即使当事人根据本条第 2 款第 (1) 项规定可能获得开示的文件或实物，但如果是由对方当事人或其代表人（包括对方当事人律师、顾问、保证人、补偿人、保险人或代理人）或为对方当事人或其代表人参加诉讼或开庭审理而准备的文书或实物，只有在要求开示的当事人证明他为攻击和防御而确定需要这些资料，并且通过其他的方法获得实质上相同的资料相当困难时，法院即使作出该资料的开示命令，也还要防止向对方出示一方当事人的律师或代理人对该案的内心估计、结论、意见或法律理论构成。

当事人从前亲自对该诉讼标的所作的有关的书面陈述，不必进行上述证明可以获得。非当事人从前亲自对该诉讼或诉讼标的有关的书面陈述，根据要求，不必进行上述证明可以获得。如果对非当事人的要求被拒绝，可以申请法院作出命令。由于该申请而产生的费用支出，适用本规则第 37 条第 1 款第（4）项的规定。本条第 2 款第（3）项后半段所指的从前书面陈述是指：(A) 由陈述人签名或者采用其他方法所承认的书面陈述；(B) 以速记、机器、电子或其他手段所做的记录或者其翻译及其文字化的东西，只要是实际上逐字逐句地再现陈述人的口头陈述并且是与陈述同时记录的。

(4) 开庭审理准备：专家。

(A) 当事人可以对那些将在法庭上发表意见的专家证人进行庭外取证。如果专家证人的报告是本条第 1 款第（2）项 (B) 所要求的，则该庭外取证需要报告提供后才能进行。

(B) 只有在依据本规则第 35 条第 2 款或者在某些特殊情况下，要求开示的一方当事人能证明以其他方法对同一事项获得事实或意见是不现实的，该事实仍不可以通过质问书或庭外取证的方式，发现他方当事人预期在诉讼或审理准备中聘请或特别雇佣的，但在开庭审理中并不作为专家证人被传唤的专家所知道的事实或持有的观点。

(C) 除导致明显不公正外，(i) 法院应当要求请求开示的当事人支付专家在此款规定下因进行答复所花费的时间的合理费用，(ii) 根据本条第 2 款第（2）项 (B) 所获得的开示，法庭应当要求请求开示的当事人支付其他当事人从专家那里获知的事实及意见所产生的合理费用中的一部分。

(5) 保密特权的请求或对开庭审理准备资料保护的请求。

当事人认为对方要求开示的信息为保密特权的事项或者开庭审理准备资料的受保护事项，以此拒绝提供本规则规定的可供开示的信息时，该当事人应当明确提出并且应当指明未提供或出示的文件、情报或实物的性质、该记述应采用一种既不泄露保密特权的秘密或受保护事项本身而又能使对方当事人了解该事项确实是保密特权和受保护事项的适当的方式。

第3款　保护性命令。

依据当事人或被要求开示的人的申请，并且在证明该申请人出于良好的诚信与其他相关的当事人试图不经法庭解决该争议而作出了努力，或者有相当理由的情况下，诉讼系属的法院或者与庭外取证有关的事项则由准备庭外取证地区的法院，可以依正义的要求作出命令以保护当事人或被要求开示的人免于烦恼、困惑、压抑或过分的责任或花费。命令可包括如下一种或多种内容：

（1）不准进行该种出示或开示；

（2）该种出示或开示仅可在特定的条件下进行，包括指定的时间和地点；

（3）只能用要求开示的当事人所选择的方法以外的方法进行；

（4）不准调查一定的事项，或者把出示或开示的范围限制在一定的事项；

（5）除法院指定的人之外的人不能出席开示程序；

（6）被封存的庭外证言通过法院命令才得以开封；

（7）商业秘密或者其他秘密的研究或开发成果或者商业信息不被披露，或者只能用一定的方式披露；

（8）几个当事人同时呈交的封印的特定文件或信息，在法院的指示下将其开封。

如果当事人申请保护的命令被全部或部分驳回，则法院可以附上相当的条件，命令任何当事人或任何其他人提供或者许可开示。该申请所花费用的支付，适用本规则第37条第1款第（4）项的规定。

第4款　开示的时间和顺序。

除本规则或者法院规则有规定、法院有命令或双方当事人有约定之外，当事人在本条第6款所要求的当事人会议或协商之前，不能通过任何途径请求开示。除非法院根据申请为了当事人和证人的方便以及为了公正而通过一定命令的顺序使用开示方法，当事人使用的方法不必按任何顺序，并且，一方当事人开示的事实，无论通过庭外证言或其他方法，均不能用来延误其他当事人进行开示。

第5款　出示与答复的补充。

一方当事人根据本条第1款已作出示或者答复对方开示之要求，如果法院命令或在下列情况下，则有义务补充或修正出示或答复，包括其后来所知的信息：

（1）如果当事人得知在一些实质方面所出示的信息是不完全或不正确的，以及增加或改正的信息在开示过程中或以书面形式未被其他当事人所知，则该当事人根据本条第 1 款在合理的期限内有补充出示的义务。根据本条第 1 款（2）项（B）被要求提供其报告的专家证人证言，其义务还应扩展到报告书中所载信息以及专家证人庭外证言中所提供的信息，并且对该种信息的增加度变化的证言，应根据本规则第 26 条第 1 款第（3）项要求当事人在合理的期限内出示。

（2）在开示过程中或书面文件中，如果当事人得知有关信息资料的答复是不完全的或不正确的，并且增加或改添的信息不为他方当事人所知，则有义务及时修正其先前的质问书、提供所要求的文件以及要求自认的答复。

第 6 款 当事人会议；开示计划。

除非地方法院规则免除或法院作出其他的命令之外，双方当事人在截至召开日程安排会议或者根据本规则第 16 条第 2 款规定作出日程安排命令 14 日之前，应尽快会晤协商请求和防御的性质和根据以及迅速和解或结束该案的可能性，并根据本条第 1 款第（1）项所要求安排出示的义务，制定开示计划。该计划应表明双方当事人对下列事项的观点和建议：

（1）对本条第 1 款或地方法院规则所规定的出示时间、形式或要求需要什么变更，包括陈述根据本条第 1 款第（1）项业已进行的出示时间或即将进行的出示时间；

（2）可能需要开示的事项、开示何时结束，以及是从多方面进行还是有限定或集中在一些特定的争点上进行；

（3）根据本规则或地方法院规则对开示所加的限制，应作出何种变化以及应增加哪些其他限制；

（4）根据本条第 3 款或按照本规则第 16 条第 2 款规定，应当由法院作出的其他命令。

记录在案的律师或未请代理人的当事人应当共同负责对会议进行安排、出席或代理出席，应为开示计划方案达成协议而真诚地努力，并于当事人会议后 10 日内向法院提交该计划梗概的报告书。

第 7 款 出示、开示要求、答复及异议的签名。

（1）按照本条第 1 款第（1）项或本条第 1 款第（3）项作出的每一项出示都应至少有一个记录在案的律师以个人名义签名并注明该律师地址；无代理的当事人应由该当事人签名并注明地址。律师和无代理人的当事人签名构成签名者所知、所信的证明，该出示是在合理的调查后形成的，在其制作时是完全的和正确的。

（2）律师代理人作结的每一项开示的要求、答复或异议都应至少有一个记录在案的律师用个人名义签名并注明该律师的地址；无代理人的当事人应在要求书、答复书或异议书上签名并注明其地址。律师或当事人的签名构成签名者所知、所信的证明，并表明它是在合理的调查后，这些要求、答复、异议是：

（A）符合本规则并且有现行法律的根据，或出于善意而提出现行执法的扩展、修改或变更的主张；

（B）不是出于任何不合理的目的而提出，例如故意为难或造成不必要的拖延或导致诉讼中不必要的花费；

（C）不会成为不合理的过度的负担或开销过大，而是针对案件已进行的开示、有争论的数额以及诉讼中系争事实的重要性作出的。

没有签名的要求、答复或异议应视为无效，除非作出该要求、答复或异议的当事人被提醒注意到疏漏后迅速签名。当事人在签名之前无义务采取任何行为。

（3）在无实质性正当理由的情况下，如果违反本规则所作的证明，法院依据申请或依其自由裁量权，应当制裁证明人及进行开示、要求、答复或异议的当事人或代理人或者他们两者。制裁可包括命令支付违反规则所导致的合理费用，其中包括合理的律师费。

第27条 诉讼之前和上诉系属期间的庭外证言

第1款 诉讼之前：

（1）申请。期望保全自己或他人在联邦法院管辖范围内进行审判事项的证言的人，可向预定的对方当事人居住地区的联邦地方法院提出经认证的申请书。该申请应注明申请人的姓名并表明下列事项：(i) 申请人期望成为联邦法院所审判的诉讼案件的当事人，但现在尚没有起诉或被起诉；(ii) 诉讼中的诉讼标的和申请人有相关的利害关系；(iii) 申请人通过保全的证言所要证实的事实以及期望保全证言的理由；(iv) 预定要成为对方当事人的姓名或该人的特征以及所知地址；(v) 应被调查的人的姓名、地址以及申请人期望从中查出的证言内容。在申请中应请求法院发出命令，赋予申请人为了保全被指名应被调查人的证言而对该人进行庭外证言的权利。

（2）通知与送达。在本款前项申请之后，申请人应附上申请书副本向申请书中被指明的预定成为对方当事人的人送达通知。申请人应在该通知中记述在指定时间和地点，将从法院获得在申请书中所记载的该通知至少应在听审之前 20 日内依本规则第 4 条第 4 款规定的关于送达传唤状的方法，向该审判区或州的内外进行送达。但是，如果经过努力后仍未能送达申请书中被指名的预定的对方当事人，则法院可以作出认为正当的命令使通知通过公告或其他方式送达。法院应当为那些未能通过本规则第 4 条第 4 款规定的方式被送达通知的人指定代理律师，在他们没有其他代理人时，应指定庭外证人可以进行交叉询问的代理律师。如果预定的对方当事人是未成年或无行为能力人，则适用本规则第 17 条第 3 款的规定。

（3）命令和询问。如果法院确信证言的保全可以避免拖延诉讼，则应作出命令指定或特定应被提取证言的人，并确定询问的主题以及庭外证言是采取口头询问还是书面的方式。命令之后，庭外取证按照本规则的规定进行。法院也可以作出本规则第 34 条和第 35 条规定性质的命令。为了将本规则适用于保全证言的庭外证言，就把提出庭外证言请求的法院视为诉讼系属的法院。

（4）庭外证言的使用。如果证言按照这些规则获得保全，或者虽未按照这些规则获取，但该证言可以被庭外取证所在州的法院作为证据采纳时，则该证言以后可以在联邦地方法院提起的、与同一诉讼事项有关的诉讼中按照本规则第 32 条第 1 款的规定使用。

第 2 款　上诉系属期间。

如果对于联邦地方法院的判决已提起上诉或在提起上诉之前上诉期间尚未届满，作出判决的联邦地方法院可以允许就该法院已经审结的案件进行保全证人证言的庭外证言，以便在以后进行的诉讼程序中加以使用。在这样的情况下，期望保全证言的当事人，如果诉讼在联邦地方法院系属一样进行通知和送达的同时，可以向联邦地方法院提出获取庭外证言的许可申请。该申请书应表明下列事项：（i）被询问之人的姓名、地址以及申请人期望从中获取的证言的内容；（ii）保全证言的理由。法院认为保全证言避免法律保护的失当或拖延必要时，可作出允许提取庭外证言的命令。法院也可以作出本规则第 34 条和第 35 条所规定的命令。命令之后，庭外证言按照与联邦地方法院诉讼系属中的庭外证言的规则同样的方式及条件提取并使用。

第 3 款　基于诉讼的保全。

本条规定并不限制法院为保全证言而受理诉讼的权限。

第 30 条　口头询问的庭外证言

第 1 款　何时可录取庭外证言；何时要经过许可。

（1）当事人基于口头询问录取任何人包括对方当事人的证言，不必经法院准许，但本款第（2）项规定除外，对证人可依本规则第 45 条规定的传票强制其出席。

（2）在本规则第 26 条第 2 款第（2）项所表明的原则一致的范围内，如果被询问人被羁押在狱，或者双方当事人没有书面约定，一方当事人在以下情况下庭外取证，须得到法院许可：

（A）按照本条规定或第 31 条规定，一项提出的庭外取证将导致原告、被告或第三方当事人被告超过 10 次的庭外证言；

（B）将询问的人已在该案中接受过庭外取证；

（C）如果一方当事人请求的庭外提取证言在本规则第 26 条第 4 款确定的时间前进行庭外取证，应在该通知中含有一项事实支持的证明，证明被询问者除非在此时间之前行过宣誓作证，否则该人将离开美国而不能被询问。

第 2 款　询问通知；一般要求；记录方法；文书和物品的提供；团体庭外证言；电话庭外证言。

（1）希望通过口头询问获取他人证言的当事人，应当向其他诉讼当事人发出合理的书面通知。通知应当载明庭外证言的时间和地点以及已知的被询问人的姓名和地址。如果不知被询问者的姓名，则应记载足以确定该人或该人所属的特定团体或集团的特定事项。如果对被询问人送达要求其提供文件命令传票，则应在该传票中或出席命令中载明应提供的目录。

（2）庭外取证的当事人应当在通知中写明记录证言的方法。除非有其他命令，证言可以通过听觉、视听或速记的方法加以记录。录取庭外证言的当事人应负担记录的费用。每一方当事人均可运用以非速记方式作出庭外证言的副本。

（3）在预先通知庭外证人和其他当事人的情况下，任何当事人均可指定除庭外当事人确定的方法之外的一种方式记录做证人的证言。附加的记录或副本费用由该方当事人负担，但法庭有其他命令者除外。

（4）除当事人另有约定外，按照本规则第 28 条的规定，庭外证言应当在任命或指定的官员面前作出、并且该官员应陈述以下事项并将其载入记录：

（A）官员的姓名、职务及地址；

（B）庭外证言的日期、时间及地点；

（C）庭外证人的姓名；

（D）宣誓的实施及对对方当事人的确认；

（E）所有到场人员的身份。如果庭外证言未以速记方式加以记录，则官员应在每一单元录音带或其他媒介开始时重复。

(5) 对当事人作为庭外证人的通知，可附上依照本规则第 34 条规定的请求书，并要求其在庭外证言提供文书和实物。本规则第 34 条的程序应适用于该请求书。

(6) 在通知和传票中，当事人可指明公法人、私法人、合伙人团体或政府机构为庭外证人，并且要求询问的事项作相当详细的记载。被指明的组织应指定一名或多名高级管理人员、董事，经营代理人指明他将作证的问题。如果当事人是非法人团体，应在传票中载明上述指定的义务，被指定的人应对其知晓的或对其组织来说可获得的事项作证。本项规定不妨碍和通过本规则所承认的其他程序录取庭外证言。

(7) 当事人可以以书面约定或法院根据申请令，可以通过电话或其他远距离通信的方式录取庭外证言。按照本条规则第 28 条第 1 款、第 37 条第 1 款第 (1) 项及第 37 条第 2 款第 (1) 项所规定的目的，通过电话方式录取的庭外证言被视为是在证人回答电话询问的地区和地点进行的。

第 3 款　询问和交叉询问；询问记录；宣誓；异议。

对证言进行的询问和交叉询问，除《联邦证据规则》第 103 条和第 615 条规定之外，在开庭审理时以允许的程序进行。庭外取证的官员应让证人宣誓并应亲自记录证言，或者在该官员的指导和在场的情况下由其他人代理记录证言。证言应通过速记或本条第 2 款第 (2) 项规定的其他方式记录。在询问期间所提出的关于参与录取证言的官员资格、录取方式、提供的证据或对当事人的行为以及对其他任何程序方面的异议，应由官员记载在证言记录里。但询问应继续下去，有异议的证言应作为附有异议的证据来采用。当事人可将封印的书面质询送交给录取庭外证言的当事人以代替参加口头询问。在这种情况下，录取庭外证言的当事人应将其转呈给参与录取证言的官员，该官员对证人进行质询并逐字记录其回答。

第 4 款　时间和期间；终止或限制询问的申请。

(1) 在庭外证言期间。对证据提出的任何异议，应以非争论和非建议性的方式作简要的陈述。只有在为了保护保密特权，为了执行法院限制证据的命令或依本款第 (3) 项提出申请之必要时，当事人可告知庭外作证人不回答提问。

(2) 根据命令或地方法院规则，法院可限制准予录取庭外证言的时间，但根据本规则第 26 条第 2 款第 (2) 项获取公证证言所必需，或证人或另一方当事人妨碍或延误时间，则应准许增加时间。如果法院发现这种阻碍、延误或其他有碍正当询问庭外证人的行为时,则可给予责任人以合理制裁,包括令其支付合理费用及其他当事人由此所花费的律师费。

（3）在录取庭外证言的任何时间里,如果当事人或庭外证人申请证明询问是以非善意的或不合理的干扰、阻碍或强迫庭外证人或当事人的方式进行的,受诉法院或录取庭外证言的地区的法院可以命令庭外取证的官员终止录取庭外证言,或按照本规则第26条第3款的规定限制庭外取证的范围和方式。如果是命令终止的询问,只有在受诉讼法院发出的命令后才能予以恢复。根据对方当事人的异议或庭外证人的要求,庭外取证应暂时被中止,以给予法院对申请作出命令所需的必要时间。本规则第37条第1款第4项的规定适用于与申请相关的费用。

第5款 证言人查阅；修改；签名。

在庭外证言结束之前如果庭外证人或当事人要求,则庭外证人可以在接到官员有关记录已准备好的通知之后30日内查阅记录。如果对记录的形式或内容有所修改,则庭外证人应出具一份修改理由并签名。官员应在本条第6款第（1）项规定的证明书中表明是否提出了查阅要求,如果提出,则应附有庭外证人在允许期间内进行修改。

第6款 官员的确认并向法院提交；证物；副本；提出通知。

（1）官员应确认证人已作正式宣誓,并且庭外证言是对证人证言的真实记录。这个确认书应以书面形式作出并附在庭外证言上。除法院作出其他命令外,官员应安全地将庭外证言密封于信封或包裹内,标出案件名称,记明"某某证人的庭外证言"并迅速将其提交受诉法院或送达被安排记录或制作副本的律师,该律师将它保存并使之处于不受损失、破坏、篡改或退化的状态。在询问证人期间所提交的文书和物品,应按当事人的要求作出识别和标记,附加于庭外的证言,并可被任何当事人调查和复制。但是,提供该材料的人要求保留,可以使用下列方法：

（A）它可以提供作出识别标记的副本,并附加于庭外证言,如果该当事人为所有当事人比照原件修改副本提供了机会,则该副本以后就作为原件；

（B）提供作出识别标记的原件,在给所有当事人调查和复制的机会后,该材料视为如同附于庭外证言一样使用。在案件的最终判决尚未确定以前,任何当事人可申请法院作出命令,要求将原件附于庭外证言并随证言归还法院。

（2）除法院作出其他命令或当事人同意外,官员应保留采用速记方法的庭外证言的记录本或通过其他方式取得庭外证言的记录副本。在收到合理费用后，官员应向当事人或庭外证人提供证言笔录或其他形式记录的庭外证言副本。

（3）进行庭外取证的当事人应迅速通知其他所有当事人告知庭外证言已提交法院。

第 7 款 录取庭外证言的当事人缺席或未向证人送达出席传票；费用。

（1）如果发出录取庭外证言通知书的当事人缺席，而另一方当事人按照通知亲自出席或让律师出席，则法院可以命令发出通知的当事人向其他当事人及其律师支付因此而产生的合理费用，包括合理的律师费。

（2）如果发出录取庭外证言通知的当事人未向证人送达出席传票，从而使证人未能参加庭外取证，而其他当事人因预计庭外证言如期进行而亲自或由律师参加时，法院可命令该当事人支付其他当事人因此而产生的合理费用，包括合理的律师费。

附录六

1927年9月26日《日内瓦关于执行外国仲裁裁决的公约》

第1条

在适用本公约的任何缔约国领土内，凡是依据协议作出的仲裁裁决，不论是否与《仲裁条款议定书》（于1923年9月24日在日内瓦开放让各国签署）所包含的现有或将来的争议有关，均承认为具拘束力，并得按照援引该裁决的国家的程序规则而强制执行；但该裁决需是在本公约适用的其中一个缔约国的领土内作出者，或者是在受其中一个缔约国的司法管辖权管辖的人之间作出的。

为获得上述仲裁裁决的承认或强制执行，还必须符合下列的条件：

(a) 该裁决由提交之仲裁作出的，且依其准据法当为有效；

(b) 该项裁决的标的根据裁决作出国法律具有可仲裁性；

(c) 该项裁决是依仲裁协议确定的仲裁庭或是以当事人同意的方式组成的仲裁庭作出者，并且符合规制仲裁程序的法律；

(d) 该项裁决在裁决国具终局性效力，即该项裁决若仍有遭受反对、上诉或向最高法院上诉（在有此等形式的程序的国家内）之可能时，或若证明争论裁决效力的法律程序仍有待裁定时，则该项裁决不会被认为是最终的裁决；

(e) 承认或强制执行该裁决并不违反拟援引该裁决作出国的公共政策或法律原则。

第 2 条

即使符合第 1 条条件，若法院确信下列情形，仍应拒绝承认及强制执行该裁决：

(a) 该裁决已在裁决作出国被撤销；

(b) 所寻求使用裁决所针对的一方，接获仲裁程序通知书的时间不足以让其提出异议；或在缺乏某方面法律行为能力的情况下，没有适当代表；

(c) 该裁决并非处理仲裁条款所预期或所指的争议，又或该裁决所包含的决定超越仲裁协议所规定的仲裁范围的事项。

如该裁决漏裁仲裁协议事项，被要求承认或强制执行裁决的国家有关机关若认为适当，可延迟承认或强制执行该裁决，或在其保证限制的情况下准予承认或强制执行裁决。

第 3 条

如所作出裁决所针对的一方证明根据仲裁程序准据法，该当事人有权在法院中就裁决的效力提出异议，而所持的抗辩并非第 1 (a) 及 (c) 款和第 2 (b) 及 (c) 款所指的理由，则法院若认为适合，可拒绝承认或强制执行该裁决，或延后考虑该裁决，以便该当事人能在合理时间内使合法仲裁庭将该废止裁决。

第 4 条

援引某项裁决或申请强制执行该裁决的当事人，特别须：

(1) 按照裁决作出国的法律规定，提供该裁决的正本或经适当认证的裁决副本；

(2) 提供文书证据或其他证据，证明该项裁决在作出该裁决的国家具有终局性，而终局的裁决，其定义依第 1 (d) 款界定；

(3) 提供（若有需要）文书证据或其他证据，证明已符合第 1 条第 1 款和第 2 (a) 及 (c) 款所列的条件。

本条并规定可要求将裁决文本和本条所述的其他文本，翻译成拟援引该裁决所在国家的法定语文。该译文应由拟援引该裁决的当事人所属国的外交或领事人员核定，或由拟援引该裁决所在国家的经宣誓的译员核定。

第 5 条

以上各条的规定，并不剥夺任何有利害关系的一方拟在某国家援引仲裁裁决时，以该国家法律或签订之条约所允许的方式及程度援用仲裁裁决的权利。

第 6 条

本公约只适用于在《仲裁条款议定书》生效后作出的仲裁裁决，而该议定书于1923年9月24日在日内瓦开放让各国签署者。

第 7 条

本公约将持续开放让1923年《仲裁条款议定书》的全体缔约国签署，并且须予以批准。

本公约的批准，只可由国际联盟成员国和非成员国作出，而1923年议定书的批准，亦已由此等成员国和非成员国作出。

批准书须尽快送交国际联盟秘书长，然后由秘书长将批准书的存放通知所有签署国。

第 8 条

本公约由2个缔约国的代表作出批准起的3个月后即发生效力。此后，就每一个缔约国而言，本公约得于待缔约国将批准书送交国际联盟秘书长存放起计的3个月后生效。

第 9 条

任何国际联盟成员国或非成员国可由代表提出而退出本公约。该项退约须以书面方式通知国际联盟秘书长。秘书长会立即向所有其他缔约国送交退约通知的副本，并核证该通知与该退约国代表所作的通知相一致，而与此同时，秘书长亦会告知该缔约国有关接获该退约通知的日期。

该项退约只对已作出退约通知的缔约国发生效力，并在该通知送达国际联盟秘书长1年后发生效力。

第 10 条

本公约条文，不适用于受任何缔约国宗主权或托管权管辖的殖民地、受保护国或领土，除非特别声明。

本公约的条文，对于《仲裁条款议定书》（该议定书于1923年9月24日在日内瓦开放让各国签署）所适用的一个或多个殖民地、受保护国或领土，于任何时候由其中一个缔约国向国际联盟秘书长提出声明即可适用。

该项声明得于存放声明起计3个月后生效。

缔约国可于任何时候，为其上述任何或所有殖民地、受保护国或领土退出本公约。本公约第9条适用于此等退约。

第 11 条

本公约经核证的副本须由国际联盟秘书长发送予所有国际联盟成员国和所有签署本公约的非成员国。

附录七

《联邦仲裁法》立法史资料选编

众议院报告，编号 No. 91—1181
1970 年 6 月 11 日

提交给司法委员会要求执行《关于承认和执行外国仲裁裁决的公约》的法案（S.3274），经过考虑后倾向予以支持、推荐，修正案一并附上。

该法案确实通过了。

修正案如下：

在第 1 页第 4 行，删掉"Of"并加上"On The"。

修正案的目的：

该修正案纠正了法案中的一个印刷错误。

声 明

S.3274 法案的目的是执行参议院 1968 年 10 月 4 日批准的《关于承认和执行外国仲裁裁决的公约》。该法案将在《美国法典》第 9 编《联邦仲裁法》下创立新的一章专门处理根据《关于承认和执行外国仲裁裁决的公约》条款承认及执行仲裁裁决。

《关于承认和执行外国仲裁裁决的公约》于 1958 年 6 月 10 日于纽约举行的联合国会议上通过，1959 年 6 月 7 日生效，目前在 34 个国家生效。虽然美国参加了该会议，但是在当时并没有签署，因为美国代表团觉得其中的一些条款与美国国内法相冲突。然而，根据行政部门所说，由于在政府内外对于该公约的不断增加的支持，美国决定加入该公约，并且于 1968 年 4 月 24 日提交参议院讨论。虽然该公约于 1968 年 10 月被批准，加入文件不能存档直到 S.3274 法案变成法律。

司法委员会已经收到了许多来自法律界和商业界对于通过 S.3274 法案的函件，而且据我们所知，对于该法案没有反对意见。其中得到了美国律师协会、纽约市律师协会、美国仲裁协会、美洲商事仲裁委员会、国际商会、国务院、司法部、预算署的支持。

在司法委员会看来，通过鼓励在海外营业的美国人将其商事争议提交中立而且裁决能在美国以及外国法院执行的仲裁，S.3274 法案的规定将有助于他们的最大利益。所以，司法委员会推荐众议院尽早批准 S.3274 法案。

逐条分析

对将加在《联邦仲裁法》上的新的第二章草案概述如下：

第 201 条规定《关于承认和执行外国仲裁裁决的公约》应当由联邦法院依照本章予以执行。

第 202 条界定了符合公约的仲裁协议或裁决。第 202 条的第 2 句是用来明确排除美国公民之间的法律关系而产生的协议或裁决不能根据公约中美国法院予以执行，除非其与外国有合理关系。

第 203 条将因公约产生的诉讼或程序的初始管辖权授予美国联邦地方法院，不论该争议的数额是多少。

第 204 条包括了关于此类诉讼或程序的审判地的规定。

第 205 条允许将公约上与仲裁协议或裁决相关的诉讼或程序从美国一州法院移送到一联邦地方法院。

第 206 条允许法院命令仲裁在仲裁协议中规定的地方进行，不管该地是否在美国境内。该条也允许法院根据仲裁协议的规定指定仲裁员。

第 207 条规定，在仲裁裁决作出后 3 年内，任何一方当事人都可以向任何一个具有管辖权的法院申请确认仲裁裁决。

第 208 条使《联邦仲裁法》的规定可以适用于根据公约提起的诉讼，只要此类规定不与美国的执行立法或者美国批准的公约相冲突。

行政部门意见

附件并且作为本报告一部分的是 1969 年 12 月 3 日国务院国会关系助理国务卿 H. G. 透博特（H. G. Torbert）先生致众议院发言人要求制定相关立法的信。

国务院

华盛顿特区

1969 年 12 月 3 日

约翰·W. 麦考马克（John W. Mccormack）

众议院发言人

尊敬的发言人先生：我代表国务院提出执行《关于承认和执行外国仲裁裁决的公约》的立法草案。1968 年 10 月 4 日，参议院已经同意美国加入该公约。在听证会上，国务院的证人通知外交关系委员会，直到国会通过必要的执行立法（Senate Executive Rept. 10，90th Cong.，Second Sess），否则美国的加入文件的保存将会延迟。

《联邦仲裁法》已经被编纂为《美国法典》第 9 编，体现了关于支持仲裁的基本国策。国务卿的国际私法咨询委员会包括美国律师协会、大法官会议、统一州法委员会会议的代表，建议国务院与美国仲裁协会的代表、法学院教授组成一个小组讨论执行立法的最有效方法。该小组的一致意见以及司法部的并存意见是与其修订《联邦仲裁法》的一系列条款，不如制定新的一章专门处理承认和执行公约上的裁决。这种方法将公约之外的对《联邦仲裁法》确立的解释基本不变。

拟议的新章包括 8 条。

第 201 条规定，《关于承认和执行外国仲裁裁决的公约》应当由联邦法院依照拟议的新章予以执行。

第 202 条界定了符合公约的仲裁协议或裁决。第 202 条的第 2 句是用来明确排除美国公民之间的法律关系而产生的协议或裁决不能根据公约中美国法院予以执行，除非其与外国有合理关系。

第 203 条将因公约产生的诉讼或程序的初始管辖权授予美国联邦地方法院，不论该争议的数额是多少。

第 204 条确立了关于此类诉讼或程序的审判地的规定。

第 205 条允许将公约上与仲裁协议或裁决相关的诉讼或程序从美国一州法院移送到一联邦地方法院。

第 206 条允许法院命令仲裁在仲裁协议中规定的地方进行。既然存在指令仲裁在诉讼提起地比在国外进行更合适的情形，第 206 条的规定是许可性的，而非强制性的。

第 207 条涉及根据公约作出的仲裁裁决的确认。《联邦仲裁法》第 9 条存在类似规定。

第 208 条的目的是使《联邦仲裁法》的规定可以适用于根据公约提起的诉讼，只要此类规定不与美国的执行立法或者美国批准的公约相冲突。

预算署通知国务院，预算署不反对将此建议提交给国会考虑。

H.G. 透博特

国会关系助理国务卿

附录八

675 P.L. 101-369,《美洲国际商事仲裁公约》

考虑以及通过的时间

众议院：1990年6月5日

参议院：1990年8月4日

众议院报告（司法委员会），编号 No. 101-501，

1990年5月31日（附上 H. R. 4314）

《国会记录》(Cong. Record) 1990年第136卷

参议院对于本立法未提交任何报告

众议院报告，编号 No. 101-501

1990年5月31日

提交给司法委员会要求执行《美洲国际商事仲裁公约》的法案（H. R. 4314），经过考虑后，提出了修正意见，推荐该法案修正后通过。

立法目的

修正后的 H. R. 4314 的目的是执行《美洲国际商事仲裁公约》，并且为拉美和美国商业团体强制仲裁以及执行根据合同中的仲裁协议作出的裁决提供一个可以依靠的机制。鉴于 H. R. 4314 附带了一个修正案，本报告的内容构成对该修正案的说明。

立法史

在第99届国会上，司法委员会主席皮特·W. 罗丁诺（Peter W. Rodino）于1986年9月22日向众议院提交执行《美洲国际商事仲裁公约》（以

下简称《美洲公约》）的立法。1985 年 11 月 5 日，参议员理查德·G. 路加 (Richard G. Lugar) 在参议院提出了一个类似法案。对于参议院的法案，没有任何跟进措施。

在第 100 届国会上，参议员克莱伯恩·派尔（Claiborne Pell）在参议院提交了执行立法的法案（S. 2204），并且于 1988 年 10 月 1 日得到通过。1988 年 10 月 21 日，众议院通过了 S. 2204，附带了一个修正案，要求删除所有相关的规定而且用其他的规定替代。

应行政部门的要求，1990 年 3 月 20 日，司法委员会主席杰克·布鲁克斯（Jack Brooks）提交了 H. R. 4314 法案。1989 年 11 月 20 日，参议员克莱伯恩·派尔提交了类似的（S. 1941）法案。1990 年 5 月 1 日，众议院移民、难民及国际法子委员会就 H. R. 4314 举行了一个听证会。在该法案上作证的证人是国务院法律顾问办公室的哈罗德·伯曼（Harold Burman）、美国仲裁协会区域副主席盖瑞理·考克斯（Garylee Cox）、康涅狄格州律师协会国际法与世界和平部主席豪斯顿·普塔姆·劳瑞（Houston Putnam Lowry）。

该子委员会也收到了来自美国律师协会、在国际贸易和投资法领域活跃的华盛顿律师彼得·楚波夫（Peter Trooboff）先生、跨国仲裁研究所主任理查德·J. 格雷文（Richard J. Graving）教授的书面声明，并且已经将这些声明包括在听证记录中。

听证后，该子委员会立即给 H. R. 4314 加分。通过了一个技术性修正案以澄清《美洲公约》第 3 条所援引的《美洲公约》的程序规则是 1988 年 7 月 1 日而非 1978 年 1 月 1 日发布的规则。修正后的该法案提交到司法委员会，以 8∶0 的全票通过。

委员会投票

1990 年 5 月 22 日，司法委员会考虑了修正后的 H. R. 4314，命令口头投票。

立法需要

在美洲国家间组织 1975 年召开的外交会议上通过的《美洲国际商事仲裁公约》得到美国的积极支持。《美洲公约》是美国 1970 年加入《关于承认和执行外国仲裁裁决的公约》(《纽约公约》)之后的公约。

1986年10月9日,参议院同意批准《美洲公约》,认为该批准直到制定了执行立法才能生效。H. R. 4314 将使该批准生效,而且扩张美国和同时也是该公约的其他美洲国家间组织成员国的从事商业活动的当事人仲裁的利益。

国际商事的平稳自由流动的关键是高效而有弹性的解决争议的方法。随着国际商事交往的不断增加,当事人不断地寻求仲裁来解决国际商事争议。仲裁协议的当事人可以选择仲裁庭、程序规则以及准据法。这种弹性可以减少任何一方当事人使自己服从于不熟悉的其他国家的法律和法院程序的需要,允许争议更加快捷地解决,当事人能在相应的案例中寻找专业知识的仲裁员。然而,为了让仲裁协议有效,国内法院的法律必须能执行仲裁协议以及相应的仲裁裁决。《纽约公约》和《美洲公约》都是试图达到这个目的。这与美国在《联邦仲裁法》中宣布的国内政策是一致的。

此外,制定本法以及批准《美洲公约》将促进美洲的利益。批准《美洲公约》对美国与邻国的关系的发展具有重大意义。这些政策强调了鼓励经济发展的催化剂,即不断扩大的贸易和增加的对外投资以及和平解决争议。根据《美洲公约》而发展一个通过仲裁解决商事争议的国际机制是符合该政策的。

《美洲公约》得到了美国商业界和法律界的广泛支持。国务院国际私法咨询委员会、美国法律研究院、美国比较法协会、美国律师协会、美国仲裁协会、美国商会和许多律师协会以及私人评论员都推荐批准《美洲公约》。

H. R. 4314 讨论了美洲的商事交易而产生的争议的不易解决,即拉美各国不愿意加入国际公约。相对而言,这些国家更不抵制加入区域性公约。例如,在《美洲公约》的13个当事国之中,[①] 萨尔瓦多、洪都拉斯、墨西哥、巴拉圭和委内瑞拉不是《纽约公约》的缔约国。在本法通过以及美国批准《美洲公约》后,预计将鼓励拉美各国加入《美洲公约》。

H. R. 4314 的通过以及之后批准《美洲公约》是重要的,因为通过强制仲裁协议的当事人将争议提交仲裁而建立的可以依靠的机制,这些行为将鼓励美洲内的商业贸易。《美洲公约》的规定和执行立法将确保商事交易中的仲裁条款和仲裁裁决得到强制执行,而且程序公正的规则得到遵守。随着

---

① 分别是美国、智利、哥伦比亚、哥斯达黎加、萨尔瓦多、危地马拉、洪都拉斯、墨西哥、巴拿马、巴拉圭、秘鲁、乌拉圭、委内瑞拉。

欧洲在经济上的联合以及日本在亚洲的更大影响,委员会认为美国促进美洲的经济合作尤为重要。

对立法的分析

经修订的 H. R. 4314 为《联邦仲裁法》创设了新的第三章,具体是执行《美洲公约》的规定,主要是经由将执行《纽约公约》而制定的第二章中的相应条款并入,而且吸取了法律界和商业界多年的观点和规定。因此,除了那些根据《美洲公约》进行必要的更改,该法案并入了《联邦仲裁法》既存的所有相关条款。原则性的更改是《美洲公约》中的援引以及本立法中的美洲商事仲裁委员会仲裁规则,适用于仲裁协议的当事人没有指定可适用的规则的情形。

除了并入既存的法律外,H. R. 4314 的一些条款执行了参议院在 1986 年同意批准时所附加的三处保留。两个条款与适用美洲商事仲裁委员会的仲裁规则有关,另一个条款适用于《纽约公约》上的同样的规则,即仅仅在互惠基础上也批准了公约的外国国家的仲裁裁决才能得到承认。最后,法案中的一个条款规定了在《美洲公约》和《纽约公约》都能适用的情形下将适用哪一个公约。

《纽约公约》和《美洲公约》是希望实现同一个结果,而且它们的关键条款采用了同样的标准,表述的时候措辞适宜于各自的组织的法律风格。鉴于这一事实,以及根据《联邦仲裁法》平行立法将适用于《纽约公约》,委员会的期望是美国的法院根据这两个公约实现一般的结果的统一性。

行政部门的立场

行政部门支持本立法的制定。

监督声明

根据众议院规则第 XI 规则第 2(1)(3)(A)款,委员会声明其为了执行美国的条约和公约的相关法律运作进行了密切的监督,而且将会继续进行监督。

既然收到了委员会的监督调查和推荐,众议院规则第 XI 规则第 2(1)

(3)(D)款不适用。

通货膨胀影响声明

根据众议院规则第Ⅺ规则第2(1)(4)款，委员会评估本法案不会对国民经济的运作的价格和费用产生通货膨胀影响。

费用评估

根据众议院规则第ⅩⅢ规则第7款，委员会同意国会预算办公室下面提出的费用评估。

预算信息

因为即时立法并没有新的预算权力，所以众议院规则第Ⅺ规则第2(1)(3)(B)款不适用。根据第2(1)(3)(C)款，下列评估是由国会预算办公室准备并且提交给委员会的：

美国国会

国会预算办公室
华盛顿特区
1990年5月24日
杰克·布鲁克斯
众议院司法委员会主席

尊敬的主席先生：1990年5月22日，众议院司法委员会命令对执行《美洲国际商事仲裁公约》的H.R.4314法案作出报告，国会预算办公室已经审查了该法案。

《美洲国际商事仲裁公约》与美国1970年加入的《关于承认和执行外国仲裁裁决的公约》(《纽约公约》)都是为了方便通过仲裁解决国际商事争议。《美洲公约》的支持者充满希望地认为美国和美洲国家间组织其他成员通过的《美洲公约》将增加在美洲利用仲裁解决国际商事争议。

执行《美洲公约》不会创设任何新的组织或机构，也不会要求从政府机构中支出任何资金。因此,通过 H. R. 4314 预计不会影响联邦、州或地方政府的预算。

国会预算办公室负责此评估的是肯特·R. 克里斯滕森(Kent R. Christensen),他的联系电话是 226—2840。

罗伯特·D. 蕾西尔(Robert D. Reischauer)

委员会推荐

在仔细考虑了本立法后,委员会认为本法案应予以通过,因此推荐通过 H. R. 4314。

附录九

3931 P.L. 101-552,《行政争议解决法》

参议院报告，编号 No. 101-543
1990 年 10 月 19 日

对于授权并鼓励联邦机构使用调解、和解、仲裁和其他快捷、非正式的解决争议的手段的（S. 971）法案，政府事务委员会经考虑后提出了修正案作为替代，并且推荐通过修正后的法案。

I. 目的

替代性争议解决（ADR）程序是当事人在争议中使用的用来代替正式诉讼的非正式的、合意的程序。这些程序包括和解谈判、和解、调解、事实调查、小型审判、仲裁或者这些程序的结合。通常，使用 ADR 程序能导致更有效、公平、及时、节省地解决争议。

在没有立法和行政规章明确授权时，很多机构目前可以而且有几个机构的确在利用 ADR 方法。S. 971 的目的是让政府更多地使用新型的 ADR 程序，而且提供一个法定框架来更有效、正确地利用这些弹性的诉讼替代措施。该法案的目标是向使用 ADR 来解决涉及联邦政府的争议的各机构和私人当事人传送明确的消息，即 ADR 是被接受的实践，而且为各机构发展和/或扩大各个 ADR 项目提供支持。

S. 971 鼓励各机构考虑潜在的 ADR 的使用，而且要求它们发展出具体的政策来执行。该法案要求每一机构在使用谈判和其他争议解决方法时委任一名争议解决专家，建立一个合适的人事培训项目。该法案在《美国法典》第 5 编内新设一章规定 ADR 使用方法以及解决与机密之类的事项相关的问题，也对利用仲裁解决问题以及利用这些方法来解决涉及美国的争议的宪法关切做了特定的规定。

该法授权的参与 ADR 方法建立在争议当事人自愿并且有协议的基础上。这些方法是用来补充而非代替或限制既存的争议解决实践或程序。

Ⅱ. 背景

在美国提起的诉讼数量众多，光是民事案件就很多。根据美国法院行政办公室的统计，截至 1989 年 12 月 31 日的一年里，在美国提起的民事案件的数量超过了 22 万起。其中，联邦政府是一方当事人的案件超过 5.5 万起，涉及联邦问题的私人民事案件超过 10 万起。

回应这种情形，私人部门日益转向诸如 S. 971 规定的诉讼替代方法。越来越多的律师在 ADR 方法中被培训。根据参议员查尔斯·格拉斯雷（Charles Grassley）和查尔斯·珀尔（Charles Pou）撰写的题为《国会、行政部门和争议解决程序》（Congress, The Executive Branch, and The Dispute Resolution Process）的文章，美国超过一半的法学院现在开设争议解决课程。而且，超过 360 家非营利社区争议项目在运作。此外，各州也承认 ADR 方法是有价值的工具。根据这篇文章，超过 20 个州的立法机关制定了设立全国性的调解中心或者其他争议解决程序的法律，而且在 40 多个州里有多达 175 家与法院相关的 ADR 项目。

最近这些年，很多利害关系人要求联邦机构利用 ADR 方法来允许他们在解决争议中增加弹性。联邦机构目前被授权参与许多 ADR 程序，例如调解、和解和小型审判。事实上，诸如环境保护署、工程师军队公司（the Army Corps of Engineers）、功绩制保护委员会（the Merit System Protection Board，简称 MSPB）、司法部这样的机构都有使用 ADR 方法的项目。然而，直到现在，没有政府范围内的强调使用 ADR 方法，因此很多机构对于存在什么 ADR 方法以及哪些程序被接受都没有什么认知。

负责促进联邦行政程序的效率和公平的美国行政会议（ACUS）已经在过去的几年就联邦机构使用 ADR 方法做了许多的工作。

20 世纪 80 年代早期，ACUS 正式推荐各机构考虑制定规则时使用谈判方法——现在以谈判的规则制定程序而知名的程序。谈判的规则制定程序是一个机构邀请会被一个规则影响的当事人加入一个临时委员会来起草合意的规则草案。如果该规则草案完成了，该草案就成了将要公布以供公开评论的文件的基础。ACUS 的（1 CFR 305.82－4）文件鼓励并且就这种方法的使用提供指导。

这一目标是通过非正式的自愿程序而达到更有效、及时、公平的规则制定。通过在早期阶段以及非对抗性的背景中让受影响的当事人参与规则制定过程，制定出来的规则就更有机会被接受，而且最重要的是可以成为一个更加正确、现实以及有效的规则。诸如联邦航空局和环境保护署这样的机构在制定规则时已经使用而且继续使用这个方法。由于这些机构和其他机构的积极经验，国会众议院现在通过了立法来确立指导谈判的规则制定框架以鼓励联邦机构在规则制定时使用该程序。

虽然谈判的规则制定证明是一个成功的规则制定的替代方法，依靠非正式性和非对抗关系，ACUS 开始开发更广泛的 ADR 方法，采用类似的非正式和非对抗的方法来解决争议。

1986 年，ACUS 发布了各机构使用替代性方法解决争议的第 86－3 号建议（1 CFR 305.86－3）。与关于谈判的规则制定类似，这个建议鼓励各机构使用 ADR 方法并且就如何以及何时使用提供了指导。其目标也是通过使用自愿的非正式程序来促进更高效、有效的行政程序。

第 86－3 号建议促请各机构在既存的法定权限内使用 ADR 方法解决争议。虽然 ACUS 认为联邦机构已经有权使用大多数 ADR 程序，而各机构经常避免使用 ADR 方法是由于对这些方法及其可接受性的权力不明，因此 ACUS 建议立法来澄清并扩大使用 ADR 方法来解决涉及联邦政府的争议。

在第 100 届国会期间，参议院参议员查尔斯·格拉斯雷和众议院代表唐纳·皮斯（Donald Pease）提出立法来达到这个目标。S. 2274 法案和 H. R. 5101 法案是模仿 1986 年 ACUS 建议的。在参议院的法院和行政实践子委员会以及众议院的行政法和政府关系子委员会上就这两个法案举行了听证会。听证会之后就没有再采取任何进一步的行动。

1989 年 5 月 11 日，参议员格拉斯雷在第 101 届国会上重新提出其法案。该法案 S. 971 提交到参议院政府事务委员会，之后又提交到政府管理监督子委员会。

1989 年 9 月 19 日，政府管理监督子委员会就第 S. 971 法案举行听证会。该听证会聚焦于对各种联邦争议使用 ADR 方法的恰当性以及第 S. 971 法案创设的在联邦政府中有效、负责任地使用 ADR 框架的能力。

在听证会上讨论的其他问题包括：关于联邦机构使用仲裁的说明的宪法关切、在 ADR 程序中使用的中立人员的资格和培训。

在 9 月 19 日举行的听证会上作证的包括参议员格拉斯雷，一个由环境保护署、司法部、功绩制保护委员会组成的机构专家组和一个私人机构专家组，该私人机构专家组由在使用ADR上经验丰富的环境争议解决保护基金会主任、来自克罗威尔&姆林（Crowell & Mooring）的代表、一家华盛顿特区律师事务所、一名美国律师协会的代表组成。

作证的每一个机构在使用ADR上都有一些经验。例如，由于1978年《文官制度改革法》（The Civil Service Reform Act of 1978）的通过，MSPB被允许仲裁案件，并使用各种形式的ADR的自愿快捷上诉程序（Voluntary Expedited Appeals Procedure，简称VEAP）。环境保护署最近发起了一个ADR项目，而且得到制定法的授权来仲裁特定的案件。环境保护署在听证会上表达了扩大ADR项目的兴趣，而且也是一个从此类扩大中获益的机构。司法部已经使用、经历了各种各样的ADR方法，诸如小型审判。

环境争议解决保护基金会的代表盖尔·本哈姆（Gail Bingham）女士、克罗威尔&姆林的代表艾登·克罗威尔（Eldon Crowell）先生都支持扩大ADR在联邦政府的使用，而且都熟悉ADR在私人部门的使用。盖尔·本哈姆女士是一名执业的调解员，而克罗威尔先生是一名合同法及ADR方法的使用的专家。

环境保护署和MSPB也作证支持S.971。MSPB作证说，在其使用ADR方法的5年历史中，"委员会所使用的ADR技巧的结果是更快、花费更少的案件处理流程"。MSPB指出，1988年，使用ADR的案件65天内处理完毕，而按照通常的程序则要花99天。

1987年8月，环境保护署主任李·M.托马斯（Lee M. Thomas）在写给助理主任和区域主任的一份备忘录中指出："ADR意味着降低联邦机构及其所规制的社区在解决争议上的交易成本。"他在备忘录封底上声称："我希望你们每一个人都努力将ADR适用于执法过程，我要求区域主任审查正在处理的执行行动以及那些已经提起而可以通过ADR解决的案件。"环境保护署和MSPB都强调了ADR项目中弹性的需要以及就ADR的使用向各机构传达明确的指示，即ADR是可以接受的替代正式诉讼的途径。

如前所述，司法部也有使用ADR的经验，而且支持扩大在联邦政府的使用。然而，司法部反对引入具有约束力的仲裁来解决各机构的争议。司法部认为，各机构使用有约束力的仲裁目前没有明确的法律授权，会引发宪法关切。

司法部列出了如下的宪法关切：

(1) 委任个人为仲裁员可能会干涉第 2 条的委任条款, 因为仲裁员常常不是联邦雇员;

(2) 根据 S. 971, 国会将授权私人当事人行使各机构的决策权, 这将产生分权的问题;

(3)《宪法》第 3 条确立的法院的司法责任和权力会被削弱;

(4) 仲裁会干扰正当程序。

司法部也描述了联邦机构使用仲裁的两个法律障碍:

(1)《美国法典》第 1346 条禁止使用联邦基金支付"委员会、理事会或类似团体或该团体的成员的花费或与该团体的工作相关或因工作或行为而引起的花费", 除非法律另有规定;

(2)《美国法典》第 3702 条规定, 总审计长应解决美国政府或者指向美国政府的所有请求。

总会计办公室传统上一直将这两条解释为禁止联邦机构使用仲裁, 除非经过国会的特别授权, 例如《联邦仲裁法》或《文官制度改革法》或其他特别情形的授权。

支持联邦机构使用 ADR 的人认为, 这些禁止性规定解释的太宽泛了, 而 S. 971 的明确授权将解决这些问题。

S. 971 的支持者也认为, 该法案的具体条款保证不存在任何宪法问题, 因为仲裁的决定是所有当事人自愿的, 而且受该法案第 582 条规定的指引的支配, 该条列出了哪些情形下 ADR 程序是不合适的。这些认为联邦机构使用约束力的仲裁并不违反《宪法》的人常常指向著名宪法学家、得克萨斯大学法学院教授哈罗德·布拉夫 (Harold Bruff) 发表的一篇为在联邦项目中使用仲裁的合宪性辩护的文章。该文题目为《公共项目、私人决策者:联邦项目中仲裁的合宪性》, 发表在 1989 年的《得克萨斯法律评论》上, 也包括在了 1989 年 9 月 19 日参议院子委员会的听证记录中了 (S. Hrg. 101-494)。该文回顾了联邦政府内仲裁项目的案例史, 为在联邦项目中使用仲裁作了辩护, 只要一些具体的保护措施来防止滥用权力就可以。S. 971 的支持者指向了该法案中的许多保护措施。

为了进一步澄清这个问题, 监督子委员会要求 CRS 的美国法部门确定 S. 971 内的任何宪法问题。CRS 于 1989 年 8 月 17 日提交了一份摘要, 也包括在了 1989 年 9 月 19 日参议院子委员会的听证记录中, 认为 S. 971 并不违宪:

S. 971 看似能经受《宪法》第 2 条、第 3 条以及正当程序条款的挑战。

根据第 2 条，总统委任仲裁员或者使用私人当事人为仲裁员并不是政府权力代表中所不允许的。根据第 3 条，仲裁员不必是具有良好品行的终身制法官。最后，根据正当程序条款，S. 971 规定了仲裁员的公正无私以及看似充分的有限的司法审查。

尽管有这些分析，具有约束力的仲裁的合宪性仍然是一个充满争议的问题。在听证会的过程中，司法部声称，真正具有约束力的仲裁并没有在联邦政府中使用，也许例外的是联邦劳工关系局。司法部的证人认为，在最终裁决终局具有约束力之前，立法授权联邦机构使用的仲裁是受机构的首脑审查的。环境保护署目前使用的仲裁程序包括要求在裁决终局前将裁决进行公共审查和评论的规定。

在格里克曼（Glickman）提出的 H. R. 2497 法案的听证会上，司法部也提出了类似的关切。在 1989 年 9 月 19 日听证会后的一周，司法部与其他利害关系当事人协同开发出来一个消除这些宪法关切的程序，达成了一个条款以及修正 H. R. 2497 以规定仲裁裁决在具有终局约束力之前是可以被联邦机构首脑审查、推翻的。这样就确保美国的官员而非外面的当事人最终对仲裁程序的结果负责。仲裁程序实际上在 30 天内是没有约束力的。经修订后，S. 971 中也包括同样的条款，因此解决了该法的宪法关切。

1990 年 9 月 25 日，参议院政府管理监督子委员会向政府事务委员会报告了 S. 971，附有一个具有替代性的修正案。1990 年 10 月，政府事务委员会一致赞成该方案以及几处技术性修正并且命令修正后的法案提交参议院讨论通过。

Ⅲ. 摘要

S. 971 修改了《行政程序法》，授权在联邦行政项目中产生的争议的当事人同意使用 ADR 方法。使用这些方法从属于一些关于哪些情形下不适宜用 ADR 方法来解决争议的指南。如果所有当事人同意，就可以进行自愿的、有约束力的仲裁，但仲裁裁决要从属于司法审查以及恰当的机构审查。该法案确立了 ADR 程序中保密性的标准，方便了各机构使用 ADR 方法，而且规定了司法审查程序。

该法案对《联邦征收条例》、《合同争议法》、《联邦侵权请求法》作了一些必要的修订，以方便 ADR 在这些领域中的使用。

S. 971 吸取了 ACUS、联邦调解和解服务中心（the Federal Mediation

and Conciliation Service，简称 FMCS）的经验与专业技能来进一步协助联邦机构使用 ADR。各机构被要求寻求这两个组织的指导。ACUS 也负责向国会定期报告各机构对该法的执行情况以及在 FMCS 的协助下确立一份合格的中立人名册供争议中的当事人选择使用。该法案增加了 FMCS 的义务范围，包括调解、培训和其他 ADR 协助。

Ⅳ. 逐条分析

政府事务委员会报告 S. 971 及其具有替代性的修正案。下面的逐条分析是建立在修正后的草案的基础上的。

第 1 条 标题

本条规定本法案的标题是"行政争议解决法"。

第 2 条 认定

第 2 条包括对行政争议解决技巧的认定。它指出，《行政程序法》本来是为了促进快速地解决争议以代替诉讼，但是行政程序已经变得正式而冗长了。

本条认定行政争议解决技巧可以提供更快、花费更少、对抗性更少的决定以及更富创造性、高效和明智的结果。它鼓励各机构使用 ADR，而且认为对各机构使用 ADR 技巧的明确授权将消除对各机构参与此类程序的权力的模糊性。

第 3 条 促进替代性争议解决方法

为了鼓励各机构使用 ADR，第 3 条要求联邦机构制定使用 ADR 技巧的政策，指定一名高级官员作为本机构的争议解决专家以及为该专家提供培训。

本条也要求各机构审查本机构的合同、许可或其他协议的任何标准语言以决定是否包括 ADR 的使用条款。本条也要求修订《联邦征收条例》（The Federal Acquisition Regulation）以在标准合同中加入使用 ADR 来解决争议，并且执行本法中的其他影响联邦合同、许可或其他协议的条款。

第 4 条 行政程序

第 4 条修正了《美国法典》第 5 编行政程序那一章，增加了 ADR 技巧的使用一节。

新的一节的标题为"行政程序中替代性争议解决方法"，其条文排列如第 5 编第 5 章中的一样。

第 581 条 定义

新的第 581 条列出了适用于本节的下列定义：

"机构"的含义与第 5 编第 551 条第 1 款的含义一样。

"行政项目"是涉及通过规则制定、正式或非正式的裁决、许可程序或调查而保护公共利益、决定私人的权利、特权与义务的联邦功能。

"替代性争议解决方法"是指任何解决争议的代替正式的裁判的机构程序。此类替代性方法典型的使用中立人来方便解决机构与其他当事人之间的争议，包括诸如谈判、和解、调解、事实调查、小型审判、仲裁之类的技巧。

"裁决"是指解决争议的仲裁员发布的书面决定。

"争议解决沟通"是指争议解决程序中当事人、中立人或非当事人的参与者任何机密的口头的沟通。

"争议解决文件"是指在争议解决过程中事人、中立人或非当事人的参与者准备或提供的任何机密的书面材料。

该定义特别排除提交仲裁的"协议"和规定仲裁"裁决"的文件，因为此类文件描述的是涉及联邦政府的争议的地位，应该在绝大多数案件中公开，而且既然涉及美国的政策与行为，就并不存在合理的机密预期。只有在政府和争议中的其他当事人明确以书面方式同意以及法律规定不应公开时，此类协议与裁决应视为"争议解决文件"。

"争议解决程序"是指正在用来解决联邦政府和具体当事人之间的争议的任何 ADR 程序。

"机密"是指提供的明确要求不应披露的或者存在合理的预期即不会在 ADR 程序外公开的有关信息、争议解决沟通、争议解决文件。

"争议中的问题"是指行政项目中对于决定具有实质性意义的问题,而且负责决定的机构与事后受该决定实质影响的一方当事人或多方当事人之间存在分歧。

"中立人"是指协助联邦机构和其他当事人利用 ADR 技巧解决争议的个人。

"当事人"的含义与第 5 编第 551 条第 3 款的含义一样,或者就没有指明当事人的程序中,将要被程序中的决定实质影响而且参与该程序的个人。

"个人"的含义与第 5 编第 551 条第 2 款的含义一样。

"名册"是指一组有资格作为中立人提供服务的个人的目录。

第 582 条 一般权力

新的第 582 条明确授权,如果争议的所有当事人都自愿地同意,那么就允许联邦机构使用 ADR 技巧来解决关于该机构的行政项目的争议。

本条也为何时不应使用 ADR 技巧提供了指引。

本条列出了六个因素,如果存在其中的一个或者多个,那么只有一个机构首先认真地分析了相关的情势并且作出一个具体的决定,即 ADR 程序可以用来避免所确定的问题或者因为其他关切明显地超过了正常情形下使 ADR 不合适的因素,该机构才能使用 ADR。

六个因素提出了许多考虑点。例如,它们要求一个机构考虑使用争议作为确立权威性的先例或者解决重大的正常问题的重要性。通过 ADR 程序达成的争议解决通常并不能实现此功能,因为它们使用非政府的决策者,将越过正常的机构审查和咨询层面,并不包括类似的争议考虑或相关的政策问题,而且可能从属于机密性要求。

另一个因素是机构维持所确立的政策以及让一个特定领域之中的各个决定之间的差异最小化的重要性。ADR 技巧没有什么机制来实现此目标。各机构必须特别注意到权衡争议解决对不是该程序当事人的个人和组织的影响,而且考虑本机构在必要的时候提供程序的公开记录的能力。ADR 的技巧随着对这些关切的考虑的不同而不同。最后,各机构必须考虑其对某一事项维持继续管辖以及如果情势变更时更改处理规定和使用 ADR 是否会干涉本机构的义务。如果此类持续的义务存在,ADR 可能就不是合适的争议解决方法。

这些因素在决定是否仲裁时起着尤为重要的作用,因为仲裁程序更正式而且具有约束力。正如 S. 971 第 5 条所确立的，它们也是对仲裁裁决进行司法审查的新的法律标准，不是仲裁的当事人但是受该裁决不利影响的个人希望推翻或者更改该裁决。

除了鼓励使用 ADR 技巧，本条明确了本法的意图是促进 ADR 方法作为已经存在的争议解决程序的补充。本法的规定并不是要干涉或限制已经在使用的任何程序或实践。田纳西州河流管理局与本子委员会联系，表达了对本法的一些条款的关切，尤其是那些关于仲裁的条款，担心会限制它们既存的仲裁权力。本法中的用语是使该关切减轻。

第 583 条　中立人

新的第 583 条确立了在 ADR 程序中选择和使用中立人的指引。

只要当事人同意，本条允许中立人是任何联邦机构的全职或兼职的官员或雇员或任何其他个人。除了仲裁员，本条确立中立人根据当事人的意志服务。本条声明，中立不能与 ADR 程序中的相关问题具有利益冲突，除非在该程序中已经向所有当事人书面披露了该利益冲突而且当事人在接到此披露后同意该中立人继续服务。

本条列出了 ACUS 就联邦机构使用中立人所负的责任。本条要求，在与 FMCS 和其他机构、组织磋商后，ACUS 要发布推荐中立人的专业标准，维持一个满足这些标准并有资格在 ADR 程序中服务的个人名册，使该名册能让考虑使用 ADR 技巧的机构获得。因为 ACUS 是协助而非控制机构使用 ADR 技巧，鼓励而非要求各机构选择满足 ACUS 标准并且在 ACUS 名册中的中立人。

本条也授权 ACUS 与被各机构在选择的基础上使用的中立人缔结合同。本条也指示 ACUS 发展出其他允许各机构在快速的基础上获得中立人服务的程序。

在补偿问题上，本条要求 ADR 程序中的所有当事人包括联邦政府就中立人的服务报酬达成协议。本条替换了众议院法案中要求联邦政府单独支付该费用的规定。将该费用全部让政府承担不但对于纳税人是不公平的负担，对于具有核算的中立人也是一个不当的影响。一个更好且更普遍的实践是让政府和所有其他当事人就中立人的服务承担相同比例的费用。

本条明确授权各机构缔结合同与居间协议以获得中立人的服务。本法授权各机构设计将执行所同意的补偿方案的合同以及居间协议。本条也明确授权各机构缔结获得 ADR 技巧培训的合同以及居间协议。

本条要求政府和其他当事人对于中立人的报酬的分担"对政府而言是公平合理的"。这样表述是禁止过高的费用,而且明确没有强制各机构一定要选择报价最低的中立人。

第 584 条 机密

新的第 584 条确立了保护 ADR 程序的机密的规则。

这些保护措施是使 ADR 程序的当事人能坦诚相待,不必担心直率的陈述之后会不利于自己。因此,在 ADR 程序期间提交的诸如建议解决争议的文件是免于证据开示的,除非满足一些特定的条件。同时,这些机密条款不是用来使法律程序中正常的证据开示落空。因此,本条规定诸如这些在 ADR 程序之前既存的 ADR 文件是可以开示的。这样,本条试图平衡 ADR 程序的机密需要与其他法律背景下的证据开示的权利。

本条分别对待中立人和当事人。本条保护中立人占有中的沟通和文件免于证据开示或者自愿披露,除非当事人书面同意、沟通或文件已经进入公有领域、制定法要求披露、法院在权衡了 ADR 程序中的机密需要后决定有必要披露以阻止不正义、揭示违法或者阻止对公共健康或安全的危害。

本条保护 ADR 程序中当事人占有的沟通和文件,除非当事人书面同意、沟通或文件已经进入公有领域、制定法要求披露、法院在权衡了 ADR 程序中的机密需要后决定有必要披露以阻止不正义、揭示违法或者阻止对公共健康或安全的危害,或者该沟通或文件是确立、澄清或执行一项源于 ADR 程序的协议或裁决所必要的。

本条对违反本法机密要求的行为施加了制裁,不允许这些不当披露的沟通或文件之后在相关的法律程序中使用。

如果在 ADR 程序开始前中立人被告知了当事人同意,本条允许当事人同意替代性的机密程序。如果当事人在 ADR 程序开始后达成协议,该协议仅仅约束当事人自身。对中立人的披露要求必须符合本法的其他条款。

本条规定,根据法律程序被要求披露时,中立人必须采取合理努力通知所有当事人以及任何可能受影响的非当事人参与者。接到此通知的任何这样的人必须在收到该通知后的 15 天内行使拒绝披露的权利或者放弃阻止中立人遵守披露要求的任何权利。

本条明确保留了根据联邦或者其他的证据规则而可以开示的任何信息、

沟通或文件的开示和可接受性。

本条规定，机密程序并不排斥将 ADR 程序中的文件或沟通用于证明存在根据某 ADR 程序发布的协议、裁决或命令或解决中立人和当事人之间的内部争议。机密程序也并不排斥为了研究或教育目的从 ADR 程序中收集不特定的数据。

第 585 条　仲裁的权力

新的第 585 条至第 591 条聚焦于仲裁。这些条文与编纂在《美国法典》第 9 编的《联邦仲裁法》配套，后者规定了私人部门以及很多方面的联邦仲裁项目的具有约束力的仲裁的法定框架。

只要所有当事人书面同意仲裁，新的第 585 条授权使用仲裁。本条禁止联邦机构命令任何人同意仲裁作为接受合同或利益的条件。该禁止是帮助确保使用仲裁在所有方面都是真正自愿的。

第 586 条　仲裁协议的执行

新的第 586 条规定，根据《美国法典》第 9 编第 4 条，仲裁协议事项是可以执行的。本条的目的是协调并澄清本节与《联邦仲裁法》的关系，并且强调现存的法律适用于根据本节达成的仲裁协议的执行。

第 587 条　仲裁员

新的第 587 条规定，仲裁当事人——包括美国和其他当事人——有权参与选择仲裁员。至于具体的程序则由相关的机构和当事人自由裁量。本条要求仲裁员是满足第 583 条要求的中立人。

第 588 条　仲裁员的权力

新的第 588 条列举了根据本节选择的仲裁员的权力。本条授权仲裁员引导开庭、管理誓词、对证人和证据发布命令以解决提交给他们的争议。本条也明确授权仲裁员发布被称为裁决的决定来解决所提交的争议。

本条是为了给仲裁员用非正式的、高效的方式来引导仲裁程序提供合适的权力和弹性,避免仲裁程序变成完全的诉讼程序。仲裁员不应使用本条授予的权力来引诱或者允许过度的证据开示。相反,仲裁员应合理地使用本条规定的权力来收集必要的资料和信息以引导一个公平、有效和快捷的询问。

本条也限制《仲裁法》授予仲裁员的发布传票以及联邦机构主持仲裁程序的权力。这样是为了确保同样的法律和惯例适用于联邦机构内的所有争议的仲裁,不管它们根据第5编的ADR节而开始还是根据第9编《仲裁法》而开始。本条也是为了确保联邦机构并不因为本法而获得任何之前并不拥有的发布传票的权力。

第589条 仲裁程序

新的第589条确立了包括开庭在内的仲裁程序的基本规则。本条授权仲裁员确定开庭的时间和地点并且通知当事人。本条规定了最基本的正当程序权利并且宣布开庭应以非正式的方式快捷地进行。本条要求仲裁员在开庭结束后30天内发布裁决,除非相关的机构有不同的规则或者当事人另有协议。

本条允许仲裁员排除"不相关的、不重要的、不当骚扰的或者有特权的"证据。仲裁开庭中的这个证据标准是为了确保仲裁程序非正式而又快捷。

在一方或多方当事人同意支付保管费时,本条授权保管仲裁程序的记录。本条禁止单方面的沟通而且允许仲裁员对违反该规则的行为进行制裁。

第590条 仲裁裁决

新的第590条规定了仲裁裁决的发布与终局的标准。本条要求书面裁决、附有简洁、非正式的对作出裁决的事实和法律依据的讨论,除非机构的规则另有规定。

本条规定,裁决在送达各方当事人后30天成为终局的,除非机构在30天期限内通知延迟该30天期限。本条授权机构首脑在裁决成为终局之前的任何时间内终止仲裁程序或通过向其他所有当事人送达通知的方式撤销所发布的裁决。加上本条规定是解决对仲裁员为联邦政府作出决策的宪法关切,明确将最终的决策权授予联邦机构首脑。

本条禁止任何在争议事项中作为调查员或指控人的机构雇员或代理人对机构首脑作出终止程序或撤销裁决进行建议,在公开背景下去建议的除外。本条的目的是禁止将案件提交给仲裁员的机构代理人在败诉后私下会见机构首脑并且要求撤销仲裁员。本法不允许这样单方面的会见,因为终止仲裁或撤销仲裁裁决的决定是一个严肃的问题,应该在没有偏向机构自己的工作人员的前提下作出。根据本条,机构的工作人员可以参与对方当事人能听到并且回应的交流。本条也允许机构的调查员和指控人就代理人费用而出庭作证或者在类似的公开程序中争辩。

一旦裁决成为终局的,本条规定,根据《仲裁法》,该裁决就是具有约束力而且可以执行的。另一方面,被撤销的仲裁裁决者任何相关的程序中都是不可接受的。

本条规定,在机构撤销仲裁裁决或终止仲裁时,美国之外的任何当事人可以根据《公平诉诸正义法》(*Equal Access to Justice Act*,简称 EAJA)就代理人费用和花费起诉,可以在法院或《公平诉诸正义法》规定的使用追偿标准的行政法法官处提起。本条援引《公平诉诸正义法》是为了使用根据该法已经发展出来的复杂的法律规范,而且也是为了确保使用 ADR 程序的人与参与诉讼的人具有同样的权利。

本条也规定,如果法院或行政法法官作出命令,则必须从撤销该仲裁裁决或终止仲裁程序的机构的资金中支付此代理人费用和花费。本条具有双重目的:第一,补偿参与仲裁的当事人的额外花费;第二,为各机构遵守仲裁提供动力,否则它们就要承担其他当事人的费用。

第 591 条　司法审查

新的第 591 条授权根据《仲裁法》对仲裁裁决进行司法审查,除非根据第 590 条禁止对任何机构终止仲裁程序或撤销仲裁裁决的决定进行司法审查。本条也禁止对机构使用或不使用 ADR 程序(仲裁除外)来解决特定争议的决定进行司法审查。该决定留给机构的自由裁量权支配。

第 592 条　信息汇编

新的第 592 条授权美国行政会议(ACUS)收集机构的 ADR 程序的资料,而且要求各机构向 ACUS 提供各自的 ADR 程序使用资料。

第 595 条　支持服务

新的第 5 编第 595 条授权一机构使用其他各机构和私人组织以及个人的收费或免费的 ADR 程序服务，不用考虑第 1342 条的限制。

本法第 4 条的最后部分修正了第 5 编的目录，包括了新的一节及其各条。

第 5 条　对仲裁裁决的司法审查

第 5 条修正了《仲裁法》第 10 条，对受到仲裁裁决影响的非当事人进行司法审查的权利作了规定。新的（b）款规定，不是仲裁程序的当事人可以获得对该仲裁裁决要求司法审查的权利，如果其受到不利影响而且如果机构使用仲裁明显不符合第 5 编第 582 条所列举的因素。

第 6 条　政府合同请求

第 6 条修正了 1978 年的《合同争议解决法》（*The Contract Disputes Act of 1978*，简称 CDA），鼓励缔约官员通过使用 ADR 技巧解决争议。

本条对《合同争议解决法》作了如下修订：第一，明确授权根据第 5 编的新的一节使用 ADR 程序；第二，要求缔约人确认使用 ADR 解决所提交的合同请求是善意的、有准确的支持信息、有准确的合同调整的要求；第三，授权根据《仲裁法》对《合同争议解决法》上的合同请求的仲裁裁决进行司法审查，而且该裁决从属于《合同争议解决法》或其他法律所施加的数量限制。本条就《合同争议解决法》的修正适用于本法其他部分规定了同样的 5 年日落条款。

第 7 条　联邦调解和解服务中心

第 7 条授权联邦调解和解服务中心（Federal Mediation and Conciliation Service，简称 FMCS）向根据第 5 编的新的一节使用 ADR 程序的联邦机构提供可以获得的服务。本条授权 FMCS 提供诸如培训、中立人、维持包括仲裁员在内的中立人名册之类的服务。

第 8 条　政府侵权请求

第 8 条修正了《联邦侵权请求法》(Federal Tort Claims Act)，授权联邦机构根据第 5 编的新的一节使用 ADR 技巧来解决针对美国的侵权请求。本条授权有权力的机构解决此类请求到总检察长将和解的权力授予到机构首脑的程度。然而，本条也对各机构和解的权力作了限制，即不能超过总检察长授予的和解权限。

第 9 条　非律师的使用

第 9 条要求每一机构考虑在 ADR 程序中是否允许非律师的代理。本条也要求如果允许非律师则各机构应制定出保证此类非律师代理不合格时的政策。

第 10 条　定义

第 10 条界定了本法中的一些术语，包括"机构"、"行政项目"和"替代性争议解决方法"。这些术语与新的第 5 编第 581 条中的术语的含义一样。

第 11 条　日落条款

第 11 条对本法施加了 5 年的日落限制（直到 1995 年 10 月 1 日）。

Ⅴ. 立法费用评估

美国国会
国会预算办公室
华盛顿特区
1990 年 10 月 17 日
约翰·格雷恩（John Glenn）
政府事务委员会主席
美国参议院

华盛顿特区

尊敬的主席先生：国会预算办公室已经准备好了 S. 971、《行政争议解决法》的费用评估，附在后面。

如果您希望进一步了解此评估的细节，我们将很乐意提供。

罗伯特·D. 蕾西尔（Robert D. Reischauer）主任

国会预算办公室——费用评估

1. 法案编号：S. 971
2. 法案名称：《行政争议解决法》
3. 法案地位：如参议院政府事务委员会 1990 年 10 月 17 日所报告的一样。
4. 法案目的：S. 971 将授权和鼓励联邦各机构使用替代性争议解决方法，例如和解、调解和仲裁，而非传统的裁判来解决争议。本法案将要求美国行政会议和联邦调解和解服务中心在采用这些替代性方法上协助各机构。
5. 联邦政府的费用评估：

此处的表格资料不能公开陈列。

本法案的费用将在预算功能 750 上。

本表格并不包括增加的替代性争议解决方法的使用的可能结余，这是我们不能评估的。这些替代性方法一般比传统的程序更便宜，例如在行政法法官前的听证，因为它们花费的时间更少而且通常导致诉讼更少。

评估的基础：虽然 S. 971 不会授权任何拨款，但是国会预算办公室期望美国行政会议和联邦调解和解服务中心要求额外的资源以有效地执行该法案。在美国行政会议和联邦调解和解服务中心提供的信息的基础上，我们评估这些机构将在本法案通过后的未来两年内每年增加 100 万美元的费用；这个数额已经反映在上面的表格中了。这些费用是用在中立人服务、培训项目和其他对寻求使用替代性争议解决方法的各机构的一般支持上。本评估是建立在历史支出种类的基础上的，而且假设了必要的拨款。

6. 对州和地方政府的费用评估：没有。
7. 评估比较：没有。
8. 之前的国会预算办公室评估：1990 年 5 月 24 日，国会预算办公室就司法委员会 1990 年 5 月 22 日命令报告的 H. R. 2497 准备了一份评估。S. 971 的费用与 H. R. 2497 一样。

9. 评估人：迈克尔·斯沃茨（Michael Sieverts）（联系电话是 226-2860）和寇利·里奇（Cory Leach）（联系电话是 226-2820）。

10. 评估批准人：詹姆斯·L. 布拉姆（James L. Blum）、C. G. 纳克尔斯（C. G. Nuckols）代签。

Ⅵ. 规制性影响

S. 971 的目的是鼓励联邦各机构使用 ADR 技巧。本法所要求的唯一的规制性变化是对《联邦征收条例》的修正，以包括允许在自愿地基础上使用 ADR 技巧解决与联邦合同、许可和其他协议相关的争议的标准语言。本法也要求各机构发布关于使用 ADR 技巧以及 ADR 案件管理的政策，不一定是规制性的。本法案要求美国行政会议发布各机构的 ADR 程序有资格作为中立人服务的人的专业标准。委员会期望一些机构发布执行本法某些规定的规章，例如机构使用仲裁。然而，不希望这样的规章对于潜在的 ADR 参与者施加任何负担，而是就机构的 ADR 程序如何运作提供公开的信息。

Ⅶ. 现存法律中的变化

美国法典　第 5 编
第一部分　各机构
第 5 章　行政程序
第 Ⅰ 节　总则
第 500 条　行政实践：一般规定
第 Ⅳ 节　行政程序中的替代性争议解决方法

581. 定义
582. 一般权力
583. 中立人
584. 机密
585. 仲裁的权力
586. 仲裁协议的执行
587. 仲裁员
588. 仲裁员的权力
589. 仲裁程序

590. 仲裁裁决

591. 司法审查

592. 使用其他机构雇员服务的权力

593. 中立人的资格与名册：供应

594. 信息汇编

595. 支持服务

第Ⅱ节　行政程序

第556条　听证：主持人、权利与义务、举证责任、证据、作为决定基础的记录

(c) 从属于机构的公开规则，在其权限内，听证主持人可以：

(6) 在当事人同意后举行和解或者问题简化会议或者使用本章第Ⅳ节规定的替代性争议解决方法；

(7) 就可以获得的替代性争议解决方法的一种或多种通知当事人，而且鼓励使用这些方法；

(8) 要求有权就解决争议中的问题进行谈判的每一方当事人至少有一名代表参与根据第（6）段举行的会议；

[(7)] (9) 处理程序要求或者类似事项；

[(8)] (10) 根据本编第557条作出或推荐决定；

[(9)] (11) 采取与本节相符的其他机构规则授权的行动。

第Ⅳ节　行政程序中的替代性争议解决方法

第581条　定义

就本节目的而言，术语：

(1) "机构"的含义与第5编第551条第1款的含义一样。

(2) "行政项目"是涉及通过规则制定、正式或非正式的裁决、许可程序或调查而保护公共利益、决定私人的权利、特权与义务的联邦功能以及本章第二节中所使用的术语。

(3) "替代性争议解决方法"是指任何解决争议的代替正式的裁判的机构程序。此类替代性方法典型的使用中立人来方便解决机构与其他当事人之间的争议，包括诸如谈判、和解、调解、事实调查、小型审判、仲裁之类的技巧。

(4) "裁决"是指解决争议的仲裁员发布的书面决定。

(5) "争议解决沟通"是指争议解决程序中当事人、中立人或非当事人的参与者任何机密的口头的沟通。

(6)"争议解决文件"是指任何书面资料：

（A）为了争议解决程序的目的，在争议解决程序过程中或根据争议解决程序的，包括任何备忘录、笔记、或中立人或当事人的任何工作记录；

（B）为了争议解决程序而在该程序中机密提供给中立人或其他当事人的。

由于争议解决程序而达成的一项协议或仲裁裁决不是争议解决文件，除非当事人以书面方式同意其是争议解决文件以及法律规定此类文件应视为争议解决文件。

(7)"争议解决程序"是指用替代性争议解决方法解决争议之中的问题的任何程序，在该程序中委任了中立人并且有特定的当事人参与。

(8)"机密"是指关于该信息，其提供：

（A）明确要求不应披露来源；

（B）存在合理的预期即不会在 ADR 程序外公开的有关信息；

(9)"争议中的问题"是指行政项目中对于决定具有实质性意义的问题，而且负责决定的机构与事后受该决定实质影响的一方当事人或多方当事人之间存在分歧。

(10)"中立人"是指协助联邦机构和其他当事人利用 ADR 技巧解决争议的个人。

(11)"当事人"是指：

（A）就一程序中指明的当事人而言，其含义与第 5 编第 551 条第 3 款的含义一样；

（B）就没有指明当事人的程序而言，将要被程序中的决定实质影响而且参与该程序的个人。

(12)"个人"的含义与第 5 编第 551 条第 2 款的含义一样。

(13)"名册"是指一组有资格作为中立人提供服务的个人的目录。

第 582 条 一般权力

（a）如果争议的所有当事人都自愿地同意，那么就允许联邦机构使用 ADR 技巧来解决关于该机构的行政项目的争议。

（b）联邦机构应考虑不使用一个争议解决程序，如果：

（1）出于先例价值的考虑，要明确的或者权威性的解决一事项，而且此程序很可能不会被接受为一个具有权威性的先例；

（2）该事项涉及或可能对重大的政府政策问题有影响，需要在最终解决前有其他程序，而且这样的程序很可能不会作为制定所推荐的政策服务；

(3) 维持所确立的政策特别重要,因此各个决定之间的差异不会增加,而且这样的程序很可能不会在各个决定之间达成一致的结果;

(4) 该事项对不是该程序当事人的个人或组织具有重大影响;

(5) 全部的公共程序记录是重要的,而且争议解决程序不能提供这样的记录;

(6) 该机构必须考虑其对某一事项维持继续管辖以及如果情势变更时更改处理规定和使用该争议解决程序是否会干涉该机构的义务。

(c) 根据本节授权的替代性争议解决方法是对机构可以获得的争议解决技巧的补充而非限制。

第583条 中立人

(a) 中立人可以是争议程序当事人接受的联邦政府的永久或临时官员或任何其他个人。中立人必须与争议中的问题没有职务、财务、人身上的利益冲突,除非这样的利益完全以书面的形式披露了而且所有当事人都同意该中立人可以服务。

(b) 作为调解员、和解员的中立人根据当事人的意志服务。

(c) 在与FMCS和其他在争议解决上经验丰富的联邦机构、组织磋商后,美国行政会议应:

(1) 确立各机构可以使用的中立人的标准(包括经验、培训、勤勉、实际或潜在的利益冲突以及其他资格);

(2) 维持一个满足这些标准并有资格在作为中立人服务的个人名册、使该名册能在被要求时可以获得;

(3) 与被各机构在选择的基础上在争议解决程序中使用的中立人缔结合同;

(4) 发展出其他允许各机构在快速的基础上获得中立人服务的程序。

(d) 在争议解决程序中,一机构可以使用其他机构的一名或多名雇员作为中立人来服务。各机构应就使用该雇员服务的机构或其他当事人的全部或部分费用的补偿缔结合同。

(e) 任何机构都可以与根据第(c)款第(2)项设立的或其他公共或私人组织维持的名册中的任何人或作为中立人或与替代性争议解决方法有关的培训服务的个人缔结合同。争议解决程序中的当事人应就中立人的补偿达成对政府公平合理的协议。

第584条 机密

(a) 除本条第(d)款和第(e)款规定外,争议解决程序中的中立人不应主动地或通过证据开示或强制程序被要求披露任何与争议解决文件或争议解决沟通相关的任何信息，除非：

（1）争议解决程序的所有当事人和中立人以书面的方式同意，而且如果争议解决文件或争议解决沟通是由非当事人参与者提供的，该参与者也要书面同意；

（2）争议解决文件已经是公开的；

（3）法律要求争议解决文件或争议解决沟通公开，但是只有任何其他人不能合理提供该文件或披露该沟通，中立人才应公开此沟通或文件；

（4）法院决定此证言或披露是必须得以：

（A）阻止明显的不正义，

（B）帮助确立违法行为，

（C）阻止对公共健康或安全的伤害，而且在特定的案件中通过减少当事人在未来的案件中继续保持沟通机密已经充分超越了争议解决程序的完整性。

（b）除本条第（d）款规定的外，争议解决程序的当事人不应主动地或通过证据开示或强制程序被要求披露任何与争议解决文件或争议解决沟通相关的任何信息，除非：

（1）争议解决程序的所有当事人以书面的方式同意；

（2）争议解决文件已经是公开的；

（3）法律要求争议解决文件或争议解决沟通公开；

（4）此证言或披露是必须得以：

（A）阻止明显的不正义，

（B）帮助确立违法行为，

（C）阻止对公共健康或安全的伤害，而且在特定的案件中通过减少当事人在未来的案件中继续保持沟通机密已经充分超越了争议解决程序的完整性。

（5）争议解决文件或争议解决沟通与决定产生于争议解决程序的协议或裁决的存在或含义或者执行该协议或裁决相关。

（c）违反第（a）款或第（b）款的任何争议解决文件或争议解决沟通的披露不应在与争议中的问题相关的任何程序中接受。

（d）当事人可以同意替代性的机密程序。这样同意后，当事人应在争议程序开始前通知中立人第（a）款的任何修订将支配争议解决程序的机密性。如果当事人没有这样通知中立人，则第（a）款应予以适用。

(e) 如果通过证据开示或其他法律程序要求中立人披露争议解决文件或争议解决沟通，则中立人应作出合理努力来通知当事人和其他任何被影响的非当事人参与者。接到此通知的任何当事人或受影响的非当事人参与者在收到该通知后的15天内没有主动要求中立人拒绝遵守被请求披露的信息，则视为放弃了对这个披露的反对。

(f) 本条中的任何规定不应妨碍仅仅因为该证据在争议解决程序中提出而本来可以开示的任何证据的可开示性或可接受性。

(g) 第(a)款或第(b)款对于根据争议解决程序达成的协议或发布的命令所必需的信息和资料没有影响。

(h) 第(a)款或第(b)款不应妨碍为了教育研究目的而收集的与其他机构、政府实体或者争议解决项目相关的信息，只要当事人和具体争议问题是不可识别的。

(i) 第(a)款或第(b)款不应妨碍使用争议解决文件来解决争议程序中中立人和当事人或参与者之间的争议，但限于解决争议所必要的程度。

第585条 仲裁的权力

(a)(1) 只要所有当事人书面同意，仲裁可以作为一项替代性争议解决方法。同意可以在争议中的问题产生之前或之后作出。一方当事人可以同意：

(A) 仅仅将争议中的某些问题提交仲裁；

(B) 仲裁的条件是裁决必须在可能的结果范围内。

(2) 规定提交仲裁的事项的仲裁协议必须是书面的。

(3) 一机构不能命令任何人同意仲裁作为缔结合同或获得利益的条件。

(b) 一机构的官员或雇员可以提出使用仲裁来解决争议中的问题，如果此官员或雇员：

(1) 有权达成与该事项相关的和解；

(2) 该机构特别授权同意使用仲裁。

第586条 仲裁协议的执行

根据第9编第4条，本节适用的仲裁协议是可以执行的，不能以针对美国或美国是不可或缺的一方当事人为由而撤销这样的诉讼或拒绝给予救济。

第587条 仲裁员

(a) 仲裁程序的当事人有权参与选择仲裁员。

(b) 仲裁员应是满足第583条标准的中立人。

第588条 仲裁员的权力

根据本节，被提交争议的仲裁员可以：

（1）规制、引导仲裁开庭及其过程；

（2）管理誓词和声明；

（3）根据第 9 编第 7 条涉及机构以及经过法律授权的规定，在开庭中完成证人的出庭以及证据的提交；

（4）作出裁决。

第 589 条　仲裁程序

（a）仲裁员应确定开庭的时间和地点并且至少在开庭前 5 天内通知当事人。

（b）希望记录开庭的任何当事人应：

（1）负责此记录的准备；

（2）通知其他当事人以及仲裁员准备此记录；

（3）将副本发送给所有确定的当事人和仲裁员；

（4）支付此记录的所有费用，除非当事人另有约定或仲裁员决定费用应分担。

（c）（1）仲裁的当事人有权被听辩、提交对争议重要的证据、交叉询问出庭的证人。

（2）在当事人同意后，如果每一方当事人都有机会参与，仲裁员可以通过电话、电视、电脑或其他电子方法来引导全部或部分开庭。

（3）开庭应快捷而且以非正式的方式进行。

（4）仲裁员可以接受任何口头的或书面的证据，除非它们不相关、不重要、不当骚扰或者被仲裁员排除的有特权的证据。

（5）仲裁员应解释并适用相关的法律法规、先例和政策指引。

（d）具有利害关系的人不能作出或故意导致仲裁员作出与程序实体相关的未经授权的单方面的沟通，除非当事人另有约定。如果沟通是违反本款作出的，仲裁员应确保沟通的备忘录准备好了而且成了记录的一部分，并应有反驳的机会。在收到违反本款的沟通后，仲裁员可以在与正义和本节政策相符的程度内要求该当事人说明为什么由于其不当行为其请求不能接受。

（e）仲裁员应在开庭结束后或仲裁员授权登记任何摘要起到 30 天内发布裁决，以更晚的那个时间为准，除非：

（1）当事人同意其他时间限制；

（2）相关的机构的规则规定了其他时间限制。

第 590 条　仲裁裁决

(a)(1) 除非机构的规则另有规定,本节下的仲裁程序中的裁决应包括附有摘要、非正式的对作出裁决的事实和法律依据的讨论,但是对于正式的事实调查或法律结论不作要求。

(2) 胜诉当事人应将该裁决以及送达给所有当事人的证据在相关的机构登记。

(b) 仲裁程序中的裁决在送达各方当事人后30天成为终局的。该程序当事人的任何机构可以通过在30天期限内通知所有其他当事人延迟的方式而再延迟30天期限。

(c) 根据本节进行仲裁程序的机构当事人的首脑有权在裁决成为终局之前的任何时间内终止仲裁程序或通过向其他所有当事人送达通知的方式撤销所发布的裁决,这样裁决就无效了。通知应提供给仲裁程序的所有当事人。在履行调查或指控职能的机构官员或代理人不能在该案件或事实上相关的案件中建议根据本款终止仲裁程序或撤销仲裁裁决,但在公开程序中作为证人或代理人时除外。

(d) 终局的裁决对仲裁程序的所有当事人都具有约束力,而且可以根据第9编第9条至第13条进行强制执行。不能以针对美国或美国是不可或缺的一方当事人为由而撤销这样的诉讼或拒绝给予救济。

(e) 在仲裁程序中根据本节作出的裁决不能在该程序中已经解决的任何问题的任何其他程序中作为禁止反言。该裁决也不能用作先例或者在任何其他事实上不相关的程序中考虑,不管该程序是根据本节由机构或者在法院或任何其他仲裁程序中进行。

(f) 根据本条(c)款撤销的仲裁裁决在与裁决作出相关的任何争议中的问题相关的任何程序中不能被接受。

(g) 如果一机构根据本条(c)款撤销了仲裁裁决,美国之外的其他仲裁程序当事人可以根据《公平诉诸正义法》就代理人费用和花费提起诉讼。此代理人费用和花费应从撤销该仲裁裁决或终止仲裁程序的机构的资金中支付。

第591条 司法审查

(a) 不管任何其他法律条文的规定,对于根据本节进行的仲裁程序作出的裁决而受到不利影响的任何人都只可以根据第9编第9条至第13条的规定而提起诉讼要求审查该裁决。

(b)(1) 除了根据第9编第10(b)条而受司法审查的仲裁外,一机构作出的使用或不适用本节的争议解决程序的决定是该机构的自由裁量权的行使，不受司法审查。

（2）机构首脑根据第590条作出了终止仲裁程序或撤销仲裁裁决的决定是该机构的自由裁量权的行使，不受司法审查。

第592条　信息汇编

美国行政会议（ACUS）主席应汇编并且维护各机构使用替代性争议解决方法的资料。应美国行政会议主席的要求，各机构应提供所要求的此信息以使该主席能遵守本条的规定。

第593条　支持服务

就本节目的而言，经其他联邦机构、公共和私人组织、机关和个人同意，一机构可以（免费或付费）使用它们的服务和设施。就本节目的而言，一机构可以接受自愿和免费服务，不用考虑第1342条的限制。

附录十

《美国法典》第9章第10条

第10条 撤销、事由、重新仲裁

（a）有下列情形之一的，裁决作出地的美国联邦地方法院可以应仲裁的任何一方当事人的申请而发布命令撤销该裁决：

[(a)]（1）裁决是因贿赂、欺诈或不当手段获得的；

[(b)]（2）全体或一个仲裁员明显偏袒一方或者贿赂；

[(c)]（3）仲裁员有拒绝合理的延期审理请求的错误行为、有拒绝审核适当的和实质性证据的错误行为或者有损害当事人权利的其他错误行为；

[(d)]（4）仲裁员越权或者没有充分运用权力以致对仲裁的事项没有作成共同的、终局的、确定的判决；

[(e)]（5）裁决虽经撤销，但是仲裁协议规定的裁决期限尚未终了，法院可以酌情指示仲裁员重新仲裁。

（b）仲裁的适用和仲裁裁决如明显不符合第5章第582条规定的，仲裁裁决作出地所属地区内的联邦法院根据受到不公正裁决的当事人的申请，可以依据第590条的规定，作出撤销仲裁裁决的命令。

附录十一

1978 年《合同争议解决法》

缔约官员作出的决定

第 6 条

(a) ……

(d) 不管本法任何其他条文的规定,缔约人和缔约官员可以根据《美国法典》第 5 编第 5 章第 Ⅳ 节规定的替代性争议解决方法或其他共同同意的程序来解决争议。在使用替代性争议解决方法或其他共同同意的程序时,缔约人应确认其请求时善意的、支持的资料是准确的并且是他或她最相信的,而且所要求的数额准确地反映了缔约人认为政府应负责的合同调整。《美国法典》第 5 编第 5 章第 Ⅳ 节的所有规定应适用于此替代性争议解决方法。

(e) 根据 (d) 款使用争议解决程序的各机构的权力应在 1995 年 10 月 1 日中止,但考虑到那时未决的程序,各机构判断此程序的当事人要求继续程序直到程序终止的,则此权力应继续有效。

机构合同上诉委员会

第 8 条

(a) ……

(g) (1) ……

(3) 仲裁员根据本法作出的裁决应根据《美国法典》第 9 编第 9 条至第 13 条的规定而进行审查,除非撤销或限制任何裁决的法院被发现违反了联邦法律所施加的限制。

1947年《劳动管理关系法》（*The Labor Management Relations Act*）第203条服务中心职能

第203条（a）

（f）服务中心可以在协助联邦各机构解决《美国法典》第5编第5章第Ⅳ节的争议上提供服务。服务中心履行的职能包括协助与行政项目相关的争议的当事人、培训替代性争议解决方法中的技巧和程序、提供中心的官员和雇员作为中立人。只有符合《美国法典》第5编第583条规定的官员和雇员才能被安排作为中立人。服务中心可以与美国行政会议和其他机构磋商、合作维护中立人和仲裁员名册、制定本款授权的服务所必要的程序和规则。

《美国法典》第28章第2672条

第2672条 请求的行政调整

根据总检察长发布的规章，每一联邦机构首脑或其代表可以考虑、确定、调整、决定、和解以及解决任何针对美国的因该机构任何雇员在其职务行为过程中的过失、非法或疏忽行为引起的损害、财产损失或者人身伤害或死亡而提出的损害赔偿请求，但是任何超过2.5万美元的裁决、妥协或和解只有事先经过总检察长或其代表的书面批准才有效。尽管有前面一句的但书条款，在总检察长或其代表授予该机构首脑作出裁决、妥协或和解的权限内，任何裁决、妥协或和解不用事先经过总检察长或其代表的书面批准就有效。这样的授权不能超过总检察长解决针对美国的金钱赔偿请求的权限。每一联邦机构可以使用仲裁或《美国法典》第5编第5章第Ⅳ节规定的其他替代性争议解决方法来解决针对美国的任何侵权请求，直到该机构裁决、妥协或和解此类请求无需事先经过总检察长或其代表的书面批准的权力的程度。

从属于本章与针对美国的侵权请求的民事诉讼的规定，任何这样的裁决、妥协、和解或决定必须是终局的而且约束所有政府部门，除非是通过欺诈的手段获得的。

根据本条作出的任何不超过2500美元的裁决、妥协或和解必须由相关的联邦机构首脑支付。根据本条作出的任何超过2500美元或由总检察长根据第2677条作出的任何数额的裁决、妥协或和解必须通过与判决或妥协类似的方式支付。

任何这样的裁决、妥协、和解的请求人的接受应是终局的而且约束该请求人，并且应构成完全放弃针对美国以及产生该请求的政府雇员的行为提出同样的请求。

为 H. R. 3425 提供的考虑

众议院报告，编号 No. 103—372

1993 年 11 月 17 日

附上众议院第 312 号决议（H. Res. 312）

规则委员会在考虑了众议院第 312 号决议后以 5：2 的多数向众议院推荐通过该决议。

以下是根据众议院第 312 号决议作出的修正

1. 该修正案由俄亥俄州的代表塔福肯（Traficant）或其指定的人提出，辩论不超过 10 分钟。

在第 1 章的末尾加上如下：

SEC．．关于国会遵守《购买美国产品法》的意义

遵守 1933 年 3 月 3 日法典标题 IIII（41 U. S. C. 10a et seq.；为公众所知的《购买美国产品法》）正是国会的意义。

2. 该修正案由俄亥俄州的代表普赖斯（Pryce）或其指定的人提出，辩论不超过 10 分钟。

在第 106（c）条，删掉"定期地"并插入"至少每年"；删掉"两年"并插入"一年"。

3. 该修正案由得克萨斯州的代表德雷（DeLay）或其指定的人提出，辩论不超过 10 分钟。

在第 105 条的"办公室"前插入"总"。

在第 105 条的末尾加上如下：

（b）生效——环境保护部总检验员可以与司法部进行部门内的调查合作以确定环境保护部内部的浪费、欺诈和刑事犯罪。

4. 该修正案由怀俄明州的代表索玛斯（Thomas）或其指定的人提出，辩论不超过 10 分钟。

在标题 I 的末尾加上如下（并且相应地修正目录）：

SEC．．小额业务遵守技术协助

部长应在部门内设立小额业务监察专员办公室。该办公室应由部长指定的主任领导，该主任应直接向部长报告。部长应通过主任对包括家庭农场在内的小额业务关切（该词在《小额业务法》第 3 条有了界定）提供技术协助以符合部门执行的法律。

SEC．．小政府管辖遵守协助

部长应在部门内设立小政府管辖监察专员办公室。该办公室应由部长指定的主任领导，该主任应直接向部长报告。部长应通过主任对小政府管辖（该词在《美国法典》第 5 章第 601（5）条作了界定）提供技术协助以符合部门执行的法律。

5. 该修正案由得克萨斯州的代表得雷或其指定的人提出，辩论不超过 10 分钟。

在第 102（a）条，在第（1）段前的实现删掉"10"并插入"7"。

6. 该修正案由得克萨斯州的代表得雷或其指定的人提出，辩论不超过 10 分钟。

在第 103（a）条，删掉"20"并插入"14"。

7. 该修正案由得克萨斯州的代表得雷或其指定的人提出，辩论不超过 10 分钟。

在第 106（a）（1）条，删掉"10"并插入"8"。

8. 该修正案由宾夕法尼亚州的代表克林格（Clinger）或其指定的人提出，辩论不超过 10 分钟。

在第 102 条末尾加上如下：

（d）分配给部长助理的政府间事务职能：

（1）一般——经过部长批准，根据第（b）（1）（W）款被安排处理政府间事务职能的部长助理应执行策略来促进具有实践性的而且适用于本部的法律相一致的减轻施加给州和地方政府的没有资金的环境命令。

（2）报告——本法通过后 1 年内，部长应就根据第（1）段制定的包括消除第（1）段提到的负担的建议在内的执行策略向国会提交报告。

9. 该具有替代性的修正案由宾夕法尼亚州的代表 Clinger 或其指定的人提出，辩论不超过 10 分钟。

删除所有的通过条款，并且插入如下：

第 1 条　标题

本法可以被援引为《环境保护部法》

标题 I——将环境保护署重组为环境保护部

第 101 条　将环境保护署重组为环境保护部

（a）重组——环境保护署被重组为环境保护部，而且是政府行政部门内的一个行政部。环境保护部总部在政府内。环境保护部的官方缩写是"D. E. P."。

（b）环境部长——

（1）环境保护部首脑是环境保护部部长（本法以下简称为部长），由总统经过参议院同意后任命。

（2）部长办公室——部长办公室由部长和根据本条（d）款任命的副部长组成，而且可以包括一名执行部长。

（c）移交——环境保护署的职能、权力、义务、其他官员和雇员以及各种各样的机构和办公室移交给部长。

（d）副部长—— 环境保护部的副部长由总统经过参议院同意后任命。副部长应如部长一样履行职能，而且在部长不在或没有能力或空缺时作为部长。

（e）权力委托——除了本法和其他既存法律规定的外，部长可以将包括制定规章的权力委托给部长指定的环境保护部的官员和雇员，而且可以在必要或合适时考虑将此职能再委托。

第 102 条　部长助理

（a）职位的确立——环境保护部内应设立不超过 10 名的部长助理，部长可以决定任何一名部长助理。

（1）由总统经过参议院同意后任命；

（2）应履行部长规定的职能。

（b）职能——部长应将认为合适的职能分配给每一名部长助理。

（c）确认之前的职能的指定——总统根据本条将作为部长助理的个人的姓名提交参议院时，总统应声明他们可以在任职后行使（部长根据（b）款分配的）环境保护部的特定职能。

第103条　副部长助理

（a）职位的确立——环境保护部内应设立不超过20名或部长认为合适的副部长助理。

（b）任命——每一名副部长助理：

（1）应由部长任命；

（2）应履行部长规定的职能。

（c）职业的高级行政公务员——根据（a）款设立的以及（b）款职位的一半以上应是职业的高级行政公务员。

（d）职能——根据第102（b）条分配给部长助理的职能可以由一名或多名副部长助理来协助联系职能。

第104条　总顾问办公室

（a）总顾问办公室——环境保护部内设总顾问办公室。该办公室的首脑是总顾问，由总统经过参议院同意后任命。总顾问是环境保护部的主要法律官员，而且应向部长提供关于环境保护部的项目和政策的法律协助。

（b）副总顾问——总顾问办公室内至少设一名副总顾问，该副总顾问：

（1）应由总顾问任命；

（2）应执行部长指定的职能。

第105条　总检验员办公室

根据1978年《总检验员法》（5 U.S.C. App.）设立的环境保护署总检验员办公室被重新安排为环境保护部总检验员办公室。

第106条　区域主管

环境保护部内应有不超过11名单区域主管，每一名区域主管应由部长任命。在任命区域主管时政治立场或派别不是主要的考虑因素。每一名区域主管应：

（1）执行根据可以适用的法律而转移到或委托给或赋予部长作为部长而根据本法和其他可以适用的法律而安排的职能；

（2）执行部长、部长助理和副部长确立的项目政策和优先性。

第 107 条　职能的持续履行

（a）职位的重新安排：

（1）环境保护署主任被重新安排为环境保护部部长。

（2）环境保护署副主任被重新安排为环境保护部副部长。

（3）环境保护署主任助理被重新安排为环境保护部部长助理。

（4）环境保护署总顾问被重新安排为环境保护部总顾问。

（5）环境保护署总检验员办公室被重新安排为环境保护部总检验员办公室。

（b）不从属于重新提名或再确认——根据（a）而重新安排的职位的个人可以在本法通过后继续为该职位服务并履行职能，无须总统的重新提名或参议院的再确认。

第 108 条　援引

任何其他联邦法、行政命令、规则、规章、重组计划或权力委托或任何文件中的援引：

（1）环境保护署就视为援引环境保护部；

（2）环境保护署主任就视为援引环境保护部部长；

（3）环境保护署副主任就视为援引环境保护部副部长；

（4）环境保护署主任助理就视为援引环境保护部部长助理。

第 109 条　保存条款

（a）法律文件的继续效力——所有命令、决定、规则、规章、允许、许可、合同、证书、特许、特权和其他行政行为：

（1）总统、环境保护署主任或其他有权官员或与环境保护署主任或任何其他官员有关的职能的有管辖权的法院发布、作出、授予或许可的，就成为有效的；

（2）本法生效时有效的发生效力。

应继续有效，直到被总统、部长或其他有权官员、有管辖权的法院或法律的运作而根据法律修订、终止、代替、撤销或撤回。

（b）程序不受影响——本法不影响环境保护署在本法生效前的任何程序、拟议的规则或任何特许、允许、证书或财务协助，而且此程序和适用应继续下去；以及在这样的程序中发布的命令、提起的上诉以及根据这样的命令付款，就如同本法并没有被通过，而且在任何这样的程序中发布的命令应继续有效直到被有权的官员、有管辖权的法院或法律的运作而修订、终止、代替或撤回。本款中的任何规定并不禁止任何这样的程序的终止或修订，就如同本法未曾通过一样。

（c）诉讼不受影响——本法不影响本法生效前开始的诉讼，而且在所有这样的诉讼程序中，原有的诉讼、提起的上诉以及作出的判决具有同样的效力，就如同本法未曾通过一样。

（d）诉讼的不终止——环境保护署提起的或者针对环境保护署的、环境保护署有权的官员提起的或者针对他们的任何起诉、诉讼或其他程序都不会因本法的通过而终止。

（e）财产与资源——本法生效后，环境保护署的合同、责任、记录、财产和其他资产与利益应视为是环境保护部的合同、责任、记录、财产和其他资产与利益。

第110条 相符的修正

（a）总统继承——通过在任期的末尾插入"环境保护部部长"而修正了《美国法典》第3章第19（d）（1）条。

（b）《公务员法》中的环境保护部的定义——通过在其末尾加上了"环境保护部"而修正了《美国法典》第5章第101条。

（c）一级补偿——通过在其末尾加上了"环境保护部"而修正了《美国法典》第5章第5312条。

（d）二级补偿——通过删掉"环境保护署主任"并插入"环境保护部副部长"而修正了《美国法典》第5章第5313条。

（e）四级补偿——《美国法典》第5章第5315条被修正了——

（1）通过删掉"环境保护署总检验员"并插入"环境保护部总检验员"；

（2）通过删掉每一处对环境保护署主任助理或主任助理们的援引；

（3）通过在末尾增加：

"环境保护部部长助理们。"

"环境保护部总顾问。"

（f）《总检验员法》——1978年《总检验员法》被修正了：

（1）在第11（1）条：

（A）通过在"能源"后插入"环境保护"；

（B）通过删掉"环境保护"；

(2) 在第 11（2）条：

（A）通过在"能源"后插入"环境保护"；

（B）通过删掉"环境保护署"。

第 111 条　其他相符的修正

在与众议院政府运作委员会、参议院政府事务委员会以及国会的其他合适的委员会磋商后，环境保护部部长应准备并向国会提交关于美国法律的技术性的和相符的修正的立法建议，以反映本法作出的修改。这样的立法建议应在本法生效后 1 年内提出。

标题 II——行政规定

第 201 条　著作权和专利的获得

部长可以获得下列权利中的任何一项，如果所获得的财产是被部门所用或为部门所用或对部门有用：

（1）著作权、专利以及申请专利、设计、过程和制造数据。

（2）著作权、专利以及申请专利上的许可。

（3）诉讼提起前，对侵犯专利或著作权的放弃。

第 202 条　礼物和馈赠

为了协助或方便环境保护部的工作，部长可以接受、占有、管理并且使用礼物、馈赠以及其他的动产或不动产。礼物、馈赠、金钱以及作为礼物、馈赠的其他财产的卖出而获得的收益应存放在财政部，而且应在接到部长的命令后可以支付。

第 203 条　环境保护部的官方印章

本法自生效之日起，环境保护署的印章在作适当改变后应是环境保护部的官方印章，直到部长可以为本部门设计出新的官方印章。

第 204 条　官方印章的类似使用

（a）印章的展示——任何在或相关的广告、张贴、通知、书、小册子或其他出版物、公开集会、表演或其他复制品或任何建筑、纪念碑、文具上，为了传递或以合理计算的方式传递美国政府或其任何部门、机构或单位主办或批准的虚假印象而故意展示环境保护部的任何打印的或其他类似的官方印章或复制品的行为，应处以不超过 250 美元的罚款或者不超过 6 个月的监禁或者两者并处。

（b）印章的制造、复制、销售或购买——除了部长发布的规章授权以及在联邦登记处公开的外，任何故意制造、复制、销售或购买以转售任何类似的官方印章和其任何实质性的部件（为美国政府的官方使用制造或销售的除外），应处以不超过 250 美元的罚款或者不超过 6 个月的监禁或者两者并处。

（c）禁令——对于违反第（a）款或第（b）款的行为，总检察长可以在合适的美国联邦地方法院提起诉讼禁止这些行为。在应环境保护部部长的要求或部长的任何授权代表要求后，总检察长应提起这样的诉讼。

第 205 条　环境保护署文具、打印的格式文件和供给的使用

在采购新的为环境保护部使用的文具、打印的格式文件和其他供给前，环境保护部部长应在可行的程度内确保环境保护署现存的文具、打印的格式文件和其他供给的使用能执行环境保护部的职能。

138 P. L. 107－169，1 仲裁技术修正

考虑与通过的时间

众议院：2001 年 3 月 14 日

参议院：2002 年 4 月 18 日

国会记录 Vol. 148（2002）

众议院报告（司法委员会）

No. 107－116，2001 年 3 月 12 日

［附上 H. R. 861］

众议院报告，编号：No. 107－116

2001 年 3 月 12 日

司法委员会的森森布雷纳（Sensenbrenner）先生，提交了如下报告

提交到司法委员会的 H. R. 861 法案，对《美国法典》第 9 章第 10 条作了技术性修正，司法委员会在考虑后推荐该法案无须修正而通过。

目的与摘要

H. R. 861 对《美国法典》第 9 章第 10（a）条作了技术性修正。

背景与立法需要

为了对《美国法典》第 9 章第 10（a）条作技术性修正的目的，2001 年 3 月 6 日，议员乔治·W. 盖卡斯（George W. Gekas）提交了 H. R. 861 法案。

《美国法典》第 9 章与国内和国际仲裁法相关。第 9 章第 1 节包括了该

章的一般规定，含第 10 条。第 10 (a) 条列出了联邦地方法院可以撤销仲裁裁决的事由。该条授权法院命令在某些情形下要求仲裁员重新仲裁。

正如起草的一样，第 10 (a) 条包括五段，其中的四段列出了撤销仲裁裁决的事由。然而，第五段是用来作为第 10 (a) 条的独立条款，因为它规定了法院要求仲裁员重新仲裁的权力基础。

H. R. 861 只是纠正了从 1925 年该法通过后就一直存在的错误。本法案只是将第五段转变为第 10 条的单独一款，即第 10 条第（b）款，而且使第 10 条的语法和技术修正相符合。

H. R. 861 与 H. R. 916 是一样的，后者是乔治·W. 盖卡斯于 1999 年 3 月 2 日提出的。在委员会 1999 年 6 月 10 日报告了 H. R. 916 后，众议院于 1999 年 7 月 13 日以中止某些规则并附带一个不相关的修正案而通过了该法案。参议院并没有附随众议院的行为。与 H. R. 861 相同的 H. R. 2440 立法被 105 届国会的众议院通过。在第 105 届国会的最后一天，参议院通过了 H. R. 2440，但一致同意附加一个不相关的修正案。众议院并没有附随参议院的通过行为。

听　证

对于 H. R. 861 没有举行任何听证。

委员会考虑

2001 年 3 月 8 日，委员会公开聚会而且命令赞同 H. R. 861 无须修正。

委员会监督调查

遵守众议院规则第 XIII 规则第 3 (c)(1) 款，委员会根据第 X 规则第 2 (b)(1) 款在监督活动的基础上，包括委员会的调查和推荐，它们已经被并入本报告的描述性部分。

执行目标

H. R. 861 并不授权集资，所以众议院规则第 XIII 规则第 3 (c) 款不适用。

新的预算权与税收支出

众议院规则第 XIII 规则第 3（c）(2) 款不适用，因为本立法并没有规定新的预算权或增加税收支出。

国会预算办公室的费用评估

根据众议院规则第 XIII 规则第 3（c）(3) 款，委员会就 H.R. 861 法案列出了如下由国会预算办公室主任根据 1974 年《国会预算法》第 402 条而准备的评估和比较：

美国国会

国会预算办公室

华盛顿特区

2001 年 3 月 9 日

F. 詹姆斯·森森布雷纳

司法委员会主席

美国众议院

华盛顿特区

尊敬的主席先生：

国会预算办公室已经准备了附件中的对 H.R. 861 的费用评估，该法案对《美国法典》第 9 章第 10 条作了技术性修正。

如果您希望进一步了解本评估的细节，我们将很乐意提供。预算办公室的联系人是拉纳特·J. 沃克（Lanette J. Walker），联系电话是 226－2860。

丹·L. 克里鹏（Dan L. Crippen）主任

附件

H.R. 861——对《美国法典》第 9 章第 10 条作技术性修正的法案。

国会预算办公室评估，通过 H.R. 861 不会对联邦预算产生任何影响。因为该法案的通过并不影响直接的收支，所以相应的程序（pay-as-you-go procedures）就不适用。H.R. 861 并不包括任何政府间的或《无资金的命令改革法》（*Unfunded Mandates Reform Act*）私人部门的命令，不会影响州、地方政府和土著部落政府的预算。

H. R. 861 将纠正规定了联邦法院撤销仲裁裁决的事由的《美国法典》第 9 章第 10 条的标点错误，而且修改了其他细小的用词。因为这些修改是技术性的，而且没有对影响仲裁的法律作出任何实体性的修改，国会预算办公室评估通过 H. R. 861 不会对预算有任何影响。

本评估的国会预算办公室联系人是拉纳特·J. 沃克，联系电话是 226－2860。本评估经过预算分析主任助理罗伯特·A. 杉勋（Robert A. Sunshin）的批准。

宪法权力声明

根据众议院规则第 XIII 规则第 3（d）（1）款，委员会发现制定本立法的权力在《宪法》第 1 条第 8 款。

逐条分析与讨论

第 1 条　撤销裁决

本法案第 1 条重新指定第 10（a）条第（5）段为第 10（b）条，而且用"如果"取代了该规定中的"在"。本法案也通过将第 10 条第（b）款重新安排为第（c）款而作了修正。此外，第 1 条调整了第（a）款第（1）至（4）段的空格；纠正了标点和大写错误；并且作了其他的细小纠正。

本法案对现存法律作出的改变

众议院规则第 XIII 规则第 3（e）款，本法案对现存法律作出的修改如下：

《美国法典》第 9 章第 10 条

第 10 条　撤销、事由、重新仲裁

（a）有下列情形之一的，裁决作出地的美国联邦地方法院可以应仲裁的任何一方当事人的申请而发布命令撤销该裁决：

[（a）]（1）裁决是因贿赂、欺诈或不当手段获得的；

[（b）]（2）全体或一个仲裁员明显偏袒一方或者贿赂；

〔(c)〕(3) 仲裁员有拒绝合理的延期审理请求的错误行为、有拒绝审核适当的和实质性证据的错误行为或者有损害当事人权利的其他错误行为；

〔(d)〕(4) 仲裁员越权或者没有充分运用权力以致对仲裁的事项没有作成共同的、终局的、确定的判决；

〔(e)〕(5) 裁决虽经撤销，但是仲裁协议规定的裁决期限尚未终了，法院可以酌情指示仲裁员重新仲裁。

〔(b)〕(c) 仲裁的适用和仲裁裁决如明显不符合第5章第572条规定的，仲裁裁决作出地所属地区内的联邦法院根据受到不公正裁决的当事人的申请，可以依据第580条的规定，作出撤销仲裁裁决的命令。

工作会议

根据通知，委员会上午10点在雷本（Rayburn）办公大楼2141房间开会，会议由委员会主席F. 詹姆斯·森森布雷纳主持。

根据通知，我收到了H. R. 861法案，该法案对《美国法典》第9章第10条作了技术性修正，而且同意向众议院推荐。